高等学校创新性数智化应用型经济管理规划教材（会计系列）

总主编 / 李雪　主审 / 徐国君

# 高级财务会计（第二版）

陈德英 ◎ 主编

李小林　陈莎 ◎ 副主编

立信会计出版社
LIXIN ACCOUNTING PUBLISHING HOUSE

图书在版编目(CIP)数据

高级财务会计/陈德英主编. —2版. —上海：立信会计出版社，2024.5(2025.1重印)
"十四五"高等学校创新性数智化应用型经济管理规划教材. 会计系列
ISBN 978-7-5429-7617-8

Ⅰ.①高… Ⅱ.①陈… Ⅲ.①财务会计—高等学校—教材 Ⅳ.①F234.4

中国国家版本馆CIP数据核字(2024)第097880号

策划编辑　方士华
责任编辑　孙　勇
美术编辑　吴博闻

高级财务会计(第二版)
GAOJI CAIWU KUAIJI

| | | | | | |
|---|---|---|---|---|---|
| 出版发行 | 立信会计出版社 | | | | |
| 地　　址 | 上海市中山西路2230号 | | 邮政编码 | 200235 | |
| 电　　话 | (021)64411389 | | 传　真 | (021)64411325 | |
| 网　　址 | www.lixinaph.com | | 电子邮箱 | lixinaph2019@126.com | |
| 网上书店 | http://lixin.jd.com | | http://lxkjcbs.tmall.com | | |
| 经　　销 | 各地新华书店 | | | | |
| 印　　刷 | 上海华业装璜印刷有限公司 | | | | |
| 开　　本 | 787毫米×1092毫米 | 1/16 | | | |
| 印　　张 | 22.5 | | | | |
| 字　　数 | 576千字 | | | | |
| 版　　次 | 2024年5月第2版 | | | | |
| 印　　次 | 2025年1月第2次 | | | | |
| 书　　号 | ISBN 978-7-5429-7617-8/F | | | | |
| 定　　价 | 59.00元 | | | | |

如有印订差错，请与本社联系调换

# 总 序

教材是高校实现人才培养目标的重要载体,教材及教材建设对高校发展具有举足轻重的作用。与培养模式相对应的教材是培养合格人才的基本保证,是实现培养目标的重要工具。由于历史原因,在财经类教材的出版方面,相关出版社出版研究型本科或者高职高专、中等职业等层次的教材较多,而应用型本科教材较少。虽然近年来一些应用型本科教材也陆续出版,但总体而言,这些教材还是缺乏权威性、普适性、实用性、创新性。造成这种状况的原因主要在于:出版社对财经类应用型本科教材的出版还不够重视,没有进行有效组织;财经类应用型本科院校多为新建院校,教材建设相对滞后,主观上也较愿意使用研究型本科教材;在教材使用中存在比较严重的混用现象,教材目标读者群不明确,如不少教材声称既适用于研究型本科院校又适用于应用型本科院校,或者既适用于本科院校又适用于高职高专院校。

由于目前财经类应用型本科教材种类和数量匮乏或质量欠佳,财经类应用型本科院校不得不沿用传统研究型教材。这些教材本身的质量很好、级别很高,但是并不适用于应用型本科院校的教学,教师和学生普遍反映不好用。即使在全国范围看,也还没有相对成套、成熟的、适合财经类应用型本科院校的教材。现有财经类教材存在的主要问题包括:①教材的定位和要求较高;②教材的内容偏多、难度大;③教材着重于理论解释,相关案例、实训等内容较少,缺乏普适性、实用性。

与此同时,信息技术的快速发展使学生的学习习惯和阅读习惯发生了改变,不断朝个性化、自主学习式的方向发展,传统的单一纸质版教材已经无法适应这种变化。翻转课堂、慕课、微课等网络课程的兴起,混合式教学的不断推进,也对立体化教材建设提出了新的要求。教材作为一种课堂上的教学工具,一种传播媒介,理应顺势而为,随课堂形式、学生学习方式的改变而改变,朝着数字化、立体化、可视化的方向发展。因此,编写一套适应学生水平、便于学生接受的立体化财经类应用型本科教材迫在眉睫。

我们组织具有多年应用型人才培养经验的优秀教师和实务界专家编写了这套高等学校创新性数智化应用型经济管理规划教材。本系列教材有《会计基本技能》《出纳实务》《基础会计》《中级财务会计》《成本会计》《管理会计》《会计信息系统》《财务管理》《审计学》《高级财务会计》《商业分析》《税法》《经济法》《金融学》《Excel在会计和财务管理中的应用》等品种。为了保证教材的质量,我们为本系列教材聘请了知名高校的专家教授进行专门指导和审核。每本教材至少有一名本学科的知名专家或学科带头人提出审核指导意见、至少有一名高等院校教学一线的高级职称教师参与组织编写、至少有一名行业协会、实务界专家或教学研究机构人员提出编写建议。

本系列教材的特色如下。

1. 应用性

应用型本科的教材建设应坚持培养应用型本科人才的定位,充分吸收和借鉴传统的普通本科教材与高职高专类教材建设的优点和经验,以就业为导向,做到理论上高于高职高专类教材、动手能力的培养上高于传统的本科院校教材。本系列教材体现了应用型本科的定位,体现了素质教育和"以学生发展为本"的教育理念,遵循了高等教育教学基本规律,重视知识、能力和素质的协调发展,根据应用型人才培养模式对学生的创新精神、实践能力和适应能力的要求,在内容选材、教学方法、学习方法、实验和实训配套等方面突出了应用性特征。

2. 针对性

本系列教材的编写符合会计学、财务管理和审计学等专业的培养目标、培养需求、业务规格和教学大纲的基本要求,与各专业的课程结构和课程设置相对应,与课程平台和课程模块相对应。本系列教材在结构纵横的布局、内容重点的选取、示例习题的设计等方面符合教改目标和教学大纲的要求,把教师的备课、试讲、授课、辅导答疑等教学环节有机地结合起来。

3. 立体化

本系列教材为立体化教材,实现了由传统纸质教材向"纸质教材+数字资源"的转变,通过技术手段将晦涩难懂的理论知识转变为直观的具体知识,以立体化、数字化的方式呈现,包括图文、动画、音频、视频等多种形式,生动、有趣且易懂,不仅可以激发学生的学习兴趣,还有利于教学效果的提升。

4. 趣味性

本系列教材注重趣味性,使用了大量的例题和案例,每章都加入了"思政育人""相关思考""延伸阅读"等内容,使读者能够加深理解,便于掌握相关内容。在案例、例题等的设计选用上重点突出趣味性,易于引发读者的共鸣。

5. 先进性

本系列教材反映了应用型会计人才教育教学改革的内容,能够反映学科领域的新发展。教材的整体规划、内容构建等均体现了创新性。教材还强调了系列配套,包括教材、学习参考书、教学课件等。立体化教材在内容修订上更具有明显优势,线上资源可以随时根据政策法规、理论知识或工作实务等的变化进行调整,更有利于保持教材内容的先进性。

6. 基础性

本系列教材打破传统教材自身知识框架的封闭性,尝试多方面知识的融会贯通,注重知识层次的递进,体现每一门科目的基本内容,同时在具体内容上突出实际运用知识能力,做到"教师易教,学生乐学,技能实用"。

7. 易于自学性

自学能力是大学生的一项基本能力。学生只有具备了自主学习的能力,才能最终建立起终身学习的保障体系,这也是应用型本科人才培养的客观要求。应用技术型高校的生源素质与普通高校相比存在一定的差距,除一部分是高考发挥失误的学生外,还有一部分学生在学习习惯、基础知识等方面存在一定的欠缺,这就要求教材能够调动这部分学生的学习积极性,在理论方面尽量通俗易懂,在实践方面尽量采用案例式教学。为了有利于学生课后自主学习,本系列教材配套了学习指导书和教学课件。

因此,本系列教材的定位准确,特色明显,适用于应用型本科院校教学,便于学生的自学和教师的教学。

本系列教材凝聚了众多教授和专家多年来的经验和心血。当然,由于我们的经验和人力有限,教材中难免存在不足,我们期待着各位同行、专家和读者的批评指正。我们将根据经济发展和会计环境的变迁不断修订教材,以便及时反映学科的最新发展和人才培养的最新变化。

本系列教材自2014年出版后,得到市场的认可,深受广大高校师生的欢迎。为了更好地回馈读者,我们从2017年起启动本系列教材第二版的修订工作,2019年启动第三版的修订工作,2021年启动第四版的修订工作。各种教材的修订版已陆续出版。我们会一如既往地做好教材修订和相关服务工作,希望广大读者对本系列教材继续给予支持。

李 雪

2024年1月

# 第二版前言

本教材为"高等学校创新性数智化应用型经济管理规划教材(会计系列)"之一。"高级财务会计"课程是对"中级财务会计"课程的补充和深化,在很大程度上具有专题性。由于"高级财务会计"课程的特殊性,高级财务会计教材往往不具有较强的系统性。企业合并和合并财务报表是高级财务会计教材传统、基本的内容,由于这部分内容的复杂性,其所占篇幅往往很大。

企业的经营环境与经济活动日趋复杂,在全球经济一体化的进程中,我国经济进一步与国际经济接轨,更多的企业走出国门参与激烈的国际竞争,在此过程中,我国会计准则实现了与国际会计准则的趋同,会计的国际化对现代企业高级财会人员的专业素质提出了更高的要求:充分认识会计政策选择的经济后果;具备很强的职业判断能力;熟悉国际会计准则的现状与发展走向;具备处理复杂业务的能力、有效实施企业内部控制的能力和决策能力等。

本教材主要阐述企业特殊的经济业务的核算和特殊的会计处理方法,具体涉及这些经济业务:日常会计核算所遵循的原则、基础及具体会计处理方法改变的处理等,如记账本位币与实际收付货币不一致时需要进行的折算业务,企业集团期末编制合并财务报表时抵销内部交易事项等的业务;债务重组、借款费用、租赁、所得税、或有事项、非货币性资产交换、政府补助、会计政策变更、会计估计变更、差错更正等业务的核算。在编写风格上,本教材注重循序渐进,由浅入深,注重会计基础理论的阐述和基本方法的应用。每章的重难点提示有助于读者对本教材基本内容和方法的理解和把握。

本教材根据最新企业会计准则体系和最新税法编写,全书共分为16章,每章都结合相关案例对重点内容进行讲解,都加入"思政育人""延伸阅读""相关思考""本章小结""重要概念"等内容,将会计知识与思政教育相结合,实现价值引领与知识传授、能力提升、素质养成的有机融合;在讲解的过程中,与实务工作紧密结合,以增强学生理论与实务相结合的能力;同时借助图表等方式进行讲解,便于学生理解掌握。本教材主要作为普通高等教育经济管理类专业教材,也可供相关专业人员参考。

本教材的编写特点如下:

(1) 以国际会计惯例为依据,所依据的会计规范是最新的国际会计准则和我国最新的企业会计准则。

(2) 理论联系实际,尽量将理论知识与实务相结合,重视知识、能力和素质的协调,以培养应用型人才为目的,提高学生的创新精神、实践能力和适应能力。

(3) 在会计方法的介绍上,详略得当,集中讲述会计的基本方法,对某些枝节性内容尽量少涉及或不涉及,如本教材在介绍企业合并时,只介绍同一控制下的企业合并和非同一控制下的企业合并,不涉及反向并购的内容。

(4) 借助图表等方式进行讲解,图文并茂,并穿插鲜活案例,通俗易懂。

（5）配套资源丰富,本教材配有《高级财务会计学习指导书(第二版)》,以及多媒体课件、教学大纲、习题答案、教学计划等辅助资料。

本教材由陈德英主编,李小林、陈莎为副主编,孙晓彤、于群、张念念为参编者。具体分工如下:第一章总论(孙晓彤),第二章或有事项(张念念),第三章非货币性资产交换(李小林),第四章债务重组(李小林),第五章所得税(陈德英),第六章外币业务(于群),第七章租赁(李小林),第八章政府补助(陈莎),第九章借款费用(李小林),第十章股份支付(于群),第十一章会计政策、会计估计变更和差错更正(陈莎),第十二章资产负债表日后事项(陈德英),第十三章每股收益(陈德英),第十四章分部报告和中期财务报告(陈德英),第十五章企业合并(陈德英),第十六章合并财务报表(陈德英)。

在本教材的编写过程中,编者参考了大量相关教材和论著,经过各位编者的努力,本教材更加成熟,在此,向给予大力支持的李雪教授、徐国君教授和各位编者致以深深的谢意!

在本教材的编写过程中,编者组织了多次讨论研究,力求内容编排合理、避免错误,但难免存在考虑不周、表达不妥当的地方,书中疏漏不足之处,敬请读者批评指正。

编　　者<br>2024 年 2 月

# 目 录

## 第一章　总论 ····· 1
- 第一节　高级财务会计的理论基础 ····· 2
- 第二节　高级财务会计产生的基础 ····· 4
- 第三节　高级财务会计的研究范围和核算内容 ····· 6
- 本章小结 ····· 9
- 重要概念 ····· 9

## 第二章　或有事项 ····· 10
- 第一节　或有事项概述 ····· 11
- 第二节　或有事项的确认和计量 ····· 14
- 第三节　或有事项会计的具体应用 ····· 17
- 第四节　或有事项的列报 ····· 21
- 本章小结 ····· 22
- 重要概念 ····· 22

## 第三章　非货币性资产交换 ····· 23
- 第一节　非货币性资产交换的认定 ····· 25
- 第二节　非货币性资产交换的确认与计量 ····· 26
- 第三节　非货币性资产交换的会计处理 ····· 29
- 本章小结 ····· 36
- 重要概念 ····· 36

## 第四章　债务重组 ····· 37
- 第一节　债务重组概述 ····· 38
- 第二节　债务重组的会计处理 ····· 41
- 第三节　债务重组的相关披露 ····· 47
- 本章小结 ····· 48
- 重要概念 ····· 48

## 第五章　所得税 ... 49
### 第一节　所得税会计概述 ... 50
### 第二节　资产、负债的计税基础及暂时性差异 ... 52
### 第三节　递延所得税负债和递延所得税资产的核算 ... 61
### 第四节　所得税费用的确认和计量 ... 69
### 第五节　所得税的列报 ... 72
### 本章小结 ... 73
### 重要概念 ... 73

## 第六章　外币业务 ... 74
### 第一节　记账本位币的确定 ... 75
### 第二节　外币交易的会计处理 ... 77
### 第三节　外币财务报表折算 ... 87
### 本章小结 ... 91
### 重要概念 ... 91

## 第七章　租赁 ... 92
### 第一节　租赁概述 ... 94
### 第二节　承租人的会计处理 ... 109
### 第三节　出租人的会计处理 ... 126
### 第四节　特殊租赁业务会计处理 ... 138
### 本章小结 ... 144
### 重要概念 ... 144

## 第八章　政府补助 ... 145
### 第一节　政府补助概述 ... 146
### 第二节　政府补助的会计处理 ... 148
### 第三节　政府补助的列报 ... 153
### 本章小结 ... 154
### 重要概念 ... 154

## 第九章　借款费用 ... 155
### 第一节　借款费用概述 ... 156
### 第二节　借款费用的确认 ... 158
### 第三节　借款费用的计量 ... 163

本章小结 …… 170
重要概念 …… 170

## 第十章 股份支付 …… 171
  第一节 股份支付概述 …… 172
  第二节 以权益结算的股份支付的会计处理 …… 175
  第三节 以现金结算的股份支付的会计处理 …… 185
  本章小结 …… 188
  重要概念 …… 188

## 第十一章 会计政策、会计估计变更和差错更正 …… 189
  第一节 会计政策及其变更 …… 190
  第二节 会计估计及其变更 …… 197
  第三节 前期差错及其更正 …… 201
  本章小结 …… 204
  重要概念 …… 204

## 第十二章 资产负债表日后事项 …… 205
  第一节 资产负债表日后事项概述 …… 207
  第二节 资产负债表日后调整事项 …… 210
  第三节 资产负债表日后非调整事项 …… 217
  本章小结 …… 220
  重要概念 …… 220

## 第十三章 每股收益 …… 221
  第一节 每股收益概述 …… 222
  第二节 基本每股收益 …… 223
  第三节 稀释每股收益 …… 224
  第四节 每股收益的列报 …… 231
  本章小结 …… 233
  重要概念 …… 233

## 第十四章 分部报告和中期财务报告 …… 234
  第一节 分部报告 …… 236
  第二节 中期财务报告 …… 246

| 本章小结 | 253 |
|---|---|
| 重要概念 | 253 |

## 第十五章　企业合并 ... 254
- 第一节　企业合并概述 ... 255
- 第二节　同一控制下企业合并的处理 ... 260
- 第三节　非同一控制下企业合并的处理 ... 266
- 本章小结 ... 275
- 重要概念 ... 275

## 第十六章　合并财务报表 ... 276
- 第一节　合并财务报表概述 ... 278
- 第二节　合并财务报表编制原则、前期准备及程序 ... 285
- 第三节　股权取得日合并财务报表 ... 288
- 第四节　股权取得日后合并资产负债表 ... 306
- 第五节　股权取得日后合并利润表 ... 335
- 第六节　股权取得日后合并现金流量表 ... 339
- 第七节　股权取得日后合并所有者权益变动表 ... 343
- 第八节　合并财务报表附注 ... 344
- 本章小结 ... 347
- 重要概念 ... 347

**主要参考文献** ... 348

# 第一章 总 论

- ➢ 内容提要
- ➢ 重点难点
- ➢ 学习目标
- ➢ 知识框架
- ➢ 第一节　高级财务会计的理论基础
- ➢ 第二节　高级财务会计产生的基础
- ➢ 第三节　高级财务会计的研究范围和核算内容
- ➢ 本章小结
- ➢ 重要概念

## 内容提要

本章主要讲述高级财务会计的定义与特征;高级财务会计产生的基础;高级财务会计的研究范围和核算内容。

## 重点难点

本章重点为高级财务会计的定义与特征。本章难点为高级财务会计的研究范围与核算内容。

## 学习目标

通过本章学习,学生应了解高级财务会计的定义,理解高级财务会计的研究范围,熟悉高级财务会计的核算内容,掌握高级财务会计的理论基础。

## 知识框架

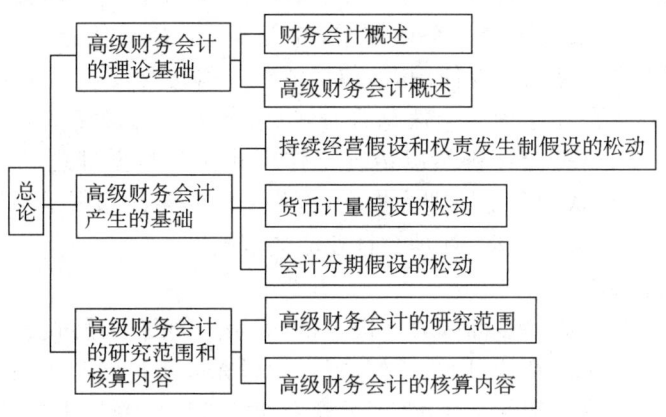

**思政育人　　　做一个诚实守信的会计人**

当会计，做财务，选择这个职业不容易。爱岗敬业，是当好一名会计的首要条件、必备条件。爱岗敬业后，你开始注重自己的会计操守，诚实守信是你首先要注重的，它将时刻陪伴你的会计人生。

孟子说："诚者，天之道也，诚之者，人之道也。"说的是遵守承诺，言行一致，因为言能成诺方为"诚"。会计人不仅要口诚，还要心诚、意诚。诚实是前提，是因，守信是果，是具体表现。会计人一般处事比较严谨，这从举手投足和言谈之中可以看出，会计人比一般人要沉稳，不张扬，也不夸夸其谈，要谈也是有理有据地谈，即有数字、有依据地谈。这种沉稳，是指会计人在说什么或做什么的时候，都在心中进行思索和考量，因为会计人知道要为自己所说的或所做的负责。

实，是实事求是的实，是不掺杂任何水分的真实。因为实，会计人在外人的眼中可能是木讷、呆板、"花岗岩"的代名词。这既是从会计人形象的角度说的，也是从会计人为人处事角度说的。会计人做账要求实，做事也求实，做人更求实。先做诚实的人，再做诚实的事。会计人做的每一件实事，包括记录每一笔会计分录。朴实、踏实、扎实，为人实诚，都是别人给会计人出具的总结性"会计报表"。

我们需要秉承诚实守信的原则，做一个实事求是的会计人。

资料来源：杨良成. 做一个诚实守信的会计［EB/OL］.（2015-11-29）［2023-10-29］. https：//shuo. news. esnai. com/article/201511/123495. shtml.

# 第一节　高级财务会计的理论基础

1-1视频：高级财务会计的理论基础

## 一、财务会计概述

财务会计是当代企业会计的重要组成部分，它是指通过对企业已经完成的资金运动的全面系统核算与监督，以向外部与企业有经济利害关系的投资人、债权人、政府有关部门和社会公众提供企业的财务状况与盈利能力等方面的经济信息为主要目标而进行的经济管理活动。

### （一）财务会计的特征

首先，财务会计以计量和传送信息为主要目标，其不同于管理会计的特点之一就是财务会计的目标主要是向企业的投资者、债权人和政府部门，以及社会公众提供会计信息。从信息的性质看，财务会计主要反映企业整体情况，并着重反映历史信息。从信息使用者看，财务会计的信息使用者主要是指外部使用者，包括债权人和投资人等。其次，财务会计以财务报告为工作核心。财务会计作为一个信息系统，以财务报告为最终结果。会计信息最终通过财务报告反映出来。财务会计仍然以传统工作模式作为数据处理和信息加工的基本方法。最后，财务会计以公认的会计原则为指导，这些公认的会计原则是指导财务会计工作的基本原理和准则，是组织会计活动、处理会计业务的规范。

### （二）财务报告的目标

财务报告的目标称为会计目标或会计报表目标，是人们期望通过会计活动达到的结果，或者说是会计信息系统要达到的目的。财务报告的目标最初是向资源所有者如实反映资源的受托者对受托资源的管理和使用情况，即反映企业管理层对受托责任的履行情况，以有助于股东评价企业经营管理责任和资源使用情况。

**(三) 财务会计信息的使用者**

1. 会计信息的外部使用者

会计信息的外部使用者是与企业具有利益关系但是却不参与企业的日常管理的个人和组织：

（1）股东。企业的股东最关心企业的经营。股东借助年度财务报告可以评价过去，预测未来。向股东提供财务报告是会计信息系统的传统职责，股东作决策要借助财务报告反映的常规信息。

（2）债权人。企业债权人对企业的信誉、偿债能力，以及企业的未来发展是非常关心的，而财务报告是公司信息的重要来源。

（3）职工。职工主要希望得到工资水平、福利金和利润等信息，而这些信息大部分是由会计信息系统提供的。

（4）供应商。企业往往有很多的原材料、产成品或可供销售的商品。采取赊销方式的供应商需要了解客户的经营稳定性、信用状况以及支付能力等方面的信息。

（5）顾客。顾客需要的信息，包括有关企业及其产品的信息，如价格、性能、企业信誉、企业商业信用。

2. 会计信息的内部使用者

会计信息内部使用者包括董事长、首席执行官、首席财务官、副董事长、经营部门经理、分厂经理、分部经理、生产线主管等。每位内部使用者使用会计信息的具体目的不同，但宗旨是一样的，都在于帮助企业实现其总体的战略和任务。所有企业都必须遵循与它们的会计信息系统设计有关的规则以确保会计信息的规范性并保护企业的资产。与向外部提供信息不同，会计信息系统向内部报送会计信息显然具有较多的"自由性"。因此，企业设计满足企业经营管理需要的会计信息系统比设计外部报表面临更大的困难。

## 二、高级财务会计概述

**(一) 高级财务会计定义**

企业会计分为财务会计和管理会计。改革开放以来，随着社会主义市场经济体制逐渐确立以及经济活动的复杂化，企业发生的并购、重组、外币交易、衍生工具运用等经济业务越来越频繁，高级财务会计日益受到我国会计理论界和实务界的重视。

高级财务会计涉及会计理论与实务方面的疑难问题、新问题、特殊问题。高级财务会计是在财务会计理论的基础上，对企业出现的特殊交易或事项进行会计处理的理论与方法的总称。高级财务会计属于财务会计的范畴。通常来讲，企业会计由管理会计和财务会计两大领域构成。管理会计从内部管理和预算控制两个方面提供企业内部管理所需要的信息。财务会计是以对外编制财务报表为目标。高级财务会计与一般财务会计互为补充、相得益彰。

高级财务会计是在一般财务会计的基础上，对会计理论及会计程序与方法有更广泛和更深入的研究。高级财务会计是随着社会经济的发展，在一般的财务会计基础上延伸出来的，是利用财务会计的固有方法，对现有财务会计未包括的业务，或者需要深入进行论述的业务以及随着客观经济环境变化而产生的一些特殊业务进行反映和监督的会计。企业面临的一般交易或事项，包括固定资产、存货、对外投资、应收账款、应付账款、收入、费用的会计核算等,对这些经常性交易或事项的确认、计量和报告属于一般财务会计的内容。而对特殊行业和组织发生的以及企业在经营的某一特定阶段或某一特定条件下出现的交易和事项,如企业发生的收购兼并、与政府及非营利组织发生的经济业务、公司在濒临破产状态下进行的清算,属于高级财务会计处理的内容。

### (二)高级财务会计的特征

与管理会计相比,财务会计存在着以下几个特征:第一,财务会计以企业外部的报表使用者作为直接的服务对象,定期反映企业一定日期的财务状况及其变动情况和一定时期的经营成果,为企业管理当局提供加强内部管理所需要的会计信息。第二,财务会计以货币为主要计量单位,运用专门的会计处理程序和方法反映企业的经济活动。第三,财务会计有一套规范体系,以保证企业的会计工作和企业对外提供的会计信息达到规定的质量要求。

相对于财务会计,高级财务会计有其独特的特性:

(1) 深奥性。高级财务会计本质上是对一般财务会计理论与实务的延伸和发展,它来源于一般财务会计理论。高级财务会计涉及的问题要深奥得多。例如,合并财务报表问题。

(2) 特殊性。一般财务会计主要涉及财务会计通用的会计理论、会计方法和会计技术进行阐述,不涉及行业、所有制和企业经营方式。高级财务会计侧重于专门对特殊会计业务进行论述,包括特殊行业会计问题、特殊领域会计问题和特殊财务报告问题。

(3) 前瞻性。国际会计理论和实务的发展对我国的会计理论与会计实务产生直接的影响。许多具有超前性和国际性的会计理论与实务问题属于高级财务会计范畴。

(4) 会计环境制约。一个国家的会计环境影响着人们对高级财务会计的边界和内容的认识,经济发达、法律健全的国家,经济活动相对丰富、复杂,会计实务和会计准则也比较先进。而经济欠发达、法律不够完善的国家,经济活动相对简单,会计实务和会计准则也比较一般。因此,一些国家的通用财务会计的某些内容可能是另一些国家的高级财务会计内容。另外,同一个国家的不同时期会计环境的发展和变化也会导致属于高级财务会计的内容向通用财务会计转化。

知识拓展1-1

**高级财务会计在财务会计中的地位**

在会计学课程中,属于财务会计领域的课程有"会计学原理""中级财务会计"和"高级财务会计"。"会计学原理"主要阐述会计确认、计量、记录和报告的一般原理,属于入门课程。"中级财务会计"着重阐述企业的一般会计事项,如货币资金、存货、应收款项、长期负债、固定资产、所有者权益等事项的会计处理,是财务会计一般方法与理论的运用。而"高级财务会计"着重阐述企业因各种原因面临的特殊事项的会计处理。"高级财务会计"之所以被冠以"高级",是因为它是对特殊事项的会计处理,无论是原则和假设方面,还是方法和程序方面。我们必须在学习了"会计学原理"和"中级财务会计"课程之后,才能更好地掌握"高级财务会计"课程。

1-2视频:
高级财务
会计产生
的基础

## 第二节 高级财务会计产生的基础

会计是在一定环境下运行的,会计与环境的关系非常密切。会计基本假设亦称会计基本前提,就是人们为了实现会计目标,对会计活动中未能确定的因素及其规律性,根据客观事实所提出的一系列命题。这些基本命题是在市场经济条件下,进行会计活动所必备的基本环境和前提条件。

在财务会计中,存在着大量的会计假设,如持续经营假设和权责发生制假设、货币计量假设、会计分期假设等,它们是人们进行会计确认、计量的基本前提,是会计原则赖以存在的基本假定。高级财务会计对特殊会计事项处理的原则和方法,与中级财务会计对一般会计事项的处理原则和方法存在着较大的差别,这种差别源于特殊会计事项对会计假设的背离,于是产生了会计假设的松动。这里的松动有两层含义:一是原有的客观条件发生了较大程度的变化,难以用原有的方式限制和解释;二是原有的条件被客观形势所限,被彻底否定。

### 一、持续经营假设和权责发生制假设的松动

国际会计准则承认的基本假设包括持续经营假设和权责发生制两个假设,两者处于紧密状态,即权责发生制以持续经营为前提。但是,如果持续经营不存在,那么权责发生制也会失去意义。现代经济中很多不确定因素可能随时导致企业重组、破产和解散,那么这两种假设就失去了前提,以这两个假设为基础的会计确认、计量的原则和方法将会不宜采用。因此,高级财务会计中的破产清算会计和重组会计正是持续经营假设和权责发生制假设动摇的结果。非持续经营情况下形成的无需按照权责发生制要求核算的会计业务是高级财务会计所要阐述的内容。

### 二、货币计量假设的松动

货币计量假设是指会计对企业资产、负债、所有者权益、收入、费用以及利润的核算以货币为统一的计量单位,财务报表所反映的内容只限于能够用货币来计量的经济活动。以货币为计量单位是会计核算区别于其他核算的显著特征。在该假设中,隐含着较为重要的假定就是币值稳定。但是,币值不变的前提因持续的物价变动而被否定,并陆续出现了非基于历史成本的公允价值计量模式。在第二次世界大战以后,西方国家出现了普遍的、持续性的通货膨胀。在此期间,货币购买力不断下降,货币计量假设中隐含的币值稳定的假定已严重脱离现实。因此,货币计量假设的松动,使外币业务会计和物价变动会计成了现实的会计业务,并且由高级财务会计处理。

### 三、会计分期假设的松动

会计分期假设将企业持续不断的经营活动人为地划分为等距的会计期间,为分期确定企业经营损益设定了前提条件。会计分期是权责发生制的基础,也是会计确认、计量的依据。但是,随着客观经济环境变化而出现的新的经济业务也影响了这一假设,从而形成了不能依赖这一假设解决的会计事项。例如,衍生工具的出现和发展已使现行的定期财务报告制度难以及时提供有效的信息,这些业务事项都要求企业依据各类专门事项确定独特的损益确认期限,因此也就有了对期货合同等业务进行核算和报告的专门规定。

### 高级财务会计产生的历史原因

20世纪40年代后期所成型的财务会计的主体，一般多为控制一定经济资源进行经济活动并独立进行会计核算的单一经济实体，资产的计价也是建立在币值不变的历史成本原则基础之上。由于国际交流的局限性，会计核算的内容主要是以国内生产经营活动为主，而商品进出口业务的比重不大。因此，我们称当时形成的这种财务会计，为"一般财务会计"或"传统财务会计"。

第二次世界大战以后，特别是从20世纪60年代开始，西方科学领域取得突破性进展，带动全球经济迅猛发展，使世界经济环境发生了巨大变化：

第一，各国经济不断发展壮大，在股份公司发展的基础上，控股公司兴起和发展，进而集团公司大量涌现，使财务会计的目标更主要地转向对外报告。

第二，国际贸易、国际投资、跨国经营迅速发展，西方国家不仅进一步推进商品资本和货币资本的国际化，而且大规模实行生产资本的国际化，从而促使各国间的贸易和投资规模不断扩大，企业经济活动突破了以国内的活动为主。

第三，为满足商品生产和发展的资金需要，不仅国内金融市场不断扩大，而且跨越国界的大量资金融通及债券亦频繁出现，国际金融市场得以形成并不断发展。

第四，由于社会经济的迅速发展，企业的经营范围不断扩大，交易形式更加灵活，新的经济业务形式不断产生，以往并不存在或并不广泛出现的特殊经济业务也不断涌现。

第五，第二次世界大战以来，特别是20世纪70年代西方国家和拉美各国经历了严重的通货膨胀，这使货币持续大幅贬值，币值长期相对稳定的局面不复存在。

新的社会经济条件的出现，必然会产生一些传统财务会计很少涉及、涉及不深的特殊经济业务。于是，高级财务会计产生了。

## 第三节 高级财务会计的研究范围和核算内容

### 一、高级财务会计的研究范围

1-3视频：高级财务会计的研究范围和核算内容

目前会计界对高级财务会计的范围没有完全一致的认识。但是，通常来说，高级财务会计的范围定位于中级财务会计一般不涉及或者需要深入论述的特殊会计业务。它的研究范围并不是孤立的，不能脱离中级财务会计的范围，其研究范围需要与中级财务会计相衔接。因此，特殊会计业务是针对中级财务会计而言的。高级财务会计的研究范围就是中级财务会计未涉及和涉及不深的特殊问题，学者们结合我国会计实务和会计教育的实际情况，对这些特殊会计业务按照不同类别和不同标准进行归类。

学者们在确定高级财务会计研究范围时遵循几个基本原则。首先，以会计基本假设关系和经济事项为理论基础确定高级财务会计的范围。会计基本假设范围内的会计事项属于中级财务会计的研究范围。而背离会计基本假设的会计事项归于高级财务会计的研究范围。这些假设包括持续经营假设、货币计量假设、会计分期假设等。但是这种判断方式又不是绝对的，虽然中级财务会计阐述的是基于会计基本假设的一般会计业务或事项，有些会计业务或事项虽然未背离会计基本假设，但是却没有普遍性，如租赁业务、上市公司会计信息披露、衍生工具等，这些业务或事项处理难度较大，不宜放在中级财务会计中讲述。

## 二、高级财务会计的核算内容

高级财务会计主要是核算和监督那些在新的社会经济条件下出现的,传统财务会计不曾涉及或未广泛深度涉及的各种特殊经济业务。对这些特殊经济业务所进行的会计核算和监督可以按照不同的标志进行归类。

**(一) 各类企业均可能发生的特殊会计业务**

(1) 外币交易与折算的会计业务。外币交易与折算的会计业务是指企业发生的商品进出口业务、对国外的劳务供应业务、接受国外劳务业务、外币信贷业务、外币投资业务、以外币结算的保险业务、以外币结算的管理咨询业务,以及发生的外币远期合同套期保值与外币融资等业务的会计核算。

(2) 企业所得税的会计业务。任何企业在经营过程中必须依据税法向税务部门进行税务申报和缴纳所得税,而缴税的依据就是企业的应纳税所得额。在早期,按税法要求核算的税务会计与按照会计准则核算的财务会计所计算的应纳税所得额是一致的。因此,企业的应纳税所得额就是会计利润。但是,随着税法的改变,税务会计和财务会计逐步分离,朝着各自学科的方向发展,按照税法规定计算出的应纳税所得额与会计利润不一致。这是当前社会经济条件下任何企业都会发生的特殊会计业务。

(3) 股份上市公司信息披露的会计业务。为保证社会公众的投资利益,股份上市公司必须按照规定向广大投资者提供企业真实可靠的财务信息和相关经济信息,以便广大投资者决策和政府主管部门进行监督。因此,股份上市公司必须按照规定,在股票上市前及上市后定期或不定期地披露公司的财务状况和盈利能力,以及公司发生的有关重大变动事项。

(4) 衍生金融工具的会计业务。金融是货币流通与银行信用等一切活动的总称。以银行为主的金融机构在企业间开展金融业务是保证市场经济不断发展的重要条件,金融工具则是完成货币流通和实现银行信用的手段。随着现代市场经济的到来,企业需要更为方便、灵活、有效的结算方式和投资方式,也需要规避市场经济不断变化带来的各种风险手段,因而陆续产生了远期合同、期货合同、互换和期权等多种不同于以前具有新的特征的金融工具,对此成为衍生金融工具或者衍生工具。

**(二) 特种经营行业的特殊会计业务**

在市场经济日益昌盛的情况下,一些新的专门从事某种特殊业务的行业不断涌现,即特种经营行业,便产生了特殊经营行业的特殊会计业务。

(1) 期货交易与经营的会计业务。期货交易是随着商品经济发展而逐渐演变发展起来的与现货商品交易相对应的一种特殊商品交易,是买卖双方支付一定保证金,在期货市场进行的待定于将来某一特定时间和地点交割某一特定品质和规格商品的标准合约的买卖行为。期货交易实际是一种标准化的期货合约的交易。

(2) 现代租赁经营的会计业务。租赁业务本是一项历史久远的经营业务,但是长期以来,人们只是进行一种对不动产的传统租赁,业务形式比较单一。随着第二次世界大战的结束,西方工业从军用生产转向民用品生产,设备的更新需要大量的资金,传统的信贷方法无法满足旺盛的投资需要,因而在银行和企业的共同参与下,现代租赁业务应运而生,专营租赁业务的公司开始出现,它们大量开展新形式的融资租赁业务,并获得迅速发展。

### (三) 复合会计主体的特殊会计业务

传统财务会计一般是以单一的独立核算单位为会计主体。随着经济的不断发展,企业合并时有发生,跨国公司、设有分支机构的大公司以及集团公司等复合型会计主体不断出现。分支机构之间以及它们与母公司或总公司之间往往有着一些特殊的经济业务。这些特殊的会计业务主要分为以下几个方面。

(1) 企业合并的会计业务。企业合并是指两个或两个以上彼此独立的具有法人资格的企业相互联合,组成一个统一经营管理的企业;或一家企业通过一定并购方式取得对另一家或几家企业的控制权。

(2) 集团公司的母公司与子公司以及总公司与所属分支机构及各所属企业间内部往来业务。集团公司的母公司与子公司之间、子公司之间、总公司与所属分支机构之间、各分支机构之间,往往会发生各种经济业务往来。而这些业务有的是非流动资产的销售和内部商品的购销。由于各个集团公司和总公司对所属企业规定的会计政策不同,其日常账务处理的方式不同。因此,对这些内部往来业务必须进行特殊的会计账务处理。

(3) 企业合并和集团公司建立后的报告主体合并会计报表编制的会计业务。为反映企业合并后各主体的财务状况和盈利能力,合并企业作为报告主体在合并日要编制反映合并企业整体的财务状况的合并财务报表,集团公司建立以后还要定期编制反映集团整体财务状况和盈利能力的合并财务报表。

### (四) 特殊经济时期的特殊会计业务

传统财务会计长期以来基于特定的会计假设,但经济环境的某些变化会破坏传统财务会计假定的特定统一的经济环境,形成一个特殊的经济,产生一些不符合传统会计假设的特殊会计业务。

(1) 通货膨胀信息披露的会计业务。在传统财务会计中,货币计量假设中的货币单位价值是以币值不变为前提条件的。第二次世界大战后,特别是20世纪70年代以后西方国家和拉美各国经历了一个较长时间的通货膨胀时期。严重的通货膨胀使传统财务会计所依据币值不变的前提和以历史成本原则在质量方面受到极大冲击,难以有效地满足企业经营者和利益相关者的需要。

(2) 企业停业、破产、倒闭进行资产、负债以及权益清算的会计业务。在现代日益发展瞬息万变的激烈市场竞争中,一些企业崛起,一些企业衰落,一些合营企业在协议期满后经营结束,因而出现一些企业的停业、破产与倒闭。企业的停业、破产与倒闭使原会计主体处于一种不再持续经营、不再按原会计分期进行核算的特殊时期。企业在停业、破产、倒闭的过程中所需进行的资产、负债以及权益清算的会计业务,是企业处于特殊经济时期的特殊会计业务。

1-4 扫一扫
练一练

1-5 扫一扫
练一练答案

> **知识拓展 1-3**
>
> #### 会计原则方面的发展和变化
>
> 高级财务会计在遵循传统财务会计原则的同时,也使传统财务会计一般原则的含义得到进一步拓展和强化。在贯彻重要性原则方面,对报表使用者经济决策有着重要意义的"特殊会计业务"均应在会计报表中以专项形式予以披露。例如,在外币业务中,汇率变化可能给企业持有的外币资产、负债及权益的折算本位币记账金额带来变化;集团会计报表与集团各成员个别会计报表的内容和编制方法不同所带来的变化;融

资租赁业务给企业财务状况带来的变化;企业经营期货或其他衍生金融工具可能给企业带来的风险或收益等对报表的使用者均有着极为重要的意义。企业在会计报表中均应设置专项予以反映。

## 本 章 小 结

本章在简要介绍财务会计的基础上,主要介绍了高级财务会计的定义、特征、产生的基础,以及高级财务会计的研究范围和核算内容。高级财务会计是专门研究高级会计业务的,专门解决特殊会计主体的业务、特殊会计期间的业务、特殊计量方式的业务、带有特殊性的业务的问题。而这些特殊业务基本都涉及会计假设的松动,如持续经营假设、权责发生制假设、货币计量假设、会计分期假设的松动,这些问题与一般财务会计问题在处理原则和方法上都存在着较大的差异。本章最后主要讲解了高级财务会计的核算内容,比如各类企业均可能发生的特殊会计业务、特种经营行业的特殊会计业务、复合会计主体的特殊会计业务、特殊经济时期的特殊会计业务。

1-6 扫一扫
看课件

## 重 要 概 念

财务会计　高级财务会计　持续经营假设　权责发生制　货币计量假设
会计分期假设

# 第二章 或 有 事 项

- 内容提要
- 重点难点
- 学习目标
- 知识框架
- 第一节 或有事项概述
- 第二节 或有事项的确认和计量
- 第三节 或有事项会计的具体应用
- 第四节 或有事项的列报
- 本章小结
- 重要概念

**内容提要**

本章全面概述或有事项的概念及特征、确认和计量。本章主要讲解了或有事项的确认和计量；或有事项会计的具体应用；或有事项的列报。

**重点难点**

本章重点为或有事项的确认和计量、或有事项的会计处理。本章难点为或有事项的会计处理。

**学习目标**

通过本章学习,学生应了解或有事项的概念、或有事项的特征、或有负债和或有资产的概念；掌握或有事项的确认与计量；或有事项会计的具体应用。

**知识框架**

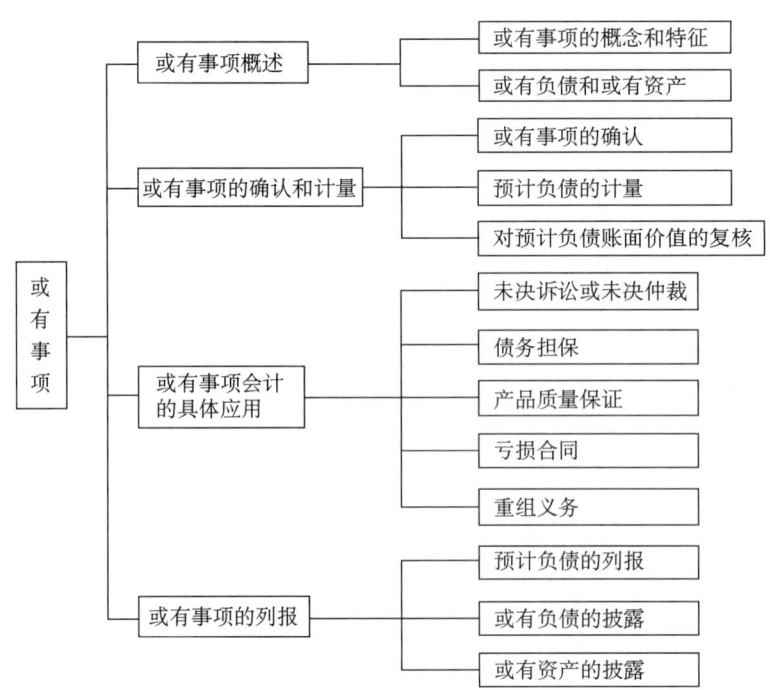

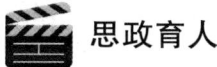

**思政育人** 　　　大众汽车(中国)销售有限公司
召回部分进口宾利添越 W12 系列汽车

　　大众汽车(中国)销售有限公司根据《缺陷汽车产品召回管理条例》和《缺陷汽车产品召回管理条例实施办法》的要求,向国家市场监督管理总局备案了召回计划。决定自 2023 年 12 月 25 日起,召回 2016 年 1 月 30 日至 2018 年 11 月 19 日期间生产的部分进口宾利添越 W12 系列汽车,共计 1 177 辆。

　　本次召回范围内的车辆燃油泵上盖的线束和插头电流设计容量不足,当电流超出其设计容量时,可能造成电气插头过热,进而使燃油泵上盖的树脂材料发生局部热熔,导致燃油泄漏,存在起火风险。

　　大众汽车(中国)销售有限公司将授权经销商免费为召回范围内的车辆更换改进后的燃油泵上盖,以消除安全隐患。

　　如果企业存在大范围的产品质量保证,或者企业产品存在致命缺陷,将来就有可能引起负债性质的或有事项发生。如汽车生产企业批量召回已经售出若干年的汽车,飞机制造商发现飞机的致命缺陷等,这些或有事项如果发生,一方面会顷刻增加企业的当期成本费用,企业需要大量支出现金进行补救,另一方面会导致企业失去市场,影响企业现金流入。这些都会在将来影响企业的长期偿债能力。企业在追求经济利益的同时履行社会责任,对于企业形象和长期发展是至关重要的。

　　资料来源:国家市场质量监督总局.大众汽车(中国)销售有限公司召回部分进口宾利添越 W12 汽车[EB/OL].(2023-11-10)[2023-11-15].https://www.samr.gov.cn/zw/zh/art/2023/art_1c72041a2adc4c85965e4a69d339e532.html.

# 第一节　或有事项概述

## 一、或有事项的概念和特征

### (一)或有事项的概念

或有事项是指过去的交易或者事项形成的,其结果须由某些未来事项的发生或不发生才能决定的不确定事项。不确定事项是指该事项的结果是否发生具有不确定性,或者发生的具体时间或金额具有不确定性。常见的或有事项包括未决诉讼或未决仲裁、债务担保、产品质量保证(含产品安全保证)、亏损合同、重组义务、承诺、环境污染整治等。

**相关思考 2-1**

**下列事项属于或有事项吗**

　　企业对售出的一批商品提供售后担保,承诺发生质量问题时提供无偿修理。该事项是否为或有事项?

　　相关思考 2-1 解析:

　　销售商品并提供售后担保是企业过去发生的交易,由此形成的未来修理服务构成一项不确定事项,修理服务的费用是否会发生以及发生金额是多少将取决于未来是否发生修理请求以及修理工作量、费用等的大小。按照权责发生制原则,企业不能等到客户提出修理请求时,才确认因提供担保而发生的义务,而应当在资产负债表日对这一不确定事项作出判断,以决定是否在当期确认承担的修理义务。这种不确定事项在会计上被称为或有事项。

### (二)或有事项的特征

或有事项具有以下特征:

(1) 或有事项是因过去的交易或者事项形成的。例如,企业销售商品后对客户承诺:在商品保质期内如果出现质量问题,客户可以无条件退货或者由企业提供保修服务等。企业提供的这种承诺就是由过去的交易形成的,只要商品保质期未满,企业就要承担这一潜在的义务。基于这一特征,未来可能发生的自然灾害、交通事故、经营亏损等事项,都不属于或有事项。

(2) 或有事项的结果具有不确定性。例如,依据企业销售商品所提供的产品质量保证,如果客户在保质期内退货或企业承担保修义务时,企业就要承担一定损失金额;但在什么时间、具体要承担多少损失金额,只要保质期未满就很难确定。

(3) 或有事项的结果须由未来事项决定。例如,企业销售的商品在保质期内没有出现质量问题,企业就不用承担损失。随着影响或有事项结果的因素消失,不确定的或有事项最终转为确定的事项。

在会计处理过程中存在不确定性的事项并不都是或有事项,企业应当按照或有事项的定义和特征进行判断。例如,对固定资产计提折旧虽然也涉及对固定资产预计净残值和使用寿命进行分析和判断,带有一定的不确定性,但是,固定资产折旧是已经发生的损耗,固定资产的原值是确定的,其价值最终会转移到成本或费用中也是确定的,该事项的结果是确定的,因此,对固定资产计提折旧不属于或有事项。

## 二、或有负债和或有资产

或有负债是指过去的交易或事项形成的潜在义务,其存在须通过未来不确定事项的发生或不发生予以证实;或有负债也可能是过去的交易或事项形成的现时义务,履行该义务不是很可能导致经济利益流出企业或该义务的金额不能可靠地计量。

或有负债涉及两类义务:一类是潜在义务,另一类是现时义务。其中,潜在义务是指结果取决于不确定未来事项的可能义务。也就是说,潜在义务最终是否转变为现时义务,由某些未来不确定事项的发生或不发生决定。现时义务是指企业在现行条件下已承担的义务,该现时义务的履行不是很可能导致经济利益流出企业,或者该现时义务的金额不能可靠地计量。例如,华夏公司涉及一桩诉讼案,根据以往的审判案例推断,华夏公司很可能要败诉。但法院尚未判决,华夏公司无法根据经验判断未来将承担多少赔偿金额,因此该现时义务的金额不能可靠地计量,该诉讼案件即形成一项华夏公司的或有负债。

或有负债的主要特征表现在两个方面:①或有负债是由过去的交易或事项产生的;②或有负债作为特殊的现时义务,履行该项义务不是很可能导致经济利益流出企业,或者该义务的金额不能可靠地计量。

履行或有事项相关义务导致经济利益流出的可能性,通常按照一定的概率区间加以判断。一般情况下,发生的概率分为以下几个层次:基本确定、很可能、可能、极小可能。其中,基本确定是指发生的可能性大于95%但小于100%;很可能是指发生的可能性大于50%但小于或等于95%;可能是指发生的可能性大于5%但小于或等于50%;极小可能是指发生的可能性大于0但小于或等于5%。

**知识拓展2-1**

### 关于可能性的概念

或有负债形成的义务导致经济利益流出企业的可能性有多大,是应否将该义务确认为负债的重要考虑因素。但是，人们对于可能性相关概念的理解和把握却往往存在差异。其中，美国财务会计概念公告第5号将可能性分为三档：很可能、有可能、极小可能。《国际会计准则第10号——或有事项和资产负债表日后发生的事项》也尝试着运用同样的分类。这种定性而非定量的描述，容易造成不同的准则使用者产生不同的理解。

加拿大会计准则将可能性划分为五个档次：基本确定(virtually certain)，90%～100%(不含100%)；很可能(likely)，50%～90%；介于很可能和不是很可能之间(neither likely or unlikely)，50%；不是很可能(unlikely)，15%～50%；极小可能(remote)，1%～14%(不含0)。

英国会计实务公告将可能性划分为四个档次：基本确定(reasonably certain)，95%～100%；很可能(probable)，50%～95%；有可能(possible)，5%～50%；极小可能(remote)，0～5%。

《国际会计准则第37号——准备、或有负债和或有资产》没有明确将可能性划分为几档，但隐含地将其划分为三档：基本确定(virtually certain)、很可能(probable)、极小可能(remote)。

或有资产是指过去的交易或事项形成的潜在资产，其存在须通过未来不确定事项的发生或不发生予以证实。或有资产作为一种潜在资产，具有较大的不确定性，只有随着经济情况的变化，通过某些未来不确定事项的发生或不发生才能证实其是否会形成企业真正的资产。

### 相关思考2-2

**下列经济事项是否形成资产**

本年度12月10日，华夏公司状告某影视公司侵犯了其自主知识产权。华夏公司律师估计，该影视公司极有可能赔偿华夏公司500万元。本年度12月31日，法院正在调查该项案件，尚未对其公开审理。请问：华夏公司这一经济事项是否会形成一项资产？

相关思考2-2解析：

法院尚未对该案件进行公开审理，华夏公司是否胜诉尚难判断。对于华夏公司而言，将来可能胜诉而获得的赔偿属于一项或有资产，但这项或有资产是否会转化为真正的资产，要由法院的判决结果确定。如果终审判决结果是华夏公司胜诉，那么这项或有资产就转化为华夏公司的一项资产。如果终审判决结果是华夏公司败诉，那么或有资产就消失了，更不可能形成华夏公司的资产。

如果或有负债和或有资产不符合负债或资产的定义和确认条件，企业不应当确认或有负债和或有资产，而应当进行相应的披露。但是，影响或有负债和或有资产的多种因素处于不断变化之中，企业应当持续地对这些因素予以关注。随着时间的推移和事态的进展，或有负债对应的潜在义务可能转化为现时义务，原本不是很可能导致经济利益流出的现时义务也可能被证实将很可能导致经济利益流出企业，并且现时义务的金额也能够可靠地计量。这时或有负债就转化为企业的负债，应当予以确认。或有资产也是一样，其对应的潜在资产最终是否能够流入企业会逐渐变得明确，如果某一时点企业基本确定能够收到这项潜在资产并且其金额能够可靠地计量，则应当将其确认为企业的资产。

### 知识拓展2-2

**比较或有事项的定义**

许多国家或地区的会计准则对或有事项做过定义。美国财务会计准则委员会(FASB)于1975年发布的第5号公告认为，或有事项是指可能会给企业带来利得(利得性质的或有事项)或损失(损失性质的或有事项)的现存不确定性情况、状况或环境,这种不确定性将通过一项或多项未来事项的发生或不发生得到证实。《国际会计准则第10号——或有事项和资产负债表日后发生的事项》认为,或有事项是指资产负债表日存在的状况或情形,其最终结果是利得或损失,只能通过一项或多项未来不确定事项的发生或不发生予以证实。

我国的企业会计准则将或有事项定义为过去的交易或事项形成的一种状况,其结果须由某些未来不确定事项的发生或不发生才能确定的不确定事项。

# 第二节 或有事项的确认和计量

## 一、或有事项的确认

2-1视频:
或有事项
的确认

或有事项的确认是指与或有事项相关的义务应在什么条件下确认为预计负债。按照《企业会计准则》要求,与或有事项有关的义务应当在同时符合以下三个条件时,确认为负债:①该义务是企业承担的现时义务;②履行该义务很可能导致经济利益流出企业;③该义务的金额能够可靠地计量。

第一,该义务是企业承担的现时义务。即与或有事项相关的义务是企业在当前条件下已承担的义务,企业没有其他现实的选择,只能履行该现时义务。这里所指的义务包括法定义务和推定义务。法定义务是指因合同、法规或其他司法解释等产生的义务,通常是企业在经济管理和经济协调中,依照经济法律、法规的规定必须履行的责任。比如,企业与其他企业签订购货合同产生的义务就属于法定义务。推定义务是指因企业的特定行为而产生的义务。企业的特定行为,泛指企业以往的习惯做法、已公开的承诺或已公开宣布的经营政策。并且,由于以往的习惯做法,或通过这些承诺或公开的声明,企业向外界表明了它将承担特定的责任,从而使受影响的各方形成了其将履行那些责任的合理预期。

第二,履行该义务很可能导致经济利益流出企业。即履行与或有事项相关的现时义务导致经济利益流出企业的可能性超过50%,但尚未达到基本确定的程度。企业因或有事项承担了现时义务,并不说明该现时义务很可能导致经济利益流出企业。例如,2×24年5月1日,甲企业与乙企业签订协议,承诺为乙企业的2年期银行借款提供全额担保。对于甲企业而言,由于担保事项而承担了一项现时义务,但这项义务的履行是否很可能导致经济利益流出企业,需依据乙企业的经营情况和财务状况等因素加以确定。假定2×24年年末,乙企业的财务状况恶化,且没有迹象表明可能发生好转,此种情况出现,表明乙企业很可能违约,从而甲企业履行承担的现时义务将很可能导致经济利益流出企业;反之,如果乙企业财务状况良好,一般可以认定乙企业不会违约,从而甲企业履行承担的现时义务不是很可能导致经济利益流出。

第三,该义务的金额能够可靠地计量。即与或有事项相关的现时义务的金额能够合理地估计。由于或有事项具有不确定性,因或有事项产生的现时义务的金额也具有不确定性,需要估计。要对或有事项确认一项负债,相关现时义务的金额应当能够可靠地估计。只有在金额能够可靠地估计,并同时满足前面两个条件时,企业才能对或有负债加以确认。例如,乙股份有限公司涉及一起诉讼案。根据以往的审判结果判断,公司很可能败诉,相关的赔偿金额也可以估算出一个区间,此时,就可以认为该公司因未决诉讼承担的现时义务的金额能够可靠地计量,如果同时满足其他两个条件,就可以将所形成的义务确认为一项负债。

## 二、预计负债的计量

当与或有事项有关的义务符合确认负债的条件时应当将其确认为预计负债,预计负债应当按照履行相关现时义务所需支出的最佳估计数进行初始计量。此外,企业清偿预计负债时还可能从第三方或其他方获得补偿。因此,或有事项的计量主要涉及两个问题:一是最佳估计数的确定;二是预期可获得补偿的处理。

### (一) 最佳估计数的确定

预计负债应当按照履行相关现时义务所需支出的最佳估计数进行初始计量。最佳估计数的确定应当分别两种情况处理:

第一,所需支出存在一个连续范围(或区间,下同),且该范围内各种结果发生的可能性相同,则最佳估计数应当按照该范围内的中间值,即上下限金额的平均数确定。

第二,所需支出不存在一个连续范围,或者虽然存在一个连续范围,但该范围内各种结果发生的可能性不相同。那么,如果或有事项涉及单个项目,最佳估计数按照最可能发生金额确定;如果或有事项涉及多个项目,最佳估计数按照各种可能结果及相关概率计算确定。涉及单个项目指或有事项涉及的项目只有一个,如一项未决诉讼、一项未决仲裁或一项债务担保等。涉及多个项目指或有事项涉及的项目不止一个,如产品质量保证,在产品质量保证中,提出产品保修要求的可能有许多客户,相应地,企业对这些客户负有保修义务。

【例 2-1】 $2 \times 24$ 年 10 月 2 日,华夏公司涉及一起诉讼案。$2 \times 24$ 年 12 月 31 日,华夏公司尚未接到法院的判决。在咨询了公司的法律顾问后,公司认为:胜诉的可能性为 40%,败诉的可能性为 60%。如果败诉,需要赔偿 1 000 000 元。此时,华夏公司在资产负债表中确认的负债金额应为最可能发生的金额,即 1 000 000 元。

【例 2-2】 华夏公司是生产并销售 A 产品的企业,$2 \times 24$ 年第一季度,共销售 A 产品 60 000 件,销售收入为 60 000 000 元。根据公司的产品质量保证条款,在该产品售出后 1 年内,如发生正常质量问题,公司将负责免费维修。根据以前年度的维修记录,如果发生较小的质量问题,发生的维修费用为销售收入的 1%;如果发生较大的质量问题,发生的维修费用为销售收入的 2%。根据公司技术部门的预测,本季度销售的产品中 80% 不会发生质量问题,15% 可能发生较小质量问题,5% 可能发生较大质量问题。据此,$2 \times 24$ 年第一季度末,华夏公司应在资产负债表中确认的负债金额为:

$$60\ 000\ 000 \times (0 \times 80\% + 1\% \times 15\% + 2\% \times 5\%) = 150\ 000(元)$$

### (二) 预期可获得补偿的处理

如果企业清偿因或有事项而确认的负债所需的支出全部或部分预期由第三方或其他方补偿,则此补偿金额只有在基本确定能收到时,才能作为资产单独确认,确认的补偿金额不能超过所确认负债的账面价值。预期可获得补偿的情况通常有:发生交通事故等情况时,企业通常可从保险公司获得合理的赔偿;在某些索赔诉讼中,企业可对索赔人或第三方另行提出赔偿要求;在债务担保业务中,企业在履行担保义务的同时,通常可向被担保企业提出追偿要求。

企业预期从第三方获得的补偿,是一种潜在资产,其最终是否真的会转化为企业真正的资产(即企业是否能够收到这项补偿)具有较大的不确定性,企业只能在基本确定能够收到补偿时才能对其进行确认。根据资产和负债不能随意抵销的原则,预期可获得的补偿在基本确定能够收到时应当确认为一项资产,而不能作为预计负债金额的扣减。

> **相关思考2-3**

华夏公司本年度研发了一项专利技术,被宏伟公司以侵犯其知识产权为由告上法庭。华夏公司于本年度末因该事项确认了400 000元的预计负债。但由于该项技术是华夏公司委托桂江公司研发的,根据公司律师的推断,本年度12月31日,华夏公司基本确定可以从桂江公司获得600 000元的赔偿。请问:华夏公司应如何处理该事项?

相关思考2-3解析:

华夏公司应确认一项金额为400 000元的负债和一项金额为400 000元的资产。如果企业清偿因或有事项而确认的负债所需支出全部或部分预期由第三方或其他方补偿,则此补偿金额只有在基本确定能收到时,才能作为资产单独确认,但确认的补偿金额不能超过所确认负债的账面价值。所以,华夏公司所确认的补偿金额为400 000元,不能超过所确认的负债的账面价值400 000元。

### (三)预计负债的计量需要考虑的其他因素

企业在确定最佳估计数时,应当综合考虑与或有事项有关的风险和不确定性、货币时间价值和未来事项等因素。

**1. 风险和不确定性**

风险的变动可能会增加负债的计量金额。企业在不确定的情况下进行判断,需要谨慎,不高估收入或资产,不低估费用或负债,不应确认过多的负债和故意夸大支出或费用。

**2. 货币时间价值**

如果预计负债的确认时点距离实际清偿有较长的时间跨度时,货币时间价值影响重大,应考虑采用现值计量。

2-2视频:预计负债的计量需要考虑的其他因素

将未来现金流出折算为现值时,需要注意以下三点:

(1)用来计算现值的折现率,应当是反映货币时间价值的当前市场估计和相关负债特有风险的税前利率。

(2)风险和不确定性既可以在计量未来现金流出时作为调整因素,也可以在确定折现率时予以考虑,但不能重复反映。

(3)随着时间的推移,即使在未来现金流出和折现率均不改变的情况下,预计负债的现值也将逐渐增长。企业应当在资产负债表日,对预计负债的现值进行重新计量。

**3. 未来事项**

预计负债的计量需要考虑的未来事项是指有足够的客观证据表明履行现时义务所需金额的相关事项将会发生。

## 三、对预计负债账面价值的复核

企业应当在资产负债表日对预计负债的账面价值进行复核。有确凿证据表明该账面价值不能真实反映当前最佳估计数的,应当按照当前最佳估计数对该账面价值进行调整。

例如,某化工企业对环境造成了污染,按照当时的法律规定,只需要对污染进行清理。随着国家对环境保护越来越重视,按照现在的法律规定,该企业不但需要对污染进行清理,还很可能要对居民进行赔偿。这种法律要求的变化,会对企业预计负债的计量产生影响。

企业应当在资产负债表日对为此确认的预计负债金额进行复核,相关因素发生变化表明预计负债金额不再能反映真实情况时,需要按照当前情况下企业清理和赔偿支出的最佳估计数对预计负债的账面价值进行相应的调整。

## 第三节 或有事项会计的具体应用

### 一、未决诉讼或未决仲裁

诉讼是指当事人不能通过协商解决争议,因而在人民法院起诉、应诉,请求人民法院通过审判程序解决纠纷的活动。诉讼尚未判决之前,对于被告来说,它可能形成一项或有负债或者预计负债;对于原告来说,它可能形成一项或有资产。

仲裁是指经济法的各方当事人依照事先约定或事后达成的书面仲裁协议,共同选定仲裁机构并由其对争议依法作出具有约束力裁决的一种活动。作为当事人一方,仲裁的结果在仲裁决定公布以前是不确定的,会构成一项潜在义务或现时义务,或者潜在资产。

【例2-3】 2×24年11月1日,华夏公司因合同违约而被华丽公司起诉。2×24年12月31日,公司尚未接到法院的判决。华丽公司预计,如无特殊情况很可能在诉讼中获胜,假定华丽公司估计将来很可能获得赔偿金额900 000元。在咨询了公司的法律顾问后,华夏公司认为最终的法律判决很可能对公司不利。假定华夏公司预计将要支付的赔偿金额、诉讼费等费用为600 000元至1 000 000元之间的某一金额,而且这个区间内每个金额的可能性都大致相同,其中诉讼费为30 000元。

此例中,华丽公司不应当确认或有资产,而应当在2×24年12月31日的报表附注中披露或有资产900 000元。

华夏公司应在资产负债表中确认一项预计负债,金额为:

$$(600\,000+1\,000\,000)\div 2=800\,000(元)$$

同时,在2×24年12月31日的附注中进行披露。

华夏公司的有关账务处理如下:

借:管理费用——诉讼费　　　　　　　　　　　　　　　30 000
　　营业外支出　　　　　　　　　　　　　　　　　　　770 000
　　贷:预计负债——未决诉讼　　　　　　　　　　　　　　　800 000

### 二、债务担保

债务担保在企业中是较为普遍的现象。提供担保的一方在被担保方无法履行合同的情况下,常常承担连带责任。从保护投资者、债权人的利益出发,客观、充分地反映企业因担保义务而承担的潜在风险是十分必要的。

【例2-4】 2×22年10月,华美公司从银行贷款人民币20 000 000元,期限2年,由华夏公司全额担保;2×24年4月,C公司从银行贷款1 000 000美元,期限1年,由华夏公司担保50%;2×24年6月,D公司通过银行从G公司贷款人民币10 000 000元,期限2年,由华夏公司全额担保。

截至 2×24 年 12 月 31 日,各贷款单位的情况如下:华美公司贷款逾期未还。银行已起诉华美公司和华夏公司,华夏公司因连带责任需赔偿多少金额尚无法确定;C 公司由于受政策影响和内部管理不善等原因,经营效益不如以往,可能不能偿还到期美元债务;D 公司经营情况良好,预期不存在还款困难。

本例中,对华美公司而言,华夏公司很可能需履行连带责任,但损失金额是多少,目前还难以预计;就 C 公司而言,华夏公司可能需履行连带责任;就 D 公司而言,华夏公司履行连带责任的可能性极小。这三项债务担保形成华夏公司的或有负债,不符合预计负债的确认条件,华夏公司在 2×24 年 12 月 31 日编制财务报表时,应当在附注中作相应披露。

### 三、产品质量保证

产品质量保证,通常是指销售商或制造商在销售产品或提供劳务后,对客户提供服务的一种承诺。在约定期内(或终身保修),若产品或劳务在正常使用过程中出现质量或与之相关的其他属于正常范围的问题,企业负有更换产品、免费或只收成本价进行修理等责任(不构成单项履约义务)。为此,企业应当在符合确认条件的情况下,于销售成立时确认预计负债。

**【例 2-5】** 沿用[例 2-2]的资料,华夏公司 2×24 年度第一季度实际发生的维修费为 130 000 元,"预计负债——产品质量保证"科目 2×23 年年末余额为 30 000 元。

本例中,2×24 年度第一季度,华夏公司的账务处理如下:

(1) 确认与产品质量保证有关的预计负债:

借:销售费用——产品质量保证　　　　　　　　　　　　　　150 000
　　贷:预计负债——产品质量保证　　　　　　　　　　　　　　150 000

(2) 发生产品质量保证费用(维修费):

借:预计负债——产品质量保证　　　　　　　　　　　　　　130 000
　　贷:银行存款或原材料等　　　　　　　　　　　　　　　　130 000

"预计负债——产品质量保证"科目 2×24 年第一季度末的余额为:

$$30\ 000+150\ 000-130\ 000=50\ 000(元)$$

在对产品质量保证确认预计负债时,需要注意的是:

第一,如果发现产品质量保证费用的实际发生额与预计数相差较大,应及时对预计比例进行调整。

第二,如果企业针对特定批次产品确认预计负债,则在保修期结束时,应将"预计负债——产品质量保证"科目余额冲销,不留余额。

第三,已对其确认预计负债的产品,如企业不再生产了,那么应在相应的产品质量保证期满后,将"预计负债——产品质量保证"科目余额冲销,不留余额。

### 四、亏损合同

亏损合同,是指履行合同义务不可避免发生的成本超过预期经济利益的合同。其中,"履行合同义务不可避免会发生的成本"应当反映退出该合同的最低净成本,即履行该合同的成本与未能履行该合同而发生的补偿或处罚两者之中的较低者。企业履行该合同的成本包括履行合同的增量成本和与履行合同直接相关的其他成本的分摊金额。其中,履行合同的增量成本包括直接人工、直接材料等;与履行合同直接相关的其他成本的分摊金额包括用于履行合同的固定资产的折旧费用摊销金额等。

待执行合同变为亏损合同,同时该亏损合同产生的义务满足预计负债的确认条件的,应当确认为预计负债。其中,待执行合同是指合同各方未履行任何合同义务,或部分履行了同等义务的合同。企业与其他企业签订的商品销售合同、劳务提供合同、租赁合同等,均属于待执行合同,待执行合同不属于或有事项。但是,待执行合同变为亏损合同的,应当作为或有事项。预计负债的计量应当反映退出该合同的最低净成本,即履行该合同的成本与未能履行该合同而发生的补偿或处罚两者之中的较低者。企业与其他单位签订的商品销售合同、劳务提供合同、租赁合同等,均可能变为亏损合同。

企业对亏损合同进行会计处理,需要遵循以下两点原则:

首先,如果与亏损合同相关的义务不需支付任何补偿即可撤销,企业通常就不存在现时义务,不应确认预计负债;如果与亏损合同相关的义务不可撤销,企业就存在了现时义务,同时满足该义务很可能导致经济利益流出企业且金额能够可靠地计量的,应当确认预计负债。

其次,待执行合同变为亏损合同时,合同存在标的资产的,应当对标的资产进行减值测试并按规定确认减值损失。在这种情况下,企业通常不需确认预计负债,如果预计亏损超过该减值损失,应将超过部分确认为预计负债;合同不存在标的资产的,在亏损合同相关义务满足预计负债确认条件时,应当确认预计负债。

【例2-6】 2×23年1月1日,华夏公司采用经营租赁方式租入一条生产线生产A产品,租赁期4年。华夏公司利用该生产线生产的A产品每年可获利20万元。2×24年12月31日,华夏公司决定停产A产品,原经营租赁合同不可撤销,还要持续2年,且生产线无法转租给其他单位。

本例中,华夏公司与其他公司签订了不可撤销的经营租赁合同,负有法定义务,必须继续履行租赁合同(交纳租金)。同时,华夏公司决定停产A产品。因此,华夏公司执行原经营租赁合同不可避免要发生的费用很可能超过预期获得的经济利益,属于亏损合同,华夏公司应当在2×24年12月31日,根据未来应支付的租金的最佳估计数确认预计负债。

## 五、重组义务

### (一) 重组义务的确认

重组是指企业制定和控制的,将显著改变企业组织形式、经营范围或经营方式的计划实施行为,属于重组的事项主要包括:

(1) 出售或终止企业的部分业务。

(2) 对企业的组织结构进行较大调整。

(3) 关闭企业的部分营业场所、或将营业活动由一个国家或地区迁移到其他国家或地区。

企业应当将重组与企业合并、债务重组区别开。因为重组通常是企业对内部资源的调整和组合,谋求现有资产效能的最大化;企业合并是在不同企业之间的资本重组和规模扩张;而债务重组是指在不改变交易对手方的情况下,债权人和债务人经协定或法院裁定,就清偿债务的时间、金额或方式等重新达成协议的交易。

企业因重组而承担了重组义务,并且同时满足预计负债的三项确认条件时,才能确认预计负债。

首先,同时存在下列情况的,表明企业承担了重组义务:

(1) 有详细、正式的重组计划,包括重组涉及的业务、主要地点、需要补偿的职工人数、预计重组支出、计划实施时间等。

(2) 该重组计划已对外公告。

其次,需要判断重组义务是否同时满足预计负债的三个确认条件,即判断其承担的重组义务是否是现时义务、履行重组义务是否很可能导致经济利益流出企业、重组义务的金额是否能够可靠地计量。只有同时满足这三个确认条件,才能将重组义务确认为预计负债。

例如,华夏公司董事会决定关闭一个事业部。如果有关决定尚未传达到受影响的各方,也未采取任何措施实施该项决定,该公司就没有开始承担重组义务,不应确认预计负债;如果有关决定已经传达到受影响的各方,并使各方对企业将关闭事业部形成合理预期,通常表明企业开始承担重组义务,同时满足该义务很可能导致经济利益流出企业和金额能够可靠地计量的,应当确认预计负债。

### (二) 重组义务的计量

企业应当按与重组有关的直接支出确定预计负债的金额,计入当期损益。其中,直接支出是企业重组必须承担的直接支出,不包括留用职工岗前培训、市场推广、新系统和营销网络投入等支出。

由于企业在计量预计负债时不应当考虑预期处置相关资产的利得或损失,在计量与重组义务相关的预计负债时,也不考虑处置相关资产(厂房、店面,有时是一个事业部整体)可能形成的利得或损失,即使资产的出售构成重组的一部分也是如此,这些利得或损失应当单独确认。

企业可以参照表2-1来判断某项支出是否属于与重组有关的直接支出。

2-3 扫一扫 练一练

2-4 扫一扫 练一练答案

表2-1　　　　　　　　　　　与重组有关支出的判断表

| 支出项目 | 包括 | 不包括 | 不包括的原因 |
| --- | --- | --- | --- |
| 自愿遣散 | √ | | |
| 强制遣散(如果自愿遣散目标未满足) | √ | | |
| 将不再使用的厂房租赁撤销费 | √ | | |
| 将职工和设备从拟关闭的工厂转移到继续使用的工厂 | | √ | 支出与继续进行的活动相关 |
| 剩余职工的再培训 | | √ | 支出与继续进行的活动相关 |
| 新经理的招募成本 | | √ | 支出与继续进行的活动相关 |
| 推广公司新形象的营销成本 | | √ | 支出与继续进行的活动相关 |
| 对新分销网络的投资 | | √ | 支出与继续进行的活动相关 |
| 重组的未来可辨认经营损失(最新预计值) | | √ | 支出与继续进行的活动相关 |

(续表)

| 支出项目 | 包括 | 不包括 | 不包括的原因 |
|---|---|---|---|
| 特定不动产、厂场和设备的减值损失 | | √ | 减值准备应当按照《企业会计准则第8号——资产减值》进行评估,并作为资产的抵减项 |

## 第四节 或有事项的列报

### 一、预计负债的列报

在资产负债表中,因或有事项而确认的负债(预计负债)应与其他负债项目区别开来,并单独反映。如果企业因多项或有事项确认了预计负债,在资产负债表上一般只需通过"预计负债"项目进行总括反映。企业在将或有事项确认为负债的同时,应确认一项支出或费用。这项支出或费用在利润表中不应单独列项目反映,而应与其他支出或费用项目(如"销售费用""管理费用""营业外支出"等)合并反映。比如,企业因产品质量保证确认负债时所确认的费用,在利润表中应作为"销售费用"的组成部分予以反映;又如,企业因对其他单位提供债务担保确认负债时所确认的费用,在利润表中应作为"营业外支出"的组成部分予以反映。

同时,为了使会计报表使用者获得充分、详细的有关或有事项的信息,企业应在会计报表附注中披露以下内容:

第一,预计负债的种类、形成原因以及经济利益流出不确定性的说明。

第二,各类预计负债的期初、期末余额和本期变动情况。

第三,与预计负债有关的预期补偿金额和本期已确认的预期补偿金额。

### 二、或有负债的披露

或有负债无论作为潜在义务还是现时义务,均不符合负债的确认条件,因而不予确认。但是,除非或有负债极小可能导致经济利益流出企业,否则企业应当在附注中披露有关信息,具体包括:

第一,或有负债的种类及其形成原因,包括已贴现商业承兑汇票、未决诉讼、未决仲裁、对外提供担保等形成的或有负债。

第二,经济利益流出不确定性的说明。

第三,或有负债预计产生的财务影响,以及获得补偿的可能性;无法预计的,应当说明原因。

需要注意的是,在涉及未决诉讼、未决仲裁的情况下,如果披露全部或部分信息预期对企业会造成重大不利影响,企业无须披露这些信息,但应当披露该未决诉讼、未决仲裁的性质,以及没有披露这些信息的事实和原因。

### 三、或有资产的披露

或有资产作为一种潜在资产,不符合资产确认的条件,因而不予确认。企业通常不应当披露或有资产,但或有资产很可能会给企业带来经济利益的,应当披露其形成的原因、预计产生的财务影响等。

2-5 扫一扫看课件

## 本 章 小 结

首先,本章介绍了或有事项、或有负债和或有资产的定义、特点及或有事项的几种表现形式。其次,重点说明了或有事项的确认与计量。其中,确认必须同时具备三个条件:义务是企业承担的现时义务;义务的履行很可能导致经济利益流出企业;义务的金额能够可靠地计量。计量主要涉及两个问题:一是最佳估计数的确定;二是预期可获得补偿的处理。再次,从未决诉讼或未决仲裁、债务担保、产品质量保证、亏损合同和重组义务五个方面说明了或有事项会计的具体运用。最后,根据准则要求分别说明了预计负债、或有负债、或有资产的列报和披露要求。

## 重 要 概 念

或有事项　预计负债　最佳估计数　未决诉讼　债务担保　亏损合同　重组义务

# 第三章 非货币性资产交换

- 内容提要
- 重点难点
- 学习目标
- 知识框架
- 第一节 非货币性资产交换的认定
- 第二节 非货币性资产交换的确认与计量
- 第三节 非货币性资产交换的会计处理
- 本章小结
- 重要概念

**内容提要**

非货币性资产交换是指交易双方主要以存货、固定资产、无形资产和长期股权投资等非货币性资产进行的交换,该交换不涉及或只涉及少量的货币性资产(即补价)。本章主要介绍了非货币资产交换的认定、确认和计量以及会计处理(具体包括以公允价值为基础的会计处理、以账面价值为基础的会计处理以及涉及多项非货币性资产交换的会计处理)。

**重点难点**

本章重点为以公允价值为基础计量的非货币性资产交换的会计处理以及以账面价值为基础计量的非货币性资产交换的会计处理。本章难点为涉及多项非货币性资产交换的会计处理。

**学习目标**

通过本章学习,学生应了解货币性资产、非货币性资产的内容及特点;掌握非货币性资产交换的概念、特征及认定方法;掌握以公允价值为基础计量的非货币性资产交换的会计处理以及以账面价值为基础计量的非货币性资产交换的会计处理。

**知识框架**

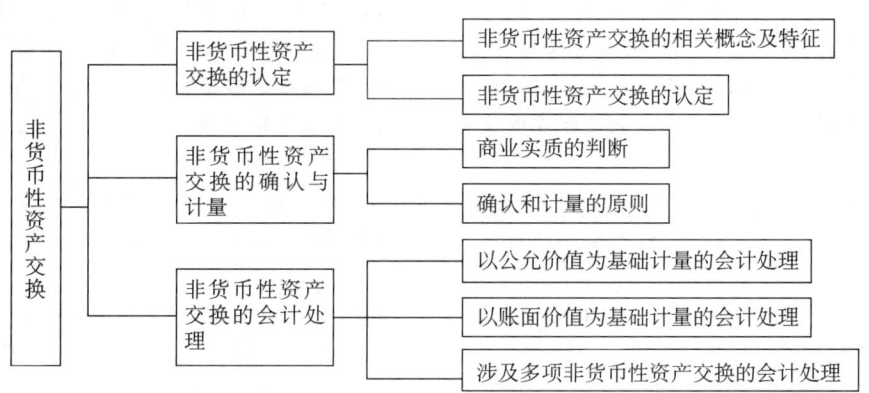

## 思政育人　非货币性资产交换准则修订的内容和特点

财政部新修订的《企业会计准则第 7 号——非货币性资产交换》[简称"CAS7(2019)"]于 2019 年 5 月正式发布，取代了 2006 年修订的《企业会计准则第 7 号——非货币性资产交换》。在我国企业会计准则的体系框架中，非货币性资产交换准则在内容复杂程度和使用范围上显然不如长期股权投资、企业合并、金融工具等准则，易于被会计从业人员和学者所忽视。此次财政部修订非货币性资产交换准则的主要目的在于满足我国会计准则国际趋同的战略需求，与近期颁布的相关准则在内容上保持一致，以适应社会主义市场经济发展需要，规范非货币性资产交换的会计处理，并提高会计信息质量。

2019 年版准则结合我国当前非货币性资产交换交易特征和发展的实际情况，对非货币性资产交换事项的会计确认、计量和披露进行了全面完善，以有效提升会计信息质量。新版准则修订的内容如下：

第一，CAS7(2019)结合近年发布的多项新修订的具体准则明确了适用范围。规定存货、股权、企业合并、使用权资产、融资租赁等涉及的非货币性业务不适用非货币性资产交换准则，以此与其他新修订的具体准则保持一致。这样，CAS7(2019)能够更为有效地减少甚至消除会计实务中关于非货币性资产交换准则应用边界的理解差异。

第二，CAS7(2019)首次明确了换入资产和换出资产的确认与终止确认的条件，强调其必须满足资产定义及确认或终止确认的条件。CAS7(2019)对相关资产确认条件的重点关注可能是受到了 2018 年 IASB 发布的《财务报告概念框架》的启发。具体来说，由于《财务报告概念框架》(2018)中单独设立的一章"确认与终止确认"详细界定了财务报告要素的确认与终止确认条件，因而 CAS7(2019)对相关资产确认与终止确认的条件的关注能够体现出我国准则国际趋同的特征。

第三，CAS7(2019)规范并细化了公允价值计量基础，明确了非货币性资产组交换的会计处理。在 CAS7(2019)中，商业实质判断标准更趋原则化，淡化了关联方交易对非货币性资产交换商业实质判断的影响；CAS7(2019)对换入资产成本的计量更为严谨，在涉及补价时，CAS7(2019)修改了 CAS7(2006)中有关换入资产入账成本计算的公式，改为"换入资产成本为换出资产公允价值、相关税费与支付(收到)的补价之和(差)"，调整后换入资产入账成本计算的方式更加清晰。在规范非货币性资产组交换的会计处理方面，CAS7(2019)取消了按照账面价值分摊多项换入资产成本的处理方式，并加入了换出多项资产的会计处理，为会计实务中的相应操作提供了更为恰当的指引。

我国非货币性资产交换准则的修订经历了一个曲折的过程。准则制定部门对准则的相应调整是基于国际趋同精神和对我国市场经济实际情况的全面权衡考虑，体现会计准则制定受特定时代的经济形势的影响，又会带来独特的经济后果的特点。但同时我们还应该看到，CAS7(2019)仍然存在一定的不尽如人意之处，上市公司仍然可以利用非货币性资产交换准则中某些规定的不完善进行利润操纵。我国准则制定部门应在充分掌握我国市场经济特点的基础上尽快完善相关概念、特征、判断标准等方面的规定，严格披露要求，促使非货币性资产交换准则在我国的经济发展中真正发挥其特有的作用。

我们年轻一代要勇敢接受和学习新事物，持续不断地提升和改进自己，树立辩证思维，结合自己的特点，不追风，不盲从。唯有这样，我们才能更好适应社会发展的趋势，为国家发展、民族振兴贡献自己的力量。

资料来源：财智世界，耿建新. 非货币性资产交换准则的历史沿革与中外比较[EB/OL]. (2020-3-20)[2023-12-19]. DOI:10.19641/j.cnki.42-1290/f.2020.06.009.

# 第一节 非货币性资产交换的认定

## 一、非货币性资产交换的相关概念及特征

### (一) 非货币性资产交换的相关概念

(1) 货币性资产是指企业持有的货币资金和将以固定或可确定的金额收取的资产,包括现金、银行存款、应收账款和应收票据以及准备持有至到期的债券投资等。预付账款因收回的不是货币,不属于货币性资产。货币性资产的特点是未来现金流量是固定的或可确定的,风险小、报酬低。

(2) 非货币性资产是指货币性资产以外的资产,包括存货、固定资产、无形资产、股权投资,以及不准备持有至到期的债券投资等。非货币性资产的特点是未来现金流量是不固定的,风险大、报酬高。

(3) 非货币性资产交换是一种非经常性的特殊交易行为,是指交易双方主要以存货、固定资产、无形资产和长期股权投资等非货币性资产进行的交换,该交换不涉及或只涉及少量的货币性资产(即补价)。

### 相关思考 3-1

下列各项目中,属于非货币性资产的有( )。

A. 交易性金融资产　　B. 债权投资　　C. 其他权益工具投资
D. 投资性房地产　　　E. 应收账款

相关思考 3-1 解析:A、C 和 D 属于非货币性资产,B 和 E 属于货币性资产。

### 知识拓展 3-1

**非货币性资产交换准则的发展**

一、1999 年财政部发布非货币性资产交易准则

1999 年企业会计准则使用的描述词是"非货币性资产交易",直到 2006 年《企业会计准则》颁布后才更正为"非货币性资产交换",这是因为中国的企业会计准则是参考国际会计准则,根据中国实际制定的。

这一时期的非货币性资产分成待售资产与非待售资产。其中待售资产与待售资产、非待售资产与非待售资产之间的交换称为同类非货币性资产交易,对于同类交易,按账面价值计量,不确认损益;相反则称为不同类非货币性资产交易,按照公允价值计量,确认损益。

二、2001 年财政部修订非货币性资产交易准则

财政部认为,1999 年的《企业会计准则》较多地引入了公允价值概念,同时要求按照准则要求进行会计处理,但是这与当时的股票市场等生产要素市场很不健全、公允价值难以取得的经济环境不相适应,导致部分企业通过非货币性资产交易产生的利润缺乏真实性与可靠性,所以财政部在修订时取消了公允价值,全部按照账面价值计量。

三、2006 年财政部颁布新《企业会计准则》

新《企业会计准则》规定,交易具有商业实质的,用公允价值计量,同时确认损益;不具有商业实质的,用账面价值计量,不确认损益。这是在会计准则国际化趋同的结果。

### (二)非货币性资产交换的特征

第一,非货币性资产交换的交易对象主要是非货币性资产。

第二,非货币性资产交换是以非货币性资产进行交换的行为。

第三,非货币性资产交换一般不涉及货币性资产,但有时也可能涉及少量的货币性资产。

## 二、非货币性资产交换的认定

3-1视频:
非货币性
资产交换
的认定

非货币性资产交换一般不涉及货币性资产,或只涉及少量货币性资产即补价。非货币性资产交换准则规定,涉及少量货币性资产的交换为非货币性资产交换,通常以补价占整个资产交换金额的比例是否低于25%作为参考比例。也就是说,支付的货币性资产占换入资产公允价值(或占换出资产公允价值与支付的货币性资产之和)的比例,或者收到的货币性资产占换出资产公允价值(或占换入资产公允价值和收到的货币性资产之和)的比例低于25%的,视为非货币性资产交换;高于25%(含25%)的,视为货币性资产交换,适用《企业会计准则第14号——收入》等相关准则的规定。

支付补价方的判定比例=支付的补价÷换入资产的公允价值×100%

收到补价方的判定比例=收到的补价÷换出资产的公允价值×100%

【例3-1】 华夏股份有限公司以设备A换取华丽股份有限公司设备B,A设备的账面价值为200万元,公允价值为180万元,B设备的账面价值为280万元,公允价值为200万元,华夏股份有限公司支付补价20万元现金。

支付补价方的判定比例=20÷200×100%=10%<25%,属非货币性资产交换。

收到补价方华丽的判定比例=20÷200×100%=10%<25%,属非货币性资产交换。

# 第二节 | 非货币性资产交换的确认与计量

## 一、商业实质的判断

非货币性资产交换具有商业实质,是换入资产能够采用公允价值计量的重要条件之一,也是非货币性资产交换准则引入的重要概念。在确定资产交换是否具有商业实质时,企业应当重点考虑由于发生了该项资产交换预期使企业未来现金流量发生变动的程度,通过比较换出资产和换入资产预计产生的未来现金流量或其现值,确定非货币性资产交换是否具有商业实质。只有当换出资产和换入资产预计未来现金流量或其现值两者之间的差额较大时,才能表明交易的发生使企业经济状况发生了明显改变,非货币性资产交换因而具有商业实质。

根据非货币性资产交换准则的规定,符合下列条件之一的,视为具有商业实质。

### (一)换入资产的未来现金流量在风险、时间和金额方面与换出资产显著不同

换入资产的未来现金流量在风险、时间和金额方面与换出资产显著不同,通常包括但不仅限于以下几种情况:

(1)未来现金流量的风险、金额相同,时间不同。比如,某企业以一批存货换入一项设备,因存货流动性强,能够在较短的时间内产生现金流量,设备作为固定资产要在较长的时

间内为企业带来现金流量,假定两者产生的未来现金流量的风险和总额均相同,但由于两者产生现金流量的时间跨度相差较大,则可以判断上述存货与固定资产的未来现金流量显著不同,因而该两项资产的交换具有商业实质。

(2) 未来现金流量的时间、金额相同,风险不同。比如,A企业以其用于经营出租的一幢公寓楼,与B企业同样用于经营出租的一幢公寓楼进行交换,两幢公寓楼的租期、每期租金总额均相同,但是A企业是租给一家财务及信用状况良好的企业(该企业租用该公寓是给其单身职工居住),B企业的客户则都是单个租户。相比较而言,A企业取得租金的风险较小,B企业由于租给散户,租金的取得依赖于各单个租户的财务和信用状况。因此,两者未来现金流量流入的风险或不确定性程度存在明显差异,则两幢公寓楼的未来现金流量显著不同,进而可判断该两项资产的交换具有商业实质。

(3) 未来现金流量的风险、时间相同,金额不同。比如,某企业以一项商标权换入另一企业的一项专利技术,预计两项无形资产的使用寿命相同,在使用寿命内预计为企业带来的现金流量总额相同,但是换入的专利技术是新开发的,预计开始阶段产生的未来现金流量明显少于后期,而该企业拥有的商标每年产生的现金流量比较均衡,则两者各年产生的现金流量金额差异明显,即上述商标权与专利技术的未来现金流量显著不同,因而该两项资产的交换具有商业实质。

## (二) 换入资产与换出资产的预计未来现金流量现值不同,且其差额与换入资产和换出资产的公允价值相比是重大的

企业如按照上述第(一)个条件难以判断某项非货币性资产交换是否具有商业实质,即可根据第(二)个条件,通过计算换入资产和换出资产的预计未来现金流量现值进行比较后判断。

企业应当按照资产在持续使用过程中和最终处置时所产生的预计未来现金流量,选择恰当的折现率对其进行折现,确定资产预计未来现金流量的现值。

从市场参与者的角度分析,换入资产和换出资产预计未来现金流量在风险、时间和金额方面可能相同或相似。但是,鉴于换入资产的性质和换入企业经营活动的特征等因素,换入资产与换入企业其他现有资产相结合,能够比换出资产产生更大作用,使换入企业受该换入资产影响的经营活动部分产生的现金流量与换出资产明显不同,即换入资产对换入企业的使用价值与换出资产对该企业的使用价值明显不同,这使换入资产预计未来现金流量现值与换出资产发生明显差异,因而表明该两项资产的交换具有商业实质。

例如,某企业以一项专利权换入另一企业拥有的长期股权投资,假定从市场参与者角度来看,该项专利权与该项长期股权投资的公允价值相同,两项资产未来现金流量的风险、时间和金额亦相同。但是对换入企业来讲,换入该项长期股权投资使该企业对被投资方由重大影响变为控制关系,从而使换入企业受其影响产生的预计未来现金流量与受换出的专利权的影响产生的预计未来现金流量有较大差异;另一企业换入的专利权能够解决生产中的技术难题,从而换入的专利权对换入企业产生的预计未来现金流量的影响与换出的长期股权投资的影响有明显差异,因而该两项资产的交换具有商业实质。

### 知识拓展3-2

**结合实际判断交换是否具有商业实质**

企业应遵循实质重于形式原则,来判断一项非货币性资产交换是否具有商业实质。商业实质是指交

换双方的资产在未来现金流量的时间、金额、风险及资产价值等方面显著不同。根据《企业会计准则》规定,符合下列条件之一的,即具有商业实质:一是换入资产的未来现金流量在风险、时间和金额方面与换出资产显著不同;二是换入资产与换出资产的预计未来现金流量现值不同,且其差额与换入资产和换出资产的公允价值相比是重大的。资产的显著不同,使交换成为可能,具有商业实质的交换绝不会是相似甚至相同资产的毫无意义的交换。但对于关联方,《企业会计准则》的解释有所欠缺,仍然存在着太多的灰色地带,容易给关联方以可乘之机。因为关联方的交换目的可能是利润操纵,只要资产公允价值大于账面价值,关联方就能"盈利"。所以在判断出关联方交换资产符合新准则的条件后,还不能判断交换具有商业实质。例如,华夏企业和华丽企业交换 A 和 B 两种商品,假设市场预计 A 是畅销产品,那么在正常情况下,华丽企业应支付部分补价给华夏企业,华夏企业才愿意交换。而实际所进行的却是不涉及补价的等额交换,那么两企业之间很有可能是关联方关系,那么它们所进行的非货币性资产交换同样也就不具有商业实质。

## 二、确认和计量的原则

在非货币性资产交换的情况下,不论是一项资产换入一项资产、一项资产换入多项资产、多项资产换入一项资产,还是多项资产换入多项资产,非货币性资产交换准则规定了确定换入资产成本的两种计量基础和交换所产生损益的确认原则。

### (一)公允价值

非货币性资产交换同时满足下列两个条件的,应当以公允价值和应支付的相关税费作为换入资产的成本,公允价值与换出资产账面价值的差额计入当期损益:

(1)该项交换具有商业实质。

(2)换入资产或换出资产的公允价值能够可靠地计量。资产存在活跃市场,是资产公允价值能够可靠地计量的明显证据,但不是唯一要求。属于以下三种情形之一的,视为公允价值能够可靠地计量:①换入资产或换出资产存在活跃市场。②换入资产或换出资产不存在活跃市场,但同类或类似资产存在活跃市场。③换入资产或换出资产不存在同类或类似资产可比交易市场,可以采用估值技术确定公允价值。采用估值技术确定的公允价值必须符合以下条件之一,才能视为能够可靠地计量:一是采用估值技术确定的公允价值估计数的变动区间很小。这种情况是指虽然企业通过估值技术确定的资产的公允价值不是一个单一的数据,但是介于一个变动范围很小的区间内,可以认为资产的公允价值能够可靠地计量。二是在公允价值估计数变动区间内,各种用于确定公允价值估计数的概率能够合理确定。这种情况是指采用估值技术确定的资产公允价值在一个变动区间内,区间内出现各种情况的概率或可能性能够合理确定,企业可以采用类似《企业会计准则第 13 号——或有事项》规定的计算最佳估计数的方法确定资产的公允价值,这种情况视为公允价值能够可靠地计量。

换入资产和换出资产公允价值均能够可靠地计量的,应当以换出资产公允价值作为确定换入资产成本的基础。一般来说,取得资产的成本应当按照所放弃资产的对价来确定,在非货币性资产交换中,换出资产就是放弃的对价,如果其公允价值能够可靠确定,应当优先考虑以换出资产的公允价值作为确定换入资产成本的基础;如果有确凿证据表明换入资产的公允价值更加可靠的,应当以换入资产公允价值为基础确定换入资产的成本,这种情况多发生在非货币性资产交换存在补价的情况下,因为存在补价表明换入资产和换出资产公允价值不相等,一般不能直接以换出资产的公允价值作为换入资产的成本。

## (二) 账面价值

(1) 非货币性资产交换不具有商业实质,或者虽然具有商业实质但换入资产和换出资产的公允价值均不能可靠地计量的,应当以换出资产的账面价值和应支付的相关税费作为换入资产的成本;无论是否支付补价,均不确认损益。

(2) 发生补价的,支付补价方和收到补价方应当分别情况处理:①支付补价时:应当以换出资产的账面价值加上支付的补价和应支付的相关税费,作为换入资产的成本,不确认损益。②收到补价时:应当以换出资产的账面价值,减去收到的补价加上应支付的相关税费,作为换入资产的成本,不确认损益。

(3) 非货币性资产交换同时换入多项资产的,在确定各项换入资产的成本时,应当分别按下列情况处理:①非货币性资产交换具有商业实质,且换入资产的公允价值能够可靠地计量的,应当按照换入各项资产的公允价值占换入资产公允价值总额的比例,对换入资产的成本总额进行分配,确定各项换入资产的成本。②非货币性资产交换不具有商业实质,或者虽具有商业实质但换入资产的公允价值不能可靠地计量的,应当按照换入各项资产的原账面价值占换入资产原账面价值总额的比例,对换入资产的成本总额进行分配,确定各项换入资产的成本。

## 第三节 非货币性资产交换的会计处理

### 一、以公允价值为计量基础的会计处理

非货币性资产交换具有商业实质且公允价值能够可靠地计量的,应当以换出资产的公允价值和应支付的相关税费作为换入资产的成本,除非有确凿证据表明换入资产的公允价值比换出资产公允价值更加可靠。

3-2视频:
以公允价值
为计量基础的
会计处理

非货币性资产交换的会计处理,因换出资产的类别不同而有所区别。

**(一) 换入资产入账价值的确定**

1. 不涉及补价的情况

$$换入资产成本 = 换出资产公允价值 + 换出资产增值税销项税额 - 换入资产可抵扣的增值税进项税额 + 支付的应计入换入资产成本的相关税费$$

2. 涉及补价的情况

(1) 支付补价。

$$换入资产成本 = 换出资产公允价值 + 换出资产增值税销项税额 - 换入资产可抵扣的增值税进项税额 + 支付的应计入换入资产成本的相关税费 + 支付的补价$$

(2) 收到补价。

$$换入资产成本 = 换出资产公允价值 + 换出资产增值税销项税额 - 换入资产可抵扣的增值税进项税额 + 支付的应计入换入资产成本的相关税费 - 收到的补价$$

**(二) 换出资产公允价值与其账面价值的差额的处理**

换出资产公允价值与其账面价值的差额,应当分别不同情况处理:

(1) 换出资产为存货的,应当视同销售处理,根据《企业会计准则第14号——收入》按照公允价值确认销售收入,同时结转销售成本,相当于按照公允价值确认的收入和按账面价

值结转的成本之间的差额,也即换出资产公允价值和换出资产账面价值的差额,在利润表中作为营业利润的构成部分予以列示。

(2) 换出资产为固定资产、在建工程、生产性生物资产、无形资产的,换出资产公允价值和换出资产账面价值的差额,计入资产处置损益。

(3) 换出资产为长期股权投资的,换出资产公允价值和换出资产账面价值的差额,计入投资收益。

(4) 换出资产为投资性房地产的,按换出资产公允价值或换入资产公允价值确认其他业务收入,按换出资产账面价值结转其他业务成本,两者之间的差额计入当期损益。

换入资产与换出资产涉及相关税费的,按照相关税收规定计算确定。

### (三) 相关税费的处理

(1) 与换出资产有关的相关税费和出售资产相关税费的会计处理相同,如换出固定资产支付的清理费用、换出不动产应交的增值税先通过"固定资产清理"科目核算,最后结转计入资产处置损益。

(2) 与换入资产有关的相关税费与购入资产相关税费的会计处理相同,如换入资产的运费和保险费计入换入资产的成本等。

**【例 3-2】** 华夏公司和华丽公司均为一般纳税人,2×24 年 12 月,华夏公司以其生产的一批产品与华丽公司交换设备一台,产品成本为 400 万元,公允价值为 500 万元,增值税税率为 13%;设备原价为 800 万元,已提折旧为 280 万元,公允价值为 500 万元。华夏公司换入的设备作为固定资产入账,华丽公司换入的产品作为商品入账。资产已交付对方并办妥相关手续。假定双方的交换具有商业实质且公允价值能够可靠地计量。

华夏公司有关会计处理如下:

换入固定资产的入账价值=500(万元)

| | | |
|---|---|---|
| 借:固定资产 | | 5 000 000 |
| 　　应交税费——应交增值税(进项税额) | | 650 000 |
| 　　贷:主营业务收入 | | 5 000 000 |
| 　　　　应交税费——应交增值税(销项税额) | | 650 000 |
| 借:主营业务成本 | | 4 000 000 |
| 　　贷:库存商品 | | 4 000 000 |

华丽公司有关会计处理如下:

换入商品的入账价值=500(万元)

| | | |
|---|---|---|
| 借:固定资产清理 | | 5 200 000 |
| 　　累计折旧 | | 2 800 000 |
| 　　贷:固定资产 | | 8 000 000 |
| 借:库存商品 | | 5 000 000 |
| 　　应交税费——应交增值税(进项税额) | | 650 000 |
| 　　资产处置损益 | | 200 000 |
| 　　贷:固定资产清理 | | 5 200 000 |
| 　　　　应交税费——应交增值税(销项税额) | | 650 000 |

## 二、以账面价值为计量基础的会计处理

非货币性资产交换不具有商业实质,或者虽然具有商业实质但换入资产和换出资产的公允价值不能可靠地计量的,应当以换出资产账面价值为基础确定换入资产成本,无论是否支付补价,均不确认损益。

一般来讲,如果换入资产和换出资产的公允价值都不能可靠地计量时,该非货币性资产交换通常不具有商业实质,因为在这种情况下,很难比较两项资产产生的未来现金流量在时间、风险和金额方面的差异,很难判断两项资产交换对企业经济状况改变所起的不同效用。因此,此类资产交换通常不具有商业实质。

### (一)不涉及补价的情况

换入资产的成本＝换出资产的账面价值＋应支付的相关税费

### (二)涉及补价的情况

支付补价方:

换入资产的成本＝换出资产的账面价值＋支付的补价＋应支付的相关税费

收到补价方:

换入资产的成本＝换出资产的账面价值－收到的补价＋应支付的相关税费

**【例 3-3】** 华夏公司以一台设备换入华丽公司的专利权,该设备的账面原值为 100 万元,累计折旧为 40 万元,未对该设备计提减值准备,公允价值为 80 万元;华丽公司专利权的公允价值为 70 万元,账面余额为 120 万元,累计摊销 30 万元。双方协议,华丽公司支付给华夏公司现金 10 万元,假定交易中没有发生相关税费,华夏公司已将设备交给华丽公司,并办理完专利权的相关手续。假定该项交易不具有商业实质。

3-3 视频:
以账面价值
为计量基础
的会计处理

分析:从收到补价的华夏公司看,收到的补价 10 万元占换出资产的公允价值 80 万元的比例为 12.5%,该比例小于 25%,属非货币性资产交换。

(1) 华夏公司换入专利权的入账价值＝1 000 000－400 000－100 000＝500 000(元)

华丽公司换入设备的入账价值＝1 200 000－300 000＋100 000＝1 000 000(元)

(2) 华夏公司编制的会计分录如下:

| | | |
|---|---|---|
| 借:固定资产清理 | 600 000 | |
| 　　累计折旧 | 400 000 | |
| 　　贷:固定资产——设备 | | 1 000 000 |
| 借:银行存款 | 100 000 | |
| 　　无形资产 | 500 000 | |
| 　　贷:固定资产清理 | | 600 000 |

华丽公司编制的会计分录如下:

| | | |
|---|---|---|
| 借:固定资产——设备 | 1 000 000 | |
| 　　累计摊销 | 300 000 | |
| 　　贷:无形资产 | | 1 200 000 |
| 　　　　银行存款 | | 100 000 |

从[例3-3]可以看出,尽管华丽公司支付了10万元补价,但由于整个非货币性资产交换是以账面价值为基础计量的,支付补价方和收到补价方均不确认损益。对华夏公司而言,换入资产是专利权和银行存款10万元,换出资产专有设备的账面价值为60万元(100－40),因此,换入专利权的成本就是换出设备的账面价值减去货币性补价的差额,即50万元(60－10);对华丽公司而言,换出资产是专利权和银行存款10万元,换入资产专有设备的成本等于换出资产的账面价值加支付的货币性补价,即100万元(120－30＋10)。由此可见,在以账面价值计量的情况下,发生的补价用来调整换入资产的成本,不涉及确认损益问题。

### 三、涉及多项非货币性资产交换的会计处理

企业以一项非货币性资产同时换入另一企业的多项非货币性资产,或同时以多项非货币性资产换入另一企业的一项非货币性资产,或以多项非货币性资产同时换入多项非货币性资产,也可能涉及补价。涉及多项资产的非货币性资产交换,企业无法将换出的某一资产与换入的某一特定资产相对应。与单项非货币性资产之间的交换一样,对于涉及多项资产的非货币性资产交换的计量,企业也应当首先判断是否符合以公允价值计量的两个条件,再分情况确定各项换入资产的成本。

**(一) 以换出资产的公允价值为基础**

(1) 对于同时换入的多项资产,由于通常无法将换出资产与换入的某项特定资产相对应,应当按照各项换入资产的公允价值的相对比例(换入资产的公允价值不能够可靠地计量的,可以按照换入的金融资产以外的各项资产的原账面价值的相对比例或其他合理的比例),将换出资产公允价值总额(涉及补价的,加上支付补价的公允价值或减去收到补价的公允价值)扣除换入金融资产公允价值后的净额进行分摊,分摊至各项换入资产,以分摊额和应支付的相关税费作为各项换入资产的成本进行初始计量。如果同时换入的多项非货币性资产中包含由《企业会计准则第22号——金融工具确认和计量》规范的金融资产,应当按照《企业会计准则第22号——金融工具确认和计量》的规定进行会计处理,在确定换入的其他多项资产的初始计量金额时,应当将金融资产公允价值从换出资产公允价值总额中扣除。

(2) 对于同时换出的多项资产,应当将各项换出资产的公允价值与其账面价值之间的差额,在各项换出资产终止确认时计入当期损益。

**(二) 以换入资产的公允价值为基础**

(1) 对于同时换入的多项资产,应当以各项换入资产的公允价值和应支付的相关税费作为各项换入资产的初始计量金额。

(2) 对于同时换出的多项资产,由于通常无法将换出资产与换入的某项特定资产相对应,应当按照各项换出资产的公允价值的相对比例(换出资产的公允价值不能够可靠地计量的,可以按照各项换出资产的账面价值的相对比例),将换入资产的公允价值总额(涉及补价的,减去支付补价的公允价值或加上收到补价的公允价值)分摊至各项换出资产,分摊额与各项换出资产账面价值之间的差额,在各项换出资产终止确认时计入当期损益。如果同时换出的多项非货币性资产中包含由《企业会计准则第22号——金融工具确认和计量》规范的金融资产,该金融资产应当按照《企业会计准则第22号——金融工具确认和计量》和《企业会计准则第23号——金融资产转移》的规定判断换出的该金融资产是否满足终止确认条

件并进行终止确认的会计处理。在确定其他各项换出资产终止确认的相关损益时,终止确认的金融资产公允价值应当从换入资产公允价值总额中扣除。

【例 3-4】 华夏公司和华丽公司均为一般纳税人,增值税税率为 13%。2×24 年 12 月,为适应业务发展的需要,经协商,华夏公司决定以生产经营过程中使用的机器设备和专用货车换入华丽公司生产经营过程中使用的小汽车和客运汽车。华夏公司设备的账面原价为 3 600 万元,在交换日的累计折旧为 600 万元,公允价值为 2 700 万元;货车的账面原价为 1 200 万元,在交换日的累计折旧为 960 万元,公允价值为 200 万元。华丽公司小汽车的账面原价为 2 600 万元,在交换日的累计折旧为 1 380 万元,公允价值为 1 419 万元;客运汽车的账面原价为 2 600 万元,在交换日的累计折旧为 1 360 万元,公允价值为 1 400 万元。华丽公司另外向华夏公司支付银行存款 91.53 万元,其中包括由于换出和换入资产公允价值不同而支付的补价 81 万元,以及换出资产销项税额与换入资产进项税额的差额 10.53 万元。

假定华夏公司和华丽公司都没有为换出资产计提减值准备;华夏公司换入华丽公司的小汽车、客运汽车作为固定资产使用和管理;华丽公司换入华夏公司的设备、货车作为固定资产使用和管理。假定双方上述交易涉及的增值税进项税额按照税法规定可抵扣且已得到认证;不考虑其他相关税费。

分析:本例涉及收付货币性资产,应当计算华夏公司收到的货币性资产占华夏公司换出资产公允价值总额的比例(等于华丽公司支付的货币性资产占华丽公司换入资产公允价值的比例),即:

$$81 \div (2\,700 + 200) \times 100\% = 2.79\% < 25\%$$

可以认定这一涉及多项资产的交换行为属于非货币性资产交换。

华夏公司会计处理如下:

(1) 根据税法的有关规定:

换出设备的增值税销项税额 = 2 700 × 13% = 351(万元)
换出货车的增值税销项税额 = 200 × 13% = 26(万元)
换入小汽车、客运汽车的增值税进项税额 = (1 419 + 1 400) × 13% = 366.47(万元)

(2) 计算换入资产、换出资产公允价值总额:

换出资产公允价值总额 = 2 700 + 200 = 2 900(万元)
换入资产公允价值总额 = 1 419 + 1 400 = 2 819(万元)

(3) 计算换入资产总成本:

换入资产总成本 = 换出资产公允价值 − 补价 + 应支付的相关税费
= 2 900 − 81 + 0 = 2 819(万元)

(4) 计算确定换入各项资产的公允价值占换入资产公允价值总额的比例:

小汽车公允价值占换入资产公允价值总额的比例 = 1 419 ÷ 2 819 × 100% = 50.34%
客运汽车公允价值占换入资产公允价值总额的比例 = 1 400 ÷ 2 819 × 100% = 49.66%

(5) 计算确定换入各项资产的成本:

小汽车的成本 = 2 819 × 50.34% = 1 419(万元)
客运汽车的成本 = 2 819 × 49.66% = 1 400(万元)

(6) 会计分录如下：

借：固定资产清理　　　　　　　　　　　　　　　　　　　　　　32 400 000
　　累计折旧　　　　　　　　　　　　　　　　　　　　　　　　15 600 000
　　　贷：固定资产——设备　　　　　　　　　　　　　　　　　　　　36 000 000
　　　　　　　　——货车　　　　　　　　　　　　　　　　　　　　12 000 000
借：固定资产——小汽车　　　　　　　　　　　　　　　　　　　14 190 000
　　　　　　——客运汽车　　　　　　　　　　　　　　　　　　14 000 000
　　应交税费——应交增值税(进项税额)　　　　　　　　　　　　 3 664 700
　　银行存款　　　　　　　　　　　　　　　　　　　　　　　　　 915 300
　　资产处置损益　　　　　　　　　　　　　　　　　　　　　　 3 400 000
　　　贷：固定资产清理　　　　　　　　　　　　　　　　　　　　　32 400 000
　　　　　应交税费——应交增值税(销项税额)　　　　　　　　　　 3 770 000

**华丽公司会计处理如下：**
(1) 根据税法的有关规定：

　　换入货车的增值税进项税额＝200×13％＝26(万元)
　　换入设备的增值税进项税额＝2 700×13％＝351(万元)
　　换出小汽车、客运汽车的增值税销项税额＝(1 419＋1 400)×13％＝366.47(万元)

(2) 计算换入资产、换出资产公允价值总额：

　　换入资产公允价值总额＝2 700＋200＝2 900(万元)
　　换出资产公允价值总额＝1 419＋1 400＝2 819(万元)

(3) 确定换入资产总成本：

　　换入资产总成本＝换出资产公允价值＋支付的补价
　　　　　　　　　＝2 819＋81＝2 900(万元)

(4) 计算确定各项换入资产的公允价值占换入资产公允价值总额的比例：

　　设备公允价值占换入资产公允价值总额的比例＝2 700÷2 900×100％＝93.10％
　　货车公允价值占换入资产公允价值总额的比例＝200÷2 900×100％＝6.90％

(5) 计算确定各项换入资产的成本：

　　设备的成本＝2 900×93.10％＝2 700(万元)
　　货车的成本＝2 900×6.90％＝200(万元)

(6) 会计分录如下：

借：固定资产清理　　　　　　　　　　　　　　　　　　　　　　24 600 000
　　累计折旧　　　　　　　　　　　　　　　　　　　　　　　　27 400 000
　　　贷：固定资产——小汽车　　　　　　　　　　　　　　　　　　26 000 000
　　　　　　　　——客运车　　　　　　　　　　　　　　　　　　26 000 000
借：固定资产——设备　　　　　　　　　　　　　　　　　　　　27 000 000
　　　　　　——货车　　　　　　　　　　　　　　　　　　　　 2 000 000
　　应交税费——应交增值税(进项税额)　　　　　　　　　　　　 3 770 000

| | |
|---|---|
| 贷：固定资产清理 | 24 600 000 |
| 　　应交税费——应交增值税(销项税额) | 3 664 700 |
| 　　银行存款 | 915 300 |
| 　　资产处置损益 | 3 590 000 |

**(三) 以账面价值为基础**

对于以账面价值为计量基础的非货币性资产交换，如涉及换入多项资产或换出多项资产，或者同时换入和换出多项资产的，应当分别对换入的多项资产、换出的多项资产进行会计处理。

(1) 对于换入的多项资产，由于通常无法将换出资产与换入的某项特定资产相对应，应当按照各项换入资产的公允价值的相对比例(换入资产的公允价值不能够可靠地计量的，也可以按照各项换入资产的原账面价值的相对比例或其他合理的比例)，将换出资产的账面价值总额(涉及补价的，加上支付补价的账面价值或减去收到补价的公允价值)分摊至各项换入资产，加上应支付的相关税费，作为各项换入资产的初始计量金额。

(2) 对于同时换出的多项资产，各项换出资产终止确认时均不确认损益。

**【例 3-5】** 2×24 年 12 月，华夏公司因经营战略发生较大转变，产品结构发生较大调整，原生产产品的专有设备、生产产品的专利技术等已不符合生产新产品的需要，经与华丽公司协商，将其专用设备连同专利技术与华丽公司正在建造过程中的一幢建筑物及对华文公司的长期股权投资进行交换。华夏公司换出专有设备的账面原价为 2 400 万元，已提折旧 1 500 万元；专利技术账面原价为 900 万元，已摊销金额为 540 万元。华丽公司在建工程截止交换日的成本为 1 050 万元，对华文公司的长期股权投资账面余额为 300 万元。由于华夏公司持有的专有设备和专利技术市场上已不多见，因此公允价值不能可靠地计量。华丽公司的在建工程因完工程度难以合理确定，其公允价值不能可靠地计量，而华丽公司对华文公司长期股权投资的公允价值也不能可靠地计量。假定所有公司均未对上述资产计提减值准备，假定不考虑相关税费等因素。

华夏公司的账务处理如下：

(1) 计算换入资产、换出资产账面价值总额：

　　换入资产账面价值总额＝1 050＋300＝1 350(万元)
　　换出资产账面价值总额＝(2 400－1 500)＋(900－540)＝1 260(万元)

(2) 确定换入资产总成本：

　　换入资产总成本＝1 260(万元)

(3) 计算各项换入资产账面价值占换入资产账面价值总额的比例：

　　在建工程占换入资产账面价值总额的比例＝1 050÷1 350×100%＝77.8%
　　长期股权投资占换入资产账面价值总额的比例＝300÷1 350×100%＝22.2%

(4) 确定各项换入资产成本：

　　在建工程成本＝1 260×77.8%＝980.28(万元)
　　长期股权投资成本＝1 260×22.2%＝279.72(万元)

(5) 会计分录如下：

借：固定资产清理 9 000 000
　　累计折旧 15 000 000
　　　贷：固定资产——设备 24 000 000
借：在建工程 9 802 800
　　长期股权投资 2 797 200
　　累计摊销 5 400 000
　　　贷：固定资产清理 9 000 000
　　　　　无形资产——专利 9 000 000

华丽公司的账务处理如下：

(1) 计算换入资产、换出资产账面价值总额：

　　换入资产账面价值总额=(2 400-1 500)+(900-540)=1 260(万元)
　　换出资产账面价值总额=1 050+300=1 350(万元)

(2) 确定换入资产总成本：

　　换入资产总成本=1 350(万元)

(3) 计算各项换入资产账面价值占换入资产账面价值总额的比例：

　　专有设备占换入资产账面价值总额的比例=900÷1 260×100%=71.4%
　　专利技术占换入资产账面价值总额的比例=360÷1 260×100%=28.6%

(4) 确定各项换入资产成本：

　　专有设备成本=1 350×71.4%=963.9(万元)
　　专利技术成本=1 350×28.6%=386.1(万元)

(5) 会计分录如下：

借：固定资产——设备 9 639 000
　　无形资产——专利 3 861 000
　　　贷：在建工程 10 500 000
　　　　　长期股权投资 3 000 000

## 本 章 小 结

本章主要学习了非货币性资产交换的确认与计量；以公允价值为基础的会计处理、以账面价值为基础的会计处理以及涉及多项非货币性资产交换的会计处理。

3-6 扫一扫
看课件

## 重 要 概 念

货币性资产　非货币性资产　商业实质　非货币性资产交换　公允价值　账面价值

# 第四章 债务重组

- 内容提要
- 重点难点
- 学习目标
- 知识框架
- 第一节 债务重组概述
- 第二节 债务重组的会计处理
- 第三节 债务重组的相关披露
- 本章小结
- 重要概念

**内容提要**

本章主要阐述债务重组的定义以及几种常见债务重组方式的会计处理。债务重组是指在不改变交易对手方的情况下,债权人和债务人经协商或法院裁定,就清偿债务的时间、金额或方式等重新达成协议的交易。几种常见债务重组方式包括以资产清偿债务、债务转为权益工具、修改其他债务条件及几种方式的组合等。

**重点难点**

本章重点为债务重组的方式、以资产清偿债务、债务转为权益工具的会计处理。本章难点为三种方式组合下债务重组的会计处理。

**学习目标**

通过本章学习,学生应了解债务重组的含义、应设置的会计科目等内容;掌握债务重组的方式、以资产清偿债务、债务转为权益工具等的会计处理。

**知识框架**

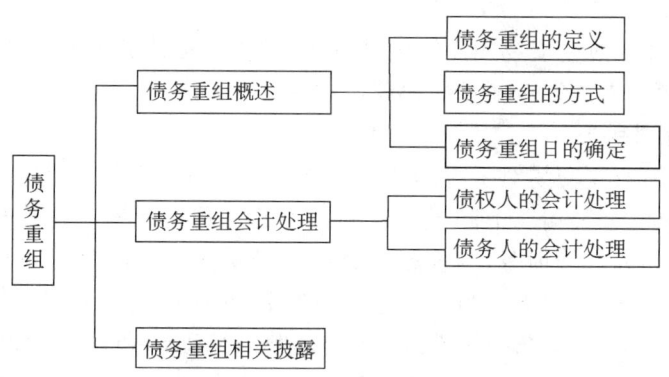

**思政育人　山东最大"僵尸企业"重生，肥矿集团债务重组方案落地**

近年来，随着我国经济发展进入新常态，在煤炭、钢铁等行业和领域，出现一些连年亏损、资不抵债的企业，这些有名无实的"僵尸企业"急需进行处置，但处置"僵尸企业"是全国性的难题，稍有不慎就容易引发不稳定，留下后患。2017年年初，山东最大的"僵尸企业"——肥矿集团平稳完成改革重组任务。

始建于1958年的肥矿集团，是山东能源集团全资子公司，曾经辉煌一时，然而到了2012年，煤炭价格出现断崖式下跌，而前期大量举债上马的项目又没见到效益。在煤价下滑和高额负债的双重打击下，肥矿集团陷入亏损。到2015年年底，资产负债率高达150%，贷款总额近140亿元，职工10个月以上发不出工资，沦为"僵尸企业"。

2017年1月，山东能源集团、肥矿集团、肥矿煤业、债权银行四方债务协议签订完毕，标志着山东最大的僵尸企业肥矿集团债务重组进入实质性执行阶段。此次重组中肥矿新公司（由原肥矿集团剥离资产成立，即肥矿煤业）承担50%债务；老公司（原肥矿集团）通过部分优质股权和盘活闲置资产，承担30%债务；山东能源集团承担20%债务，最终形成5∶3∶2的债务重组方案。在还款保证上，山东能源集团给新公司担保，新公司给老公司担保。而银行对3家公司都给予利率优惠，对老公司的利率直接降到0.6%，支持力度很大。2017年年初，肥矿集团仅"12肥城矿MTN1"一只存续债券，规模13亿元，于2017年8月到期，该债券由山东能源提供不可撤销连带责任担保，偿债主体仍为肥矿老公司。

对"僵尸企业"进行处置，归根结底，是要解决好"债"和"人"两大问题。面对百亿巨额债务，山东没有选择"破了之"，而是勇于担当，并创新性地采取改革重组的路径，兼顾债权人与债务人、母公司与子公司、短期与长远等多方利益。各方正是这种最大限度谋取共赢的策略，才打破了僵局，使"僵尸企业"重获新生。而在人员分流安置中，各方也不是一推了之，而是把思想工作做得更细一些，把分流渠道铺得更宽一些，保证了分流安置平稳地展开。肥矿集团的改革重组，对我国推进供给侧结构性改革、去产能、去杠杆和"僵尸企业"出清无疑有着较强的借鉴意义。

资料来源：齐鲁网. 山东最大"僵尸企业"重生记　肥矿集团完成改革重组[EB/OL].（2017-01-06）[2023-12-19]. https://www.sdnews.com/sd/yw/201701/t20170106_2186024.htm.

# 第一节　债务重组概述

## 一、债务重组的定义

债务重组是指在不改变交易对手方的情况下，债权人和债务人经协商或法院裁定，就清偿债务的时间、金额或方式等重新达成协议的交易。

### （一）关于交易对手方

4-1视频：债务重组的定义

债务重组是在不改变交易对手方的情况下进行的交易。实务中经常出现第三方参与相关交易的情形。例如，某公司以不同于原合同条款的方式代债务人向债权人偿债；又如，新组建的公司承接原债务人的债务，与债权人进行债务重组；再如，资产管理公司从债权人处购得债权，再与债务人进行债务重组。在上述情形下，企业应当首先考虑债权和债务是否发生终止确认，适用《企业会计准则第22号——金融工具确认和计量》和《企业会计准则第23号——金融资产转移》等准则，再就债务重组交易适用《企业会计准则第12号——债务重组》。债务重组不强调在债务人发生财务困难的背景下进行，也不论债权人是否作出让步。

也就是说，无论何种原因导致债务人未按原定条件偿还债务，也无论双方是否同意债务人以低于债务的金额偿还债务，只要债权人和债务人就债务条款重新达成了协议，就符合债务重组的定义。例如,债权人在减免债务人部分债务本金的同时提高剩余债务的利息,或者债权人同意债务人用等值库存商品抵偿到期债务等,均属于债务重组。

### (二)关于债权和债务的范围

债务重组涉及的债权和债务是指《企业会计准则第22号——金融工具确认和计量》规范的债权和债务,不包括合同资产、合同负债、预计负债,但包括租赁应收款和租赁应付款。债务重组涉及的债权、重组债权、债务、重组债务和其他金融工具的确认、计量和列报,适用《企业会计准则第22号——金融工具确认和计量》和《企业会计准则第37号——金融工具列报》等金融工具相关准则。

### (三)关于债务重组的范围

通过债务重组形成企业合并的,适用《企业会计准则第20号——企业合并》。债务人以股权投资清偿债务或者将债务转为权益工具,可能对应导致债权人取得被投资单位或债务人的控制权,在合并财务报表层面,债权人取得资产和负债的确认和计量适用《企业会计准则第20号——企业合并》的有关规定。

债务重组构成权益性交易的,应当适用权益性交易的有关会计处理规定,债权人和债务人不确认构成权益性交易的债务重组相关损益。债务重组构成权益性交易的情形包括:①债权人直接或间接对债务人持股,或者债务人直接或间接对债权人持股,且持股方以股东身份进行债务重组;②债权人与债务人在债务重组前后均受同一方或相同的多方最终控制,且该债务重组的交易实质是债权人或债务人进行了权益性分配或接受了权益性投入。

债务重组中不属于权益性交易的部分仍然应当确认债务重组相关损益。

企业在判断债务重组是否构成权益性交易时,应当遵循实质重于形式原则。例如,假设债权人对债务人的权益性投资通过其他人代持,债权人不具有股东身份,但实质上以股东身份进行债务重组,债权人和债务人应当认为该债务重组构成权益性交易。

**相关思考4-1**

#### 下列交易属于债务重组吗

华夏公司是华丽公司股东,为了弥补华丽公司临时性经营现金流短缺,华夏公司向华丽公司提供1 000万元无息借款,并约定于6个月后收回。借款期满时,尽管华丽公司具有充足的现金流,华夏公司仍然决定免除华丽公司部分本金还款义务,仅收回200万元借款。那么,华夏公司和华丽公司之间的交易是否属于债务重组?

相关思考4-1解析:不属于债务重组。

**相关思考4-2**

#### 下列交易属于债务重组吗

华夏公司是华丽公司股东,为了弥补华丽公司临时性经营现金流短缺,华夏公司向华丽公司提供1 000万元无息借款,并约定于6个月后收回。借款期满时,华丽公司出现财务困难,其他债权人对其债务普遍进行了减半的豁免,华夏公司决定免除华丽公司部分本金还款义务,仅收回200万元借款。那么,华夏公司和华丽公司之间的交易是否属于债务重组?

相关思考4-2解析:不属于债务重组。

## 二、债务重组的方式

债务重组主要有以下几种方式。

### (一) 以资产清偿债务

债务人以资产清偿债务是指债务人转让其资产给债权人以清偿债务的债务重组方式。债务人用于偿债的资产通常是已经在资产负债表中确认的资产,如现金、应收账款、长期股权投资、投资性房地产、固定资产、在建工程、生物资产、无形资产等。债务人以日常活动产出的商品或服务清偿债务的,用于偿债的资产可能体现为存货等资产。

在受让上述资产后,按照相关会计准则要求及本企业会计核算要求,债权人核算相关受让资产的类别可能与债务人不同。例如,债务人以作为固定资产核算的房产清偿债务,债权人可能将受让的房产作为投资性房地产核算;债务人以部分长期股权投资清偿债务,债权人可能将受让的投资作为金融资产核算;债务人以存货清偿债务,债权人可能将受让的资产作为固定资产核算等。

除上述已经在资产负债表中确认的资产外,债务人也可能以不符合确认条件而未予确认的资产清偿债务。例如,债务人以未确认的内部品牌清偿债务,债权人在获得的商标权符合无形资产确认条件的前提下将其作为无形资产核算。在少数情况下,债务人还可能以处置组(即一组资产和与这些资产直接相关的负债)清偿债务。

### (二) 债务转为权益工具

债务人将债务转为权益工具,这里的权益工具是指根据《企业会计准则第37号——金融工具列报》分类为"权益工具"的金融工具,会计处理上体现为"股本""实收资本""资本公积"等科目。

实务中,有些债务重组名义上采用"债转股"的方式,但同时附加相关条款,如约定债务人在未来某个时点有义务以某一金额回购股权,或债权人持有的股份享有强制分红权等。对于债务人,这些"股权"可能并不是根据《企业会计准则第37号——金融工具列报》分类为权益工具的金融工具,从而不属于债务人将债务转为权益工具的债务重组方式。债权人和债务人还可能协议以一项同时包含金融负债成分和权益工具成分的复合金融工具替换原债权债务,这类交易也不属于债务人将债务转为权益工具的债务重组方式。

### (三) 修改其他债务条件

修改其他债务条件是指修改不包括上述(一)和第(二)种情形在内的债务条件的债务重组方式,如减少债务本金、降低利率、免去应付未付的利息等。

### (四) 以上三种方式的组合

以上三种方式的组合,是指采用以上三种方法共同清偿债务的债务重组形式。例如,以转让资产清偿某项债务的一部分,另一部分债务通过修改其他债务条件进行债务重组。其主要包括以下可能的方式:

(1) 债务的一部分以资产清偿,另一部分则转为权益工具。
(2) 债务的一部分以资产清偿,另一部分则通过修改其他债务条件重组。
(3) 债务的一部分转为权益工具,另一部分则通过修改其他债务条件重组。
(4) 债务的一部分以资产清偿,一部分转为权益工具,另一部分则通过修改其他债务条件重组。

## 三、债务重组日的确定

债务重组日即债务重组完成日,即债务人履行协议或法院裁定,将相关资产转让给债权人、将债务转为权益工具或修改后的偿债条件开始执行的日期。一般通过以下原则来判定债务重组日:

(1) 如果是以银行存款方式抵债的,以款项到账日为债务重组日。
(2) 如果是存货方式抵债的,以存货的最终运抵日为债务重组日。
(3) 如果是以房产抵债的,通常以房产过户手续办妥日为债务重组日。
(4) 如果是以无形资产抵债的,通常以法律交接手续办妥日为债务重组日。
(5) 如果以债转股方式抵债的,则以增资手续办妥日为债务重组日。
(6) 如果以修改债务条件方式抵债的,则以新的偿债条件正式执行日为债务重组日。
(7) 如果是以混合清偿方式抵债的,以最终解除债务手续日为债务重组日。

### 相关思考4-3

**债务重组日为哪一天**

2×21年10月30日,华夏公司欠华丽公司600万元货款到期。华夏公司因财务困难,经协商于2×21年11月15日与华丽公司签订债务重组协议,协议规定华夏公司以价值550万元的商品抵偿所欠华丽公司以上全部债务(假定不考虑相关税费的影响)。2×21年11月20日,华丽公司收到该商品并验收入库,同日办理了有关债务解除手续。该债务重组的重组日为( )。

A. 2×21年10月30日      B. 2×21年11月15日
C. 2×21年11月20日      D. 2×21年12月31日

相关思考4-3解析:C。

# 第二节 债务重组的会计处理

## 一、债权人的会计处理

### (一) 以资产清偿债务或将债务转为权益工具

债务重组采用以资产清偿债务或者将债务转为权益工具方式进行的,债权人应当在受让的相关资产符合其定义和确认条件时予以确认。

**1. 债权人受让金融资产**

债权人受让包括现金在内的单项或多项金融资产的,应当按照《企业会计准则第22号——金融工具确认和计量》的规定进行确认和计量。企业初始确认金融资产时应当以其公允价值计量,金融资产确认金额与债权终止确认日账面价值之间的差额,记入"投资收益"科目。但是,收取的金融资产的公允价值与交易价格(即放弃债权的公允价值)存在差异的,应当按照《企业会计准则第22号——金融工具确认和计量》第三十四条的规定处理。

4-2视频:
债权人的
会计处理

**2. 债权人受让非金融资产**

债权人初始确认受让的金融资产以外的资产时,应当按照下列原则以成本计量:
(1) 存货的成本,包括放弃债权的公允价值以及使该资产达到当前位置和状态所发生的可直接归属于该资产的税金、运输费、装卸费、保险费等其他成本。

（2）对联营企业或合营企业投资的成本,包括放弃债权的公允价值,以及可直接归属于该资产的税金等其他成本。

（3）投资性房地产的成本,包括放弃债权的公允价值,以及可直接归属于该资产的税金等其他成本。

（4）固定资产的成本,包括放弃债权的公允价值,以及使该资产达到预定可使用状态前所发生的可直接归属于该资产的税金、运输费、装卸费、安装费、专业人员服务费等其他成本。确定固定资产成本时,应当考虑预计弃置费用因素。

（5）生物资产的成本,包括放弃债权的公允价值,以及可直接归属于该资产的税金、运输费、保险费等其他成本。

（6）无形资产的成本,包括放弃债权的公允价值,以及可直接归属于使该资产达到预定用途所发生的税金等其他成本。放弃债权的公允价值与账面价值之间的差额,记入"投资收益"科目。

3. 债权人受让多项资产

债权人受让多项非金融资产,或者包括金融资产、非金融资产在内的多项资产的,应当按照《企业会计准则第 22 号——金融工具确认和计量》的规定确认和计量受让的金融资产;按照受让的金融资产以外的各项资产在债务重组合同生效日的公允价值比例,对放弃债权在合同生效日的公允价值扣除受让金融资产当日公允价值后的净额进行分配,并以此为基础分别确定各项资产的成本。放弃债权的公允价值与账面价值之间的差额,记入"投资收益"科目。

4. 债权人受让处置组

债务人以处置组清偿债务的,债权人应当分别按照《企业会计准则第 22 号——金融工具确认和计量》和其他相关准则的规定,对处置组中的金融资产和负债进行初始计量,然后按照金融资产以外的各项资产在债务重组合同生效日的公允价值比例,对放弃债权在合同生效日的公允价值以及承担的处置组中负债的确认金额之和,扣除受让金融资产在当日的公允价值后的净额进行分配,并以此为基础分别确定各项资产的成本。放弃债权的公允价值与账面价值之间的差额,记入"投资收益"科目。

5. 债权人将受让的资产或处置组划分为持有待售类别

债务人以资产或处置组清偿债务,且债权人在取得日未将受让的相关资产或处置组作为非流动资产和非流动负债核算,而是将其划分为持有待售类别的,债权人应当在初始计量时,比较假定其不划分为持有待售类别情况下的初始计量金额和公允价值减去出售费用后的净额,以两者孰低计量。

（二）修改其他条款

债务重组采用以修改其他条款方式进行的,如果修改其他条款导致全部债权终止确认,债权人应当按照修改后的条款以公允价值初始计量新的金融资产,新金融资产的确认金额与债权终止确认日账面价值之间的差额,记入"投资收益"科目。

如果修改其他条款未导致债权终止确认,债权人应当根据其分类,继续以摊余成本、以公允价值计量且其变动计入其他综合收益,或者以公允价值计量且其变动计入当期损益进行后续计量。对于以摊余成本计量的债权,债权人应当根据重新议定的合同现金流量变化情况,重新计算该重组债权的账面余额,并将相关利得或损失记入"投资收益"科目。重新计算的该重组债权的账面余额,应当根据将重新议定或修改的合同现金流量按债权原实际利率折现的现值确定,购买或源生的已发生信用减值的重组债权,应按经信用调整的实际利率折现。对于修改或重新议定合同所产生的成本或费用,债权人应当调整修改后的重组债权的账面价值,并在修改后重组债权的剩余期限内摊销。

### (三) 组合方式

债务重组采用组合方式进行的,一般可以认为对全部债权的合同条款做出了实质性修改,债权人应当按照修改后的条款,以公允价值初始计量新的金融资产和受让的新金融资产,按照受让的金融资产以外的各项资产在债务重组合同生效日的公允价值比例,对放弃债权在合同生效日的公允价值扣除受让金融资产和重组债权当日公允价值后的净额进行分配,并以此为基础分别确定各项资产的成本。放弃债权的公允价值与账面价值之间的差额,记入"投资收益"科目。

## 二、债务人的会计处理

### (一) 债务人以资产清偿债务

债务重组采用以资产清偿债务方式进行的,债务人应当将所清偿债务账面价值与转让资产账面价值之间的差额计入当期损益。

(1) 债务人以金融资产清偿债务。债务人以单项或多项金融资产清偿债务的,债务的账面价值与偿债金融资产账面价值的差额,记入"投资收益"科目。偿债金融资产已计提减值准备的,应结转已计提的减值准备。对于以分类为以公允价值计量且其变动计入其他综合收益的债务工具投资清偿债务的,之前计入其他综合收益的累计利得或损失应当从其他综合收益中转出,记入"投资收益"科目。对于以指定为以公允价值计量且其变动计入其他综合收益的非交易性权益工具投资清偿债务的,之前计入其他综合收益的累计利得或损失应当从其他综合收益中转出,记入"盈余公积""利润分配——未分配利润"等科目。

4-3视频:
债务人的
会计处理

(2) 债务人以非金融资产清偿债务。债务人以单项或多项非金融资产清偿债务,或者以包括金融资产和非金融资产在内的多项资产清偿债务的,不需要区分资产处置损益和债务重组损益,也不需要区分不同资产的处置损益,而应将所清偿债务账面价值与转让资产账面价值之间的差额,记入"其他收益——债务重组收益"科目。偿债资产已计提减值准备的,应结转已计提的减值准备。

债务人以包含非金融资产的处置组清偿债务的,应当将所清偿债务和处置组中负债的账面价值之和,与处置组中资产的账面价值之间的差额,记入"其他收益——债务重组收益"科目。处置组所属的资产组或资产组组合按照《企业会计准则第8号——资产减值》分摊了企业合并中取得的商誉的,该处置组应当包含分摊至处置组的商誉。处置组中的资产已计提减值准备的,应结转已计提的减值准备。

债务人以日常活动产出的商品或服务清偿债务的,应当将所清偿债务账面价值与存货等相关资产账面价值之间的差额,记入"其他收益——债务重组收益"科目。

### (二) 债务人将债务转为权益工具

债务重组采用将债务转为权益工具方式进行的,债务人初始确认权益工具时,应当按照权益工具的公允价值计量,权益工具的公允价值不能可靠地计量的,应当按照所清偿债务的公允价值计量。所清偿债务账面价值与权益工具确认金额之间的差额,记入"投资收益"科目。债务人因发行权益工具而支出的相关税费等,应当依次冲减资本溢价、盈余公积、未分配利润等。

### (三) 修改其他条款

债务重组采用修改其他条款方式进行的,如果修改其他条款导致债务终止确认,债务人应当按照公允价值计量重组债务,终止确认的债务账面价值与重组债务确认金额之间的差额,记入"投资收益"科目。

如果修改其他条款未导致债务终止确认,或者仅导致部分债务终止确认,对于未终止确认的部分债务,债务人应当根据其分类,继续以摊余成本、以公允价值计量且其变动计入当期损益或其他适当方法进行后续计量。对于以摊余成本计量的债务,债务人应当根据重新议定的合同的现金流量变化情况,重新计算该重组债务的账面价值,并将相关利得或损失记入"投资收益"科目。重新计算该重组债务的账面价值,应当根据将重新议定或修改的合同现金流量按债务的原实际利率或按《企业会计准则第 24 号——套期会计》第二十三条规定的重新计算的实际利率(如适用)折现的现值确定。对于修改或重新议定合同所产生的成本或费用,债务人应当调整修改后的重组债务的账面价值,并在修改后重组债务的剩余期限内摊销。

### (四) 组合方式

债务重组采用以资产清偿债务、将债务转为权益工具、修改其他条款等的组合方式进行的,对于权益工具,债务人应当在初始确认时按照权益工具的公允价值计量,权益工具的公允价值不能可靠地计量的,应当按照所清偿债务的公允价值计量。对于修改其他条款形成的重组债务,债务人应当"修改其他条款"部分的内容,确认和计量重组债务。所清偿债务的账面价值与转让资产的账面价值以及权益工具和重组债务的确认金额之和的差额,记入"其他收益——债务重组收益"或"投资收益"(仅涉及金融工具时)科目。

【例 4-1】 2×24 年 6 月 18 日,华夏公司向华丽公司销售商品一批,应收华丽公司款项的入账金额为 190 万元。华夏公司将该应收款项分类为以摊余成本计量的金融资产。华丽公司将该应付账款分类为以摊余成本计量的金融负债。2×24 年 10 月 18 日,双方签订债务重组合同,华丽公司以一项作为无形资产核算的非专利技术偿还该欠账款。该无形资产的账面余额为 200 万元,累计摊销额为 20 万元,已计提减值准备 4 万元。10 月 22 日,双方办理完成该无形资产转让手续,华夏公司支付评估费用 8 万元。当日,华夏公司应收款项的公允价值为 174 万元,已计提坏账准备 14 万元,华丽公司应付款项的账面价值仍为 190 万元。假设不考虑相关税费。

(1) 债权人的会计处理。2×24 年 10 月 22 日,债权人华夏公司取得该无形资产的成本为债权公允价值 174 万元与评估费用 8 万元,合计为 182 万元。华夏公司的账务处理如下:

借:无形资产　　　　　　　　　　　　　　　　　　　　　1 820 000
　　坏账准备　　　　　　　　　　　　　　　　　　　　　　140 000
　　投资收益　　　　　　　　　　　　　　　　　　　　　　 20 000
　　贷:应收账款　　　　　　　　　　　　　　　　　　　　1 900 000
　　　　银行存款　　　　　　　　　　　　　　　　　　　　　80 000

(2) 债务人的会计处理。

华丽公司 10 月 22 日的账务处理如下:

| 借：应付账款 | 1 900 000 | |
|---|---|---|
| 　　累计摊销 | 200 000 | |
| 　　无形资产减值准备 | 40 000 | |
| 　贷：无形资产 | | 2 000 000 |
| 　　　其他收益——债务重组收益 | | 140 000 |

**【例 4-2】** 承[例 4-1]，假设华夏公司管理层决议，受让该非专利技术后将在半年内将其出售，当日无形资产的公允价值为 174 万元，预计未来出售该非专利技术时将发生 2 万元的出售费用，该非专利技术满足持有待售资产确认条件。

分析：10 月 22 日，华夏公司对该非专利技术进行初始确认时，按照无形资产入账的 182 万元与公允价值减出售费用后的净额 172 万元（174－2）孰低计量。债权人华夏公司的账务处理如下：

| 借：持有待售资产——无形资产 | 1 720 000 | |
|---|---|---|
| 　　坏账准备 | 140 000 | |
| 　　资产减值损失 | 120 000 | |
| 　贷：应收账款 | | 1 900 000 |
| 　　　银行存款 | | 80 000 |

**【例 4-3】** 2×24 年 3 月 10 日，华夏公司从华丽公司购买一批材料，约定 6 个月后华夏公司应结清款项 200 万元（假定无重大融资成分）。华丽公司将该应收款项分类为以公允价值计量且其变动计入当期损益的金融资产；华夏公司将该应付款项分类为以摊余成本计量的金融负债。2×24 年 9 月 12 日，华夏公司因无法支付货款，与华丽公司协商进行债务重组，双方商定华丽公司将该债权转为对华夏公司的股权投资。11 月 20 日，华丽公司办结了对华夏公司的增资手续，华夏公司和华丽公司分别支付手续费等相关费用 3 万元和 2.4 万元。债转股后华夏公司总股本为 200 万元，华丽公司持有的抵债股权占华夏公司总股本的 25%，对华夏公司具有重大影响，华夏公司股权公允价值不能可靠地计量。华夏公司应付款项的账面价值仍为 200 万元。

2×24 年 7 月 30 日，应收款项和应付款项的公允价值均为 170 万元。
2×24 年 9 月 12 日，应收款项和应付款项的公允价值均为 152 万元。
2×24 年 11 月 20 日，应收款项和应付款项的公允价值仍为 152 万元。
假定不考虑其他相关税费。

(1) 债权人的会计处理。

华丽公司的账务处理如下：

① 7 月 30 日：

| 借：公允价值变动损益 | 300 000 | |
|---|---|---|
| 　贷：交易性金融资产——公允价值变动 | | 300 000 |

② 9 月 12 日：

| 借：公允价值变动损益 | 180 000 | |
|---|---|---|
| 　贷：交易性金融资产——公允价值变动 | | 180 000 |

③ 11 月 20 日，华丽公司对华夏公司长期股权投资的成本为应收款项公允价值 152 万

元与相关税费 2.4 万元,合计为 154.4 万元。

　　借:长期股权投资——华夏公司　　　　　　　　　　　　　1 544 000
　　　　交易性金融资产——公允价值变动　　　　　　　　　　　 480 000
　　　贷:交易性金融资产——成本　　　　　　　　　　　　　　2 000 000
　　　　　银行存款　　　　　　　　　　　　　　　　　　　　　　24 000

(2) 债务人的会计处理。

11 月 20 日,由于华夏公司股权的公允价值不能可靠地计量,初始确认权益工具公允价值时应当按照所清偿债务的公允价值 152 万元计量,并扣除因发行权益工具支出的相关税费 3 万元。华夏公司的账务处理如下:

　　借:应付账款　　　　　　　　　　　　　　　　　　　　　　2 000 000
　　　贷:股本　　　　　　　　　　　　　　　　　　　　　　　　500 000
　　　　　资本公积——股本溢价　　　　　　　　　　　　　　　　990 000
　　　　　投资收益　　　　　　　　　　　　　　　　　　　　　　480 000
　　　　　银行存款　　　　　　　　　　　　　　　　　　　　　　 30 000

【例 4-4】 2×23 年 10 月 5 日,华夏公司向华丽公司赊购一批材料,含税价为 468 万元。2×24 年 8 月 10 日,华夏公司因发生财务困难,无法按合同约定偿还债务,双方协商进行债务重组。华丽公司同意华夏公司用其生产的商品、作为固定资产管理的机器设备和一项债券投资抵偿欠款。当日,该债权的公允价值为 420 万元,华夏公司用于抵债的商品市价(不含增值税)为 180 万元,抵债设备的公允价值为 150 万元,用于抵债的债券投资市价为 47.1 万元。

抵债资产于 2×24 年 8 月 20 日转让完毕,华夏公司发生设备运输费用 1.3 万元,华丽公司发生设备安装费用 3 万元。

华丽公司以摊余成本计量该项债权。2×24 年 8 月 20 日,华丽公司对该债权已计提坏账准备 38 万元,债券投资市价为 42 万元。华丽公司将受让的商品、设备和债券投资分别作为库存商品、固定资产和以公允价值计量且其变动计入当期损益的金融资产核算。

华夏公司以摊余成本计量该项债务。2×24 年 8 月 20 日,华夏公司用于抵债的商品成本为 140 万元;抵债设备的账面原价为 300 万元,累计折旧为 80 万元,已计提减值准备为 36 万元;华夏公司以摊余成本计量用于抵债的债券投资,债券票面价值总额为 30 万元,票面利率与实际利率一致,按年付息。当日,该项债务的账面价值仍为 468 万元。

华夏公司、华丽公司均为增值税一般纳税人,适用的增值税税率为 13%,经税务机关核定,该项交易中商品和设备的计税价格分别为 180 万元和 150 万元。不考虑其他相关税费。

(1) 债权人的会计处理。

$$库存商品可抵扣增值税=180×13\%=23.4(万元)$$
$$设备可抵扣增值税=150×13\%=19.5(万元)$$

库存商品和固定资产的成本应当以其公允价值比例(180∶150)对放弃债权公允价值扣除受让金融资产公允价值后的净额进行分配后的金额为基础确定。

库存商品的成本＝180÷(180＋150)×(420－47.1－23.4－19.5)＝180(万元)
固定资产的成本＝150÷(180＋150)×(420－47.1－23.4－19.5)＝150(万元)

2×24 年 8 月 20 日，华丽公司的账务处理如下：

① 结转债务重组相关损益：

借：库存商品　　　　　　　　　　　　　　　　　　1 800 000
　　在建工程——在安装设备　　　　　　　　　　　1 500 000
　　应交税费——应交增值税(进项税额)　　　　　　429 000
　　交易性金融资产　　　　　　　　　　　　　　　420 000
　　坏账准备　　　　　　　　　　　　　　　　　　380 000
　　投资收益　　　　　　　　　　　　　　　　　　151 000
　　贷：应收账款　　　　　　　　　　　　　　　　4 680 000

② 支付安装成本：

借：在建工程——在安装设备　　　　　　　　　　　30 000
　　贷：银行存款　　　　　　　　　　　　　　　　30 000

③ 安装完毕达到可使用状态：

借：固定资产　　　　　　　　　　　　　　　　　　1 530 000
　　贷：在建工程——在安装设备　　　　　　　　　1 530 000

(2)债务人的会计处理。

华夏公司 8 月 20 日的账务处理如下：

借：固定资产清理　　　　　　　　　　　　　　　　1 840 000
　　累计折旧　　　　　　　　　　　　　　　　　　800 000
　　固定资产减值准备　　　　　　　　　　　　　　360 000
　　贷：固定资产　　　　　　　　　　　　　　　　3 000 000
借：固定资产清理　　　　　　　　　　　　　　　　13 000
　　贷：银行存款　　　　　　　　　　　　　　　　13 000
借：应付账款　　　　　　　　　　　　　　　　　　4 680 000
　　贷：固定资产清理　　　　　　　　　　　　　　1 853 000
　　　　库存商品　　　　　　　　　　　　　　　　1 400 000
　　　　应交税费——应交增值税(销项税额)　　　　429 000
　　　　债权投资——成本　　　　　　　　　　　　300 000
　　　　其他收益——债务重组收益　　　　　　　　698 000

4-4 扫一扫
练一练

4-5 扫一扫
练一练答案

# 第三节 | 债务重组的相关披露

债务重组涉及的债权、重组债权、债务、重组债务和其他金融工具的披露，应当按照《企业会计准则第 37 号——金融工具列报》的规定处理。此外，债权人和债务人还应当在附注中披露与债务重组有关的额外信息。

债权人应当在附注中披露与债务重组有关的下列信息：

(1) 根据债务重组方式,分组披露债权账面价值和债务重组相关损益。分组时,债权人可以按照以资产清偿债务方式、将债务转为权益工具方式、修改其他条款方式、组合方式为标准分组,也可以根据重要性原则以更细化的标准分组。

(2) 债务重组导致的对联营企业或合营企业的权益性投资增加额,以及该投资占联营企业或合营企业股份总额的比例。

债务人应当在附注中披露与债务重组有关的下列信息:

(1) 根据债务重组方式,分组披露债务账面价值和债务重组相关损益。分组的标准与对债权人的要求相类似。

(2) 债务重组导致的股本等所有者权益的增加额。报表使用者可能关心与债务重组相关的其他信息。例如,债权人和债务人是否具有关联方关系。又如,如何确定债务转为权益工具方式中的权益工具,以及修改其他条款方式中的新重组债权或重组债务等的公允价值。再如,是否存在与债务重组相关的或有事项等,企业应当根据《企业会计准则第 13 号——或有事项》《企业会计准则第 22 号——金融工具确认和计量》《企业会计准则第 36 号——关联方披露》《企业会计准则第 37 号——金融工具列报》和《企业会计准则第 39 号——公允价值计量》等准则规定,披露相关信息。

## 本 章 小 结

本章主要阐述债务重组的定义以及几种常见债务重组方式的会计处理。

## 重 要 概 念

4-6 扫一扫
看课件

债务重组　债务重组日　资产清偿债务　债务转为权益工具　修改其他债务条件

# 第五章　所　得　税

- 内容提要
- 重点难点
- 学习目标
- 知识框架
- 第一节　所得税会计概述
- 第二节　资产、负债的计税基础及暂时性差异
- 第三节　递延所得税负债和递延所得税资产的核算
- 第四五　所得税费用的确认和计量
- 第五节　所得税的列报
- 本章小结
- 重要概念

## 内容提要

本章主要讲述资产负债表债务法的原理、所得税会计的一般程序、资产的计税基础、负债的计税基础及暂时性差异的计算、递延所得税资产和递延所得税负债以及所得税费用的确认和计量等。

## 重点难点

本章重点为所得税会计的一般程序、资产的计税基础、负债的计税基础及暂时性差异的计算、递延所得税资产和递延所得税负债以及所得税费用的确认和计量。本章难点为资产、负债的计税基础,暂时性差异的计算,递延所得税资产和递延所得税负债以及所得税费用的确认和计量。

## 学习目标

通过本章的学习,学生应了解所得税会计的概念、所得税会计处理方法与所得税会计的一般程序;理解暂时性差异的定义、当期所得税的含义;熟悉应纳税暂时性差异与可抵扣暂时性差异的含义,以及特殊项目产生的暂时性差异的内容;掌握资产的计税基础、负债的计税基础、递延所得税资产的确认与计量、递延所得税负债的确认与计量、所得税费用的核算。

## 知识框架

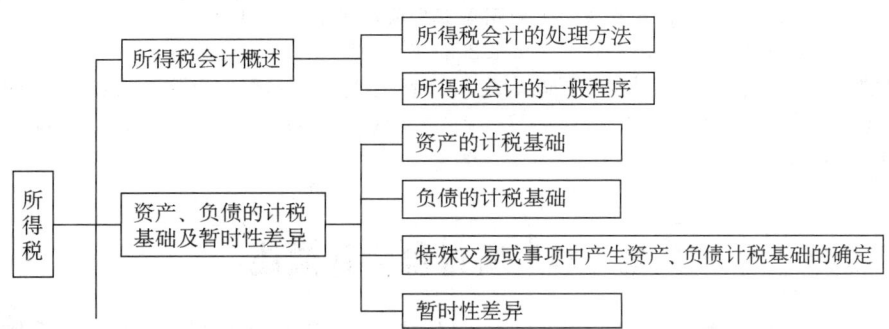

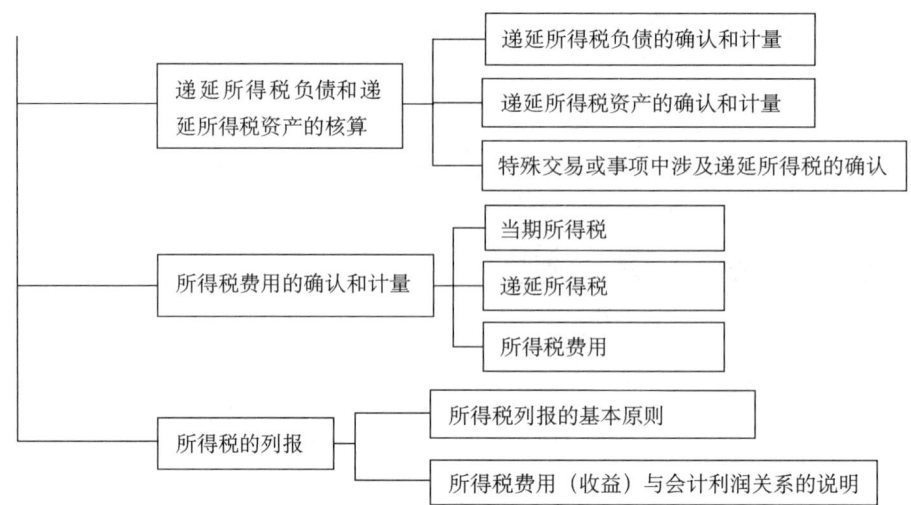

## 思政育人　财政部、税务总局、国家发展改革委、生态环境部
## 关于从事污染防治的第三方企业所得税政策问题的公告

为鼓励污染防治企业的专业化、规模化发展，更好支持生态文明建设，现将有关企业所得税政策公告如下：

一、对符合条件的从事污染防治的第三方企业(以下称第三方防治企业)减按15%的税率征收企业所得税。

本公告所称第三方防治企业是指受排污企业或政府委托，负责环境污染治理设施(包括自动连续监测设施，下同)运营维护的企业。

二、本公告所称第三方防治企业应当同时符合以下条件：

（一）在中国境内(不包括港、澳、台地区)依法注册的居民企业；

（二）具有1年以上连续从事环境污染治理设施运营实践，且能够保证设施正常运行；

（三）具有至少5名从事本领域工作且具有环保相关专业中级及以上技术职称的技术人员，或者至少2名从事本领域工作且具有环保相关专业高级及以上技术职称的技术人员；

（四）从事环境保护设施运营服务的年度营业收入占总收入的比例不低于60%；

（五）具备检验能力，拥有自有实验室，仪器配置可满足运行服务范围内常规污染物指标的检测需求；

（六）保证其运营的环境保护设施正常运行，使污染物排放指标能够连续稳定达到国家或者地方规定的排放标准要求；

（七）具有良好的纳税信用，近3年内纳税信用等级未被评定为C级或D级。

三、第三方防治企业，自行判断其是否符合上述条件，符合条件的可以申报享受税收优惠，相关资料留存备查。税务部门依法开展后续管理过程中，可转请生态环境部门进行核查，生态环境部门可以委托专业机构开展相关核查工作，具体办法由税务总局会同国家发展改革委、生态环境部制定。

四、本公告执行期限自2024年1月1日起至2027年12月31日止。

资料来源：财政部,税务总局,国家发展改革委,生态环境部.关于从事污染防治的第三方企业所得税政策问题的公告[EB/OL].(2023-08-24)[2023-10-29]. https://www.chinatax.gov.cn/chinatax/n362/c5211467/content.html.

5-1视频：
所得税会计
概述

# 第一节　所得税会计概述

所得税会计是从资产负债表出发，通过比较资产负债表中按照《企业会计准则》所列示

的资产、负债的账面价值与按照企业所得税法规定确定的计税基础之间的差异,从而确定该差异应如何进行核算的理论。企业会计核算遵循《企业会计准则》,但企业在计算缴纳所得税时必须服从《中华人民共和国企业所得税法》规定的要求,所得税会计就是在企业所得税法和《企业会计准则》相互分离的基础上产生的。所得税会计是研究处理会计收益和应税收益差异的会计理论和方法,是会计学科的一个分支。

## 一、所得税会计的处理方法

我国所得税会计采用了资产负债表债务法,要求企业从资产负债表出发,通过比较资产负债表上列示的资产、负债按照会计准则规定确定的账面价值与按照税法规定确定的计税基础,对于两者之间的差异分别应纳税暂时性差异与可抵扣暂时性差异,确认相关的递延所得税负债与递延所得税资产,并在此基础上确定每一会计期间利润表中的所得税费用。

资产负债表债务法在所得税的会计核算方面遵循了资产、负债的界定。从资产负债角度考虑,资产的账面价值代表的是某项资产在持续持有及最终处置的一定期间内为企业带来的未来经济利益的总额,而其计税基础代表的是该期间未按照税法规定就该项资产可以税前扣除的总额。资产的账面价值小于其计税基础的,表明该项资产在未来期间产生的经济利益流入低于按照税法规定允许税前扣除的金额,产生可抵减未来期间应纳税所得额的因素,减少未来期间以所得税税款的方式流出企业的经济利益,应确认为递延所得税资产;反之,一项资产的账面价值大于其计税基础的,两者之间的差额会增加企业在未来期间的应纳税所得额及应交所得税,对企业形成经济利益流出的义务,应确认为递延所得税负债。

## 二、所得税会计的一般程序

企业一般应于每一资产负债表日进行所得税的核算。在企业合并等特殊交易或事项发生时,企业在确认因交易或事项取得的资产、负债时即应确认相关的所得税影响。企业进行所得税核算一般应遵循以下程序:

(1) 按照相关会计准则规定确定资产负债表中除递延所得税资产和递延所得税负债以外的其他资产和负债项目的账面价值。资产、负债的账面价值是指企业按照相关会计准则的规定进行核算后在资产负债表中列示的金额。例如,企业持有的应收账款账面余额为200万元,企业对该应收账款计提了10万元的坏账准备,账面价值为190万元,即为该应收账款在资产负债表中的列示金额。

(2) 按照会计准则对于资产和负债计税基础的确定方法,以适用的企业所得税法为基础,确定资产负债表中有关资产、负债项目的计税基础。

(3) 比较资产、负债的账面价值与其计税基础,两者之间存在差异的,分析其性质,除准则中规定的特殊情况外,分别应纳税暂时性差异与可抵扣暂时性差异,确定资产负债表日递延所得税负债和递延所得税资产的应有金额,并与期初递延所得税资产和递延所得税负债的余额相比,确定当期应予进一步确认的递延所得税资产和递延所得税负债金额或应予转销的金额,作为构成利润表中所得税费用的递延所得税费用(或收益)。

(4) 按照适用的税法规定计算确定当期应纳税所得额,将应纳税所得额与适用的所得税税率计算的结果确认为当期应交所得税,作为当期所得税。

(5) 确定利润表中的所得税费用。利润表中的所得税费用包括当期所得税(当期应交所得税)和递延所得税两个组成部分,企业在计算确定了当期所得税和递延所得税后,两者之和(或之差),是利润表中的所得税费用。

## 第二节 资产、负债的计税基础及暂时性差异

所得税会计的关键在于确定资产、负债的计税基础。在确定资产、负债的计税基础时,应严格遵循税收法规中对于资产的税务处理以及可税前扣除的费用等的规定进行。

### 一、资产的计税基础

资产的计税基础是指企业收回资产账面价值过程中计算应纳税所得额时按照税法规定可以自应税经济利益中抵扣的金额,即某一项资产在未来期间计税时按照税法规定可以税前扣除的金额。

5-2视频:
资产的
计税基础

资产的计税基础=未来可税前扣除的金额

或:

资产的计税基础=该项资产成本-该项资产以前期间已税前扣除的金额

资产在初始确认时,其计税基础一般为取得成本,即企业为取得某项资产支付的成本在未来期间准予税前扣除。在资产持续持有的过程中,其计税基础是指资产的取得成本减去以前期间按照税法规定已经税前扣除的金额后的余额。

**(一) 固定资产**

以各种方式取得的固定资产,初始确认时按照会计准则规定确定的入账价值基本上是被税法认可的,即取得时其账面价值一般等于计税基础。

固定资产在持有期间进行后续计量时,由于会计与税法规定就折旧方法、折旧年限以及固定资产减值准备的提取等处理的不同,可能造成固定资产的账面价值与计税基础的差异。

以各种方式取得的固定资产,初始确认时入账价值基本上是被税法认可的,即取得时其账面价值一般等于计税基础。固定资产在持有期间进行后续计量时,会计上的基本计量模式是"成本-累计折旧-固定资产减值准备",税收上的基本计量模式是"成本-按照税法规定计算确定的累计折旧"。会计与税收处理的差异主要来自折旧方法、折旧年限的不同以及固定资产减值准备的计提。

(1) 折旧方法、折旧年限产生的差异。

固定资产的账面价值=取得成本-累计折旧-固定资产减值准备

固定资产计税基础=取得成本-依据税法规定已在以前期间税前扣除的金额

**【例5-1】** 华夏公司于2×24年1月1日开始计提折旧的某项固定资产,原价为1 500 000元,使用年限为10年,采用年限平均法计提折旧,预计净残值为0。税法规定类似固定资产采用加速折旧法计提的折旧可予税前扣除,该企业在计税时采用双倍余额递减法计提折旧,预计净残值为0。

分析:2×24年12月31日,该项固定资产的账面价值=1 500 000-150 000×1=1 350 000(元),计税基础=1 500 000-1 500 000×20%=1 200 000(元),该项固定资产账面价值1 350 000元与其计税基础

1 200 000 元之间的 150 000 元差额,将在未来期间增加企业的应纳税所得额的金额。

(2) 因计提固定资产减值准备产生的差异。持有固定资产的期间内,在对固定资产计提了减值准备以后,因所计提的减值准备在计提当期不允许税前扣除,也会造成固定资产的账面价值与计税基础的差异。

【例 5-2】 华夏公司 2×22 年 12 月 20 日取得某设备,成本为 6 000 000 万元,预计使用年限为 10 年,预计净残值为 0,采用年限平均法计提折旧。2×24 年 12 月 31 日,根据该设备生产产品的市场占有情况,华夏公司估计其可收回金额为 4 000 000 元。假定税法规定的折旧方法、折旧年限与会计准则相同,企业的资产在发生实质性损失时可予税前扣除。

分析:2×24 年 12 月 31 日,华夏公司该设备的账面价值=6 000 000−600 000×2=4 800 000(元),可收回金额为 4 000 000 元,应当计提 800 000 元固定资产减值准备,计提该减值准备后,固定资产的账面价值为 4 000 000 元。该设备的计税基础=6 000 000−600 000×2=4 800 000(元),资产的账面价值 4 000 000 元与其计税基础 4 800 000 元之间产生的 800 000 元的差额,在未来期间减少企业的应纳税所得额的金额。

### (二) 无形资产

除内部研究开发形成的无形资产以外,以其他方式取得的无形资产,初始确认时其入账价值与税法规定的成本之间一般不存在差异。

(1) 内部研究开发形成的无形资产。会计准则规定有关研究开发支出区分两个阶段:研究阶段的支出应当费用化计入当期损益,而开发阶段符合资本化条件的支出应当计入所形成无形资产的成本;税法规定,自行开发的无形资产,以开发过程中该资产符合资本化条件后至达到预定用途前发生的支出为计税基础。对于研究开发费用的加计扣除,税法中规定企业为开发新技术、新产品、新工艺发生的研究开发费用,未形成无形资产计入当期损益的,在按照规定据实扣除的基础上,按照研究开发费用的 100% 加计扣除;形成无形资产的,按照无形资产成本的 200% 摊销。对于内部研究开发形成的无形资产,一般情况下初始确认时按照会计准则规定确定的成本与其计税基础应当是相同的。对于享受税收优惠的研究开发支出,在形成无形资产时,按照会计准则规定确定的成本为研究开发过程中符合资本化条件后至达到预定用途前发生的支出,而因税法规定按照无形资产成本的 200% 摊销,则其计税基础应在会计入账价值的基础上加计 100%,因而产生账面价值与计税基础在初始确认时的差异,但如果该无形资产的确认不是产生于企业合并交易、同时在确认时既不影响会计利润也不影响应纳税所得额,按照所得税会计准则的规定,不确认该暂时性差异的所得税影响。该种情况下,无形资产在初始确认时,对于会计和税收之间存在的暂时性差异不予确认,持续持有过程中,在初始未确认暂时性差异的所得税影响范围内的摊销额等的差异亦不予确认。

【例 5-3】 华夏公司当期发生研究开发支出为 10 000 000 元,其中研究阶段支出为 2 000 000 元,开发阶段符合资本化条件前发生的支出为 2 000 000 元,符合资本化条件后发生的支出为 6 000 000 元。假定开发形成的无形资产在当期期末已达到预定用途。

分析:华夏公司当年发生的研究开发支出中,按照会计规定应予费用化的金额为 4 000 000 元,形成无形资产的成本为 6 000 000 元,即期末所形成无形资产的账面价值为 6 000 000 元。华夏公司于当期发生的 10 000 000 元研究开发支出,可在税前扣除的金额为 8 000 000 元。对于按照会计准则规定形成无形资产的部分,税法规定按照无形资产成本的 200% 作为计算未来期间摊销额的基础,即该项无形资产在初始确认时的计税基础为 12 000 000 元(6 000 000×200%)。该项无形资产的账面价值 6 000 000 元与其计税基础12 000 000元之间产生了6 000 000元的差额。

应予说明的是,上述6 000 000元暂时性差异因产生于无形资产的初始确认,该无形资产并非产生于企业合并,且该无形资产在初始确认时既不影响会计利润,也不影响应纳税所得额,因此,该6 000 000元暂时性差异的所得税影响不予确认。

(2) 无形资产在后续计量时,会计与税收的差异主要产生于对无形资产是否需要摊销及无形资产减值准备的计提。会计准则规定应根据无形资产使用寿命情况,区分为使用寿命有限的无形资产和使用寿命不确定的无形资产。对于使用寿命不确定的无形资产,不要求摊销,在会计期末应进行减值测试。税法规定,企业取得无形资产的成本,应在一定期限内摊销,有关摊销额允许税前扣除。在对无形资产计提减值准备的情况下,因所计提的减值准备不允许税前扣除,也会造成其账面价值与计税基础的差异。

【例5-4】 华夏公司于2×24年1月1日取得某项无形资产,成本为6 000 000元。企业根据各方面情况判断,无法合理预计其带来经济利益的期限,作为使用寿命不确定的无形资产。2×24年12月31日,对该项无形资产进行减值测试表明未发生减值。企业在计税时,对该项无形资产按照10年的期间摊销,有关摊销额允许税前扣除。

分析:会计上将该无形资产作为使用寿命不确定的无形资产,在未发生减值的情况下,其账面价值为取得成本6 000 000元。该项无形资产在2×24年12月31日的计税基础为5 400 000元(6 000 000－600 000)。该项无形资产的账面价值6 000 000元与其计税基础5 400 000元之间的差额600 000元将计入未来期间的应纳税所得额,产生未来期间企业所得税款流出的增加。

(三) 以公允价值计量且其变动计入当期损益的金融资产

按照《企业会计准则第22号——金融工具确认和计量》的规定,对于以公允价值计量且其变动计入当期损益的金融资产,其于某一会计期末的账面价值为公允价值,如果税法规定按照会计准则确认的公允价值变动损益在计税时不予考虑,即有关金融资产在某一会计期末的计税基础为其取得成本,会造成该类金融资产账面价值与计税基础之间的差异。

企业持有的以公允价值计量且其变动计入其他综合收益的金融资产,其计税基础的确定,与以公允价值计量且其变动计入当期损益的金融资产,可比照处理。

【例5-5】 华夏公司2×24年7月以520 000元取得乙公司股票50 000股作为交易性金融资产核算,2×24年12月31日,华夏公司尚未出售所持有乙公司股票,乙公司股票公允价值为每股12元。税法规定,资产在持有期间公允价值的变动不计入当期应纳税所得额,待处置时一并计算应计入应纳税所得额的金额。

分析:作为交易性金融资产的乙公司股票在2×24年12月31日的账面价值为600 000元(12×50 000),计税基础为原取得成本不变,即520 000元,两者之间产生80 000元的应纳税暂时性差异。

(四) 其他资产

因企业会计准则规定与税法规定不同,企业持有的其他资产,可能造成其账面价值与计税基础之间存在差异。

(1) 投资性房地产。企业持有的投资性房地产进行后续计量时,会计准则规定可以采用两种模式:一种是成本模式,采用该种模式计量的投资性房地产其账面价值与计税基础的确定与固定资产、无形资产相同;另一种是在符合规定条件的情况下,可以采用公允价值模式对投资性房地产进行后续计量。对于采用公允价值进行后续计量的投资性房地产,其计税基础的确定类似于以公允价值模式计量且其变动计入当期损益的金融资产。

【例5-6】 华夏公司于2×24年1月1日将其某自用房屋用于对外出租,该房屋的成本为750万元,预计使用年限为20年。转为投资性房地产之前,已使用4年,企业按照年限平均法计提折旧,预计净残值为0。转为投资性房地产核算后,预计能够持续可靠取得该投资性房地产的公允价值,华夏公司采用公允价值模式对该投资性房地产进行后续计量。假定税法规定的折旧方法、折旧年限及净残值与会计规定相同。同时,税法规定资产在持有期间公允价值的变动不计入应纳税所得额,待处置时一并计算确定应计入应纳税所得额的金额。该项投资性房地产在2×24年1月1日(转换日)公允价值为800万元;2×24年12月31日(过了1年)的公允价值为900万元。假定华夏公司适用的所得税税率为25%,不考虑其他因素的影响。

分析:该投资性房地产在2×24年12月31日的账面价值为其公允价值900万元,其计税基础为取得成本扣除按照税法规定允许税前扣除的折旧额后的金额,即其计税基础=750－750÷20×5=562.50(万元)。

该投资性房地产在2×24年12月31日的账面价值900万元与其计税基础562.5万元之间产生了337.5万元的暂时性差异,在其未来期间预期能够产生900万元的经济利益的流入,而按照税法规定仅能够扣除562.5万元的情况下,该差异会增加企业在未来期间的应纳税所得额。

(2)其他计提了资产减值准备的各项资产。有关资产计提减值准备后,其账面价值会随之下降,而税法规定资产在发生实质性损失之前,不允许税前扣除,即其计税基础不会因减值准备的提取而变化,造成在计提资产减值准备以后,资产的账面价值与计税基础之间产生差异。

【例5-7】 华夏公司2×24年购入原材料成本为1 000万元,因部分生产线停工,当年未领用任何原材料,2×24年资产负债表日估计该原材料的可变现净值为900万元。假定该原材料在2×24年的期初余额为0。

分析:该项原材料因期末可变现净值低于成本,应计提的存货跌价准备=1 000－900=100(万元)。计提该存货跌价准备后,该原材料的账面价值为900万元。

该项原材料的计税基础不会因存货跌价准备的提取而发生变化,其计税基础为1 000万元不变。

该存货的账面价值900万元与其计税基础1 000万元之间产生了100万元的暂时性差异,该差异会减少企业在未来期间的应纳税所得额。

【例5-8】 华夏公司2×24年12月31日应收账款余额为5 000万元,该公司期末对应收账款计提了500万元的坏账准备。税法规定,不符合国务院财政、税务主管部门规定的各项资产减值准备不允许税前扣除。假定该公司应收账款及坏账准备的期初余额均为0。

分析:该项应收账款在2×24年资产负债表日的账面价值=4 500万元(5 000－500)。

因有关的坏账准备不允许税前扣除,其计税基础为5 000万元,该账面价值与其计税基础之间产生了500万元的暂时性差异,在应收账款发生实质性损失时,会减少企业在未来期间的应纳税所得额。

## 二、负债的计税基础

负债的计税基础是指负债的账面价值减去未来期间计算应纳税所得额时按照税法规定可予抵扣的金额。即假定企业按照税法规定进行核算,在其按照税法规定确定的资产负债表上有关负债的应有金额。负债的确认与偿还一般不会影响企业未来期间的损益,也不会影响其未来期间的应纳税所得额,因此未来期间计算应纳税所得额时按照税法规定可予抵扣的金额为0。

负债的计税基础＝账面价值－未来期间按照税法规定可予税前扣除的金额

一般负债的计税基础＝账面价值

### （一）预计负债

按照《企业会计准则第13号——或有事项》规定，企业应将预计提供售后服务发生的支出在销售当期确认为费用，同时确认预计负债。如果税法规定，与销售产品相关的支出应于发生时税前扣除。因该类事项产生的预计负债在期末的计税基础为其账面价值与未来期间可税前扣除的金额之间的差额，因有关的支出实际发生时可全额税前扣除，其计税基础为0。因其他事项确认的预计负债，应按照税法规定的计税原则确定其计税基础。某些情况下，某些事项确认的预计负债，税法规定其支出无论是否实际发生均不允许税前扣除，即未来期间按照税法规定可予抵扣的金额为0，则其账面价值与计税基础相同。

**【例5-9】** 华夏公司2×24年因销售产品承诺提供3年的保修服务，在当年度利润表中确认了6 000 000元销售费用，同时确认为预计负债，当年度发生保修支出2 000 000元，预计负债的期末余额为4 000 000元。假定税法规定，与产品售后服务相关的费用在实际发生时税前扣除。

分析：该项预计负债在华夏公司2×24年12月31日的账面价值为4 000 000元。该项预计负债的计税基础＝账面价值－未来期间计算应纳税所得额时按照税法规定可予抵扣的金额＝4 000 000－4 000 000＝0。

该预计负债的账面价值与计税基础之间产生了4 000 000元的差额，该项差额将于未来期间减少企业的应纳税所得额和相应的应交所得税，属于可抵扣暂时性差异。

### （二）合同负债

企业在收到客户预付的款项时，因不符合收入确认条件，会计上将其确认为负债（合同负债）。税法对于收入的确认原则一般与会计规定相同，即会计上未确认收入时，计税时一般亦不计入应纳税所得额，该部分经济利益在未来期间计税时可予税前扣除的金额为0，计税基础等于账面价值。如果不符合会计准则规定的收入确认条件，但按照税法规定应计入当期应纳税所得额时，有关合同负债的计税基础为0，即因其产生时已经计入应纳税所得额，未来期间可全额税前扣除，计税基础为账面价值减去在未来期间可全额税前扣除的金额，即其计税基础为0。

**【例5-10】** 华夏公司于2×24年12月20日自客户收到一笔合同预付款，金额为2 200万元，作为合同负债核算。按照适用税法规定，该款项应计入取得当期应纳税所得额计算缴纳所得税。

分析：该合同负债在华夏公司2×24年12月31日资产负债表中的账面价值为2 200万元。

$$\text{该合同负债的计税基础}=\text{账面价值}-\text{未来期间计算应纳税所得额时按照税法规定可予抵扣的金额}=2\,200-2\,200=0$$

该项负债的账面价值2 200万元与其计税基础0之间产生的2 200万元暂时性差异，会减少企业未来期间的应纳税所得额。

### （三）应付职工薪酬

会计准则规定，企业为获得职工提供的服务给予的各种形式的报酬以及其他相关支出均应作为企业的成本、费用，在未支付之前确认为负债。税法对于合理的职工薪酬基本允许税前扣除，相关应付职工薪酬负债的账面价值等于计税基础。

**【例 5-11】** 华夏公司 2×24 年计入成本费用的职工工资总额为 2 000 万元,至 2×24 年 12 月 31 日尚未支付。按照使用税法规定,当期计入成本费用的 2 000 万元工资支出中,可予税前扣除的合理部分为 1 500 万元。

分析:该项应付职工薪酬负债于 2×24 年 12 月 31 日的账面价值为 2 000 万元。

该项应付职工薪酬负债于 2×24 年 12 月 31 日的计税基础=账面价值-未来期间计算应纳税所得额时按照税法规定可予抵扣的金额=2 000-0=2 000(万元)。

该项负债的账面价值 2 000 万元与计税基础 2 000 万元相同,不形成暂时性差异。

### (四)其他负债

其他负债,如企业应缴的罚款和滞纳金等,在尚未支付之前按照会计规定确认为费用,同时作为负债反映。税法规定,罚款和滞纳金不能税前扣除,即该部分费用无论是在发生当期还是在以后期间均不允许税前扣除,其计税基础为账面价值减去未来期间计税时可予税前扣除的金额 0 之间的差额,即计税基础等于账面价值。

**【例 5-12】** 华夏公司因未按照税法规定缴纳税金,按规定需在 2×24 年缴纳滞纳金 1 000 000 元,截至 2×24 年 12 月 31 日,该款项尚未支付,形成其他应付款 1 000 000 元。税法规定,企业因违反国家法律、法规规定缴纳的罚款、滞纳金不允许税前扣除。

分析:因应缴滞纳金形成的其他应付款账面价值为 1 000 000 元,但因税法规定该支出不允许税前扣除,其计税基础=1 000 000-0=1 000 000(元)。对于罚款和滞纳金支出,会计与税收规定存在差异,但该差异仅影响发生当期,对未来期间计税不产生影响,因而不产生暂时性差异。

## 三、特殊交易或事项中产生资产、负债计税基础的确定

除企业在正常生产经营活动过程中取得的资产和产生的负债以外,对于某些特殊交易中产生的资产、负债,其计税基础的确定应遵从税法规定,如企业合并过程中取得资产、负债计税基础的确定。

《企业会计准则第 20 号——企业合并》视参与合并各方在合并前后是否为同一方或相同的多方最终控制,分为同一控制下的企业合并与非同一控制下的企业合并两种类型。在同一控制下的企业合并中,合并方取得的有关资产、负债基本上维持其原账面价值不变,合并中不产生新的资产和负债;对于非同一控制下的企业合并,合并方取得的有关资产、负债应按其在购买日的公允价值计量,企业合并成本大于合并中取得可辨认净资产公允价值的份额部分确认为商誉,企业合并成本小于合并中取得可辨认净资产公允价值的份额部分计入合并当期损益。

对于企业合并的税收处理,通常情况下被合并企业应视为按公允价值转让、处置全部资产,计算资产的转让所得,依法缴纳所得税。合并企业接受被合并企业的有关资产,计税时可以按经评估确认的价值确定计税基础。另外,在考虑有关企业合并是应税合并还是免税合并时,某些情况下还需要考虑在合并中涉及的获取资产或股权的比例、非股权支付额的比例,具体划分标准和条件应遵从税法规定。

由于会计准则与税收法规对企业合并的划分标准不同,处理原则不同,在某些情况下,会造成企业合并中取得的有关资产、负债的入账价值与其计税基础的差异。

例如,某项企业合并按照会计准则规定因合并方与被合并方在合并前后均处于同一集团内母公司的最终控制之下,会计处理时将其作为同一控制下企业合并处理,合并方对于合

并中取得的被合并方的有关资产、负债均按照其原账面价值确认。在该项合并中,假如从合并方取得的股权比例、合并中支付的非股权支付额的角度考虑,不考虑税法中制定的免税合并的条件,则合并方自被合并方取得的有关资产、负债的计税基础应当重新认定。假如按照税法规定确定的被合并方有关资产、负债的计税基础为合并日的市场价格,则相关资产、负债的账面价值与其计税基础会存在差异,从而产生需要确认的递延所得税资产或负债。因有关暂时性差异产生于企业合并交易,且该企业合并为同一控制下企业合并,在确认合并中产生的递延所得税资产或负债时,相关影响应当计入所有者权益。

又如,某项企业合并交易发生于市场独立主体之间,按照会计准则规定属于非同一控制下企业合并,购买方对于合并中取得的被购买方各项可辨认资产、负债应当按照公允价值确认。在该项合并中,如果购买方取得被购买方的股权比例、合并中股权支付额的比例等达到税法中规定的免税合并的条件,则计税时可以按免税合并处理,即购买方对于交易中取得的被购买方各项可辨认资产、负债的计税基础应承继其原有计税基础。比较该项企业合并中取得有关可辨认资产、负债的账面价值与其计税基础会产生暂时性差异。因有关暂时性差异产生于企业合并,且该企业合并为非同一控制下企业合并,与暂时性差异相关的所得税影响的确认同时将影响合并中确认的商誉。

上述关于与企业合并相关的,因合并中取得可辨认资产、负债的账面价值与计税基础不同产生的暂时性差异的所得税影响,在控股合并的情况下,应于合并财务报表中确认。购买方或合并方的个别财务报表中产生的会计与税收的差异可能源于相关长期股权投资的入账价值与计税基础之间存在差异,一般在长期股权投资初始确认时,应当确认相关的递延所得税影响。

## 四、暂时性差异

暂时性差异是指资产、负债的账面价值与其计税基础不同产生的差额。由于资产、负债的账面价值与其计税基础不同,产生了在未来收回资产或清偿负债的期间内,应纳税所得额增加或减少并导致未来期间应交所得税增加或减少的情况,在这些暂时性差异发生的当期,一般应当确认相应的递延所得税负债或递延所得税资产。

根据暂时性差异对未来期间应纳税所得额的影响,分为应纳税暂时性差异和可抵扣暂时性差异。

### (一) 应纳税暂时性差异

应纳税暂时性差异是指在确定未来收回资产或清偿负债期间的应纳税所得额时,将导致产生应税金额的暂时性差异。该差异在未来期间转回时,会增加转回期间的应纳税所得额,即在未来期间不考虑该事项影响的应纳税所得额的基础上,由于该暂时性差异的转回,会进一步增加转回期间的应纳税所得额和应交所得税金额。在应纳税暂时性差异产生当期,应当确认相关的递延所得税负债。应纳税暂时性差异通常产生于以下情况:

(1) 资产的账面价值大于其计税基础。一项资产的账面价值代表的是企业在持续使用或最终出售该项资产时会取得的经济利益的总额,而计税基础代表的是一项资产在未来期间可予税前扣除的总金额。资产的账面价值大于其计税基础,该项资产未来期间产生的经济利益不能全部在税前抵扣,两者之间的差额需要缴纳所得税,产生应纳税暂时性差异。

(2) 负债的账面价值小于其计税基础。一项负债的账面价值为企业预计在未来期间清偿该项负债时的经济利益流出,而其计税基础代表的是账面价值在扣除税法规定未来期间允许税前扣除的金额之后的差额。因负债的账面价值与其计税基础不同产生的暂时性差异,实质上是税法规定就该项负债在未来期间可以税前扣除的金额为负数,即应在未来期间应纳税所得额的基础上调增,增加应纳税所得额和应交所得税金额,产生应纳税暂时性差异,应确认相关的递延所得税负债。

### (二) 可抵扣暂时性差异

可抵扣暂时性差异是指在确定未来收回资产或清偿负债期间的应纳税所得额时,将导致产生可抵扣金额的暂时性差异。该差异在未来期间转回时会减少转回期间的应纳税所得额,减少未来期间的应交所得税。在可抵扣暂时性差异产生当期,符合确认条件的情况下,应当确认相关的递延所得税资产。可抵扣暂时性差异一般产生于以下情况:

(1) 资产的账面价值小于其计税基础。从经济含义来看,资产在未来期间产生的经济利益少,按照税法规定允许税前扣除的金额多,则企业在未来期间可以减少应纳税所得额并减少应交所得税,产生可抵扣暂时性差异。

(2) 负债的账面价值大于其计税基础。负债产生的暂时性差异实质上是税法规定就该项负债可以在未来期间税前扣除的金额。一项负债的账面价值大于其计税基础,意味着未来期间按照税法规定构成负债的全部或部分金额可以自未来应税经济利益中扣除,减少未来期间的应纳税所得额和应交所得税。

负债产生的暂时性差异=账面价值-计税基础
　　　　　　　　　　=账面价值-(账面价值-未来期间计税时按照税法规定可予税前扣除的金额)
　　　　　　　　　　=未来期间计税时按照税法规定可予税前扣除的金额

值得关注的是,对于按照税法规定可以结转以后年度的未弥补亏损及税款抵减,虽不是因资产、负债的账面价值与计税基础不同产生的,但本质上可抵扣亏损和税款递减与可抵扣暂时性差异具有同样的作用,均能够减少未来期间的应纳税所得额,进而减少未来期间的应交所得税,在会计处理上,视同可抵扣暂时性差异,符合条件的情况下,应确认相关的递延所得税资产。

### (三) 特殊项目产生的暂时性差异

(1) 未作为资产、负债确认的项目产生的暂时性差异。广告费和业务宣传费属于典型的未作为资产、负债确认的项目产生的暂时性差异。某些交易或事项发生以后,因为不符合资产、负债确认条件而未体现为资产负债表中的资产或负债,但按照税法规定能够确定其计税基础的,其账面价值0与计税基础之间的差异也构成暂时性差异。

如企业发生的符合条件的广告费和业务宣传费支出,除另有规定外,不超过当年销售收入15%的部分准予扣除;超过部分准予在以后纳税年度结转扣除。该类费用在发生时按照会计准则规定即计入当期损益,不形成资产负债表中的资产,但按照税法规定可以确定其计税基础的,两者之间的差异也形成暂时性差异。

【例5-13】 华夏公司2×24年发生了2 000万元广告费支出,发生时已作为销售费用计入当期损益。税法规定,该类支出不超过当年销售收入15%的部分允许当期税前扣除,超过部分允许向以后年度结转税前扣除。华夏公司2×24年实现销售收入10 000万元。

分析:该广告费支出因按照会计准则规定在发生时已计入当期损益,不体现为期末资产负债表中的资产,如果将其视为资产,其账面价值为0。

因按照税法规定,该类支出税前列支有一定的标准限制,根据当期华夏公司销售收入15%计算,当期可予税前扣除1 500万元(10 000×15%),当期未予税前扣除的500万元可以向以后年度结转,其计税基础为500万元。

该项资产的账面价值0与其计税基础500万元之间产生了500万元的暂时性差异,该暂时性差异在未来期间可减少企业的应纳税所得额,为可抵扣暂时性差异,符合确认条件时,应确认相关的递延所得税资产。

(2)可抵扣亏损及税款抵减产生的暂时性差异。按照税法规定可以结转以后年度的未弥补亏损及税款抵减,虽不是因资产、负债的账面价值与计税基础不同产生的,但与可抵扣暂时性差异具有同样的作用,均能够减少未来期间的应纳税所得额,进而减少未来期间的应交所得税,会计处理上视同可抵扣暂时性差异,在符合条件的情况下,应确认与其相关的递延所得税资产,形成亏损当年的所得税收益。

【例5-14】 华夏公司于2×22年因政策性原因发生经营亏损2 000万元,按照税法规定,该亏损可用于抵减以后5个年度的应纳税所得额。该公司预计其于未来5年期间能够产生足够的应纳税所得额弥补该亏损。

分析:该经营亏损不是资产、负债的账面价值与其计税基础不同产生的,但从性质上看可以减少未来期间的应纳税所得额和应交所得税,属于可抵扣暂时性差异。企业预计未来期间能够产生足够的应纳税所得额利用该可抵扣亏损时,应确认相关的递延所得税资产。

2×22年的账务处理如下:

借:递延所得税资产(2 000×25%)                               5 000 000
    贷:所得税费用                                                       5 000 000

2×22年利润总额是-2 000万元,所得税费用是-500万元,净利润=-2 000-(-2 000×25%)=-2 000×75%=-1 500(万元)。

假设2×23年盈利1 500万元,则:

借:所得税费用                                                3 750 000
    贷:递延所得税资产                                        3 750 000

假设2×24年盈利1 000万元,则会计分录如下:

借:所得税费用                                                2 500 000
    贷:应交税费——应交所得税                            1 250 000
        递延所得税资产                                        1 250 000

## 相关思考5-1

### 下列项目之间的关系

在计算应交所得税时涉及应纳税所得额的计算问题,应纳税所得额与应交所得税的关系是怎样的?应纳税所得额与会计利润的关系又是怎样的?

相关思考5-1解析:

应交所得税=应纳税所得额×所得税税率

应纳税所得额=会计利润+按照会计准则规定计入利润表但计税时不允许税前扣除的费用±计入利润表的费用与按照税法规定可予税前抵扣的金额之间的差额±计入利润表的收入与按照税法规定应计入应纳税所得额的收入之间的差额-税法规定的不征税收入±其他需要调整的因素

## 第三节 递延所得税负债和递延所得税资产的核算

### 一、递延所得税负债的确认和计量

企业在计算确定了应纳税暂时性差异与可抵扣暂时性差异后,应当按照所得税会计准则规定的原则确认相关的递延所得税负债和递延所得税资产。

#### (一) 递延所得税负债的确认

企业在确认因应纳税暂时性差异产生的递延所得税负债时,应遵循以下原则:

(1) 除会计准则中明确规定可不确认递延所得税负债的情况以外,企业对于所有的应纳税暂时性差异均应确认相关的递延所得税负债。除直接计入所有者权益的交易或事项以及企业合并外,在确认递延所得税负债的同时,应增加利润表中的所得税费用。

【例 5-15】 华夏公司于 2×24 年 1 月 1 日开始计提折旧的某设备,取得成本为 2 000 000 元,采用年限平均法计提折旧,使用年限为 10 年,预计净残值为 0。假定计税时允许按双倍余额递减法计提折旧,使用年限及预计净残值与会计相同。华夏公司适用的所得税税率为 25%。假定该企业不存在其他会计与税收处理的差异。

分析:2×24 年,该项固定资产按照会计规定计提的折旧额为 200 000 元,计税时允许扣除的折旧额为 400 000 元,则该固定资产的账面价值 1 800 000 元与其计税基础 1 600 000 元的差额构成应纳税暂时性差异,企业应确认递延所得税负债 50 000 元[(1 800 000 - 1 600 000)×25%]。

【例 5-16】 华夏公司 2×19 年 12 月 31 日购入成本为 400 万元的设备,预计使用年限 5 年,预计净残值为 0,会计采用年限平均法计提折旧,税法允许采用双倍余额递减法计提折旧。华夏公司适用的所得税税率为 25%。暂时性差异及其对所得税影响数计算如表 5-1 所示。

表 5-1  暂时性差异及其对所得税影响数计算  单位:万元

| 项目 | 2×19 年 | 2×20 年 | 2×21 年 | 2×22 年 | 2×23 年 | 2×24 年 |
| --- | --- | --- | --- | --- | --- | --- |
| 账面价值 | 400 | 320 | 240 | 160 | 80 | 0 |
| 计税基础 | 400 | 240 | 144 | 86.4 | 43.2 | 0 |
| 暂时性差异 | 0 | 80 | 96 | 73.6 | 36.8 | 0 |
| 递延所得税负债余额 | 0 | 20 | 24 | 18.4 | 9.2 | 0 |
| 递延所得税负债发生额 | 0 | +20 | +4 | -5.6 | -9.2 | -9.2 |

(1) 2×20 年:

年末账面价值 = 400 - 400÷5 = 320(万元)

年末计税基础 = 400 - 400×40% = 240(万元)

年末账面价值大于计税基础,产生应纳税暂时性差异 80 万元。

年末递延所得税负债余额 = 80×25% = 20(万元)

本年递延所得税负债发生额＝20－0＝20(万元)

年末确认递延所得税负债时：

借：所得税费用　　　　　　　　　　　　　　　　　　　　　　　　　　200 000
　　贷：递延所得税负债　　　　　　　　　　　　　　　　　　　　　　　　　200 000

(2) 2×21年：

年末账面价值＝400－400÷5×2＝240(万元)

年末计税基础＝240－240×40％＝144(万元)

年末账面价值大于计税基础,产生应纳税暂时性差异96万元。

年末递延所得税负债余额＝96×25％＝24(万元)

本年递延所得税负债发生额＝24－20＝4(万元)

年末确认递延所得税负债时：

借：所得税费用　　　　　　　　　　　　　　　　　　　　　　　　　　　40 000
　　贷：递延所得税负债　　　　　　　　　　　　　　　　　　　　　　　　　　40 000

(3) 2×22年：

年末账面价值＝400－400÷5×3＝160(万元)

年末计税基础＝144－144×40％＝86.4(万元)

年末账面价值大于计税基础,产生应纳税暂时性差异73.6万元。

年末递延所得税负债余额＝73.6×25％＝18.4(万元)

本年递延所得税负债发生额＝18.4－24＝－5.6(万元)

年末转回递延所得税负债时：

借：递延所得税负债　　　　　　　　　　　　　　　　　　　　　　　　　56 000
　　贷：所得税费用　　　　　　　　　　　　　　　　　　　　　　　　　　　56 000

(4) 2×23年：

年末账面价值＝400－400÷5×4＝80(万元)

年末计税基础＝86.4÷2＝43.2(万元)

年末账面价值大于计税基础,产生应纳税暂时性差异36.8万元。

年末递延所得税负债余额＝36.8×25％＝9.2(万元)

本年递延所得税负债发生额＝9.2－18.4＝－9.2(万元)

年末转回递延所得税负债时：

借：递延所得税负债　　　　　　　　　　　　　　　　　　　　　　　　　92 000
　　贷：所得税费用　　　　　　　　　　　　　　　　　　　　　　　　　　　92 000

(5) 2×24年：

年末账面价值＝400－400÷5×5＝0

年末计税基础＝43.2－86.4÷2＝0

年末账面价值等于计税基础,产生应纳税暂时性差异为0。

年末递延所得税负债余额0。

本年递延所得税负债发生额＝0－9.2＝－9.2(万元)

年末转回递延所得税负债时：

借：递延所得税负债　　　　　　　　　　　　　　　　　　　　92 000
　　贷：所得税费用　　　　　　　　　　　　　　　　　　　　　　92 000

（2）不确认递延所得税负债的特殊情况。有些情况下，虽然资产、负债的账面价值与其计税基础不同，产生了应纳税暂时性差异，但出于各方面考虑，会计准则规定不确认相关的递延所得税负债，主要包括：

第一，商誉的初始确认。非同一控制下的企业合并中，企业合并成本大于合并中取得的被购买方可辨认净资产公允价值份额的差额，按照会计准则规定应确认为商誉。因会计与税收的划分标准不同，按照税法规定作为免税合并的情况下，税法不认可商誉的价值，即从税法角度，商誉的计税基础为0，两者之间的差额形成应纳税暂时性差异。但是，确认该部分暂时性差异产生的递延所得税负债，则意味着将进一步增加商誉的价值。因商誉本身即是企业合并成本在取得的被购买方可辨认资产、负债之间进行分配后的剩余价值，确认递延所得税负债进一步增加其账面价值会影响到会计信息的可靠性，而且增加了商誉的账面价值以后，可能很快就要计提减值准备，同时其账面价值的增加还会进一步产生应纳税暂时性差异，使得递延所得税负债和商誉价值量的变化不断循环。因此，对于企业合并中产生的商誉，其账面价值与计税基础不同形成的应纳税暂时性差异，会计准则规定不确认相关的递延所得税负债。

【例5-17】　华夏公司以增发市场价值为15 000万元的自身普通股为对价购入华美公司100%的净资产，对华美公司进行吸收合并，合并前华夏公司与华美公司不存在任何关联方关系。假定该项合并符合税法规定的免税合并条件，交易各方选择进行免税处理，购买日华美公司各项可辨认资产、负债的公允价值及其计税基础如表5-2所示。

表5-2　　华美公司各项可辨认资产、负债的公允价值及其计税基础　　　　单位：万元

| 项目 | 公允价值 | 计税基础 | 暂时性差异 |
| --- | --- | --- | --- |
| 固定资产 | 6 750 | 3 875 | 2 875 |
| 应收账款 | 5 250 | 5 250 | 0 |
| 存货 | 4 350 | 3 100 | 1 250 |
| 其他应付款 | (750) | 0 | (750) |
| 应付账款 | (3 000) | (3 000) | 0 |
| 不包括递延所得税的可辨认资产、负债的公允价值 | 12 600 | 9 225 | 3 375 |

华美公司适用的所得税税率为25%，预期在未来期间不会发生变化，该项交易中应确认递延所得税负债及商誉的金额计算如下：

可辨认净资产公允价值　　　　　　　　　　　　　　　　　　　12 600.00
递延所得税资产(750×25%)　　　　　　　　　　　　　　　　　　　187.50
递延所得税负债(4 125×25%)　　　　　　　　　　　　　　　　　1 031.25
考虑递延所得税后
可辨认资产、负债的公允价值　　　　　　　　　　　　　　　　11 756.25
企业合并成本　　　　　　　　　　　　　　　　　　　　　　　15 000.00
商誉　　　　　　　　　　　　　　　　　　　　　　　　　　　　3 243.75

因该项合并符合税法规定的免税合并条件,当事各方选择进行免税处理的情况下,购买方在免税合并中取得的被购买方有关资产、负债应维持其原计税基础不变。被购买方原账面上未确认商誉,即商誉的计税基础为0。

该项合并中所确认的商誉金额3 243.75万元与其计税基础0之间产生的应纳税暂时性差异,按照准则规定,不再进一步确认相关的所得税影响。

应予说明的是,按照会计准则规定在非同一控制下企业合并中确认了商誉,并且按照所得税法规的规定商誉在初始确认时计税基础等于账面价值的,该商誉在后续计量过程中因会计准则与税法规定不同产生暂时性差异的,应当确认相关的所得税影响。

第二,除企业合并以外的其他交易或事项中,如果该项交易或事项发生时既不影响会计利润,也不影响应纳税所得额,则所产生的资产、负债的初始确认金额与其计税基础不同,形成应纳税暂时性差异的,交易或事项发生时不确认相应的递延所得税负债。该规定主要是考虑到由于交易发生时既不影响会计利润,也不影响应纳税所得额,确认递延所得税负债的直接结果是增加有关资产的账面价值或是降低所确认负债的账面价值,使得资产、负债在初始确认时,违背历史成本原则,影响会计信息的可靠性。

第三,与子公司、联营企业、合营企业投资等相关的应纳税暂时性差异,一般应确认递延所得税负债,但同时满足以下两个条件的除外:一是投资企业能够控制暂时性差异转回的时间;二是该暂时性差异在可预见的未来很可能不会转回。满足上述条件时,投资企业可以运用自身的影响力决定暂时性差异的转回,如果不希望其转回,则在可预见的未来该项暂时性差异即不会转回,从而无须确认相关的递延所得税负债。

对于采用权益法核算的长期股权投资,其账面价值与其计税基础产生的有关暂时性差异是否应确认相关的所得税影响,应当考虑该项投资的持有意图:

如果企业拟长期持有,则因初始投资成本的调整产生的暂时性差异预计未来期间不会转回,对未来期间没有所得税影响;因确认投资损益产生的暂时性差异,如果在未来期间逐期分回现金股利或利润时免税(我国税法规定,居民企业间的股息、红利免税),也不存在对未来期间的所得税影响;因确认应享有被投资单位其他权益变动而产生的暂时性差异,在长期持有的情况下预计未来期间也不会转回。因此,在准备长期持有的情况下,对于采用权益法核算的长期股权投资账面价值与计税基础之间的差异,投资企业一般不确认相关的所得税影响。

如果投资企业改变持有意图拟对外出售的情况下,按照税法规定,企业在转让或者处置投资资产时,投资资产的成本准予扣除。在持有意图由长期持有转变为拟近期出售的情况下,因长期股权投资的账面价值与计税基础不同产生的有关暂时性差异,均应确认相关的所得税影响。

## (二) 递延所得税负债的计量

递延所得税负债应以应纳税暂时性差异转回期间适用的所得税税率计量。在我国,除享受优惠政策的情况以外,企业适用的所得税税率在不同年度之间一般不会发生变化,企业在确认递延所得税负债时,可以现行适用所得税税率为基础计算确定。对于享受优惠政策的企业,如国家需要重点扶持的高新技术企业,享受一定时期的税率优惠,则所产生的暂时性差异应以预计其转回期间的适用所得税税率为基础计量。另外,无论应纳税暂时性差异的转回期间如何,递延所得税负债不要求折现。

## 二、递延所得税资产的确认和计量

### (一) 递延所得税资产的确认

1. 确认递延所得税资产的情况及应关注的问题

资产、负债的账面价值与其计税基础不同产生可抵扣暂时性差异的,在估计未来期间能够取得足够的应纳税所得额用来利用该可抵扣暂时性差异的,应当以很可能取得用来抵扣可抵扣暂时性差异的应纳税所得额为限,确认相关的递延所得税资产。同递延所得税负债的确认相同,有关交易或事项发生时,对会计利润或是应纳税所得额产生影响的,所确认的递延所得税资产作为利润表中所得税费用的调整;有关的可抵扣暂时性差异产生于直接计入所有者权益的交易或事项,则确认的递延所得税资产也应计入所有者权益;企业合并时产生的可抵扣暂时性差异的所得税影响,应相应调整企业合并中确认的商誉或是应计入当期损益的金额。

确认递延所得税资产时,应关注以下问题:

递延所得税资产的确认应以未来期间可能取得的应纳税所得额为限。在可抵扣暂时性差异转回的未来期间内,企业无法产生足够的应纳税所得额用于抵减可抵扣暂时性差异的影响,使得与递延所得税资产相关的经济利益无法实现的,该部分递延所得税资产不应确认。

企业有确凿的证据表明其于可抵扣暂时性差异转回的未来期间能够产生足够的应纳税所得额,进而利用可抵扣暂时性差异的,则应以可能取得的应纳税所得额为限,确认相关的递延所得税资产。

(1) 对与子公司、联营企业、合营企业投资等相关的可抵扣暂时性差异,同时满足以下两个条件的,应当确认相关的递延所得税资产:一是暂时性差异在可预见的未来很可能转回;二是未来很可能获得用来抵扣可抵扣暂时性差异的应纳税所得额。

对联营企业和合营企业等投资的可抵扣暂时性差异,主要产生于权益法下被投资企业发生亏损时,投资企业按照持股比例确认应予承担的部分相应减少长期股权投资的账面价值,但税法规定长期股权投资的成本在持有期间不发生变化,造成长期股权投资的账面价值小于计税基础,产生可抵扣暂时性差异。

(2) 对于按照税法规定可以结转以后年度的未弥补亏损和税款抵减,应视同可抵扣暂时性差异处理。在预计可利用可弥补亏损或税款递减的未来期间内能够取得足够的应纳税所得额时,应当以很可能取得的应纳税所得额为限,确认相关的递延所得税资产,同时减少确认当期的所得税费用。

【例5-18】 华夏公司为高新技术企业,2×19年12月购入价值为2 500万元的环保设备,预计使用寿命5年,不考虑净残值,企业按照会计政策采用年数总和法计提折旧,税法规定采用年限平均法按5年计提折旧,亦不考虑净残值。该企业使用的所得税税率为15%。暂时性差异及其对所得税影响数计算如表5-3所示。

表5-3　　　　　　　暂时性差异及其对所得税影响数计算表　　　　　　　单位:万元

| 项目 | 2×19年 | 2×20年 | 2×21年 | 2×22年 | 2×23年 | 2×24年 |
| --- | --- | --- | --- | --- | --- | --- |
| 账面价值 | 2 500 | 1 667 | 1 000 | 500 | 167 | 0 |

(续表)

| 项目 | 2×19年 | 2×20年 | 2×21年 | 2×22年 | 2×23年 | 2×24年 |
|---|---|---|---|---|---|---|
| 计税基础 | 2 500 | 2 000 | 1 500 | 1 000 | 500 | 0 |
| 暂时性差异 | 0 | 333 | 500 | 500 | 333 | 0 |
| 递延所得税资产余额 | 0 | 49.95 | 75 | 75 | 49.95 | 0 |
| 递延所得税资产发生额 | 0 | +49.95 | +25.05 | 0 | −25.05 | −49.95 |

① 2×20年：

年末账面价值＝2 500－2 500×5÷15＝1 667(万元)

年末计税基础＝2 500－2 500÷5＝2 000(万元)

年末账面价值小于计税基础，产生可抵扣暂时性差异333万元。

年末递延所得税资产余额＝333×15％＝49.95(万元)

年末递延所得税资产发生额＝49.95－0＝49.95(万元)

年末确认递延所得税资产时：

借：递延所得税资产　　　　　　　　　　　　　　　　　　　　　　　499 500

　　贷：所得税费用　　　　　　　　　　　　　　　　　　　　　　　　499 500

② 2×21年：

年末账面价值＝1 667－2 500×4÷15＝1 000(万元)

年末计税基础＝2 500－2 500÷5×2＝1 500(万元)

年末账面价值小于计税基础，产生可抵扣暂时性差异500万元。

年末递延所得税资产余额＝500×15％＝75(万元)

本年递延所得税资产发生额＝75－49.95＝25.05(万元)

年末确定递延所得税资产时：

借：递延所得税资产　　　　　　　　　　　　　　　　　　　　　　　250 500

　　贷：所得税费用　　　　　　　　　　　　　　　　　　　　　　　　250 500

③ 2×22年：

年末账面价值＝1 000－2 500×3÷15＝500(万元)

年末计税基础＝2 500－2 500÷5×3＝1 000(万元)

年末账面价值小于计税基础，产生可抵扣暂时性差异500万元。

年末递延所得税资产余额＝500×15％＝75(万元)

本年递延所得税资产发生额＝75－75＝0

年末对于递延所得税资产不需做账务处理。

④ 2×23年：

年末账面价值＝500－2 500×2÷15＝167(万元)

年末计税基础＝2 500－2 500÷5×4＝500(万元)

年末账面价值小于计税基础，产生可抵扣暂时性差异333万元。

年末递延所得税资产余额＝333×15%＝49.95(万元)

本年递延所得税资产发生额＝49.95－75＝－25.05(万元)

年末转回递延所得税资产时：

借：所得税费用　　　　　　　　　　　　　　　　　　　　　　　　　250 500
　　贷：递延所得税资产　　　　　　　　　　　　　　　　　　　　　　　　　250 500

⑤ 2×24年：

年末账面价值＝167－2 500×1/15＝0

年末计税基础＝2 500－2 500÷5×5＝0

年末账面价值等于计税基础，递延所得税资产余额为0。

本年递延所得税资产发生额＝0－49.95＝－49.95(万元)

年末转回递延所得税资产时：

借：所得税费用　　　　　　　　　　　　　　　　　　　　　　　　　499 500
　　贷：递延所得税资产　　　　　　　　　　　　　　　　　　　　　　　　　499 500

2. 不确认递延所得税资产的特殊情况

某些情况下，如果企业发生的某些交易或事项不是企业合并，并且交易发生时既不影响会计利润也不影响应纳税所得额，且该项交易中产生的资产、负债的初始确认金额与其计税基础不同，产生可抵扣暂时性差异的，企业会计准则中规定在交易或事项发生时不确定相应的递延所得税资产。

(二)递延所得税资产的计量

1. 适用税率的确定

确认递延所得税资产时，应估计相关可抵扣暂时性差异的转回时间，采用转回期间适用的所得税税率为基础计算确定。另外，无论相关的可抵扣暂时性差异转回期间如何，递延所得税资产均不予折现。

2. 递延所得税资产的减值

与其他资产相一致，资产负债表日，企业应当对递延所得税资产的账面价值进行复核。如果未来期间很可能无法取得足够的应纳税所得额用来利用递延所得税资产的利益，应当减记递延所得税资产的账面价值。对于预期无法实现的部分，一般应确认为当期所得税费用，同时减少递延所得税资产的账面价值；对于原确认时计入所有者权益的递延所得税资产，其减记金额亦应计入所有者权益，不影响当期所得税费用。递延所得税资产的账面价值因上述原因减记以后，继后期间根据新的环境和情况判断能够产生足够的应纳税所得额用来利用可抵扣暂时性差异，使得递延所得税资产包含的经济利益能够实现的，应相应恢复递延所得税资产的账面价值。

## 三、特殊交易或事项中涉及递延所得税的确认

(一)与直接计入所有者权益的交易或事项相关的所得税

与当期及以前期间直接计入所有者权益的交易或事项相关的当期所得税及递延所得税应当计入所有者权益。直接计入所有者权益的交易或事项主要有：会计政策变更采用追溯调整法或对前期差错更正采用追溯重述法调整期初留存收益、以公允价值计量且其变动计

入其他综合收益的金融资产公允价值的变动计入其他综合收益、同时包含负债及权益成分的金融工具在初始确认时计入所有者权益等。

### （二）与企业合并相关的递延所得税

在企业合并中，购买方取得的可抵扣暂时性差异，比如，购买日取得的被购买方在以前期间发生的未弥补亏损等可抵扣暂时性差异，按照税法规定可以用于抵减以后年度应纳税所得额，但在购买日不符合递延所得税资产确认条件而不予以确认。购买日后12个月内，如取得新的或进一步的信息表明购买日的相关情况已经存在，预期被购买方在购买日可抵扣暂时性差异带来的经济利益能够实现的，应当确认相关的递延所得税资产，同时减少商誉，商誉不足冲减的，差额部分确认为当期损益；除上述情况以外，确认与企业合并相关的递延所得税资产，应当计入当期损益。

**【例5-19】** 华夏公司于2×24年1月1日购买华美公司80%股权，形成非同一控制下企业合并。因会计准则规定与适用税法规定的处理方法不同，在购买日产生可抵扣暂时性差异300万元。假定购买日及未来期间企业适用的所得税税率为25%。

购买日，因预计未来期间无法取得足够的应纳税所得额，未确认与可抵扣暂时性差异相关的递延所得税资产75万元。购买日确认的商誉为50万元。

在购买日后6个月，华夏公司预计能够产生足够的应纳税所得额用于抵扣企业合并时产生的可抵扣暂时性差异300万元，且该事实于购买日已经存在，则华夏公司应作会计处理如下：

借：递延所得税资产　　　　　　　　　　　　　　　　　　750 000
　　贷：商誉　　　　　　　　　　　　　　　　　　　　　500 000
　　　　所得税费用　　　　　　　　　　　　　　　　　　250 000

假定，在购买日后6个月，华夏公司根据新的事实预计能够产生足够的应纳税所得额用于抵扣企业合并时产生的可抵扣暂时性差异300万元，且该新的事实于购买日并不存在，则华夏公司应作会计处理如下：

借：递延所得税资产　　　　　　　　　　　　　　　　　　750 000
　　贷：所得税费用　　　　　　　　　　　　　　　　　　750 000

### （三）与股份支付相关的当期及递延所得税

与股份支付相关的支出在按照会计准则规定确认为成本费用时，其相关的所得税影响应区别于税法的规定进行处理：如果税法规定与股份支付相关的支出不允许税前扣除，则不形成暂时性差异；如果税法规定与股份支付相关的支出允许税前扣除，在按照会计准则规定确认成本费用的期间内，企业应当根据会计期末取得的信息估计可税前扣除的金额计算确定其计税基础及由此产生的暂时性差异，符合确认条件的情况下，应当确认相关的递延所得税。其中预计未来期间可税前扣除的金额超过按照会计准则规定确认的与股份支付相关的成本费用，超过部分的所得税影响应直接计入所有者权益。

### （四）与单项交易相关的递延所得税

对于不是企业合并、交易发生时既不影响会计利润也不影响应纳税所得额（或可抵扣亏损），且初始确认的资产和负债导致产生等额应纳税暂时性差异和可抵扣暂时性差异的单项交易（包括承租人在租赁期开始日初始确认租赁负债并计入使用权资产的租赁交易，以及因固定资产等存在弃置义务而确认预计负债并计入相关资产成本的交易等,以下简称单项交易),不适用上述关于豁免初始确认递延所得税负债和递延所得税资产的规定。企业对该单项交易因资产和负债的初始确认所产生的应纳税暂时性差异和可抵扣暂时性差异,应当在交易发生时分别确认相应的递延所得税负债和递延所得税资产。

> **相关思考 5-2**
>
> **递延所得税与所得税费用**
>
> 企业确认递延所得税应当全部计入所得税费用吗?
>
> 相关思考 5-2 解析:
>
> (1) 某些交易或事项按照会计准则规定应计入所有者权益的,在确认由该交易或事项产生的递延所得税负债和递延所得税资产的同时,相应的递延所得税亦计入所有者权益,不构成利润表中的递延所得税费用(或收益)。
>
> (2) 企业合并中取得的资产、负债,因其账面价值与计税基础不同而应确认相关递延所得税负债和递延所得税资产的,相应的递延所得税应调整合并中产生的商誉或是计入合并当期损益的金额,不影响利润表中的递延所得税费用(或收益)。

### (五) 发行方分类为权益工具的金融工具相关股利的所得税影响

对于企业(指发行方)按照《企业会计准则第 37 号——金融工具列报》等规定分类为权益工具的金融工具(如分类为权益工具的永续债等),相关股利支出按照税收政策相关规定在企业所得税税前扣除的,企业应当在确认应付股利时,确认与股利相关的所得税影响。该股利的所得税影响通常与过去产生可供分配利润的交易或事项更为直接相关,企业应当按照与过去产生可供分配利润的交易或事项时所采用的会计处理相一致的方式,将股利的所得税影响计入当期损益或所有者权益项目(含其他综合收益项目)。对于所分配的利润来源于以前产生损益的交易或事项,该股利的所得税影响应当计入当期损益;对于所分配的利润来源于以前确认在所有者权益中的交易或事项,该股利的所得税影响应当计入所有者权益项目。

### (六) 适用税率变化对已确认递延所得税资产和递延所得税负债的影响

因税收法规的变化,导致企业在某一会计期间适用的所得税率发生变化的,企业应对已确认的递延所得税资产和递延所得税负债按照新的税率重新计量。递延所得税资产和递延所得税负债的金额代表的是有关可抵扣暂时性差异或应纳税暂时性差异于未来期间转回时,导致企业应交所得税金额的减少或增加的情况。适用税率变动的情况下,应对原已确认的递延所得税资产及递延所得税负债的金额进行调整,反映税率变化带来的影响。

除直接计入所有者权益的交易或事项产生的递延所得税资产和递延所得税负债,相关的调整金额应计入所有者权益以外,其他情况下因税率变化产生的调整金额应确认为变化当期的所得税费用(或收益)。

## 第四节 所得税费用的确认和计量

5-5 视频:
所得税费用
的确认和
计量

企业核算所得税,主要是为确定当期应交所得税以及利润表中的所得税费用,从而确定各期实现的净利润。确认递延所得税资产和递延所得税负债,最终目的也是解决不同会计期间所得税费用的分配问题。按照资产负债表债务法进行核算的情况下,利润表中的所得税费用由两个部分组成:当期所得税和递延所得税。

## 一、当期所得税

当期所得税是指企业按照税法规定计算确定的针对当期发生的交易或事项,应缴纳给税务机关的所得税金额,即应交所得税。当期所得税应当以适用的税收法规为基础计算确定。企业在确定当期所得税时,对于当期发生的交易或事项,会计处理与税收处理不同的,应在会计利润的基础上,按照适用税收法规的要求进行调整(即纳税调整),计算出当期应纳税所得额,按照应纳税所得额与适用所得税税率计算确定当期应交所得税。一般情况下,应纳税所得额可在会计利润的基础上,考虑会计与税收规定之间的差异,按照以下公式计算确定:

应纳税所得额＝会计利润＋按照会计准则规定计入利润表但计税时不允许税前扣除的费用＋(或－)计入利润表的费用与按照税法规定可予税前抵扣的金额之间的差额＋(或－)计入利润表的收入与按照税法规定应计入应纳税所得额的收入之间的差额－税法规定的不征税收入＋(或－)其他需要调整的因素

当期所得税＝当期应交所得税＝应纳税所得额×所得税税率

> **相关思考5-3**
>
> **所得税费用与应交所得税的关系**
>
> 企业的所得税费用与应交所得税两者表示的意思相同吗?如果不同,两者之间存在怎样的关系?
>
> 相关思考5-3解析:
>
> 所得税费用和应交所得税两者表示的意思不同。
>
> 所得税费用与应交所得税的区别:
>
> (1)概念不同。应交所得税是当期实际需要向税务机关缴纳的税款金额;"所得税费用"属于会计利润表中的科目,并不是当期实际需要向税务机关缴纳的税款金额。
>
> (2)账户不同。应交所得税是二级科目,一级科目是"应交税费",是负债类科目。贷方记录应缴纳的所得税,借方表示实际缴纳的所得税;期末余额一般在贷方,反映企业尚未缴纳的税费,期末余额如在借方,反映企业多缴的所得税。
>
> 所得税费用是损益类科目,借方表示发生的所得税费用,贷方表示结转到本年利润的所得税费用。期末无余额。
>
> (3)计算公式不同。
>
> 当期所得税＝应纳税所得额×适用税率－减免税额－允许抵免的税额
>
> 所得税费用＝应交所得税(当期所得税)＋递延所得税

## 二、递延所得税

递延所得税是指按照企业会计准则规定应予确认的递延所得税资产和递延所得税负债在会计期末应有的金额相对于原已确认金额之间的差额,即递延所得税资产和递延所得税负债的当期发生额,但不包括计入所有者权益的交易或事项的所得税影响。用公式表示即为:

递延所得税＝(递延所得税负债的期末余额－递延所得税负债的期初余额)－(递延所得税资产的期末余额－递延所得税资产的期初余额)

应予说明的是,企业因确认递延所得税资产和递延所得税负债产生的递延所得税,一般应当计入所得税费用,但以下两种情况除外:

一是某项交易或事项按照会计准则规定应计入所有者权益的,由该交易或事项产生的递延所得税资产或递延所得税负债及其变化亦应计入所有者权益,不构成利润表中的递延所得税费用(或收益)。

【例5-20】 华夏公司持有的某项以公允价值计量且其变动计入其他综合收益的其他债权投资,成本为200万元,会计期末,其公允价值为300万元,该企业适用的所得税税率为25%。除该事项外,该企业不存在其他会计与税收法规之间的差异,且递延所得税资产和递延所得税负债不存在期初余额。

会计期末在确认100万元的公允价值变动时,账务处理为:

借:其他债权投资　　　　　　　　　　　　　　　　　　　1 000 000
　　贷:其他综合收益　　　　　　　　　　　　　　　　　　　　　1 000 000

确认应纳税暂时性差异的所得税影响时,账务处理为:

借:其他综合收益　　　　　　　　　　　　　　　　　　　　250 000
　　贷:递延所得税负债　　　　　　　　　　　　　　　　　　　　250 000

二是企业合并中取得的资产、负债,其账面价值与计税基础不同,应确认相关递延所得税的,该递延所得税的确认影响合并中产生的商誉或是计入当期损益的金额,不影响所得税费用,有关举例见[例5-17]。

## 三、所得税费用

计算确定了当期所得税及递延所得税后,利润表中应予确认的所得税费用为两者之和,即:

$$所得税费用=当期所得税+递延所得税$$

【例5-21】 华夏公司2×24年度利润总额为2 400万元,该公司适用的所得税税率为25%。2×24年发生的有关交易或事项中,会计处理与税收处理存在的差别有:

(1) 2×24年1月1日开始计提折旧的一项固定资产,成本为1 200万元,使用年限为10年,净残值为0,会计处理按双倍余额递减法计提折旧,税收处理按直线法计提折旧。假定税法规定的使用年限及净残值与会计规定相同。

(2) 向关联企业提供现金捐赠400万元。

(3) 当期取得作为交易性金融资产核算的股票投资成本为600万元,2×24年12月31日的公允价值为1 200万元。税法规定,以公允价值计量的金融资产持有期间市价变动不计入应纳税所得额。

(4) 应付违反环保法规定罚款200万元。

(5) 期末对持有的存货计提了60万元的存货跌价准备。

华夏公司的会计处理如下:

(1) 2×24年度当期应交所得税:

$$应纳税所得额=2\ 400+120+400-600+200+60=2\ 580(万元)$$
$$应交所得税=2\ 580\times25\%=645(万元)$$

5-6 扫一扫
练一练

5-7 扫一扫
练一练答案

(2) 2×24 年度递延所得税。

该公司 2×24 年资产负债表相关项目金额及其计税基础如表 5-4 所示。

表 5-4　　　　　　2×24 年资产负债表相关项目金额及其计税基础　　　　　单位:元

| 项目 | 账面价值 | 计税基础 | 差异 | |
|---|---|---|---|---|
| | | | 应纳税暂时性差异 | 可抵扣暂时性差异 |
| 存货 | 16 000 000 | 16 600 000 | | 600 000 |
| 固定资产: | | | | |
| 固定资产原价 | 12 000 000 | 12 000 000 | | |
| 减:累计折旧 | 2 400 000 | 1 200 000 | | |
| 减:固定资产减值准备 | 0 | 0 | | |
| 固定资产账面价值 | 9 600 000 | 10 800 000 | | 1 200 000 |
| 交易性金融资产 | 12 000 000 | 6 000 000 | 6 000 000 | |
| 其他应付款 | 2 000 000 | 2 000 000 | | |
| 总计 | | | 6 000 000 | 1 800 000 |

递延所得税＝6 000 000×25％－1 800 000×25％＝1 050 000(元)

(3) 利润表中应确认的所得税费用＝6 450 000＋1 050 000＝7 500 000(元)。

借:所得税费用　　　　　　　　　　　　　　　　　　　　　7 500 000
　　递延所得税资产　　　　　　　　　　　　　　　　　　　　450 000
　贷:应交税费——应交所得税　　　　　　　　　　　　　　　　6 450 000
　　　递延所得税负债　　　　　　　　　　　　　　　　　　　　1 500 000

## 第五节　所得税的列报

### 一、所得税列报的基本原则

企业对所得税的核算结果,除利润表中列示的所得税费用以外,在资产负债表中形成的应交税费(应交所得税)以及递延所得税资产和递延所得税负债应当遵循准则规定进行列报。其中,递延所得税资产和递延所得税负债一般应当分别作为非流动资产和非流动负债在资产负债表中列示,所得税费用应当在利润表中单独列示,同时还应在附注中披露与所得税有关的信息。

一般情况下,在个别财务报表中,当期所得税资产与负债及递延所得税资产及递延所得税负债可以以抵销后的净额列示。在合并财务报表中,纳入合并范围的企业中,一方的当期所得税资产或递延所得税资产与另一方的当期所得税负债或递延所得税负债一般不能予以抵销,除非所涉及的企业具有以净额结算的法定权利并且意图以净额结算。

## 二、所得税费用(收益)与会计利润关系的说明

会计准则要求企业在会计报表附注中就所得税费用(或收益)与会计利润的关系进行说明,该说明意义在于利润表中已列示所得税费用的基础上,对当期以会计利润为起点,考虑会计与税收规定之间的差异,计算得到所得税费用的调节过程。自会计利润到所得税费用之间的调整包括两个方面:

(1) 未包括在利润总额的计算中,但包含在当期或递延所得税计算中的项目。
(2) 未包括在当期或递延所得税计算中,但包含在利润总额中的项目。

具体调整项目一般包括:

(1) 与税率相关的调整。
(2) 税法规定的非应税收入,不得税前扣除的成本费用和损失等永久性差异。
(3) 本期未确认递延所得税资产的可抵扣暂时性差异或可抵扣亏损的影响、使用前期未确认递延所得税资产的可抵扣亏损影响。
(4) 对以前期间所得税进行汇算清缴的结果与以前期间确认金额不同调整报告期间所得税费用等。

## 本 章 小 结

本章主要学习所得税会计的概念、所得税会计处理方法与所得税会计的一般程序;理解暂时性差异的定义、当期所得税的含义;熟悉应纳税暂时性差异与可抵扣暂时性差异的含义,以及特殊项目产生的暂时性差异的内容;掌握资产的计税基础、负债的计税基础、递延所得税资产的确认与计量、递延所得税负债的确认与计量、所得税费用的核算。

## 重 要 概 念

资产负债表债务法　计税基础　暂时性差异　递延所得税资产　递延所得税负债　所得税费用

5-8 扫一扫
看课件

# 第六章 外币业务

- 内容提要
- 重点难点
- 学习目标
- 知识框架
- 第一节 记账本位币的确定
- 第二节 外币交易的会计处理
- 第三节 外币财务报表折算
- 本章小结
- 重要概念

## 内容提要

本章主要讲述记账本位币的含义及确定,境外经营记账本位币的确定,外币交易的会计处理和外币报表的折算方法。

## 重点难点

本章重点难点为记账本位币的确定,外币交易的会计处理和外币报表的折算方法。

## 学习目标

通过本章学习,学生应掌握即期汇率与即期汇率的近似汇率的概念及折算方法,外币交易发生日外币折算时遵循的原则,外币交易的会计核算以及境外经营财务报表的折算。

## 知识框架

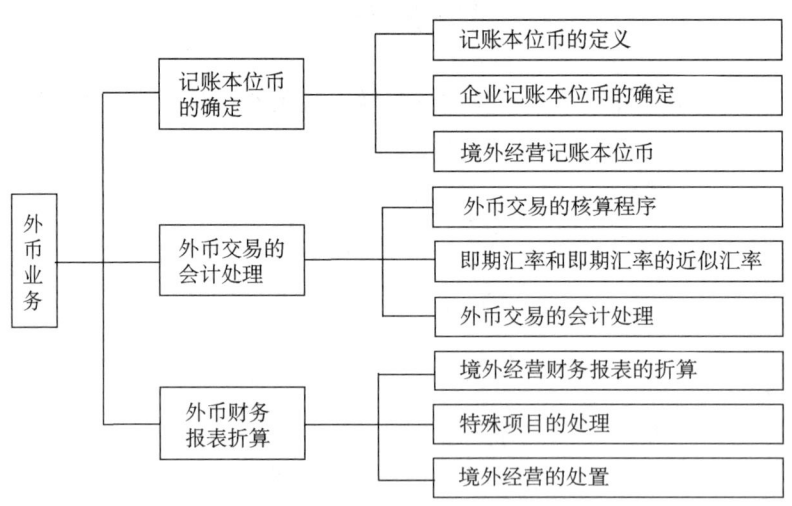

**思政育人　　　宁波三家银行被国家外汇管理局处罚**

2023年9月8日,国家外汇管理局宁波市分局发布了5张银行体系相关罚单,分别对浙商银行宁波分行、浦发银行宁波分行、宁波银行进行处罚,并对周某和王某两个银行相关人员进行个人处罚。

对周某与王某的处罚内容一致,均为"对某银行办理经常项目资金收付,未对交易单证的真实性及其与外汇收支的一致性进行合理审查的行为负有直接责任",监管机构对其给予警告,罚款5万元。

在机构罚单方面,浙商银行宁波分行与浦发银行宁波分行的违法事实一致,均为"办理经常项目资金收付,未对交易单证的真实性及其与外汇收支的一致性进行合理审查;违反外汇账户管理规定"。监管机构对浙商银行宁波分行,给予警告,合计处罚款72万元,没收违法所得1.51万元。对浦发银行宁波分行给予警告,合计处罚款74万元,没收违法所得1.24万元。

宁波银行存在6项违法事实:

1. 办理经常项目资金收付,未对交易单证的真实性及其与外汇收支的一致性进行合理审查;
2. 违反规定办理结汇、售汇业务;
3. 违反规定办理资本项目资金收付;
4. 违反外汇账户管理规定;
5. 违反外汇登记管理规定;
6. 未按照规定报送统计报表等资料。

最终,宁波银行被给予警告,合计罚款670万元,没收违法所得183.02万元,是三个受罚银行中罚金最高的。

资料来源:移动支付网.宁波三家银行被国家外汇管理局处罚[EB/OL].(2023-9-14)[2023-11-10].
https://www.sohu.com/a/720509508_223323.

# 第一节　记账本位币的确定

## 一、记账本位币的定义

记账本位币是指企业经营所处的主要经济环境中的货币。主要经济环境通常是指企业主要产生和支出现金的环境,使用该环境中的货币最能反映企业主要交易的经济结果。例如,我国大多数企业主要产生和支出现金的环境在国内,因此,一般以人民币作为记账本位币。

## 二、企业记账本位币的确定

企业通常应选择人民币作为记账本位币。业务收支以人民币以外的货币为主的企业,可以按规定选定其中一种货币作为记账本位币。但是,编报的财务会计报告应当折算为人民币。

企业选定记账本位币,应当考虑下列因素:

(1) 该货币主要影响商品和劳务的销售价格,通常以该货币进行商品和劳务的计价及结算。

(2) 该货币主要影响商品和劳务所需人工、材料和其他费用,通常以该货币进行上述费用的计价和结算。

(3) 融资活动获得的货币以及保存从经营活动中收取款项所使用的货币。

企业记账本位币一经确定，不得随意变更，除非与确定企业记账本位币相关的经营所处的主要经济环境发生重大变化。

### 💬 案例讨论 6-1

#### 记账本位币的选定

国内A外商投资企业超过80%的营业收入来自向各国的出口，其商品销售价格一般以美元结算，主要受美元的影响，因此，从影响商品和劳务销售价格的角度看，A企业应选择美元作为记账本位币。

如果A企业除厂房设施，25%的人工成本来自国内，以人民币支付，生产所需原材料、机器设备及75%以上的人工都来自美国投资者以美元在国际市场的采购，则可进一步确定A企业的记账本位币是美元。

如果A企业的人工、原材料及相应的厂房设施、机器设备等95%以上来自国内并以人民币计价，则难以确定A企业的记账本位币，需要考虑第三项因素。如果A企业取得的美元营业收入在汇回国内时可随时换成人民币存款，且A企业对所有以美元结算的资金往来的外币风险都进行了套期保值，则A企业应当选定人民币为其记账本位币。

在确定企业的记账本位币时，上述因素的重要程度因企业具体情况不同而不同，企业管理当局需要根据实际情况进行判断。一般情况下，企业综合考虑前两项即可确定记账本位币，第三项为参考因素，视其对企业收支现金的影响程度而定。在综合考虑前两项因素仍不能确定企业记账本位币的情况下，第三项因素对企业记账本位币的确定起重要作用。

需要强调的是，企业管理当局根据实际情况确定的记账本位币只有一种，该货币一经确定，不得改变，除非与确定记账本位币相关的企业经营所处的主要经济环境发生重大变化。

## 三、境外经营记账本位币

### (一) 境外经营的含义

境外经营，通常是指企业在境外的子公司、合营企业、联营企业、分支机构。当企业在境内的子公司、联营企业、合营企业、分支机构，采用不同于企业记账本位币的，也视同境外经营。

区分某实体是否为企业的境外经营的关键有两项：一是该实体与企业的关系，是否为企业的子公司、合营企业、联营企业、分支机构；二是该实体的记账本位币是否与企业记账本位币相同，而不是以该实体是否在企业所在地的境外作为标准。

### (二) 境外经营记账本位币的确定

企业确定境外经营记账本位币时也应当考虑企业选择确定记账本位币需要考虑的上述因素。同时，由于境外经营是企业的子公司、联营企业、合营企业或者分支机构，境外经营记账本位币的选择还应当考虑该境外经营与企业的关系：

(1) 境外经营对其所从事的活动是否拥有很强的自主性。如果境外经营所从事的活动是企业经营活动的延伸，该境外经营应当选择与企业记账本位币相同的货币作为记账本位币；如果境外经营所从事的活动拥有极大的自主性，该境外经营应根据所处的主要经济环境选择记账本位币。

(2) 境外经营与企业的交易是否在境外经营活动中占有较大比重。如果境外经营与企业的交易在境外经营活动中所占的比例较高，境外经营应当选择与企业记账本位币相同的货币作为记账本位币；反之，应根据所处的主要经济环境选择记账本位币。

(3) 境外经营活动产生的现金流量是否直接影响企业的现金流量、是否可以随时汇回。如果境外经营活动产生的现金流量直接影响企业的现金流量,并可随时汇回,境外经营应当选择与企业记账本位币相同的货币作为记账本位币;反之,应根据所处的主要经济环境选择记账本位币。

(4) 境外经营活动产生的现金流量是否足以偿还其现有债务和可预期的债务。如果境外经营活动产生的现金流量在企业不提供资金的情况下,难以偿还其现有债务和正常情况下可预期的债务,境外经营应当选择与企业记账本位币相同的货币作为记账本位币;反之,应根据所处的主要经济环境选择记账本位币。

**(三)记账本位币变更的会计处理**

企业因经营所处的主要经济环境发生重大变化,确需变更记账本位币的,应当采用变更当日的即期汇率将所有项目折算为变更后的记账本位币。由于采用同一即期汇率进行折算,它不会产生汇兑差额。

## 第二节 外币交易的会计处理

### 一、外币交易的核算程序

**(一)外币交易的概念**

外币交易是指以外币计价或者结算的交易,包括买入或者卖出以外币计价的商品或者劳务、借入或者借出外币资金和其他以外币计价或者结算的交易。外币是企业记账本位币以外的货币。

**(二)外币核算的基本程序**

企业发生外币交易时,其会计核算的基本程序为:

(1) 将外币金额按照交易发生日的即期汇率或即期汇率的近似汇率折算为记账本位币金额。

(2) 期末,将所有外币货币性项目的外币余额,按照期末即期汇率折算为记账本位币金额,并与原记账本位币金额相比较,其差额即为汇兑差额。

(3) 结算外币货币性项目时,将其外币结算金额按照当日即期汇率折算为记账本位币金额,并与原记账本位币金额相比较,其差额记入"财务费用——汇兑差额"科目。

### 二、即期汇率和即期汇率的近似汇率

**(一)汇率的概念及分类**

汇率是一国货币同另一国货币兑换的比率。如果把外国货币作为商品的话,那么汇率就是买卖外汇的价格,是以一种货币表示另一种货币的价格,因此也称为汇价。

外汇汇率根据不同的作用,有多种分类方法。

(1) 按汇率发生的时间,可分为现行汇率和历史汇率。现行汇率是指企业发生外币经济业务时的市场汇率。历史汇率是指企业以前发生外币经济业务时所使用的汇率。现行汇率和历史汇率是相对的,前一交易日的市场汇率相对于当日是历史汇率,当日的现行汇率相对于次日来说又是历史汇率。

(2) 按企业记账所依据的汇率,可分为记账汇率和账面汇率。记账汇率是指企业发生

6-1视频:
汇率

外币经济业务进行会计账务处理时所使用的汇率。账面汇率是指企业以往发生外币业务时登记入账所使用的汇率，即过去的记账汇率。账面汇率也就是历史汇率。

（3）按银行买卖外汇的汇率，可以分为买入汇率、卖出汇率和中间汇率。买入汇率是指银行向客户买入外汇时所使用的汇率，即银行购买外汇时愿意支付的价格。卖出汇率是指银行向客户卖出外汇时所使用的汇率，即银行出让外汇时愿意接受的价格。中间汇率是指银行买入汇率与卖出汇率之间的平均汇率。我国企业对外币业务进行会计处理时，一般采用中国人民银行公布的中间汇率作为折算依据；在进行货币兑换时，才采用指定银行的买入汇率和卖出汇率。

（4）按外币买卖成交后交割期间的不同，可分为即期汇率和远期汇率。即期汇率又称现汇汇率，是指外汇交易双方当即进行交割所使用的汇率，也就是人们通常所说的买入现汇或卖出现汇时所使用的汇率。远期汇率又称预期汇率，是指外汇交易双方约定在以后的一定期限内交割时所使用的约定的汇率。在这种外汇买卖中，买卖双方按远期汇率签订买入或卖出外币合约，到达预定时间则按照约定的汇率交割外汇。

（5）按汇率制定方法，可分为基本汇率和套算汇率。各国在制定汇率时，必须选择某一国货币作为主要对象，被选中的这种货币称为关键货币。选择的基本条件是：本国国际收支中使用最多，在外汇储备中占较大比重，同时又可以自由兑换，国际上普遍接受。根据本国货币与关键货币的实际价值对比制定出的汇率就是基本汇率。美元是国际支付中使用较多的货币，各国一般都把美元当作关键货币来制定汇率。因此，通常把对美元的汇率称作基本汇率。套算汇率主要有两层含义：第一，世界主要外汇市场只公布按美元标价法计算的外汇汇率，而不能直接反映其他货币之间的汇率，故为了换算出各种货币的汇率，必须通过各种货币对美元的汇率进行套算。第二，各国在制定出基本汇率之后，其货币对其他国家货币的汇率，就可以通过基本汇率套算出来。

（6）按不同货币之间的比价是否经常发生变动，汇率可分为固定汇率和浮动汇率。所谓固定汇率，是指一国的货币与另一国的货币的兑换比率固定不变，或者是限制在一定幅度内波动。浮动汇率是指一国的货币与另一国的货币的兑换比率随着市场供求关系的变动而上下浮动的汇率。从 1994 年人民币汇率并轨后，我国实行的是以市场供求为基础的、单一的、有管理的浮动汇率。自 2005 年 7 月 21 日起，人民币汇率不再盯住单一美元，而是参考"一篮子"货币进行调节，具体由中国人民银行根据前一日银行间外汇交易市场形成的价格。每日公布人民币对美元交易的中间价，并参照国际外汇市场变化，同时公布人民币对其他主要货币的汇率。各外汇指定银行以此为依据，在中国人民银行规定的浮动幅度内，自行挂牌，对客户买卖外汇。

**（二）即期汇率的选择**

即期汇率是指两种货币相兑换的比率，是一种货币单位用另一种货币单位所表示的价格，我们通常在银行见到的汇率有三种表示方式：买入价、卖出价和中间价。买入价指银行买入其他货币的价格，卖出价指银行出售其他货币的价格，中间价是银行买入价与卖出价的平均价。银行的卖出价一般高于买入价，以获取其中的差价。

无论买入价还是卖出价，均是立即交付的结算价格，都是即期汇率。即期汇率是相对于远期汇率而言的。远期汇率是在未来某一日交付时的结算价格。为方便核算，准则规定，企业用于记账的即期汇率一般指当日中国人民银行公布的人民币汇率的中间价。但是，企业在发生单纯的货币兑换交易或涉及货币兑换的交易时,仅用中间价不能反映货币买卖的损益,需要使用买入价或卖出价折算。

企业发生的外币交易只涉及人民币与美元、欧元、日元等之间折算的,可直接采用中国人民银行每日公布的人民币汇率的中间价作为即期汇率进行折算;企业发生的外币交易涉及人民币与其他货币之间折算的,应按照国家外汇管理局公布的各种货币对美元折算率采用套算的方法进行折算,发生的外币交易涉及人民币以外的货币之间折算的,可直接采用国家外汇管理局公布的各种货币对美元折算率进行折算。

### (三)即期汇率的近似汇率

当汇率变动不大时,为简化核算,企业在外币交易日或对外币报表的某些项目进行折算时,也可以选择即期汇率的近似汇率折算。即期汇率的近似汇率是"按照系统合理的方法确定的、与交易发生日即期汇率近似的汇率",通常是指当期平均汇率或加权平均汇率等。加权平均汇率要采用外币交易的外币金额作为权重进行计算。

确定即期汇率的近似汇率的方法应在前后各期保持一致。如果汇率波动使采用即期汇率的近似汇率折算不适当时,应当采用交易发生日的即期汇率折算。至于何时不适当,企业需要根据汇率变动情况及计算近似汇率的方法等进行判断。

**外币交易的记账方法**

外币交易的记账方法有外币统账制和外币分账制两种。外币统账制是指企业在发生外币交易时,立即折算为记账本位币入账。外币分账制是指企业在日常核算时分别币种记账,到资产负债表日,分货币性项目和非货币性项目进行调整:货币性项目按资产负债表日即期汇率折算,非货币性项目按交易日即期汇率折算;产生的汇兑差额计入当期损益。从我国目前的情况看,绝大多数企业采用外币统账制,只有银行等少数金融企业由于外币交易频繁,涉及外币币种较多,可以采用分账制记账方法进行日常核算。无论是采用分账制记账方法,还是采用统账制记账方法,只是账务处理的程序不同,但产生的结果应当相同,即计算出的汇兑差额相同;相应的会计处理也相同,即均计入当期损益。

## 三、外币交易的会计处理

外币是企业记账本位币以外的货币。外币交易是指企业发生的以外币计价或者结算的交易,具体包括如下交易:

(1)买入或者卖出以外币计价的商品或者劳务。例如,以人民币为记账本位币的国内A公司向国外B公司销售商品,货款以美元结算;A公司购买S公司发行的H股股票;A公司从境外以美元购买固定资产或生产用原材料等。

(2)借入或者借出外币资金。例如,以人民币为记账本位币的华夏公司从中国银行借入欧元、经批准向海外发行美元债券等。

(3)其他以外币计价或者结算的交易。这是指除上述(1)(2)外,以记账本位币以外的货币计价或结算的交易。例如,接受外币现金捐赠等。

### (一)单项交易观和两项交易观

对已发生的外币交易,会计上要处理以下问题:

(1)发生外币交易时,按一定的汇率折算为记账本位币。

(2) 会计期末,按一定的汇率调整各外币账户余额,报告外币资产和负债。
(3) 计算汇兑差额并进行账务处理。
(4) 款项结算日,按一定的汇率折算和记录收回及支付的外币债权债务。

在外币交易会计中,对于外币账户由于交易发生、交易结算日以及报表编制日的汇率不同而产生的折合为记账本位币的差额如何处理,存在两种观点:单项交易观和两项交易观。

### 1. 单项交易观

单项交易观认为应将外币交易的发生和以后款项的结算视为一笔交易的两个阶段,该交易只有在清偿有关应收、应付外币账款后才算完成,在此过程中,由于汇率变动而产生的折合为记账本位币的差额应调整该项交易的成本或收入,不单独反映汇兑差额。

**【例 6-1】** 华夏公司记账本位币为人民币,2×23 年 12 月 15 日以赊销方式向美国 A 公司销售一批价值为 20 000 美元的商品,当日即期汇率为 1 美元=6.22 元人民币;根据合同规定于 2×24 年 1 月 15 日付款,当日即期汇率为 1 美元=6.17 元人民币。2×23 年 12 月 31 日的即期汇率为 1 美元=6.20 元人民币,相关税费从略。

本例题中,2×23 年 12 月 15 日为交易发生日,2×23 年 12 月 31 日为财务报表编制日,2×24 年 1 月 15 日为结算日,该项交易在 2×24 年 1 月 15 日完成,根据单项交易观的要求,应编制会计分录如下:

2×23 年 12 月 15 日:

借:应收账款——A 公司(美元)(20 000×6.22)     124 400
    贷:主营业务收入     124 400

2×23 年 12 月 31 日:

对于汇率变动产生的折合为记账本位币的差额 400 元,应调整原已入账的销售收入和应收账款。

借:主营业务收入     400
    贷:应收账款——A 公司(美元)     400

2×24 年 1 月 15 日:

对于汇率变动产生的折合为记账本位币的差额 600 元,继续调整原已入账的销售收入和应收账款,同时,按照当日即期汇率进行结算。

借:主营业务收入     600
    贷:应收账款——A 公司(美元)     600

同时:

借:银行存款——美元(20 000×6.17)     123 400
    贷:应收账款——A 公司(美元)(20 000×6.17)     123 400

由此可见,在单项交易观下,外币交易中的汇兑差额被作为销售收入的调整数。

如果是购货业务,则汇兑差额被视为购货成本的调整数。

**【例 6-2】** 根据[例 6-1]的资料,华夏公司从美国 A 公司进口商品一批,商品已验收入库,其他资料不变。则华夏公司编制的会计分录如下:

2×23年12月15日：

借：库存商品 124 400
　　贷：应付账款——A公司（美元）(20 000×6.22) 124 400

2×23年12月31日：

借：应付账款——A公司（美元） 400
　　贷：库存商品 400

2×24年1月15日：

借：应付账款——A公司（美元） 600
　　贷：库存商品 600

同时：

借：应付账款——A公司（美元）(20 000×6.17) 123 400
　　贷：银行存款——美元(20 000×6.17) 123 400

综上所述，单项交易观的会计处理有如下特点：

(1) 将交易日的销货或购货金额看作为一项暂记数，待有关应收、应付账款结清之后，再根据实际收到或支付的金额对暂记数进行调整，即会计处理的基础是以结算日为基准。

(2) 将由于汇率变动而形成的汇兑差额作为销售收入或购货成本的调整数、而不单独反映"财务费用（或汇兑差额）"。

单项交易观的处理方法不符合国际公认的确认销售收入的实现原则；同时，把汇率变动产生的影响作为对销货收入和购货成本的调整处理，而不是直接反映汇率变动风险，也是不恰当的。

2. 两项交易观

两项交易观认为应将外币交易的发生和结算视为两项相互独立的交易处理，在报表编制日及结算日不应调整原来的成本或收入，而是作为汇兑差额单独反映。在这种观点下，外币购销业务按记账本位币反映的销售收入或购货成本的数额取决于交易日的汇率，由于汇率变动而产生的折合成记账本位币的差额中，已实现的汇兑差额单独设立"财务费用（或汇兑差额）"账户进行反映，计入当期损益，未实现的汇兑差额又有两种处理方法：递延法和当期确认法。

(1) 递延法。递延法认为对本期汇兑差额的确认应以实现为准，因此，应将未实现的汇兑差额反映在"递延汇兑差额"账户，待外币账款结算时，再将递延的汇兑差额转入当期。

【例6-3】 华夏公司2×23年12月15日向美国A公司出口一批货物，售价为20 000美元，货款尚未收到，当日即期汇率为1美元=6.22元人民币；2×23年12月31日的即期汇率为1美元=6.20元人民币，2×24年1月15日收回应收账款，当日即期汇率为1美元=6.17元人民币，相关税费从略。

华夏公司应编制的会计分录如下：

2×23年12月15日：

将20 000美元销货款按1美元=6.22元人民币的汇率折算为记账本位币。

借：应收账款——A公司（美元）(200 000×6.22)     124 400
    贷：主营业务收入     124 400

2×23年12月31日：

按年末即期汇率1美元=6.20元人民币，调整应收账款金额，应收账款账户的外币金额200 000美元按年末即期汇率折算的人民币金额124 000元与按交易日即期汇率折算的人民币金额124 400元的差额400元，确认为递延汇兑差额。

借：递延汇兑差额     400
    贷：应收账款——A公司（美元）     400

2×24年1月15日：

应收账款账户的外币金额20 000美元按结算日即期汇率折算的人民币金额123 400元与按报表编制日即期汇率折算的人民币金额124 000元的差额600元，确认为2×24年的递延汇兑差额。由于此笔交易已完成，因此，应将已确认的递延汇兑差额转为已实现汇兑差额，计入2×24年的损益，同时，应按1月15日即期汇率1美元=6.17元人民币结算应收账款。

借：递延汇兑差额     600
    贷：应收账款——A公司（美元）     600
借：财务费用——汇兑差额     1 000
    贷：递延汇兑差额     1 000

或：

借：财务费用——汇兑差额     1 000
    贷：递延汇兑差额     400
        应收账款——A公司（美元）     600

同时：

借：银行存款——美元(20 000×6.17)     123 400
    贷：应收账款——A公司（美元）(20 000×6.17)     123 400

(2) 当期确认法。当期确认法认为应将未实现的汇兑差额计入当期损益。主张采用这种方法的理由是：在持续经营的前提下，企业要分期确定收益，如果一笔外币购销交易的发生日和结算日分属两个会计期间，那么，在报表编制日和结算日汇率变动对该交易所涉及的外币应收应付账户的影响也应分别归属于两个会计期间，为了反映汇率变动跨越两个会计期间的实际过程，应在每期期末按期末汇率将外币应收应付款项的外币金额调整为记账本位币，并在当期确认由于汇率变动而形成的汇兑差额；在实际结算日再确认由于上期期末和结算日之间的汇率变动所形成的汇兑差额。

【例6-4】 承[例6-3]资料，按照当期确认法编制的会计分录如下：

2×23年12月15日：

将20 000美元销货款按1美元=6.22元人民币的汇率折算。

借：应收账款——A公司（美元）(20 000×6.22)     124 400
    贷：主营业务收入     124 400

2×23年12月31日：

按年末即期汇率1美元＝6.20元人民币，调整应收账款金额，应收账款账户的外币金额20 000美元按年末即期汇率折算的人民币金额124 000元与按交易日即期汇率折算的人民币金额124 400元的差额400元，确认为"财务费用——汇兑差额"。

借：财务费用——汇兑差额　　　　　　　　　　　　　　　　400
　　贷：应收账款——A公司（美元）　　　　　　　　　　　　　　400

2×24年1月15日：

应收账款账户的外币金额20 000美元按结算日即期汇率折算的人民币金额123 400元与按报表编制日即期汇率折算的人民币金额124 000元的差额600元，确认为2×24年的"财务费用——汇兑差额"，同时，应按1月15日即期汇率1美元＝6.17元人民币结算应收账款。

借：财务费用——汇兑差额　　　　　　　　　　　　　　　　600
　　贷：应收账款——A公司（美元）　　　　　　　　　　　　　　600
借：银行存款——美元（20 000×6.17）　　　　　　　　　123 400
　　贷：应收账款——A公司（美元）（20 000×6.17）　　　　123 400

目前，大多数国家对汇兑差额的确认采用的是当期确认法。在这种方法下，当汇率为单向变动时，对企业损益确认的影响不大，并能较为客观地反映企业的财务状况和经营成果，但当汇率变动较大或为逆向变动时，在上一期会计期末确认的汇兑差额就不可能实现，从而歪曲两个会计期间的损益。

我国外币交易会计采用了两项交易观。同时采用当期确认法对汇兑差额进行处理。即各种外币账户的外币余额，期末应当按照期末即期汇率折算为记账本位币，该记账本位币金额与账面记账本位币金额之间的差额，作为汇兑差额，计入当期损益；属于与购建固定资产有关的借款产生的汇兑差额，按照借款费用资本化的原则进行处理。

两项交易观被认为符合公认会计准则，把汇率变动的影响确认为汇兑差额是较为恰当的。

**（二）初始确认**

在初始确认外币交易时，采用交易发生日的即期汇率将外币金额折算为记账本位币金额；也可以采用按照系统合理的方法确定的、与交易发生日即期汇率近似的汇率折算。

**【例6-5】** 华夏公司的记账本位币为人民币，对外币交易采用交易日的即期汇率折算。

2×24年3月3日，从境外丙公司购入不需要安装的设备一台，设备价款为250 000美元，购入该设备当日的即期汇率为1美元＝6.5元人民币，适用的增值税税率为13%，款项尚未支付，增值税以银行存款支付。相关会计分录如下：

借：固定资产——机器设备（250 000×6.5）　　　　　1 625 000
　　应交税费——应交增值税（进项税额）　　　　　　　211 250
　　贷：应付账款——丙公司（美元）　　　　　　　　　　1 625 000
　　　　银行存款　　　　　　　　　　　　　　　　　　　211 250

6-2视频：
外币交易
会计处理

企业收到投资者以外币投入的资本，应当采用交易发生日即期汇率折算，不得采用合同约定汇率和即期汇率的近似汇率折算，外币投入资本与相应的货币性项目的记账本位币金额之间不产生外币资本折算差额。

【例6-6】 华夏公司注册资本为400万美元,合同约定分两次投入,约定折算汇率为1∶6.5。中、外投资者分别于2×23年1月1日和3月1日投入300万美元和100万美元。2×23年1月1日、3月1日、3月31日和12月31日美元对人民币的汇率分别为1∶6.20、1∶6.25、1∶6.24和1∶6.30。假定该企业采用人民币作为记账本位币,外币业务采用业务发生日的汇率折算。该企业2×23年年末资产负债表中"实收资本"项目的金额为多少万元人民币?

该企业2×23年年末资产负债表中"实收资本"项目的金额=300×6.2+100×6.25=2 485(万元)。

【例6-7】 华夏公司以人民币为记账本位币,对外币交易采用交易日的即期汇率折算。2×24年6月1日,将50 000美元到银行兑换为人民币,银行当日的美元买入价为1美元=6.55元人民币,中间价为1美元=6.60元人民币。

本例中,企业与银行发生货币兑换,兑换所用汇率为银行的买入价或卖出价,而通常记账所用的即期汇率为中间价,由于汇率变动而产生的汇兑差额计入当期财务费用。有关会计分录如下:

借:银行存款——人民币(50 000×6.55)     327 500
　　财务费用——汇兑差额     2 500
　　贷:银行存款——美元(50 000×6.6)     330 000

6-3 扫一扫 练一练

【例6-8】 华夏公司以人民币为记账本位币,对外币交易采用交易日的即期汇率折算。2×24年6月1日,因外币支付需要,从银行购入10 000欧元,银行当日的欧元卖出价为1欧元=11元人民币,当日的中间价为1欧元=10.7元人民币。

有关会计分录如下:

借:银行存款——欧元(10 000×10.7)     107 000
　　财务费用——汇兑差额     3 000
　　贷:银行存款——人民币(10 000×11)     110 000

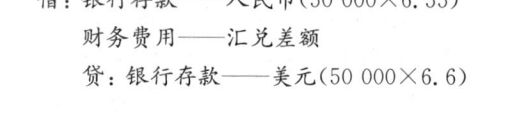

6-4 扫一扫 练一练答案

### (三)期末调整或结算

期末,企业应当分别对外币货币性项目和外币非货币性项目进行处理。

**1. 货币性项目**

货币性项目是指企业持有的货币和将以固定或可确定的金额收取的资产或者偿付的负债。例如,库存现金、银行存款、应收账款、其他应收款、长期应收款、应付账款、其他应付款、短期借款、长期借款、应付债券、长期应付款等。

货币性项目,采用资产负债表日即期汇率折算。因资产负债表日即期汇率与初始确认时或者前一资产负债表日即期汇率不同而产生的汇兑差额,计入当期损益。

值得说明的是,外币预收账款和预付账款、合同资产和合同负债均不满足货币性项目的定义,属于以历史成本计量的外币非货币性项目,企业在资产负债表日应当采用交易发生日的即期汇率折算,不产生汇兑损益。

期末外币货币性项目调整步骤如下:

(1) 计算外币货币性项目外币余额。

(2) 用外币余额乘以资产负债表日即期汇率计算记账本位币余额。

(3) 上述记账本位币余额与原账面记账本位币余额的差额即为汇兑差额。

**【例6-9】** 华夏公司以人民币为记账本位币,发生外币交易时采用交易日的即期汇率折算。华夏公司12月20日进口一批原材料并验收入库,货款尚未支付;原材料成本为80万美元,当日即期汇率为1美元=6.8元人民币。12月31日,美元户银行存款余额为1 000万美元,按年末汇率调整前的人民币账面余额为7 020万元,当日即期汇率为1美元=6.5元人民币。上述交易或事项对华夏股份有限公司12月份营业利润的影响金额为多少万元人民币。

上述交易或事项对华夏公司12月份营业利润的影响金额 $= (80 \times 6.8 - 80 \times 6.5) + (1\,000 \times 6.5 - 7\,020) = -496(万元)$

**【例6-10】** 华夏公司外币业务采用业务发生时的即期汇率进行折算,按月计算汇兑损益。5月20日对外销售产品发生应收账款500万欧元,当日的市场汇率为1欧元=10.30元人民币。5月31日的市场汇率为1欧元=10.28元人民币;6月1日的市场汇率为1欧元=10.32元人民币;6月30日的市场汇率为1欧元=10.35元人民币。7月10日收到该应收账款,当日市场汇率为1欧元=10.34元人民币。该应收账款6月份应当确认的汇兑收益为多少万元人民币。

该应收账款6月份应当确认的汇兑收益 $= 500 \times (10.35 - 10.28) = 35(万元)$

2. 非货币性项目

非货币性项目是指货币性项目以外的项目。例如,存货、长期股权投资、交易性金融资产(股票、基金)、固定资产、无形资产等。

(1) 以历史成本计量的外币非货币性项目,仍采用交易发生日的即期汇率折算,不改变其记账本位币金额。

(2) 对于以成本与可变现净值孰低计量的存货,如果其可变现净值以外币确定,则在确定存货的期末价值时,应先将可变现净值折算为记账本位币金额,再与以记账本位币反映的存货成本进行比较。

**【例6-11】** 华夏公司以人民币为记账本位币。2×23年11月2日,从英国W公司采购国内市场尚无的A商品10 000件,每件价格为1 000英镑,当日即期汇率为1英镑=11元人民币。2×23年12月31日,尚有1 000件A商品未销售出去,国内市场仍无A商品供应,A商品在国际市场的价格降至900英镑。12月31日的即期汇率是1英镑=11.5元人民币。假定不考虑增值税等相关税费。

本例中,由于存货在资产负债表日采用成本与可变现净值孰低计量,因此,在以外币购入存货并且该存货在资产负债表日确定的可变现净值以外币反映时,计提存货跌价准备应当考虑汇率变动的影响。因此,该公司应作会计分录如下:

11月2日,购入A商品:

借:库存商品——A商品　　　　　　　　　　　　　　　　　110 000 000
　　贷:银行存款——英镑(10 000×1 000×11)　　　　　　　110 000 000

12月31日,计提存货跌价准备:

借:资产减值损失　　　　　　　　　　　　　　　　　　　　650 000
　　贷:存货跌价准备　　　　　　　　　　　　　　　　　　　650 000

$1\,000 \times 1\,000 \times 11 - 1\,000 \times 900 \times 11.5 = 650\,000(元)$

（3）以公允价值计量的外币非货币性项目，如交易性金融资产（股票、基金等），采用公允价值确定日的即期汇率折算，折算后的记账本位币金额与原记账本位币金额之间的差额，作为公允价值变动处理。

【例6-12】 国内华夏公司的记账本位币为人民币。2×23年12月10日以每股1.5美元的价格购入乙公司B股10 000股作为交易性金融资产，当日汇率为1美元=6.6元人民币，款项已付。2×23年12月31日，由于市价变动，当月购入的乙公司B股的市价变为每股1美元，当日汇率为1美元=6.65元人民币。假定不考虑相关税费的影响。

2×23年12月10日，该公司应对上述交易应作会计处理如下：

借：交易性金融资产——成本（1.5×10 000×6.6）　　　　　　　　　　99 000
　　贷：银行存款——美元　　　　　　　　　　　　　　　　　　　　　　99 000

根据《企业会计准则第22号——金融工具确认和计量》，交易性金融资产以公允价值计量。由于该项交易性金融资产是以外币计价，在资产负债表日，不仅应考虑股票市价的变动，还应一并考虑美元与人民币之间汇率变动的影响，上述交易性金融资产在资产负债表日的人民币金额为66 500元（1×10 000×6.65）入账，与原账面价值99 000元的差额为－32 500元人民币，计入公允价值变动损益。相应的会计分录如下：

借：公允价值变动损益　　　　　　　　　　　　　　　　　　　　　　32 500
　　贷：交易性金融资产　　　　　　　　　　　　　　　　　　　　　　32 500

32 500元人民币既包含华夏公司所购乙公司B股股票公允价值变动的影响，又包含人民币与美元之间汇率变动的影响。

2×24年1月10日，华夏公司将所购乙公司B股股票按当日市价每股1.2美元全部售出，所得价款为12 000美元，按当日汇率1美元=6.7元人民币折算为人民币金额为80 400元，与其原账面价值人民币金额66 500元的差额为13 900元人民币，对于汇率的变动和股票市价的变动不进行区分，均作为投资收益进行处理。因此，售出当日，华夏公司应作会计分录如下：

借：银行存款——美元（1.2×10 000×6.7）　　　　　　　　　　　　80 400
　　贷：交易性金融资产　　　　　　　　　　　　　　　　　　　　　　66 500
　　　　投资收益　　　　　　　　　　　　　　　　　　　　　　　　　13 900

（4）以公允价值计量且其变动计入其他综合收益的外币货币性金融资产形成的汇兑差额，应当计入当期损益；外币非货币性金融资产形成的汇兑差额，与其公允价值变动一并计入其他综合收益。但是，采用实际利率法计算的金融资产的外币利息产生的汇兑差额，应当计入当期损益，非交易性权益工具投资的外币现金股利产生的汇兑差额，应当计入当期损益。

【例6-13】 国内华夏公司的记账本位币为人民币。2×23年2月10日以每股15港元的价格购入乙公司H股10 000股，指定为以公允价值计量且其变动计入其他综合收益的金融资产，当日汇率为1港元=0.9元人民币，款项已付。2×23年12月31日，由于市价变动，购入的乙公司H股的市价变为每股18港元，当日汇率为1港元=0.85元人民币。假定不考虑相关税费的影响。

2×23年2月10日，该公司对上述交易应作会计处理如下：

借：其他权益工具投资(15×10 000×0.9)                135 000
  贷：银行存款——港元                     135 000

  根据《企业会计准则第 22 号——金融工具确认和计量》，指定以公允价值计量且其变动计入其他综合收益非交易性权益工具投资，除了获得的股利收入（作为投资成本部分收回的股利收入除外）计入当期损益，其他相关的利得和损失（包括汇兑损益）均计入其他综合收益，且后续不得转入损益。由于该项金融资产是以外币计价，在资产负债表日，不仅应考虑股票市价的变动，还应一并考虑港元与人民币之间汇率变动的影响，上述金融资产在资产负债表日的人民币金额为 153 000 元(18×10 000×0.85)，与原账面价值 135 000 元的差额为 18 000 元人民币，计入其他综合收益。

  相应的会计分录如下：

借：其他权益工具投资                       18 000
  贷：其他综合收益                       18 000

18 000 元人民币既包含华夏公司所购乙公司 H 股股票公允价值变动的影响，又包含人民币与港元之间汇率变动的影响。

## 第三节 外币财务报表折算

### 一、境外经营财务报表的折算

#### （一）外币报表的折算方法

对外币报表的折算，常见的方法一般有四种：流动和非流动法、货币性与非货币性法、时态法和现行汇率法。

**1. 流动和非流动法**

流动和非流动法即境外经营的资产负债表中的流动资产和流动负债项目按资产负债表日的现时汇率折算，非流动资产和非流动负债及实收资本等项目按取得时的历史汇率折算，留存收益项目为依资产负债表的平衡原理轧差计算而得。利润表上折旧与摊销费用按相应资产取得时的历史汇率折算，其他收入和费用项目按报告期的平均汇率折算，销货成本根据"期初存货＋本期购货－期末存货"的关系确定。形成的折算损失，计入报告企业的合并损益中，形成的折算收益，已实现部分予以确认，未实现部分，须予递延，以抵销以后期间形成的损失。本方法的优点在于能够反映境外经营的营运资金的报告货币等值，不改变境外经营的流动性。本方法的缺点有：一是流动性与非流动性的划分与汇率的变动无关；二是对折算结果的处理，掩盖了汇率变动对合并净收益的影响，平滑了各期收益，与实际情况不符。

6-5 视频：
外币报表的
折算方法

**2. 货币性与非货币性法**

在货币性与非货币性法下，即货币性资产和货币性负债按期末现时汇率折算，非货币性资产和非货币性负债按历史汇率折算。本方法的优点在于货币性与非货币性的分类恰当地考虑了汇率变动对资产和负债的影响，改正了流动性与非流动性法的缺点。本方法的缺点在于仍然是用分类来解决外币报表的折算，而没有考虑会计计量问题，结果使得有些项目分类未必与所选的汇率相关，如存货项目，根据本方法属非货币性项目，应采用历史汇率折算，但当存货采用成本与市价孰低计量时,对以市价计量的存货用历史汇率折算显然不合适。

3. 时态法

时态法即资产负债表各项目以过去价值计量的,采用历史汇率,以现在价值计量的,采用现时汇率,产生的折算损益应计入当年的合并净收益。利润表各项目的折算与流动性与非流动性法下利润表的折算相同。本方法不仅考虑了会计计量基础,而且改正了上述货币性与非货币性方法的缺点。但是,该方法是从报告企业的角度考虑问题,境外的子公司、分支机构等均被认为是报告企业经营活动在境外的延伸,与报告企业本身的外币交易原则相一致(有人将这一观点称为母公司货币观),这样,实际上却忽视了境外经营作为相对独立的实体(即,境外实体)的情况。另外,按此方法对外币报表进行折算由于各项目使用的折算汇率不同,因而产生的折算结果不可能保持外币报表在折算前的原有比率关系。

4. 现行汇率法

现行汇率法即资产和负债项目均应按现时汇率折算,实收资本按历史汇率折算,利润表各项目按当期(年)平均汇率折算,产生的折算损益作为所有者权益的一个单独项目予以列示。这一折算方法考虑了境外经营作为相对独立的实体的情况(有人将这一观点称为子公司货币观),着重于汇率变动对报告企业在境外经营的投资净额的影响,折算的结果使境外经营的会计报表中原有的财务关系不因折算而改变,所改变的仅是其表现方式。该方法改正了时态法的缺点。但却产生了另外的问题,它对所有的资产和负债均以现时汇率折算,如对以历史成本计价的固定资产等按现时汇率折算将显得不伦不类。

(二) 我国会计准则采用的折算方法

为与我国《企业会计准则第 33 号——合并财务报表》所采用的实体理论保持一致,我国外币折算准则基本采用现行汇率法。

在对企业境外经营财务报表进行折算前,应当调整境外经营的会计期间和会计政策,使之与企业会计期间和会计政策相一致,根据调整后会计政策及会计期间编制相应货币(记账本位币以外的货币)的财务报表,再按照以下方法对境外经营财务报表进行折算:

(1) 资产负债表中的资产和负债项目,采用资产负债表日的即期汇率折算,所有者权益项目除"未分配利润"项目外,其他项目采用发生时的即期汇率折算。

(2) 利润表中的收入和费用项目,采用交易发生日的即期汇率折算;也可以采用按照系统合理的方法确定的、与交易发生日即期汇率近似的汇率折算。

(3) 按照上述规定折算产生的外币财务报表折算差额,在合并资产负债表中所有者权益项目下的"其他综合收益"项目列示。

【例 6-14】 华夏公司的记账本位币为人民币,该公司在境外有一子公司乙公司,乙公司确定的记账本位币为美元。根据合同约定,华夏公司拥有乙公司 70% 的股权,并能够对乙公司的财务和经营政策施加重大影响。华夏公司采用当期平均汇率折算乙公司利润表项目。乙公司的有关资料如下:

2×23 年 12 月 31 日的汇率为 1 美元=7.7 元人民币,2×23 年的平均汇率为 1 美元=7.6 元人民币,股本、资本公积发生日的即期汇率为 1 美元=8 元人民币,2×23 年 12 月 31 日的股本为 500 万美元,折算为人民币 4 000 万元;累计盈余公积为 50 万美元,折算为人民币 405 万元,累计未分配利润为 120 万美元,折算为人民币 972 万元,华夏公司、乙公司均在年末提取盈余公积,乙公司当年提取的盈余公积为 70 万美元。

报表折算如表6-1、表6-2和表6-3所示。

表6-1

**利 润 表**
2×23年度

| 项目 | 期末数（万美元） | 折算汇率 | 折算为人民币金额（万元人民币） |
|---|---|---|---|
| 一、营业收入 | 2 000 | 7.6 | 15 200 |
| 减：营业成本 | 1 500 | 7.6 | 11 400 |
| 税金及附加 | 40 | 7.6 | 304 |
| 管理费用 | 100 | 7.6 | 760 |
| 财务费用 | 10 | 7.6 | 76 |
| 加：投资收益 | 30 | 7.6 | 228 |
| 二、营业利润 | 380 | — | 2 888 |
| 加：营业外收入 | 40 | 7.6 | 304 |
| 减：营业外支出 | 20 | 7.6 | 152 |
| 三、利润总额 | 400 | — | 3 040 |
| 减：所得税费用 | 120 | 7.6 | 912 |
| 四、净利润 | 280 | — | 2 128 |
| 五、每股收益 | | | |
| 六、其他每股收益 | | | |
| 七、综合收益总额 | | | |

表6-2

**所有者权益变动表**
2×23年度　　　　　　　　　　　　　　　　　　　　　　　　单位：万元

| 项目 | 实收资本（或股本） | | | 盈余公积 | | | 未分配利润 | | 其他综合收益 | 股东权益合计 |
|---|---|---|---|---|---|---|---|---|---|---|
| | 美元 | 折算汇率 | 人民币 | 美元 | 折算汇率 | 人民币 | 美元 | 人民币 | 人民币 | 人民币 |
| 一、本年年初余额 | 500 | 8 | 4 000 | 50 | | 405 | 120 | 972 | | 5 377 |
| 二、本年增减变动金额 | | | | | | | | | | |
| （一）净利润 | | | | | | | 280 | 2 128 | | 2 128 |
| （二）其他综合收益 | | | | | | | | | | −190 |
| 其中：外币报表折算差额 | | | | | | | | | −190 | −190 |
| （三）利润分配 | | | | | | | | | | |
| 提取盈余公积 | | | | 70 | 7.6 | 532 | −70 | −532 | | 0 |
| 三、本年年末余额 | 500 | 8 | 4 000 | 120 | | 937 | 330 | 2 568 | −190 | 7 315 |

当期计提的盈余公积采用当期平均汇率折算,期初盈余公积为以前年度计提的盈余公积按相应年度平均汇率折算后金额的累计,期初未分配利润记账本位币金额为以前年度未分配利润记账本位币金额的累计。

表 6-3　　　　　　　　　　　　　资 产 负 债 表
2×23 年 12 月 31 日　　　　　　　　　　　　　　单位:万元

| 资产 | 期末数（美元） | 折算汇率 | 折算为人民币金额 | 负债和股东权益 | 期末数（美元） | 折算汇率 | 折算为人民币金额 |
| --- | --- | --- | --- | --- | --- | --- | --- |
| 流动资产: | | | | 流动负债: | | | |
| 货币资金 | 190 | 7.7 | 1 463 | 短期借款 | 45 | 7.7 | 346.5 |
| 应收账款 | 190 | 7.7 | 1 463 | 应付账款 | 285 | 7.7 | 2 194.5 |
| 存货 | 240 | 7.7 | 1 848 | 其他流动负债 | 110 | 7.7 | 847 |
| 其他流动资产 | 200 | 7.7 | 1 540 | 流动负债合计 | 440 | — | 3 388 |
| 流动资产合计 | 820 | — | 6 314 | 非流动负债: | | | |
| 非流动资产: | | | | 长期借款 | 140 | 7.7 | 1 078 |
| 长期应收款 | 120 | 7.7 | 924 | 应付债券 | 80 | 7.7 | 616 |
| 固定资产 | 550 | 7.7 | 4 235 | 其他非流动负债 | 90 | 7.7 | 693 |
| 在建工程 | 80 | 7.7 | 616 | 非流动负债合计 | 310 | — | 2 387 |
| 无形资产 | 100 | 7.7 | 770 | 负债合计 | 750 | | 5 775 |
| 其他非流动资产 | 30 | 7.7 | 231 | 股东权益: | | | |
| 非流动资产合计 | 880 | — | 6 776 | 股本 | 500 | 8 | 4 000 |
| | | | | 盈余公积 | 120 | | 937 |
| | | | | 未分配利润 | 330 | | 2 568 |
| | | | | 其他综合收益 | | | −190 |
| | | | | 股东权益合计 | 950 | | 7 315 |
| 资产总计 | 1 700 | | 13 090 | 负债和股东权益总计 | 1 700 | | 13 090 |

【提示】　其他综合收益为以记账本位币反映的净资产减去以记账本位币反映的股本、资本公积、累计盈余公积及累计未分配利润后的余额。

## 二、特殊项目的处理

1. 少数股东应分担的外币报表折算差额的处理

少数股东应分担的外币报表折算差额的处理应并入少数股东权益列示于合并资产负债表中。

借:其他综合收益
　贷:少数股东权益

或作相反分录。

**【例 6-15】** 华夏公司出于长期战略考虑,2×23 年 1 月 1 日以 1 200 万美元购买了在美国注册的乙公司发行在外的 80% 股份,并自当日起能够控制乙公司的财务和经营政策。2×23 年 1 月 1 日,乙公司可辨认净资产公允价值为 1 250 万美元;美元与人民币之间的即期汇率为:1 美元=6.2 元人民币。2×23 年度,乙公司以购买日可辨认净资产公允价值为基础计算实现的净利润为 200 万美元。乙公司的利润表在折算为母公司记账本位币时,按照平均汇率折算。其他相关汇率信息如下:2×23 年 12 月 31 日,1 美元=6.10 元人民币;2×23 年度平均汇率,1 美元=6.15 元人民币。华夏公司 2×23 年度财务报表折算为母公司记账本位币时的外币报表折算差额为多少万元。

外币报表折算差额=(1 250+200)×6.10−(1 250×6.2+200×6.15)=−135(万元)

2. 实质上构成对境外经营净投资的外币货币性项目产生的汇兑差额的处理

母公司含有实质上构成对子公司(境外经营)净投资的外币货币性项目的情况下,在编制合并财务报表时,应分别以下两种情况编制抵销分录:

(1) 实质上构成对子公司净投资的外币货币性项目以母公司或子公司的记账本位币反映,则在抵销长期应收应付项目的同时,将其产生的汇兑差额转入"其他综合收益"项目。即借记或贷记"财务费用——汇兑差额"科目,贷记或借记"其他综合收益"科目。

(2) 实质上构成对子公司净投资的外币货币性项目以母、子公司的记账本位币以外的货币反映,则应将母、子公司此项外币货币项目产生的汇兑差额相互抵销,差额转入"其他综合收益"。

简单来说,在编制合并财务报表时,如有实质上构成对境外经营净投资的外币货币性项目,因汇率变动而产生的汇兑差额,也应列入所有者权益"其他综合收益";处置境外经营时,计入处置当期损益。

### 三、境外经营的处置

企业可能通过出售、清算、返还股本或放弃全部或部分权益等方式处置其在境外经营中的利益。在包含境外经营的财务报表中,将已列入其他综合收益的外币报表折算差额中与该境外经营相关部分,自所有者权益项目中转入处置当期损益;如果是部分处置境外经营,应当按处置的比例计算处置部分的外币报表折算差额,转入处置当期损益。

## 本 章 小 结

本章主要讲述了记账本位币的确定;外币交易的会计处理,外币交易应当在初始确认时采用交易日的即期汇率或即期汇率的近似汇率将外币金额折算为记账本位币金额,期末,应分别对外币货币性项目和外币非货币性项目进行处理;以及外币财务报表的折算。

6-6 扫一扫
看课件

## 重 要 概 念

记账本位币　外币折算　即期汇率　即期汇率的近似汇率　外币财务报表折算

# 第七章 租 赁

- ➢ 内容提要
- ➢ 重点难点
- ➢ 学习目标
- ➢ 知识框架
- ➢ 第一节 租赁概述
- ➢ 第二节 承租人的会计处理
- ➢ 第三节 出租人的会计处理
- ➢ 第四节 特殊租赁业务会计处理
- ➢ 本章小结
- ➢ 重要概念

**内容提要**

本章主要阐述租赁业务的核算。本章具体介绍了承租人的会计处理、出租人的会计处理以及售后租回交易的会计处理。

**重点难点**

本章的重难点是租赁业务中承租人的会计处理,出租人对融资租赁的会计处理,以及售后租回的会计处理。

**学习目标**

通过本章学习,学生应理解租赁的识别、分拆与合并;掌握承租人和出租人租赁业务的会计处理;理解特殊租赁业务的会计处理。

**知识框架**

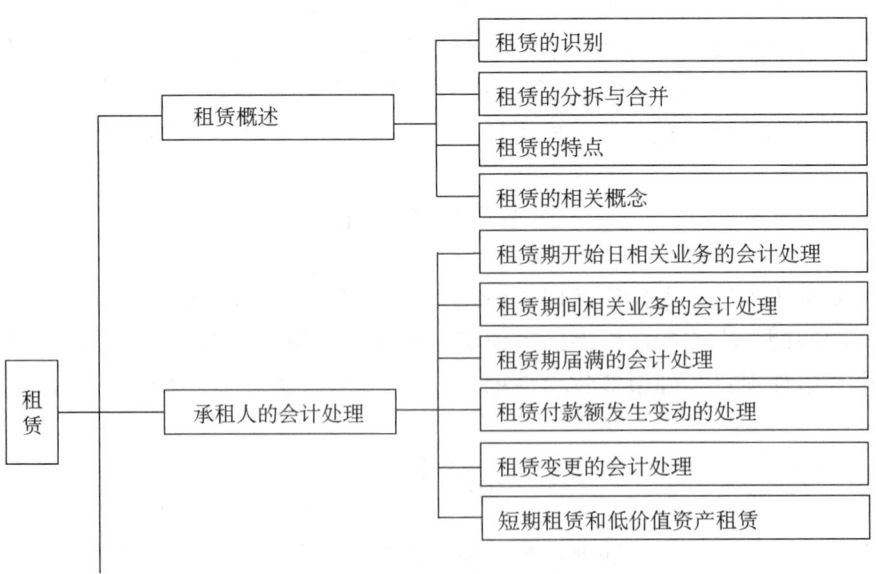

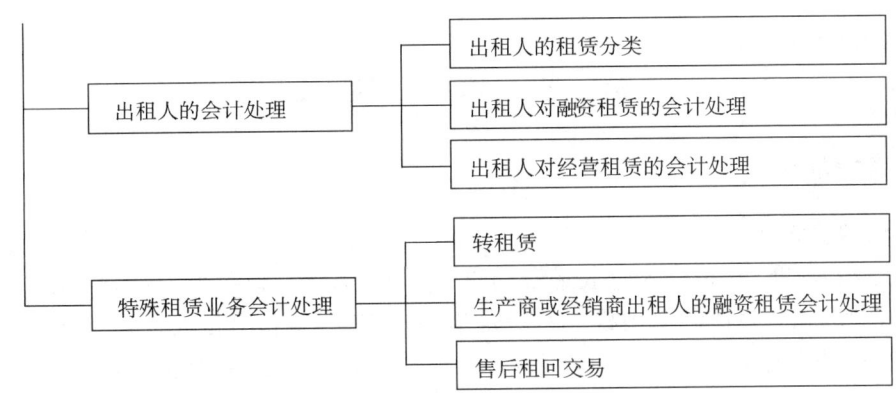

## 思政育人　　　上线仅3天,特斯拉叫停"0首付"

一位特斯拉融资租赁客服人员表示,2021年11月4日接到通知,已经取消"0首付",改为10%首付。原因为此前"0首付"订单激增导致交车时间延长,为保证用户交车时间,目前下线"0首付",改为最低10%首付,但之前订车锁定"0首付"的用户不受影响。

2021年11月1日,特斯拉中国官网上线全新金融服务,消费者可以通过"0首付"的融资租赁模式购买车辆。根据方案,消费者签订"0首付"合同后,第1至第5年属于租赁期,采用每月分期支付租金的方式使用车辆,租赁期满后需依约重新取得车辆所有权。此外,特斯拉还推出了30%尾款金融方案,该尾款可以5年之后归还。以ModelY标准续航升级版为例,5年期间,首付55 200元,月付3 272元,剩下30%的尾款在最后一次还款付清。

此金融方案发布后,在网络上立即引起了广泛热议。不过,特斯拉方面并没有公布分期利息计算方案以及是否有免息。在业界看来,在"0首付"金融方案下,部分车型月供不到5 000元,意味着特斯拉购车门槛进一步降低,其目标市场将进一步扩大。不过,也有业界人士表示:"'0首付'方案看似实惠,但实际产生的利息更需要留意。"如果按照特斯拉某款车型最低月供为4 718元(60个月)计算,最终消费者需支付总额为28.308万元,相比全款车价贵了4.718万元。

据了解,汽车融资租赁是一种区别于汽车抵押贷款的汽车金融业务,主要目的都是分期购车。在汽车融资租赁业务中,在租赁期间车辆所有权属于融资租赁公司,承租人拥有车辆使用权,在租赁期结束时承租人可选择一次性购买、续租、退租等。

在不少业内人士看来,融资租赁如今已是一片蓝海,各路资本正不断进入。特斯拉则在2021年7月,以3 000万美元注册资本抢滩金融租赁公司。但是,金融租赁模式也面临诸多难题。一方面"0首付"考验特斯拉后续对客户付费的监督能力;另一方面,特斯拉目前的产能的确也难以应付激增的订单。同时,对消费者而言,在选择这种消费方式时也要量力而行,避免因分期还款导致车财两空。

企业要能够结合时代背景和金融市场环境,分析和判断我国租赁行业发展现状和未来趋势,既要积极探索和尝试,又要合法经营,规避风险。年轻一代要树立社会主义核心价值观,坚定信仰,增强振兴民族经济的使命感,提升思想境界、文化素养。在面对一系列复杂的国际、国内金融事件时,能够做出正确的评析。

**思考**:2018年12月7日,财政部颁布了修订后的《企业会计准则第21号——租赁》,规定执行企业会计准则的非上市企业自2021年1月1日起实施。新租赁准则如何对租赁资产进行定义,承租人应如何对租赁资产进行处理?出租人如何对租赁业务进行处理?新租赁准则的修订会对企业产生什么影响?带着这些问题,我们一起进入本章的学习。

资料来源:崔小粟,王方圆.手慢无!上线仅3天,特斯拉叫停"0首付",又一波营销策略?[EB/OL].(2021-11-05)[2023-11-22].http://finance.ce.cn/stock/gsgdbd/202111/05/t20211105_37063928.shtml.

## 第一节 租赁概述

### 一、租赁的识别

**（一）租赁的定义**

7-1视频：
租赁的定义

市场经济条件下，租赁作为企业融资的重要形式，需求日益增长，越来越多的企业通过租赁的形式获取相关资产的使用权。租赁是指在一定期间内，出租人将资产的使用权让与承租人以获取对价的合同。在合同开始日，企业应当评估合同是否为租赁或者包含租赁。如果合同一方让渡了在一定期间内控制一项或多项已识别资产使用的权利以换取对价，则该合同为租赁或者包含租赁。

一项合同要被分类为租赁，必须要满足三要素：

（1）存在一定期间。在租赁合同中，"一定期间"也可以表述为已识别资产的使用量，如某项设备的产出量。如果客户有权在部分合同期内控制已识别资产的使用，则合同包含一项在该部分合同期间的租赁。

（2）存在已识别资产。同时符合下列条件的，使用已识别资产的权利构成一项单独租赁：首先，承租人可从单独使用该资产或将其与易于获得的其他资源一起使用中获利；其次，该资产与合同中的其他资产不存在高度依赖或高度关联关系。

（3）资产供应方向客户转移对已识别资产使用权的控制。接受商品或服务的合同可能由合营安排或合营安排的代表签订，企业评估合同是否包含一项租赁时，应将整个合营安排视为该合同中的客户，评估该合营安排是否在使用期间有权控制已识别资产的使用。

除非合同条款或条件发生变化，企业无需重新评估合同是否为租赁或者是否包含租赁。

**（二）已识别资产**

要判断是否存在已识别的资产，客户需要考虑三个方面：是否存在对资产的指定；合同中标的涉及的是资产组成部分时，资产之间是否存在物理区分；是否存在对指定资产的实质性替换权。

（1）已识别资产的指定。构成租赁的前提必须是合同标的是特定的已识别资产。已识别资产通常由合同明确指定，也可以在资产可供客户使用时隐性指定。

**【例 7-1】** 华夏公司（客户）与乙公司（供应方）签订了使用乙公司一节火车车厢的 5 年期合同。该车厢专用于运输华夏公司生产过程中使用的特殊材料，未经重大改造，不适合其他客户使用。合同中没有明确指定轨道车辆（例如，通过序列号），但是乙公司仅拥有一节适合客户华夏公司使用的火车车厢。如果车厢不能正常工作，合同要求乙公司修理或更换车厢。

判断：合同中存在已识别资产。

分析：具体哪节火车车厢虽未在合同中明确指定，但是被隐含指定，因为乙公司仅拥有一节适合客户华夏公司使用的火车车厢，必须使用其来履行合同，乙公司无法自由替换该车厢。因此，火车车厢是一项已识别资产。

（2）已识别资产在物理上可区分。如果资产的部分产能在物理上可区分（例如，建筑物的一层），则该部分产能属于已识别资产。如果资产的某部分产能与其他部分在物理上不可区分（例如，光缆的部分容量），则该部分不属于已识别资产，除非其实质上代表该资产的全部产能,从而使客户获得因使用该资产所产生的几乎全部经济利益的权利。

【例7-2】 华夏公司(客户)与乙公司(公用设施公司)签订了一份为期15年的合同,以取得连接A、B城市光缆中3条指定的物理上可区分的光纤使用权。若光纤损坏,乙公司应负责修理和维护。乙公司拥有额外的光纤,但仅可因修理、维护或故障等原因替换指定给华夏公司使用的光纤。

判断:合同中存在已识别资产。

分析:合同明确指定了3条光纤,并且这些光纤与光缆中的其他光纤在物理上可区分,乙公司不可因修理、维护或故障以外的原因替换光纤,因此,合同中存在3条已识别光缆。

【例7-3】 华夏公司与乙公司签订了一份为期15年的合同,以取得连接A、B城市光缆中约定带宽的光纤使用权。华夏公司约定的带宽相当于使用光缆中3条光纤的全部传输容量(乙公司光缆包含15条传输容量相近的光纤)。

判断:合同中不存在已识别资产。

分析:华夏公司仅使用光缆的部分传输容量,提供给华夏公司使用的光纤与其余光纤在物理上不可区分,且不代表光缆的几乎全部传输容量,因此,合同中不存在已识别资产。

(3)实质性替换权。某些情况下,即使合同已对资产进行指定,如果资产供应方在整个使用期间拥有对该资产的实质性替换权,则该资产不属于已识别资产。其原因在于,如果资产供应方在整个使用期间均能自由替换合同资产,那么实际上,合同只规定了满足客户需求的一类资产,而不是被唯一识别出的一项或几项资产。也就是说,在这种情况下,合同资产并未和资产供应方的同类其他资产明确区分开来,并未被识别出来。

同时符合下列条件时,表明资产供应方拥有资产的实质性替换权:首先,资产供应方拥有在整个使用期间替换资产的实际能力。例如,客户无法阻止供应方替换资产,且用于替换的资产对于资产供应方而言易于获得或者可以在合理期间内取得。其次,资产供应方通过行使替换资产的权利将获得经济利益,即替换资产的预期经济利益将超过替换资产所需成本。

需要注意的是,如果合同仅赋予资产供应方在特定日期或者特定事件发生日或之后拥有替换资产的权利或义务,考虑到资产供应方没有在整个使用期间替换资产的实际能力,资产供应方的替换权不具有实质性。

企业在评估资产供应方的替换权是否为实质性权利时,应基于合同开始日的事实和情况,而不应考虑在合同开始日企业认为不可能发生的未来事件,例如,①未来某个客户为使用该资产同意支付高于市价的价格。②引入了在合同开始日尚未实质开发的新技术。③客户对资产的实际使用或资产实际性能与在合同开始日认为可能的使用或性能存在重大差异。④使用期间资产市价与合同开始日认为可能的市价存在重大差异。

与资产位于资产供应方所在地相比,如果资产位于客户所在地或其他位置,替换资产所需要的成本更有可能超过其所能获取的利益。资产供应方在资产运行结果不佳或者进行技术升级的情况下,因修理和维护而替换资产的权利或义务不属于实质性替换权。

企业难以确定资产供应方是否拥有实质性替换权的,应视为资产供应方没有对该资产的实质性替换权。

【例7-4】 华夏公司(客户)与乙公司(供应方)签订合同,合同要求乙公司在5年内按照约定的时间表使用指定型号的火车车厢为华夏公司运输约定数量的货物。合同中约定的时间表和货物数量相当于华夏公司在 5 年内有权使用 10 节指定型号火车车厢。合同规定了所运输货物的性质。乙公司有大量类似的车厢可以满足合同要求。车厢不用于运输货物时存放在乙公司处。

判断：合同中不存在已识别资产。

分析：①乙公司在整个使用期间有替换每节车厢的实际能力。用于替换的车厢是乙公司易于获得的，且无须华夏公司批准即可替换。②乙公司可通过替换车厢获得经济利益。车厢存放在乙公司处，乙公司拥有大量类似的车厢，替换每节车厢的成本极小，乙公司可以通过替换车厢获益，例如，使用已位于任务所在地的车厢执行任务，或利用某客户未使用而闲置的车厢。因此，乙公司拥有车厢的实质性替换权，合同中用于运输华夏公司货物的车厢不属于已识别资产。

**【例 7-5】** 华夏公司是一家便利店运营企业，与某机场运营商乙公司签订了使用机场内某处商业区域销售商品的 3 年期合同。合同规定了商业区域的面积，商业区域可以位于机场内的任一登机区域，乙公司有权在整个使用期间随时调整分配给华夏公司的商业区域位置。华夏公司使用易于移动的自有售货亭销售商品。机场有很多符合合同规定的区域可供华夏公司使用。

判断：合同中不存在已识别资产。

分析：①乙公司在整个使用期间有变更华夏公司使用的商业区域的实际能力。机场内有许多区域符合合同规定的商业区域，乙公司有权随时将华夏公司使用的商业区域的位置变更至其他区域而无须华夏公司批准。②乙公司通过替换商业区域将获得经济利益。因为售货亭易于移动，所以乙公司变更华夏公司所使用商业区域的成本极小。乙公司能够根据情况变化最有效地利用机场登机区域，因此，乙公司能够通过替换机场内的商业区域获益。华夏公司控制的是自有的售货亭，而合同约定的是机场内的商业区域，乙公司可随意变更该商业区域，因此，乙公司有替换华夏公司所使用商业区域的实质性权利。

因此，尽管合同具体规定了华夏公司使用的商业区域的面积，但合同中不存在已识别资产。

**【例 7-6】** 华夏公司（客户）与乙公司（供应方）签订了使用一架指定飞机的 2 年期合同，合同详细规定了飞机的内、外部规格。合同规定，乙公司在 2 年合同期内可以随时替换飞机，在飞机出现故障时则必须替换飞机；无论哪种情况下，所替换的飞机必须符合合同中规定的内、外部规格。在乙公司的机队中配备符合华夏公司要求规格的飞机所需成本高昂。

判断：合同中存在已识别资产。

分析：本例中，合同明确指定了飞机，尽管合同允许乙公司替换飞机，但配备另一架符合合同要求规格的飞机会发生高昂的成本，乙公司不会因替换飞机而获益，因此，乙公司的替换权不具有实质性。本例中存在已识别资产。

### （三）客户是否控制已识别资产使用权的判断

为确定合同是否让渡了在一定期间内控制已识别资产使用的权利，企业应当评估合同中的客户是否拥有以下两种权利：第一，基本获得在使用期间因使用已识别资产所产生的几乎全部经济利益的权利；第二，在该使用期间主导已识别资产的使用的权利。

**1. 客户是否有权获得因使用已识别资产所产生的几乎全部经济利益**

在评估客户是否有权获得因使用已识别资产所产生的几乎全部经济利益时，企业应当在约定的客户权利范围内考虑其所产生的经济利益。

例如，如果合同规定汽车在使用期间仅限在某一特定区域使用，则企业应当仅考虑在该区域内使用汽车所产生的经济利益，而不包括在该区域外使用汽车所产生的经济利益；如果合同规定客户在使用期间仅能在特定里程范围内驾驶汽车,则企业应当仅考虑在允许的里程范围内使用汽车所产生的经济利益,而不包括超出该里程范围使用汽车所产生的经济利益。

为了控制已识别资产的使用,客户应当有权获得整个使用期间使用该资产所产生的几乎全部经济利益(例如,在整个使用期间独家使用该资产)。客户可以通过多种方式直接或间接获得使用资产所产生的经济利益,例如,通过使用、持有或转租资产。使用资产所产生的经济利益包括资产的主要产出和副产品(包括来源于这些项目的潜在现金流量)以及通过与第三方之间的商业交易实现的其他经济利益。

如果合同规定客户应向资产供应方或另一方支付因使用资产所产生的部分现金流量作为对价,该现金流量仍应视为客户因使用资产而获得的经济利益的一部分。例如,如果客户因使用零售区域需向供应方支付零售收入的一定比例作为对价,该条款本身并不妨碍客户拥有获得使用零售区域所产生的几乎全部经济利益的权利。因为零售收入所产生的现金流量是客户使用零售区域而获得的经济利益,而客户支付给零售区域供应方的部分现金流量是使用零售区域的权利的对价。

2. 客户是否有权主导已识别资产的使用

存在下列情形之一的,可视为客户有权主导对已识别资产在整个使用期间的使用:

(1) 客户有权在整个使用期间主导已识别资产的使用目的和使用方式。如果客户有权在整个使用期间在合同界定的使用权范围内改变资产的使用目的和使用方式,则视为客户有权在该使用期间主导资产的使用目的和使用方式。在判断客户是否有权在整个使用期间主导已识别资产的使用目的和使用方式时,企业应当考虑在该使用期间与改变资产的使用目的和使用方式最为相关的决策权。相关决策权是指对使用资产所产生的经济利益产生影响的决策权。最为相关的决策权可能因资产性质、合同条款和条件的不同而不同。此类决策权包括:①变更资产的产出类型的权利。例如,决定将集装箱用于运输商品还是储存商品,或者决定在零售区域销售的产品组合。②变更资产的产出时间的权利。例如,决定机器或发电厂的运行时间。③变更资产的产出地点的权利。例如,决定卡车或船舶的目的地,或者决定设备的使用地点。④变更资产是否产出以及产出数量的权利。例如,决定是否使用发电厂发电以及发电量的多少。

某些决策权并未授予客户改变资产的使用目的和使用方式的权利,例如,在资产的使用目的和使用方式未预先确定的情况下,客户仅拥有运行或维护资产的权利。这些决策权对于资产的高效使用通常是必要的,但它们往往取决于有关于资产使用目的和使用方式来决定,而并非主导资产的使用目的和使用方式的权利。

如果由供应方决定标的资产的使用目的和使用方式,则不属于租赁。例如,如果机组人员只是执行客户的命令,由客户决定起飞时间、航线安排等(航空干租业务),说明客户有权在整个使用期间主导已识别资产的使用目的和使用方式,合同包含租赁;如果是供应方的机组人员决定起飞时间、航线安排等(航空湿租业务),那就不属于租赁,而属于购买航空运输服务。

【例7-7】 华夏公司(客户)与乙公司(供应方)就使用一辆卡车在一周时间将货物从A地运至B地签订了合同。根据合同,乙公司只提供卡车、发运及到货的时间和站点,华夏公司负责派人驾车自A地到B地。合同中明确指定了卡车,并规定在合同期内该卡车只允许用于运输合同中指定的货物,乙公司没有替换权。合同规定了卡车可行驶的最大里程。华夏公司可在合同规定的范围内选择具体的行驶速度、路线、停车休息地点等。华夏公司在指定路程完成后无权继续使用这辆卡车。

判断:客户有权主导对已识别资产在整个使用期间的使用。

分析:本例中,合同明确指定了一辆卡车,且乙公司无权替换,因此,合同存在已识别资产。合同预先确定了卡车的使用目的和使用方式,即在规定时间内将指定货物从 A 地运至 B 地。华夏公司有权在整个使用期间操作卡车(例如,决定行驶速度、路线、停车休息地点),因此,华夏公司主导了卡车的使用,华夏公司通过控制卡车的操作在整个使用期间全权决定卡车的使用。

(2) 已识别资产的使用目的和使用方式在使用期间前已预先确定,并且客户有权在整个使用期间自行或主导他人按照其确定的方式运营该资产,或者客户设计了已识别资产(或资产的特定方面),并在设计时已预先确定了该资产在整个使用期间的使用目的和使用方式。

与资产使用目的和使用方式相关的决策可以通过很多方式预先确定,例如,通过设计资产或在合同中对资产的使用做出限制来预先确定相关决策。如果有关资产使用目的和使用方式的决策是预先确定的,此时,如果客户在整个使用期间有资产运营权,或者可以通过预先确定资产在整个使用期间的使用目的和使用方式而设计资产,则客户仍然可以主导资产的使用。

【例 7-8】 华夏公司(客户)与乙公司(供应方)签订了购买某一新太阳能电厂 20 年生产的全部电力的合同。合同明确指定了太阳能电厂,且乙公司没有替换权。太阳能电厂的产权归乙公司所有,乙公司不能通过其他电厂向华夏公司供电。太阳能电厂在建造之前由华夏公司设计,华夏公司聘请了太阳能专家协助其确定太阳能电厂的选址和设备工程。乙公司负责按照华夏公司的设计建造太阳能电厂,并负责电厂的运行和维护。关于是否发电、发电时间和发电量无须再进行决策,该项资产在设计时已经预先确定了这些决策。

判断:客户有权主导对已识别资产在整个使用期间的使用。

分析:本例中,合同明确指定了太阳能电厂,且乙公司无权替换,因此,合同存在已识别资产。由于太阳能电厂使用目的、使用方式等相关决策在太阳能电厂设计时已预先确定,因此,尽管太阳能电厂的运营由乙公司负责,但是该电厂由华夏公司设计这一事实赋予了华夏公司主导电厂使用的权利,华夏公司在整个 20 年使用期有权主导太阳能电厂的使用。

在评估客户是否有权主导资产的使用时,除非资产(或资产的特定方面)由客户设计,企业应当仅考虑在使用期间对资产使用做出决策的权利。例如,如果客户仅能在使用期间之前指定资产的产出而没有与资产使用相关的任何其他决策权,则该客户享有的权利与任何购买该项商品或服务的其他客户享有的权利并无不同。

【例 7-9】 沿用[例 7-8],假设电厂由乙公司在合同签订前自行设计。

判断:客户无权主导对已识别资产在整个使用期间的使用。

分析:本例中,合同明确指定了电厂,且乙公司无权替换,因此,合同存在已识别资产。电厂的使用目的和使用方式,即是否发电、发电时间和发电量,在合同中已预先确定。华夏公司在使用期间无权改变电厂的使用目的和使用方式,没有关于电厂使用的其他决策权(例如,华夏公司不运营电厂),也未参与电厂的设计,因此,华夏公司在使用期间无权主导电厂的使用。

【例 7-10】 华夏公司(客户)与乙公司(供应方)签订合同,使用指定的乙公司船只将货物从 A 地运至 B 地。合同明确规定了船只、运输的货物以及装卸日期。乙公司没有替换船只的权利。运输的货物将占据该船只几乎全部的运力。乙公司负责船只的操作和维护,并负责船上货物的安全。合同期间,华夏公司不得雇佣其他人员操作船只或自行操作船只。

判断:客户无权主导对已识别资产在整个使用期间的使用。

分析:本例中,合同明确指定了船只,且乙公司无权替换,因此,合同存在已识别资产。合同预先确定了船只的使用目的和使用方式,即在规定的装卸日期将指定货物从 A 地运至 B 地。华夏公司在使用期间无权改变船只的使用目的和使用方式,也没有关于船只使用的其他决策权(例如,华夏公司无权操作船只),也未参与该船只的设计,因此华夏公司在使用期间无权主导船只的使用。

【例 7-11】 华夏公司(客户)与电信公司乙公司(供应方)签订了 2 年期的网络服务合同,合同要求乙公司提供约定传输速度和质量的网络服务。为提供这项服务,乙公司在华夏公司处安装并配置了服务器;在保证约定的华夏公司在网络上使用服务器传输数据的速度和质量的前提下,乙公司有权决定使用服务器传输数据的方式(包括服务器接入的网络)、是否重新配置服务器以及是否将服务器用于其他用途。华夏公司并不操作服务器或对其使用作出任何重大决定。

判断:客户无权主导对已识别资产在整个使用期间的使用。

分析:乙公司是使用期间唯一可就服务器的使用作出相关决策的一方。尽管华夏公司可以在使用期开始前决定网络的服务水平(网络服务的传输速度和质量),但其不能直接影响网络服务的配置,也不能决定服务器的使用方式和使用目的,因此,华夏公司在使用期间不能主导服务器的使用。

合同可能包含一些旨在保护资产供应方在已识别资产或其他资产中的权益、保护资产供应方的工作人员,或者确保资产供应方不因客户使用租赁资产而违反法律法规的条款和条件。例如,合同可能规定资产使用的最大工作量,限制客户使用资产的地点或时间,要求客户遵守特定的操作惯例,或者要求客户在变更资产使用方式时通知资产供应方。这些权利虽然对客户使用资产权利的范围作出了限定,但是其本身不足以否定客户拥有主导资产使用的权利。

【例 7-12】 华夏公司(客户)与乙公司(供应方)签订了使用指定船只的 5 年期合同。合同明确规定了船只,且乙公司没有替换权。华夏公司在整个 5 年使用期决定运输的货物、船只是否航行以及航行的时间和目的港,但需遵守合同规定的限制条件。这些限制条件是为了防止华夏公司将船只驶入遭遇海盗风险较高的水域或装载危险品。乙公司负责船只的操作与维护,并负责船上货物的安全。合同期间,华夏公司不得雇佣其他人员操作船只或自行操作船只。

分析:本例中,合同明确指定了船只,且乙公司无权替换,因此,存在已识别资产。合同中关于船只可航行水域和可运输货物的限制规定了华夏公司使用船只的权利范围,但目的仅是保护乙公司船只和人员安全。因为华夏公司在使用权范围内可以决定船只是否航行、航行的时间和地点以及所运输的货物,所以华夏公司在整个 5 年使用期可以决定船只的使用目的和使用方式,并有权改变这些决定。尽管船只的操作和维护对于船只的有效使用必不可少,但乙公司在这些方面的决策并未赋予其主导船只使用目的和使用方式的权利。相反,乙公司的决策取决于华夏公司关于船只使用目的和使用方式的决定。因此,华夏公司在整个 5 年使用期有权主导该船只的使用。

综上,合同开始日,企业评估合同是否为租赁或者包含租赁可参照图 7-1。

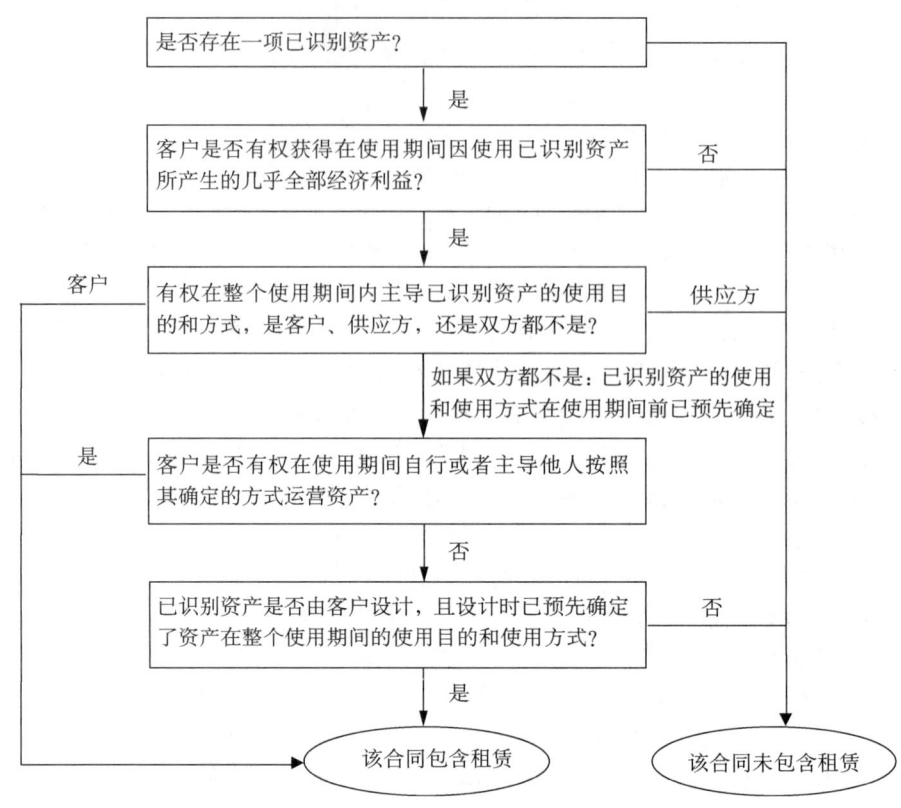

图 7-1 评估合同是否为租赁或者是否包含租赁

【例 7-13】 华夏公司(客户)与乙公司(货运商)签订了一份使用 10 个指定型号集装箱的 5 年期合同。合同指定了具体的集装箱,集装箱归乙公司所有。华夏公司有权决定何时何地使用这些集装箱以及用其运输什么货物。不用时,集装箱存放在华夏公司处。

华夏公司可将集装箱用于其他目的(如用于存储)。但合同明确规定华夏公司不能运输特定类型的货物(如爆炸物)。若某个集装箱需要保养或维修,乙公司应以同类型的集装箱替换。除非华夏公司违约,乙公司在合同期内不得收回集装箱。除集装箱外,合同还约定乙公司应按照华夏公司的要求提供运输集装箱的卡车和司机。卡车存放在乙公司处,乙公司向司机发出指示,详细说明华夏公司的货物运输要求。乙公司可使用任一卡车满足华夏公司的需求,卡车既可以用于运输华夏公司的货物,也可以运输其他客户的货物,即如果其他客户要求运输货物的目的地与华夏公司要求的目的地距离不远且时间接近,乙公司可以用同一卡车运送华夏公司使用的集装箱及其他客户的货物。

判断:该合同包含集装箱租赁。

分析:本例中,合同明确指定了 10 个集装箱,乙公司一旦交付集装箱给华夏公司,仅在集装箱需要保养或维修时方可替换,因此,这 10 个集装箱是已识别资产。合同既未明确也未隐性指定卡车,因此,运输集装箱的卡车不属于已识别资产。华夏公司在整个 5 年使用期内控制这 10 个集装箱的使用,原因如下:①华夏公司有权获得在 5 年使用期间使用集装箱所产生的几乎全部经济利益。本例中,华夏公司在整个使用期间(包括不使用集装箱运输货物的期间)拥有这些集装箱的独家使用权。②合同中关于集装箱可运输货物的限制并未赋予乙公司主导集装箱使用目的和使用方式的权利。在合同约定的使用权范围内,华夏公司可以主导集装箱的使用目的和使用方式,决定何时何地使用集装箱以及使用集装箱运输什么货物。当集装箱不用于运输货物时,华夏公司还可决定是否使用以及如何使用集装箱(如用于存储)。华夏公司在5年使用期内有权改变这些决定,因此,华夏公司有权主导集装箱的使用。尽管乙公司控制了运输集装箱的卡车和司机,但乙公司在这方面的决策并未赋予其主导集装箱使用目的和使用方式的权利。因此,乙公司在使用期间不能主导集装箱的使用。

基于上述分析可以得出,该合同包含集装箱的租赁,华夏公司拥有10个集装箱的5年使用权。关于卡车的合同条款并不构成一项租赁,而是一项服务。

【例7-14】 华夏公司(客户)与乙公司(某商场物业所有者)签订了一份使用商铺A的5年期合同。商铺A是某商场的一部分,该商场包含许多商铺。合同授予了华夏公司拥有商铺A的使用权。乙公司可以要求华夏公司搬至另一商铺,在这种情况下,乙公司应向华夏公司提供与商铺A面积和位置类似的商铺,并支付搬迁费用。仅当有新的重要租户决定租用较大零售区域,并支付至少足够涵盖华夏公司及零售区域内其他租户搬迁费用的租赁费时,乙公司才能因华夏公司搬迁而获得经济利益。尽管不完全排除这种情形发生的可能性,但根据合同开始日的情况来看,华夏公司认为这属于不可能发生的情况。合同要求华夏公司在商场的营业时间内使用商铺A经营其知名店铺品牌以销售商品。华夏公司在使用期间就商铺A的使用作出决定。例如,华夏公司决定该商铺所销售的商品组合、商品价格和存货量。合同要求华夏公司向乙公司支付固定付款额,并按商铺A销售额的一定比例支付可变付款额。作为合同的一部分,乙公司提供清洁、安保及广告服务。

判断:该合同包含商铺租赁。

分析:本例中,合同明确指定乙公司有替换商铺的实际能力,但仅在特定情况下才能获益,根据合同开始日的情形分析不太可能出现这种情况,因此,乙公司的替换权不具有实质性,商铺A属于已识别资产。华夏公司在整个5年使用期控制商铺A的使用,原因如下:①华夏公司有权获得5年使用期限内使用商铺A所产生的几乎全部经济利益。本例中,华夏公司在整个使用期间拥有商铺A的独家使用权。尽管商铺A销售所产生的部分现金流量将从华夏公司流向乙公司,但这仅代表华夏公司为使用商铺A而支付给乙公司的对价,并不妨碍华夏公司拥有获得使用商铺A所产生的几乎全部经济利益的权利。②合同关于商铺A销售的商品以及营业时间的限制而限定了华夏公司使用商铺A的权利的范围。在合同界定的使用权范围内,华夏公司可以决定商铺A的使用目的和使用方式,例如,华夏公司能够决定在商铺A销售的商品组合以及商品售价。华夏公司在5年使用期有权改变这些决定。

因此,华夏公司有权主导商铺A的使用。尽管清洁、安保和广告服务对于商铺A的有效使用必不可少,但乙公司在这些方面的决定并未赋予其主导商铺A使用目的和使用方式的权利。

基于上述分析可以得出,该合同包含商铺A的租赁,华夏公司拥有该商铺5年的使用权。

【例7-15】 某玩具公司与某火车站经营者签订了一项合同,在2年时间内使用火车站特许经营区销售其玩具。合同规定了经营区面积,但地点可位于火车站的任一候车区。在合同期间内,火车站有权在任何时间变更玩具公司的经营区地点。因为玩具公司使用移动售货亭销售商品,火车站变更玩具公司经营区所处位置的成本很小,火车站中有很多区域可供使用,而且也满足合同中的特许经营区要求。

判断:该合同不包含租赁。

分析:尽管合同中规定了玩具公司使用的经营区面积,但这并非一项已识别资产。玩具公司控制着其售货亭,但合同的指向是火车站经营区,而这一区域位置可在火车站主导下而改变。火车站拥有变更玩具公司所使用经营区的实质性权利,因为:①火车站拥有改变玩具公司所使用经营区的现实能力,火车站候车室中的许多区域均可满足合同规定的区域要求,而且火车站有权不经客户同意,随时将位置变更为另一符合要求的位置。②火车站将获得因区域变更的经济利益。变更玩具公司使用的经营区域成本极小,因为售货亭易于移动。火车站将从变更火车站候车室空间中受益。因为通过改变,火车站将可以最有效地利用火车站候车区域,满足变化中的情况。

【例 7-16】 华夏公司(客户)与乙公司(制造商)签订了 3 年期合同,购买一定数量特定材质、版型和尺码的西装。乙公司仅有一家符合华夏公司需求的工厂,且乙公司无法用另一家工厂生产的西装供货或从第三方公司购买西装供货。乙公司工厂的产能超过与华夏公司签订的合同中的数量(即华夏公司未就工厂的几乎全部产能签订合同)。乙公司全权决定该工厂的运营,包括工厂的产出水平以及将不用于满足该合同的产出用于履行哪些客户合同。

判断:该合同不包含租赁。

分析:本例中,乙公司仅可通过使用一家工厂履行合同,工厂是隐性指定的,因此,是已识别资产。但是,华夏公司无权获得使用该工厂所产生的几乎全部经济利益,因为乙公司在使用期间可以使用该工厂履行其他客户合同。另外,华夏公司在 3 年使用期内也无权主导工厂的使用目的和使用方式,因为乙公司有权决定工厂的产出水平以及将生产的产品用于履行哪些客户合同,所以乙公司有权主导工厂的使用。华夏公司的权利仅限于合同中规定的特定产出。华夏公司对工厂的使用享有与从工厂购买西装的其他客户同样的权利。

单凭华夏公司无权获得使用工厂所产生的几乎全部经济利益这一事实,或单凭华夏公司无权主导工厂的使用这一事实,均足以判断华夏公司在使用期间不能控制工厂的使用权。

【例 7-17】 华夏公司(客户)与乙公司(信息技术公司)签订了使用一台指定服务器的 3 年期合同。乙公司根据华夏公司的指示在华夏公司处交付和安装服务器,并在整个使用期间根据需要提供服务器的维修和保养服务。乙公司仅在服务器发生故障时替换服务器。华夏公司决定在服务器中存储哪些数据以及如何将服务器与其运营整合,并在整个使用期间有权改变这些决定。

判断:该合同包含服务器租赁。

分析:本例中,合同明确指定了服务器,乙公司仅在服务器发生故障时方可替换,合同存在已识别资产。华夏公司在整个 3 年使用期控制服务器的使用,原因如下:①华夏公司有权获得在 3 年使用期间使用服务器所产生的几乎全部经济利益。因此,华夏公司在整个使用期间拥有服务器的独家使用权。②华夏公司有权决定使用该服务器支持其运营的哪些方面以及存储哪些数据,华夏公司可就服务器的使用目的和使用方式作出相关决定,且华夏公司是在使用期间唯一可对服务器的使用作出决定的一方,因此,华夏公司有权主导服务器的使用。

基于上述分析可以得出,该合同包含服务器的租赁,华夏公司拥有服务器 3 年的使用权。

【例 7-18】 某外贸公司与乙公司(运输公司)整订合同,使用指定的船舶将货物从上海运至纽约。所使用的船舶已在合同明确规定,乙公司没有调换船舶的权利。货物实质上将占用该船全部的载重量。合同还规定了所运输货物的商品种类,提船和交船日期。乙公司操作和维护船舶,负责船上货物的安全运送。在合同期间,外贸公司不能雇佣其他方操作船舶,也不能自己操作船舶。

判断:该合同不包含租赁。

分析:该合同存在一项已识别资产,因为该船舶已在合同中明确规定,而且供应商无权调换指定的船舶。外贸公司实质上拥有该船舶使用期间产生的全部经济利益。外贸公司的货物将实质上占用该船舶的全部载重量,从而限制了其他方从该船舶的使用中获取经济利益。但是,外贸公司没有船舶使用的控制权,因为外贸公司没有船舶使用的主导权。外贸公司没有如何使用船舶、为何目的使用船舶的主导权。如何使用以及为何目的使用船舶(即在特定期间从上海运送特定的货物至纽约),已在合同中预先确定。在使用期间,外贸公司无权改变该船舶的使用方式和使用目的;同时,也没有使用船舶的其他权利(例如,无权操作船舶),也不能事先设计该船舶。在船舶的使用上,该外贸公司与使用该船运送货物的其他众多客户拥有同样的权利。

## 二、租赁的分拆与合并

### (一) 租赁的分拆

合同中同时包含多项单独租赁的,承租人和出租人应当将合同予以分拆,并分别各项单独租赁进行会计处理。合同中同时包含租赁和非租赁部分的,承租人和出租人应当将租赁和非租赁部分进行分拆,除非企业适用新租赁准则的简化处理。分拆时,各租赁部分应当分别按照新租赁准则进行会计处理,非租赁部分应当按照其他适用的企业会计准则进行会计处理。

同时符合下列条件,使用已识别资产的权利构成合同中的一项单独租赁:

第一,承租人可从单独使用该资产或将其与易于获得的其他资源一起使用中获利。易于获得的资源是指出租人或其他供应方单独销售或出租的商品或服务,或者承租人已从出租人或其他交易中获得的资源。

第二,该资产与合同中的其他资产不存在高度依赖或高度关联关系。例如,若承租人租入资产的决定不会对承租人使用合同中的其他资产的权利产生重大影响,则表明该项资产与合同中的其他资产不存在高度依赖或高度关联关系。

出租人可能要求承租人承担某些款项(如:管理费或与租赁相关的其他成本,计入应付金额),却并未向承租人转移商品或服务,此类应付金额不构成合同中单独的组成部分,而应视为总对价的一部分分摊至单独识别的合同组成部分。

1. 承租人的处理

在分拆合同包含租赁和非租赁部分时,承租人应当按照各项租赁部分单独价格及非租赁部分的单独价格之和的相对比例分摊合同对价。租赁和非租赁部分的相对单独价格,应当根据出租人或类似资产供应方就该部分或类似部分向企业单独收取的价格确定。如果可观察的单独价格不易于获得,承租人应当最大限度地利用可观察的信息估计单独价格。

为简化处理,承租人可以按照租赁资产的类别选择是否分拆合同包含的租赁和非租赁部分。承租人选择不分拆的,应当将各租赁部分及与其相关的非租赁部分分别合并为租赁,按照新租赁准则进行会计处理。但是,对于按照《企业会计准则第 22 号——金融工具确认和计量》(2017)应分拆的嵌入衍生工具,承租人不应将其与租赁部分合并进行会计处理。

【例 7-19】 华夏公司从乙公司租赁一台推土机、一辆卡车和一台长臂挖掘机用于采矿业务,租赁期为 4 年。乙公司同意在整个租赁期内维护各项设备。合同固定对价为 6 000 000 元,按年分期支付,每年支付 1 500 000 元。合同对价包含了各项设备的维护费用。

分析:华夏公司未采用简化处理,而是将非租赁部分(维护服务)与租入的各项设备分别进行会计处理。华夏公司认为租入的推土机、卡车和长臂挖掘机分别属于单独租赁,原因如下:①华夏公司可从单独使用这三项设备中的每一项,或将其与易于获得的其他资源一起使用中获利(例如,华夏公司易于租入或购买其他卡车或挖掘机用于其采矿业务);并且②尽管华夏公司租入这三项设备只有一个目的(即从事采矿业务),但这些设备不存在高度依赖或高度关联关系。因此,华夏公司得出结论,合同中存在三个租赁部分和对应的三个非租赁部分(维护服务)。华夏公司将合同对价分摊至三个租赁部分和非租赁部分。

市场上有多家供应方提供类似推土机和卡车的维护服务,因此这两项租入设备的维护服务存在可观察的单独价格。假设其他供应方的支付条款与华夏公司、乙公司签订的合同条款相似,华夏公司能够确定推土机和卡车维护服务的可观察单独价格分别为320 000元和160 000元。长臂挖掘机是高度专业化机械,其他供应方不出租类似挖掘机或为其提供维护服务。乙公司对从本公司购买相似长臂挖掘机的客户提供4年的维护服务,可观察对价为固定金额560 000元,分4年支付。因此,华夏公司估计长臂挖掘机维护服务的单独价格为560 000元。华夏公司观察到乙公司在市场上单独出租租赁期为4年的推土机、卡车和长臂挖掘机的价格分别为1 800 000元、1 160 000元和2 400 000元。

华夏公司将合同固定对价6 000 000元分摊至租赁和非租赁部分的情况如表7-1所示。

表7-1  华夏公司租赁合同价款在租赁与非租赁之间的分解  单位:元

| 项目 | 设备 | 推土机 | 卡车 | 长臂挖掘机 | 合计 |
|---|---|---|---|---|---|
| 可观察的单独价格 | 租赁部分 | 1 800 000 | 1 160 000 | 2 400 000 | 5 360 000 |
| | 非租赁部分 | 320 000 | 160 000 | 560 000 | 1 040 000 |
| | 合计 | 2 120 000 | 1 320 000 | 2 960 000 | 6 400 000 |
| 固定对价总额 | | | | | 6 000 000 |
| 分摊率 | | | | | 93.75% |

注1:320 000+160 000+560 000=1 040 000(元)。

注2:按照规定,承租人按照推土机、卡车、长臂挖掘机这三个租赁部分单独价格1 800 000元、1 160 000元、2 400 00元和非租赁部分的单独价格之和1 040 000元的相对比例来分摊合同对价。分拆后,推土机、卡车和长臂挖掘机的租赁付款额(折现前)分别为1 687 500元、1 087 500元和2 250 000元。

2. 出租人的处理

出租人应当分拆租赁部分和非租赁部分,根据《企业会计准则第14号——收入》(2017)关于交易价格分摊的规定分摊合同对价。

(二) 租赁的合并

企业与同一交易方或其关联方在同一时间或相近时间订立的两份或多份包含租赁的合同,在满足下列条件之一时,应当合并为一份合同进行会计处理:

(1) 该两份或多份合同基于总体商业目的而订立并构成一揽子交易,若不作为整体考虑则无法理解其总体商业目的。

(2) 该两份或多份合同中的某份合同的对价金额取决于其他合同的定价或履行情况。

(3) 该两份或多份合同让渡的资产使用权合起来构成一项单独租赁。

两份或多份合同合并为一份合同进行会计处理的,仍然需要区分该一份合同中的租赁部分和非租赁部分。

### 三、租赁的特点

租赁作为一项经济活动或一项协议,与其他业务相比,其具有以下主要特点。

(一) 租赁转移的是租赁资产的使用权

从租赁的目的来看,承租人是为了获得资产的使用权,在租赁的有效期间内,租赁资产的所有权归出租人所有。租赁资产的所有权与使用权相分离是租赁业务的主要特征。因此,租赁是协议双方在租赁期内转移资产的使用权,而非资产的所有权,由此区别于资产所有权发生转移的资产买卖协议,以及资产的使用权不从合同的一方转移给另一方的服务合约,如劳务合同、运输合同、保管合同、仓储合同等。

### (二) 租赁资产使用权的转移是有偿的

租赁资产使用权的转移以租金的支付为条件,从而有别于无偿提供使用权的借用合同。租赁的上述特征决定了租赁资产必须以资产所有权和使用权可相互分离为前提,能够将使用权单独转让和收回。

### (三) "融资"与"融物"相结合

融资租赁是融通资金的一种形式。租赁中出租人通过出租设备等资产,向承租人提供信贷,承租人则通过租赁获得了相当于购置该租赁资产的信贷资金,以达到融资的目的。因此,融资租赁兼具"融资"和"融物"的特点。在融资租赁中,租金一般采用分期支付的方式。承租人所支付的租金中不仅包括设备买价,还包括租赁期内买价的利息。因此,租金总额要高于设备买价,承租人所支付的租金的现值大约与租赁资产的公允价值相等。但是租赁对承租人而言,不必像普通设备购买那样立即支付大量的现金,从而能够以每期较少的资金就能够取得生产所需的昂贵设备。因此,融资租赁不仅可以帮助承租人解决资金短缺的困难,还有助于保持承租人资金的流动性。

**国内外关于租赁的分类**

租赁可以按不同的标准进行分类,对租赁的正确分类,有助于加深对租赁性质的理解,有效地利用各种租赁形式,充分发挥租赁的作用。目前中外会计准则对租赁业务所作的分类有相同之处,即根据租赁资产所有权有关的风险和报酬的归属对租赁进行分类。例如,IFRS 16依据"与租赁资产相关的风险和报酬归属于出租人和承租人的程度",将租赁分为融资租赁和经营租赁,并指出"如果一项租赁实质上转移了与资产所有权相关的全部风险和报酬,该项租赁为融资租赁",否则为经营租赁。这一分类标准被许多国家和地区所采用,如美国、英国、德国、日本、加拿大、澳大利亚、墨西哥、印度、马来西亚、新西兰、巴基斯坦、新加坡、南非和中国香港等。我国租赁准则也采用了与国际租赁准则一致的分类方法。但有些国家,如法国和巴西将所有租赁都归类为经营租赁,日本虽然也采用这一标准分类,但实际业务中将租赁作为融资租赁的时候非常少,而往往将租赁协议作为分期收款销售或经营租赁处理。美国和加拿大对租赁的分类较之其他国家复杂,它们将出租人的融资租赁进一步分为销售型租赁、直接融资租赁和杠杆型租赁。

## 四、租赁的相关概念

### (一) 租赁期

租赁期是指承租人有权使用租赁资产且不可撤销的期间。承租人有续租选择权,即有权选择续租该资产,且合理确定将行使该选择权的,租赁期还应当包含续租选择权涵盖的期间;承租人有终止租赁选择权,即有权选择终止租赁该资产,但合理确定将不会行使该选择权的,租赁期应当包含终止租赁选择权涵盖的期间。

1. 租赁期开始日

租赁期自租赁期开始日起计算。租赁期开始日是指出租人提供租赁资产使其可供承租人使用的起始日期。如果承租人在租赁协议约定的起租日或租金起付日之前,已获得对租赁资产使用权的控制,则表明租赁期已经开始。租赁协议中对起租日或租金支付时间的约定,并不影响租赁期开始的判断。

**【例 7-20】** 在某商铺的租赁安排中,出租人于 2×24 年 1 月 1 日将房屋钥匙交付华夏公司,华夏公司在收到钥匙后,就可以自主安排对商铺的装修布置,并安排搬迁。合同约定有 3 个月的免租期,起租日为 2×24 年 4 月 1 日,华夏公司自起租日开始支付租金。

分析:此交易中,由于华夏公司自 2×24 年 1 月 1 日起就已拥有对商铺使用权的控制,因此租赁期开始日为 2×24 年 1 月 1 日,即租赁期包含出租人给予承租人的免租期。

2. 不可撤销期间

在确定租赁期和评估不可撤销租赁期间时,企业应根据租赁条款约定确定可强制执行合同的期间。如果承租人和出租人双方均有权在未经另一方许可的情况下终止租赁,且罚款金额不重大,则该租赁不再可强制执行。如果只有承租人有权终止租赁,则在确定租赁期时,企业应将该项权利视为承租人可行使的终止租赁选择权予以考虑。如果只有出租人有权终止租赁,则不可撤销的租赁期包括终止租赁选择权所涵盖的期间。

**【例 7-21】** 华夏公司与出租人签订了一份租赁合同,约定自租赁期开始日 1 年内不可撤销,如果撤销,双方将支付罚金;1 年期满后,经双方同意可再延长 1 年,如有一方不同意,将不再续期,且没有罚款。假设华夏公司对于租赁资产并不具有重大依赖。

分析:在此情况下,自租赁期开始日起的第 1 年有强制的权利和义务,是不可撤销期间。而此后 1 年的延长期并非不可撤销期间,因为承租人或出租人均可单方面选择不续约而无须支付任何罚款。

3. 续租选择权和终止租赁选择权

在租赁期开始日,企业应当评估承租人是否合理确定将行使续租或购买标的资产的选择权,或者将不行使终止租赁选择权。在评估时,企业应当考虑对承租人行使续租选择权或不行使终止租赁选择权带来经济利益的所有相关事实和情况,包括自租赁期开始日至选择权行使日之间的事实和情况的预期变化。

需考虑的因素包括但不限于以下方面:

(1) 与市价相比,选择权期间的合同条款和条件。例如,选择权期间内为使用租赁资产而需支付的租金;可变租赁付款额或其他或有款项,如因终止租赁罚款和余值担保导致的应付款项;初始选择权期间后可行使的其他选择权的条款和条件,如续租期结束时可按低于市价的价格行使购买选择权。

(2) 在合同期内,承租人进行或预期进行重大租赁资产改良的,在可行使续租选择权、终止租赁选择权或者购买租赁资产选择权时,预期能为承租人带来的重大经济利益。

(3) 与终止租赁相关的成本。例如,谈判成本、搬迁成本、寻找与选择适合承租人需求的替代资产所发生的成本、将新资产融入运营所发生的整合成本、终止租赁的罚款、将租赁资产恢复至租赁条款约定状态的成本、将租赁资产归还至租赁条款约定地点的成本等。

(4) 租赁资产对承租人运营的重要程度。例如,租赁资产是否为一项专门资产,租赁资产位于何地以及是否可获得合适的替换资产等。

(5) 与行使选择权相关的条件及满足相关条件的可能性。例如,租赁条款约定仅在满足一项或多项条件时方可行使选择权,此时还应考虑相关条件及满足相关条件的可能性。租赁的不可撤销期间的长短会影响对承租人是否合理确定将行使或不行使选择权的评估。通常,租赁的不可撤销期间越短,承租人行使续租选择权或不行使终止租赁选择权的可能性就越大,原因在于不可撤销期间越短,获取替代资产的相对成本就越高。此外,评估承租人是否合理确定将行使或不行使选择权时，如果承租人以往曾经使用过特定类型的租赁资产或自有资产，则可以参考承租人使用该类资产的通常期限及原因。例如，承租人通常在特定时期内使用某类资产，或承租人时常对某类租赁资产行使选择权，则承租人应考虑以往这些做法的原因，以评估是否合理确定将对此类租赁资产行使选择权。

续租选择权或终止租赁选择权可能与租赁的其他条款相结合。例如，无论承租人是否行使选择权，均保证向出租人支付基本相等的最低或固定现金，在此情形下，应假定承租人合理确定将行使续租选择权或不行使终止租赁选择权。又如，同时存在原租赁和转租赁时，转租赁期限超过原租赁期限，如原租赁包含5年的不可撤销期间和2年的续租选择权，而转租赁的不可撤销期限为7年，此时应考虑转租赁期限及相关租赁条款对续租选择权评估的可能影响。

购买选择权的评估方式应与续租选择权或终止租赁选择权的评估方式相同，购买选择权在经济上与将租赁期延长至租赁资产全部剩余经济寿命的续租选择权类似。

【例7-22】 承租人华夏公司签订了一份建筑租赁合同，包括5年不可撤销期限和3年按照市价行使的续租选择权。在搬入该建筑之前，华夏公司花费了大量资金对租赁建筑进行了改良，预计在5年结束时租赁资产改良仍将具有重大价值，且该价值仅可通过继续使用租赁资产实现。

分析：在此情况下，承租人华夏公司合理确定将行使续租选择权，因为如果在5年结束时放弃该租赁资产改良，将蒙受重大经济损失。因此，在租赁开始时，华夏公司确定租赁期为8年。

【例7-23】 承租人华夏公司签订了一份设备租赁合同，包括5年不可撤销期限和3年期固定价格续租选择权，续租选择权期间的合同条款和条件与市场接近，没有终止罚款或者其他因素表明承租人合理确定将行使续租选择权。因此，在租赁期开始日，确定租赁期为5年。

4. 对租赁期和购买选择权的重新评估

发生承租人可控范围内的重大事件或变化，且影响承租人是否合理确定将行使相应选择权的，承租人应当对其是否合理确定将行使续租选择权、购买选择权或不行使终止租赁选择权进行重新评估，并根据重新评估结果修改租赁期。承租人可控范围内的重大事件或变化包括但不限于下列情形：

（1）在租赁期开始日未预计到的重大租赁资产改良，在可行使续租选择权、终止租赁选择权或购买选择权时，预期将为承租人带来重大经济利益。

（2）在租赁期开始日未预计到的租赁资产的重大改动或定制化调整。

（3）承租人做出的与行使或不行使选择权直接相关的经营决策。例如，决定续租互补性资产，处置可替代的资产或处置包含相关使用权资产的业务。

如果不可撤销的租赁期间发生变化，企业应当修改租赁期。例如，在下述情况下，不可撤销的租赁期将发生变化：一是承租人实际行使了选择权，但该选择权在之前企业确定租赁期时未涵盖；二是承租人未实际行使选择权，但该选择权在之前企业确定租赁期时已涵盖；三是某些事件的发生，导致根据合同规定承租人有义务行使选择权，但该选择权在之前企业确定租赁期时未涵盖；四是某些事件的发生，导致根据合同规定禁止承租人行使选择权，但该选择权在之前企业确定租赁期时已涵盖。

（二）资产余值、担保余值和未担保余值

资产余值是指在租赁开始日估计的租赁期届满时租赁资产的公允价值。资产余值按是否有担保可分为担保余值和未担保余值两部分。

担保余值,就承租人而言,是指由承租人或与其有关的第三方担保的资产余值。为了促使承租人谨慎地使用租赁资产,尽量减少出租人自身的风险和损失,租赁协议有时要求承租人或与其有关的第三方对租赁资产的余值进行担保,此时的担保余值是针对承租人而言的。在租赁合同中没有规定优惠购买选择权的情况下,构成承租人最低租赁付款额的一项内容。因为承租人没有优惠购买选择权,所以承租人应保证租赁期满时出租人收回这部分资产余值。这里所指的"第三方"是指与承租人有关的第三方,即在业务经营或财务上与承租人有关的各方,如母公司、子公司、联营企业、合营企业、主要原料供应商、主要产品承销商、租赁资产出售方等。

就出租人而言,担保余值是指就承租人而言的担保余值加上与独立于承租人和出租人的第三方担保的资产余值。这里的"第三方"相当于中介担保人,是指与承租人和出租人均无关,但在财务上有能力担保的各方,如担保公司,财产保险公司等。

未担保余值是指租赁资产余值中扣除就出租人而言的担保余值以后的资产余值。对出租人而言,如果租赁资产余值中包含未担保余值,表明这部分余值的风险和报酬并没有转移,其风险应由出租人承担,因此,未担保余值不能作为应收融资租赁款的一部分。

【例7-24】 乙公司将一台大型设备以融资租赁方式租赁给华夏公司。假定融资租出的设备在租赁到期后余值是2 000万元,分为担保余值和未担保余值。假定担保余值是1 600万元,其中与承租人及其有关的第三方的担保余值是1 000万元,与承租人无关的第三方的担保余值是600万元;未担保余值是400万元。

解析:在本例中,资产的担保余值、未担保余值如图7-2所示。

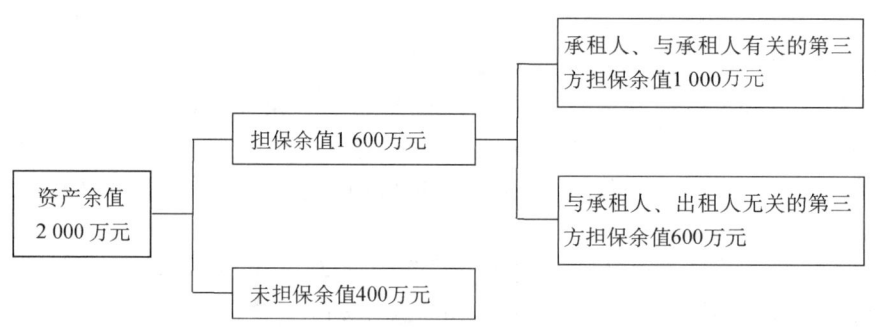

图7-2 资产的担保余值、未担保余值

**(三) 租赁付款额、可变租赁付款额、租赁收款额和租赁激励**

(1) 租赁付款额。最低租赁付款额是指在租赁期内,承租人应支付或可能被要求支付的各种款项(不包括或有租金和履约成本),加上由承租人或与其有关的第三方担保的资产余值,但是出租人支付但可退还的税金不包括在内。

承租人有购买租赁资产选择权,所订立的购买价款预计将远低于行使选择权时租赁资产的公允价值,因而在租赁开始日就可以合理确定承租人将会行使这种选择权,购买价款应当计入最低租赁付款额。

(2) 可变租赁付款额。可变租赁付款额是指承租人为取得在租赁期内使用租赁资产的权利,而向出租人支付的因租赁期开始日后的事实或情况(如与消费价格指数变化、基本利率等挂钩)发生变化(而非时间推移)而变动的款项。

(3) 租赁收款额。租赁收款额是指出租人因让渡在租赁期内使用租赁资产的权利而应向承租人收取的款项。

(4) 租赁激励。租赁激励是指出租人为达成租赁向承租人提供的优惠,包括出租人向承租人支付的与租赁有关的款项、出租人为承租人偿付或承担的成本等。

#### (四) 初始直接费用

初始直接费用是指为达成租赁所发生的增量成本。增量成本是指若企业不取得该租赁,则不会发生的成本,如佣金、印花税等。无论是否实际取得租赁都会发生的支出,不属于初始直接费用,如为评估是否签订租赁而发生的差旅费、法律费用等,此类费用应当在发生时计入当期损益。

#### (五) 租赁内含利率

租赁内含利率是指使出租人的租赁收款额的现值与未担保余值的现值之和等于租赁资产公允价值与出租人的初始直接费用之和的利率。租赁内含利率既反映了出租人在融资租赁中获取的融资收益率,也反映了承租人在融资租赁中实际承担的融资费用率。

## 第二节 承租人的会计处理

### 一、租赁期开始日相关业务的会计处理

在租赁期开始日,承租人应当对租赁确认使用权资产和租赁负债,应用短期租赁和低价值资产租赁简化处理的除外。

#### (一) 使用权资产的初始确认和计量

使用权资产是指承租人可在租赁期内使用租赁资产的权利。在租赁期开始日,承租人应当按照成本对使用权资产进行初始计量。该成本包括下列四项:

(1) 租赁负债的初始计量金额。

(2) 在租赁期开始日或之前支付的租赁付款额;存在租赁激励的,应扣除已享受的租赁激励相关金额。

(3) 承租人发生的初始直接费用。

(4) 承租人为拆卸及移除租赁资产、复原租赁资产所在场地或将租赁资产恢复至租赁条款约定状态预计将发生的成本。

关于上述第(4)项成本,承租人有可能在租赁期开始日就承担了上述成本的支付义务,也可能在特定期间内因使用标的资产而承担了相关义务。承租人应在其有义务承担上述成本时,将这些成本确认为使用权资产成本的一部分。但是,承租人由于在特定期间内将使用权资产用于生产存货而发生的上述成本,应按照《企业会计准则第1号——存货》进行会计处理。承租人应当按照《企业会计准则第13号——或有事项》对上述成本的支付义务进行确认和计量。

在某些情况下,承租人可能在租赁期开始前就发生了与标的资产相关的经济业务或事项。例如,租赁合同双方经协商在租赁合同中约定,标的资产需经建造或重新设计后方可供承租人使用;根据合同条款与条件,承租人需支付与资产建造或设计相关的成本。承租人如

7-2 扫一扫
练一练

7-3 扫一扫
练一练答案

发生与标的资产建造或设计相关的成本,应适用其他相关准则(如《企业会计准则第4号——固定资产》)进行会计处理。同时,需要注意的是与标的资产建造或设计相关的成本不包括承租人为获取标的资产使用权而支付的款项,此类款项无论在何时支付,均属于租赁付款额。

### (二)租赁负债的初始确认和计量

租赁负债应当按照租赁期开始日尚未支付的租赁付款额的现值进行初始计量。识别应纳入租赁负债的相关付款项目是计量租赁负债的关键。

1. 租赁付款额

租赁付款额是指承租人向出租人支付的与在租赁期内使用租赁资产的权利相关的款项。租赁付款额包括以下五项内容:

(1)固定付款额及实质固定付款额。存在租赁激励的,扣除租赁激励相关金额。租赁业务中的实质固定付款额是指在形式上可能包含变量但实质上无法避免的付款额。它包括:付款额设定为可变租赁付款额,但该可变条款几乎不可能发生,没有真正的经济实质。例如,付款额仅需在租赁资产经证实能够在租赁期间正常运行时支付,或者仅需在不可能不发生的事件发生时支付。又如,付款额初始设定为与租赁资产使用情况相关的可变付款额,但其潜在可变性将于租赁期开始日之后的某个时点消除,在可变性消除时,该类付款额成为实质固定付款额;承租人有多套付款额方案,但其中仅有一套是可行的。在此情况下,承租人应采用该可行的付款额方案作为租赁付款额;承租人有多套可行的付款额方案,但必须选择其中一套。在此情况下,承租人应采用总折现金额最低的一套作为租赁付款额。

【例7-25】 华夏公司是一家知名零售商,从乙公司处租入已成熟开发的零售场所开设一家商店。根据租赁合同,华夏公司在正常工作时间内必须经营该商店,且华夏公司不得将商店闲置或进行分租。合同中关于租赁付款额的条款为:如果华夏公司开设的这家商店没有发生销售,则华夏公司应付的年租金为1 000元;如果这家商店发生了任何销售,则华夏公司应付的年租金为2 000 000元。

判断:租赁包含每年2 000 000元的实质固定付款额。

分析:本例中,该租赁包含每年2 000 000元的实质固定付款额。该金额不是取决于销售额的可变付款额。因为华夏公司是一家知名零售商,根据租赁合同,华夏公司应在正常工作时间内经营该商店,所以华夏公司开设的这家商店不可能不发生销售。

【例7-26】 承租人华夏公司签订了一份为期5年的货车租赁合同。合同中关于租赁付款额的条款为:如果该货车在某月份的行驶里程不超过1万千米,则该月应付的租金为20 000元;如果该货车在某月份的行驶里程超过1万千米但不超过2万千米,则该月应付的租金为25 000元;该货车1个月内的行驶里程最高不能超过2万千米,否则承租人需支付巨额罚款。

判断:租赁包含每月20 000元的实质固定付款额。

分析:本例中,租赁付款额中包含基于使用情况的可变性,且在某些月份里确实可避免支付较高租金,然而,月付款额20 000元是不可避免的。因此,月付款额20 000元属于实质固定付款额,应被纳入租赁负债的初始计量中。

【例7-27】 承租人华夏公司租入一台预计使用寿命为5年的机器,不可撤销的租赁期为3年。在第3年年末,华夏公司必须以40 000元购买该机器,或者必须将租赁期延长

2年,如延长,则在续租期内每年年末支付21 000元。

判断:租赁包含实质固定付款额。

分析:华夏公司在租赁期开始时评估认为,不能合理确定在第3年年末将购买该机器,还是将租赁期延长2年。如果华夏公司单独考虑购买选择权或续租选择权,那么在租赁期开始时,购买选择权的行权价格与续租期内的应付租金都不会纳入租赁负债中。然而,该安排在第3年年末包含一项实质固定付款额。这是因为,华夏公司必须行使上述两种选择权中的其中一个,且不论在哪种选择权下,华夏公司都必须进行付款。因而在该安排中,实质固定付款额的金额是下述两项金额中的较低者:购买选择权的行权价格(40 000元)的现值与续租期内付款额(每年年末支付21 000元)的现值。

(2)取决于指数或比率的可变租赁付款额。可变租赁付款额是指承租人为取得在租赁期内使用租赁资产的权利,而向出租人支付的因租赁期开始日后的事实或情况发生变化(而非时间推移)而变动的款项。可变租赁付款额可能与下列各项指标或情况挂钩:①由于市场比率或指数数值变动导致的价格变动。例如,基准利率或消费者价格指数变动可能导致租赁付款额调整。②承租人源自租赁资产的绩效。例如,零售业不动产租赁可能会要求基于使用该不动产取得的销售收入的一定比例确定租赁付款额。③租赁资产的使用。例如,车辆租赁可能要求承租人在超过特定里程数时支付额外的租赁付款额。

需要注意的是,可变租赁付款额中,仅取决于指数或比率的可变租赁付款额纳入租赁负债的初始计量中,包括与消费者价格指数挂钩的款项、与基准利率挂钩的款项和为反映市场租金费率变化而变动的款项等。此类可变租赁付款额应当根据租赁期开始日的指数或比率确定。除了取决于指数或比率的可变租赁付款额之外,其他可变租赁付款额均不纳入租赁负债的初始计量中。

【例7-28】 承租人华夏公司签订了一项为期10年的不动产租赁合同,每年的租赁付款额为50 000元,于每年年初支付。合同规定,租赁付款额在租赁期开始日后每2年基于过去24个月消费者价格指数的上涨进行上调。租赁期开始日的消费者价格指数为125。

分析:华夏公司在初始计量租赁负债时,应基于租赁期开始日的消费者物价指数确定租赁付款额,无须对后续年度因消费者物价指数变化而导致的租金变动作出估计。因此,在租赁期开始日华夏公司应以每年50 000元的租赁付款额为基础计量租赁负债。

(3)购买选择权的行权价格。购买选择权的行权价格需支付的款项计入租赁付款额前提是承租人合理确定将行使该选择权。在租赁期开始日,承租人应评估是否合理确定将行使购买标的资产的选择权。在评估时,承租人应考虑对其行使或不行使购买选择权产生经济激励的所有相关事实和情况。如果承租人合理确定将行使购买标的资产的选择权,则租赁付款额中应包含购买选择权的行权价格。

【例7-29】 承租人华夏公司与出租人乙公司签订了一份不可撤销的5年期设备租赁合同。合同规定,华夏公司可以选择在租赁期结束时以10 000元购买这台设备。已知该设备应用于不断更新、迅速变化的科技领域,租赁期结束时其公允价值可能出现大幅波动,估计在8 000元至18 000元之间,在5年租赁期内可能会有更好的替代产品出现。

分析:在租赁期开始日,华夏公司对于其是否将行使购买选择权的经济动机作出全面评估,并最终认为不能合理确定是否行使购买选择权。该评估包括:租赁期结束时该设备公允价值的重大波动性,以及在租赁期间内出现更好替代产品的可能性等。评估华夏公司是否合理确定将行使购买选择权可能涉及重大判断。假设华夏公司租赁设备时,约定更短的租赁期限(例如,1年或2年)或设备所处环境不同(例如,租赁设备并非应用于不断更新的科技领域,而是应用于相对稳定的行业,并且其未来的公允价值能够可靠预测和估计),则华夏公司对是否行使购买选择权的判断可能不同。

(4) 行使终止租赁选择权需支付的款项。行使终止租赁选择权需支付的款项计入租赁付款额前提是租赁期反映出承租人将行使终止租赁选择权。在租赁期开始日,承租人应评估是否合理确定将行使终止租赁的选择权。在评估时,承租人应考虑对其行使或不行使终止租赁选择权产生经济激励的所有相关事实和情况。如果承租人合理确定将行使终止租赁选择权,则租赁付款额中应包含行使终止租赁选择权需支付的款项,并且租赁期不应包含终止租赁选择权涵盖的期间。

**【例 7-30】** 承租人华夏公司租入某办公楼的一层楼,为期 10 年。华夏公司有权选择在第 5 年后提前终止租赁,并以相当于 6 个月的租金作为罚金。每年的租赁付款额为固定金额 4 000 000 元。该办公楼是全新的,并且在周边商业园区的办公楼中处于技术领先水平。上述租赁付款额与市场租金水平相符。

分析:在租赁期开始日,华夏公司评估后认为,6 个月的租金对于华夏公司而言金额重大,同等条件下,也难以按更优惠的价格租入其他办公楼,可以合理确定不会选择提前终止租赁,因此其租赁负债不应包括提前终止租赁时需支付的罚金,租赁期确定为 10 年。

(5) 根据承租人提供的担保余值预计应支付的款项。担保余值是指与出租人无关的一方向出租人提供担保,保证在租赁结束时租赁资产的价值至少为某指定的金额。如果承租人提供了对余值的担保,则租赁付款额应包含该担保下预计应支付的款项,它反映了承租人预计将支付的金额,而不是承租人担保余值下的最大敞口。

**【例 7-31】** 承租人华夏公司与出租人乙公司签订了汽车租赁合同,租赁期为 5 年。合同中就担保余值的规定为:如果标的汽车在租赁期结束时的公允价值低于 80 000 元,则华夏公司需向乙公司支付 80 000 元与汽车公允价值之间的差额,因此,华夏公司在该担保余值下的最大敞口为 80 000 元。

分析:在租赁期开始日,华夏公司预计标的汽车在租赁期结束时的公允价值为 80 000 元,即华夏公司预计在担保余值下将支付的金额为 0。因此,华夏公司在计算租赁负债时,与担保余值相关的付款额为 0。

如在租赁期开始日,华夏公司预计标的汽车在租赁期结束时的公允价值为 60 000 元,即华夏公司预计在担保余值下将支付的金额为 20 000 元。因此,华夏公司在计算租赁负债时,与担保余值相关的付款额为 20 000 元。

2. 折现率

租赁负债应当按照租赁期开始日尚未支付的租赁付款额的现值进行初始计量。在计算租赁付款额的现值时,承租人应当采用租赁内含利率作为折现率;无法确定租赁内含利率的,应当采用承租人增量借款利率作为折现率。

**【例 7-32】** 承租人华夏公司与出租人乙公司签订了一份车辆租赁合同,租赁期为 5 年。在租赁开始日,该车辆的公允价值为 500 000 元,乙公司预计在租赁结束时其公允价值(即未担保余值)将为 20 000 元。租赁付款额为每年 40 000 元,于年末支付。乙公司发生的初始直接费用为 26 730 元。乙公司计算租赁内含利率 $r$ 的方法如下:

$$40\ 000 \times (P/A, r, 5) + 20\ 000 \times (P/F, r, 5) = 526\ 730$$

本例中,计算得出的租赁内含利率 $r$ 为 6%。

承租人增量借款利率是指承租人在类似经济环境下为获得与使用权资产价值接近的资产,在类似期间以类似抵押条件借入资金须支付的利率。该利率与下列事项相关:①承租人自身情况,即承租人的偿债能力和信用状况;②"借款"的期限,即租赁期;③"借入"资金的金额,即租赁负债的金额;④"抵押条件",即租赁资产的性质和质量;⑤经济环境,包括承租人所处的司法管辖区、计价货币、合同签订时间等。

在具体操作时,承租人可以先根据所处经济环境,以可观察的利率作为确定增量借款利率的参考基础,然后根据承租人自身情况、标的资产情况、租赁期和租赁负债金额等租赁业务具体情况对参考基础进行调整,得出适用的承租人增量借款利率。企业应当对确定承租人增量借款利率的依据和过程做好记录。

### (三)承租人租赁期开始日的会计处理

在租赁期开始日,承租人应当将租赁资产确认为"使用权资产",尚未支付的租赁付款额的现值确认为"租赁负债",此外,在租赁过程中发生的佣金等初始直接费用,租赁开始日或之前支付的租赁付款额,以及租赁资产的拆除、移除或复原成本,也应计入使用权资产的入账价值。承租人与租赁相关的主要核算账户如表7-2所示。

7-4视频:
使用权资产
的初始确认
和计量

表7-2　　　　　　　　　承租人与租赁相关的主要核算账户

| 会计账户 | 账户性质 | 核算内容 |
| --- | --- | --- |
| 使用权资产 | 资产类账户 | 本科目核算承租人持有的使用权资产的原价 |
| 使用权资产累计折旧 | 资产类备抵账户 | 本科目核算使用权资产的累计折旧 |
| 使用权资产减值准备 | 资产类备抵账户 | 本科目核算使用权资产的减值准备 |
| 租赁负债 | 负债类账户 | 本科目核算承租人尚未支付的租赁付款额的现值 |

承租人在租赁期开始日的账务处理如下:

借:使用权资产　　　　　　　　　【尚未支付的租赁付款额的现值等】
　　租赁负债——未确认融资费用　【差额】
　贷:租赁负债——租赁付款额　　【尚未支付的租赁付款额】
　　　银行存款　　　　　　　　　【初始直接费用+已经支付的租赁付款额】
　　　预计负债　　　　　　　　　【预计拆除、复原成本的现值】

**【例7-33】** 承租人华夏公司就某栋建筑物的某一层楼与出租人乙公司签订了为期10年的租赁协议,并拥有5年的续租选择权。有关资料如下:

(1)初始租赁期内的不含税租金为每年25 000元,续租期间为每年27 500元,所有款项应于每年年初支付。

(2)为获得该项租赁,华夏公司发生的初始直接费用为10 000元,其中,9 500元为向该楼层前任租户支付的款项,500元为向促成此租赁交易的房地产中介支付的佣金。

(3)作为对华夏公司的激励,乙公司同意补偿华夏公司2 500元的佣金。

(4)在租赁期开始日,华夏公司评估后认为,不能合理确定将行使续租选择权,因此,将租赁期确定为10年。

(5)华夏公司无法确定租赁内含利率,其增量借款利率为每年5%,该利率反映的是华夏公司以类似抵押条件借入期限为10年、与使用权资产等值的相同币种的借款而必须支付的利率。为简化处理,假设不考虑相关税费影响。

分析:承租人华夏公司的会计处理如下:

第一步,计算租赁期开始日租赁付款额的现值,并确认租赁负债和使用权资产。

在租赁期开始日,华夏公司支付第 1 年的租金 25 000 元,并以剩余 9 年租金(每年 25 000 元)按 5% 的年利率折现后的现值计量租赁负债。计算租赁付款额现值的过程如下:

剩余 9 期租赁付款额 = 25 000 × 9 = 225 000(元)

租赁负债 = 剩余 9 期租赁付款额的现值 = 25 000 × ($P/A$, 5%, 9) = 177 675(元)

未确认融资费用 = 剩余 9 期租赁付款额 - 剩余 9 期租赁付款额的现值 = 225 000 - 177 675 = 47 325(元)

借:使用权资产　　　　　　　　　　　　　　　　　　　　　202 675
　　租赁负债——未确认融资费用　　　　　　　　　　　　　 47 325
　　贷:租赁负债——租赁付款额　　　　　　　　　　　　　　225 000
　　　　银行存款　【第 1 年的租赁付款额】　　　　　　　　 25 000

第二步,将初始直接费用计入使用权资产的初始成本。

借:使用权资产　　　　　　　　　　　　　　　　　　　　　 10 000
　　贷:银行存款　　　　　　　　　　　　　　　　　　　　　10 000

第三步,将已收的租赁激励相关金额从使用权资产入账价值中扣除。

借:银行存款　　　　　　　　　　　　　　　　　　　　　　　2 500
　　贷:使用权资产　　　　　　　　　　　　　　　　　　　　 2 500

综上,华夏公司使用权资产的初始成本为:202 675 + 10 000 - 2 500 = 210 175(元)。

## 二、租赁期间相关业务的会计处理

租赁期间的具体经济业务有支付租赁付款额及确认租赁利息费用、计提租赁资产的折旧和减值、支付基于任何变量的可变租赁付款额。

### (一)租赁付款额的支付及利息费用的确认和计量

在租赁期开始日后,承租人应当按以下原则对租赁负债进行后续计量:

(1)确认租赁负债的利息时。承租人应当按照固定的周期性利率计算租赁负债在租赁期内各期间的利息费用,并计入当期损益,但按照《企业会计准则第 17 号——借款费用》等其他准则规定应当计入相关资产成本的,从其规定。

此处的周期性利率是指承租人对租赁负债进行初始计量时所采用的折现率,或者因租赁付款额发生变动或因租赁变更而需按照修订后的折现率对租赁负债进行重新计量时,承租人所采用的修订后的折现率。

确认租赁负债利息的账务处理如下:

借:财务费用/在建工程等
　　贷:租赁负债——未确认融资费用　【租赁负债的摊余成本×实际利率】

在租赁期内分期摊销未确认的融资费用,直至"租赁负债——未确认融资费用"为 0。确认租赁负债的利息时,会增加租赁负债的账面金额。

(2)支付租赁付款额时,减少租赁负债的账面金额。

借:租赁负债——租赁付款额　【实际支付的租金】
　　贷:银行存款等

支付租赁付款额时,会减少租赁负债的账面金额。

**【例7-34】** 承租人华夏公司与出租人乙公司签订了为期7年的商铺租赁合同。每年的租赁付款额为900 000元,在每年年末支付。华夏公司无法确定租赁内含利率,其增量借款利率为5.04%。

分析:在租赁期开始日,华夏公司按租赁付款额的现值所确认的租赁负债为5 200 000元。在第1年年末,华夏公司向乙公司支付第1年的租赁付款额900 000元,其中,262 080元(5 200 000×5.04%)是当年的利息,637 920元(900 000－262 080)是本金,即租赁负债的账面价值减少637 920元。华夏公司的账务处理如下:

借:租赁负债——租赁付款额　　　　　　　　　　　　　　　　　　　　　900 000
　　贷:银行存款　　　　　　　　　　　　　　　　　　　　　　　　　　　　900 000
借:财务费用——利息费用　　　　　　　　　　　　　　　　　　　　　　　262 080
　　贷:租赁负债——未确认融资费用　　　　　　　　　　　　　　　　　　　262 080

未纳入租赁负债计量的可变租赁付款额,即,并非取决于指数或比率的可变租赁付款额,应当在实际发生时计入当期损益,但按照《企业会计准则第1号——存货》等其他准则规定应当计入相关资产成本的,从其规定。

### (二)使用权资产折旧和减值的处理

(1)计量基础。在租赁期开始日后,承租人应当采用成本模式对使用权资产进行后续计量,即以成本减累计折旧及累计减值损失计量使用权资产。

承租人按照新租赁准则有关规定重新计量租赁负债的,应当相应调整使用权资产的账面价值。

(2)使用权资产的折旧。承租人应当参照《企业会计准则第4号——固定资产》有关折旧规定,自租赁期开始日起对使用权资产计提折旧。使用权资产通常应自租赁期开始的当月计提折旧,当月计提确有困难的,为便于实务操作,企业也可以选择自租赁期开始的下月计提折旧,但应对同类使用权资产采取相同的折旧政策。计提的折旧金额应根据使用权资产的用途,计入相关资产的成本或者当期损益。

承租人在确定使用权资产的折旧方法时,应当根据与使用权资产有关的经济利益的预期实现方式做出决定。通常,承租人按直线法对使用权资产计提折旧,其他折旧方法更能反映使用权资产有关经济利益预期实现方式的,应采用其他折旧方法。

承租人在确定使用权资产的折旧年限时,应遵循以下原则:承租人能够合理确定租赁期届满时取得租赁资产所有权的,应当在租赁资产剩余使用寿命内计提折旧;承租人无法合理确定租赁期届满时能够取得租赁资产所有权的,应当在租赁期与租赁资产剩余使用寿命两者孰短的期间内计提折旧。如果使用权资产的剩余使用寿命短于前两者,则应在使用权资产的剩余使用寿命内计提折旧。使用权资产计提折旧的账务处理如下:

借:主营业务成本/制造费用/销售费用/管理费用/研发支出等
　　贷:使用权资产累计折旧

(3)使用权资产的减值。在租赁期开始日后,承租人应当按照《企业会计准则第8号——资产减值》的规定,确定使用权资产是否发生减值,并对已识别的减值损失进行会计处理。使用权资产发生减值的,按应减记的金额,借记"资产减值损失"科目,贷记"使用权资产减值准备"科目。使用权资产减值准备一旦计提,不得转回。承租人应当按照扣除减值损失之后的使用权资产的账面价值,进行后续折旧。使用权资产确认减值的账务处理如下:

借：资产减值损失
　　贷：使用权资产减值准备

企业执行新租赁准则后，《企业会计准则第13号——或有事项》有关亏损合同的规定仅适用于采用短期租赁和低价值资产租赁简化处理方法的租赁合同以及在租赁开始日前已是亏损合同的租赁合同，不再适用于其他租赁合同。

【例7-35】 承租人华夏公司签订了一份为期10年的机器租赁合同，用于华夏公司生产经营。相关使用权资产的初始账面价值为100 000元，按直线法在10年内计提折旧，年折旧费为10 000元。

借：制造费用　　　　　　　　　　　　　　　　　　　　　　10 000
　　贷：使用权资产累计折旧　　　　　　　　　　　　　　　　　　10 000

在第5年年末，确认该使用权资产发生的减值损失20 000元，计入当期损益。该使用权资产在减值前的账面价值为50 000元（100 000－100 000÷10×5）。

借：资产减值损失　　　　　　　　　　　　　　　　　　　　20 000
　　贷：使用权资产减值准备　　　　　　　　　　　　　　　　　　20 000

计提减值损失之后，该使用权资产的账面价值减至30 000元（50 000－20 000），之后每年的折旧费也相应减至6 000元（30 000÷5）。

【例7-36】 承租人华夏公司与出租人乙公司签订了一份为期5年的设备租赁合同，华夏公司计划开发自有设备以替代租赁资产，自有设备计划在5年内投入使用。华夏公司拥有在租赁期结束时以5 000元购买该设备的选择权。每年的租赁付款额固定为10 000元（不含增值税），于每年年末支付。华夏公司无法确定租赁内含利率，其增量借款利率为5%。在租赁期开始日，华夏公司对行使购买选择权的可能性进行评估后认为，不能合理确定将行使购买选择权。这是因为，华夏公司计划开发自有设备，继而在租赁期结束时替代租赁资产。承租人在支出租赁款时同步支付增值税，其增值税税率为13%。

分析：

① 在租赁期开始日，确认租赁负债和使用权资产。

应确认的租赁负债为43 300元[$10\ 000\times(P/A,5\%,5)$]。该金额也就是使用权资产的初始计量金额。其中，应确认"租赁负债——租赁付款额"为50 000元（10 000×5），应确认"租赁负债——未确认融资费用"为6 700元。

借：使用权资产　　　　　　　　　　　　　　　　　　　　　43 300
　　租赁负债——未确认融资费用　　　　　　　　　　　　　　　6 700
　　贷：租赁负债——租赁付款额　　　　　　　　　　　　　　　　50 000

② 分期摊销租赁负债中未确认融资费用，如表7-3所示。

表7-3　　　　　　　　未确认融资费用分期摊销表　　　　　　　　单位：元

| 年度 | 租赁负债年初金额 | 本期利息费用 | 未确认融资费用 | 现金总流出 | 租赁负债本期付现 | 租赁负债年末余额 |
| --- | --- | --- | --- | --- | --- | --- |
| | ① | ②=①×5% | ③=上期③-② | ④ | ⑤=④-② | ⑥=①-⑤ |
| 承租日 | 43 300 | — | 6 700 | — | — | — |
| 1 | 43 300 | 2 165 | 4 535 | 10 000 | 7 835 | 35 465 |

(续表)

| 年度 | 租赁负债年初金额 | 本期利息费用 | 未确认融资费用 | 现金总流出 | 租赁负债本期付现 | 租赁负债年末余额 |
|---|---|---|---|---|---|---|
| | ① | ②=①×5% | ③=上期③−② | ④ | ⑤=④−② | ⑥=①−⑤ |
| 2 | 35 465 | 1 773 | 2 762 | 10 000 | 8 227 | 27 238 |
| 3 | 27 238 | 1 362 | 1 400 | 10 000 | 8 638 | 18 600 |
| 4 | 18 600 | 930 | 470 | 10 000 | 9 070 | 9 530 |
| 5 | 9 530 | 470* | 0 | 10 000 | 9 530 | 0 |
| 合计 | — | 6 700 | | 50 000 | 43 300 | |

注：* 第5年的利息费用 470＝10 000−9 530，为倒算金额。

③ 各年度末业务处理：分摊本期应承担的未确认融资费用、支付租赁款项及增值税和提取本期使用权资产累计折旧。其具体会计分录见表 7-4 所示。

表 7-4　　　　　　　　各年度年末业务处理表　　　　　　　　单位：元

| 年末业务 | 会计分录 | 第1年 | 第2年 | 第3年 | 第4年 | 第5年 |
|---|---|---|---|---|---|---|
| 分摊未确认融资费用 | 借：财务费用<br>　贷：租赁负债——未确认融资费用 | 2 165 | 1 773 | 1 362 | 930 | 470 |
| 支付租赁付款额和增值税 | 借：租赁负债——租赁付款额　　　　　　10 000<br>　　应交税费——应交增值税（进项税额）　1 300<br>　贷：银行存款　　　　　　　　　　　　　11 300 | | | | | |
| 提取折旧额 | 借：管理费用等　　　　　　　　　　　　8 660<br>　贷：使用权资产累计折旧（43 300÷5）　8 660 | | | | | |

## 三、租赁期届满的会计处理

租赁期届满时，承租人通常对租赁资产的处理有三种情况：返还、优惠续租和留购。

1. 返还租赁资产

租赁期届满时，承租人向出租人返还租赁资产时，其会计处理如下：

借：使用权资产累计折旧
　　贷：使用权资产

2. 优惠续租租赁资产

如果承租人行使优惠续租选择权，则应视同该项租赁一直存在而作出相应的账务处理。如果租赁期届满时没有续租，根据租赁协议规定须向出租人支付违约金时：

借：营业外支出
　　贷：银行存款等

3. 留购租赁资产

在承租人享有优惠购买选择权的情况下，支付购买价款时：

借：租赁负债　　【购买价款】
　　　贷：银行存款

同时：

借：固定资产
　　　贷：使用权资产

### 四、租赁付款额发生变动的处理

在租赁期开始日后,当发生下列四种情形时,承租人应当按照变动后的租赁付款额的现值重新计量租赁负债,并相应调整使用权资产的账面价值。使用权资产的账面价值已调减至0,但租赁负债仍需进一步调减的,承租人应当将剩余金额计入当期损益。

**(一)实质租赁付款额发生变动**

如果租赁付款额最初是可变的,但在租赁期开始日后的某一时点转为固定,那么,在潜在可变性消除时,该付款额成为实质固定付款额,应纳入租赁负债的计量中。承租人应当按照变动后租赁付款额的现值重新计量租赁负债。在该情形下,承租人采用的折现率不变,即采用租赁期开始日确定的折现率。

【例7-37】 承租人华夏公司签订了一份为期10年的机器租赁合同。租金于每年年末支付,并按以下方式确定:第1年,租金是可变的,根据该机器在第1年下半年的实际产能确定;第2至第10年,每年的租金根据该机器在第1年下半年的实际产能确定,即,租金将在第1年年末转变为固定付款额。在租赁期开始日,华夏公司无法确定租赁内含利率,其增量借款利率为5%。假设在第1年年末,根据该机器在第1年下半年的实际产能所确定的租赁付款额为每年40 000元。

分析:本例中,在租赁期开始时,由于未来的租金尚不确定,因此华夏公司的租赁负债为0。在第1年年末,租金的潜在可变性消除,成为实质固定付款额(即每年40 000元),因此华夏公司应基于变动后的租赁付款额重新计量租赁负债,并采用不变的折现率5%进行折现。在支付第1年的租金之后,华夏公司后续年度需支付的租赁付款额为360 000元(40 000×9),租赁付款额在第1年年末的现值为284 312元[40 000×$(P/A, 5\%, 9)$],未确认融资费用为75 688元(360 000−284 312)。华夏公司在第1年年末的相关账务处理如下:

(1)支付第1年租金:

借：制造费用等　　　　　　　　　　　　　　　　　　　40 000
　　应交税费——应交增值税(进项税额)　　　　　　　　 5 200
　　　贷：银行存款　　　　　　　　　　　　　　　　　　45 200

(2)确认使用权资产和租赁负债:

借：使用权资产　　　　　　　　　　　　　　　　　　　284 312
　　租赁负债——未确认融资费用　　　　　　　　　　　　75 688
　　　贷：租赁负债——租赁付款额　　　　　　　　　　　360 000

**(二)担保余值预计的应付金额发生变动**

在租赁期开始日后,承租人应对其在担保余值下预计支付的金额进行估计。该金额发生变动的,承租人应当按照变动后租赁付款额的现值重新计量租赁负债。在该情形下承租人采用的折现率不变。

【例7-38】 沿用[例7-31],承租人华夏公司与出租人乙公司签订了汽车租赁合同,租赁期为5年,华夏公司增量资本借入利率为5%。合同中就担保余值的规定为:如果标的汽车在租赁期结束时的公允价值低于80 000元,则华夏公司需向乙公司支付80 000元与汽车公允价值之间的差额。在租赁期开始日,华夏公司预计标的汽车在租赁期结束时的公允价值为80 000元,即华夏公司预计在担保余值下将支付的金额为0。因此,华夏公司在计算租赁负债时,与担保余值相关的付款额为0。

分析:在租赁期开始日后,承租人华夏公司对该汽车在租赁期结束时的公允价值进行监测。假设在第1年年末,华夏公司预计该汽车在租赁期结束时的公允价值为60 000元。华夏公司应将该担保余值下预计应付的金额20 000元纳入租赁付款额,并使用不变的折现率5%来重新计量租赁负债。应付担保余值20 000元的现值为16 460元[20 000×(P/F,5%,4)],未确认融资费用为3 540元,据此调整租赁负债与使用权资产账面价值。

借:使用权资产　　　　　　　　　　　　　　　　　　　　　　　16 460
　　租赁负债——未确认融资费用　　　　　　　　　　　　　　　　3 540
　　贷:租赁负债——租赁付款额　　　　　　　　　　　　　　　　　　　20 000

### (三) 用于确定租赁付款额的指数或比率发生变动

在租赁期开始日后,因浮动利率的变动而导致未来租赁付款额发生变动的,承租人应当按照变动后租赁付款额的现值重新计量租赁负债。在该情形下,承租人应采用反映利率变动的修订后的折现率进行折现。

在租赁期开始日后,因用于确定租赁付款额的指数或比率(浮动利率除外)的变动而导致未来租赁付款额发生变动的,承租人应当按照变动后租赁付款额的现值重新计量租赁负债。在该情形下,承租人采用的折现率不变。

需要注意的是,仅当现金流量发生变动时,即租赁付款额的变动生效时,承租人才应重新计量租赁负债,以反映变动后的租赁付款额。承租人应基于变动后的合同付款额,确定剩余租赁期内的租赁付款额。

【例7-39】 承[例7-28],假设在租赁第3年年初的消费者价格指数为135,华夏公司在租赁期开始日采用的折现率为5%。在第3年年初,在对因消费者价格指数变化而导致未来租赁付款额的变动进行会计处理以及支付第3年的租赁付款额之前,租赁负债为339 320元[50 000+50 000×(P/A,5%,7)]。经消费者价格指数调整后的第3年租赁付款额为54 000元(50 000×135÷125)。

分析:因用于确定租赁付款额的消费者价格指数的变动,导致未来租赁付款额发生变动,华夏公司应当于第3年年初重新计量租赁负债,以反映变动后的租赁付款额,即租赁负债应当以每年54 000元的租赁付款额(剩余8笔)为基础进行重新计量。在第3年年初,华夏公司按以下金额重新计量租赁负债:每年以54 000元的租赁付款额按不变的折现率(即5%)进行折现,为366 466元[54 000+54 000×(P/A,5%,7)]。因此,华夏公司的租赁负债将增加27 146元,即重新计量后的租赁负债(366 466元)与重新计量前的租赁负债(339 320元)之间的差额。

借:使用权资产　　　　　　　　　　　　　　　　　　　　　　　27 146
　　租赁负债——未确认融资费用　　　　　　　　　　　　　　　　4 854
　　贷:租赁负债——租赁付款额　　　　　　　　　　　　　　　　　　　32 000

### (四) 购买选择权、续租选择权或终止租赁选择权的评估结果或实际行使情况发生变化

租赁期开始日后,发生下列情形的,承租人应采用修订后的折现率对变动后的租赁付款

额进行折现,以重新计量租赁负债:

(1) 发生承租人可控范围内的重大事件或变化,且影响承租人是否合理确定将行使续租选择权或终止租赁选择权的,承租人应当对其是否合理确定将行使相应选择权进行重新评估。上述选择权的评估结果发生变化的,承租人应当根据新的评估结果重新确定租赁期和租赁付款额。前述选择权的实际行使情况与原评估结果不一致等导致租赁期变化的,也应当根据新的租赁期重新确定租赁付款额。

(2) 发生承租人可控范围内的重大事件或变化,且影响承租人是否合理确定将行使购买选择权的,承租人应当对其是否合理确定将行使购买选择权进行重新评估。评估结果发生变化的,承租人应根据新的评估结果重新确定租赁付款额。

上述两种情形下,承租人在计算变动后租赁付款额的现值时,应当采用剩余租赁期间的租赁内含利率作为折现率;无法确定剩余租赁期间的租赁内含利率的,应当采用重估日的承租人增量借款利率作为折现率。

**【例 7-40】** 承租人华夏公司与出租人乙公司签订了一份办公楼租赁合同,每年的租赁付款额为 100 000 元,于每年年末支付。华夏公司无法确定租赁内含利率,其增量借款利率为 5%。不可撤销租赁期为 5 年,并且合同约定在第 5 年年末,华夏公司有权选择以每年 100 000 元续租 5 年,也有权选择以 2 000 000 元购买该房产。华夏公司在租赁期开始时评估认为,可以合理确定将行使续租选择权,而不会行使购买选择权,因此将租赁期确定为 10 年。

分析:在租赁期开始日,华夏公司确认的租赁负债和使用权资产为 772 000 元[100 000×(P/A,5%,10)]。

① 在租赁期开始日,华夏公司的账务处理如下:

借:使用权资产　　　　　　　　　　　　　　　　　　　　　　772 000
　　租赁负债——未确认融资费用　　　　　　　　　　　　　　228 000
　　贷:租赁负债——租赁付款额　　　　　　　　　　　　　　　1 000 000

② 租赁负债进行后续计量如表 7-5 所示。

表 7-5　　　　　　　　　　　　租赁利息费用计算表　　　　　　　　　　　　单位:元

| 年度 | 租赁负债<br>年初余额<br>① | 利息<br>②=①×5% | 租赁付款额<br>③ | 租赁负债<br>年末余额<br>④=①+②-③ |
|---|---|---|---|---|
| 1 | 772 000 | 38 600 | 100 000 | 710 600 |
| 2 | 710 600 | 35 530 | 100 000 | 646 130 |
| 3 | 646 130 | 32 307 | 100 000 | 578 437 |
| 4 | 578 437 | 28 922 | 100 000 | 507 359 |
| 5 | 507 359 | 25 368 | 100 000 | 432 727 |
| 6 | 432 727 | 21 634 | 100 000 | 354 361 |
| 7 | 354 361 | 17 718 | 100 000 | 272 079 |
| 8 | 272 079 | 13 604 | 100 000 | 185 683 |

(续表)

| 年度 | 租赁负债<br>年初余额<br>① | 利息<br>②=①×5% | 租赁付款额<br>③ | 租赁负债<br>年末余额<br>④=①+②-③ |
|---|---|---|---|---|
| 9 | 185 683 | 9 284 | 100 000 | 94 967 |
| 10 | 94 967 | 5 033 | 100 000 | — |

注：为便于计算，本题中，年金现值系数取两位小数。

③ 在第4年，该房产所在地房价显著上涨，华夏公司预计租赁期结束时该房产的市价为4 000 000元，华夏公司在第4年年末重新评估后认为，能够合理确定将行使上述购买选择权，而不会行使上述续租选择权。该房产所在地区的房价上涨属于市场情况发生的变化，不在华夏公司的可控范围内。因此，虽然该事项导致购买选择权及续租选择权的评估结果发生变化，但华夏公司不需重新计量租赁负债。

在第5年年末，华夏公司实际行使了购买选择权。截至该时点，使用权资产的原值为772 000元，累计折旧为386 000元（772 000×5÷10）；支付了第5年租赁付款额之后，租赁负债的账面价值为432 727元，其中，租赁付款额为500 000元，未确认融资费用为67 273元（500 000－432 727）。华夏公司行使购买选择权的会计分录如下：

借：固定资产——办公楼　　　　　　　　　　　　　　　　　1 953 273
　　使用权资产累计折旧　　　　　　　　　　　　　　　　　　386 000
　　租赁负债——租赁付款额　　　　　　　　　　　　　　　　500 000
　　贷：使用权资产　　　　　　　　　　　　　　　　　　　　　　772 000
　　　　租赁负债——未确认融资费用　　　　　　　　　　　　　　67 273
　　　　银行存款　　　　　　　　　　　　　　　　　　　　　2 000 000

### 五、租赁变更的会计处理

租赁变更是指原合同条款之外的租赁范围、租赁对价、租赁期限的变更，包括增加或终止一项或多项租赁资产的使用权，延长或缩短合同规定的租赁期等。租赁变更生效日是指双方就租赁变更达成一致的日期。

#### （一）租赁变更作为一项单独租赁处理

租赁发生变更日同时符合下列条件的，承租人应当将该租赁变更作为一项单独租赁进行会计处理：

（1）该租赁变更通过增加一项或多项租赁资产的使用权而扩大了租赁范围。

（2）增加的对价与租赁范围扩大部分的单独价格按该合同情况调整后的金额相当。

【例7-41】 承租人华夏公司与出租人乙公司就2 000平方米的办公场所签订了一项为期10年的租赁合同。在第6年年初，华夏公司和乙公司同意对原租赁合同进行变更，以扩租同一办公楼内3 000平方米的办公场所。扩租的场所于第6年第2季度末可供华夏公司使用。增加的租赁对价与新增3 000平方米办公场所的当前市价（根据华夏公司获取的扩租折扣进行调整后的金额）相当。扩租折扣反映了乙公司节约的成本，即若将相同场所租赁给新租户，乙公司将会发生的额外成本。

分析：在本例中，华夏公司应当将该变更作为一项单独的租赁，与原来的10年期租赁分别进行会计处理。原因在于,该租赁变更通过增加 3 000 平方米办公场所的使用权而扩大了租赁范围,并且增加的租赁对价与新增使用权的单独价格按该合同情况调整后的金额相当。据此,在新租赁的租赁期开始日(即第 6 年第 2 季度末),华夏公司确认与新增 3 000 平方米办公场所租赁相关的使用权资产和租赁负债。华夏公司对原有 2 000 平方米办公场所租赁的会计处理不会因为该租赁变更而进行任何调整。

### (二)租赁变更未作为一项单独租赁处理

租赁变更未作为一项单独租赁进行会计处理的,在租赁变更生效日,承租人应当按照新租赁准则有关租赁分拆的规定对变更后合同的对价进行分摊;按照新租赁准则有关租赁期的规定确定变更后的租赁期;并采用变更后的折现率对变更后的租赁付款额进行折现,以重新计量租赁负债。在计算变更后租赁付款额的现值时,承租人应当采用剩余租赁期间的租赁内含利率作为折现率;无法确定剩余租赁期间的租赁内含利率的,应当采用租赁变更生效日的承租人增量借款利率作为折现率。

就上述租赁负债调整的影响,承租人应区分以下情形进行会计处理:

(1)租赁变更导致租赁范围缩小或租赁期缩短的,承租人应当调减使用权资产的账面价值,以反映租赁的部分终止或完全终止。承租人应将部分终止或完全终止租赁的相关利得或损失计入当期损益。

(2)其他租赁变更,承租人应当相应调整使用权资产的账面价值。

【例 7-42】 承租人华夏公司与出租人乙公司就 10 000 平方米的办公场所签订了 10 年的租赁合同。年租赁付款额为 200 000 元,在每年年末支付。华夏公司无法确定租赁内含利率。在租赁期开始日,华夏公司的增量借款利率为 6%,相应的租赁负债和使用权资产的初始确认金额为 1 472 000 元[200 000×(P/A,6%,10)]。在第 6 年年初,华夏公司和乙公司同意对原租赁合同进行变更,即自第 6 年年初起,将原租赁场所缩减成 5 000 平方米。每年的租赁付款额(自第 6 年至第 10 年)调整为 120 000 元。承租人在第 6 年年初的增量借款利率为 5%。

分析:

① 按比例终止原使用权和原租赁负债的账面价值。华夏公司应基于原使用权资产部分终止的比例(即缩减的 5 000 平方米占原使用权资产的 50%),来确定使用权资产账面价值的调减金额。在租赁变更之前,原使用权资产的账面价值为 736 000 元(已折旧一半),50%的账面价值为 368 000 元;原租赁负债的账面价值为 842 400 元[200 000×(P/A,6%,5)],即变更日租赁负债的账面价值,50%的账面价值为 421 200 元。

因此,在租赁变更生效日(第 6 年年初),华夏公司终止确认 50%的原使用权资产和原租赁负债,并将租赁负债减少额与使用权资产减少额之间的差额 53 200 元(421 200-368 000),作为利得计入当期损益。在租赁负债(421 200 元)的减少额中"租赁负债——租赁付款额"减少 500 000 元(200 000×50%×5),"租赁负债——未确认融资费用"减少 78 800 元(500 000-421 200)。

借:租赁负债——租赁付款额　　　　　　　　　　　　　　500 000
　　贷:租赁负债——未确认融资费用　　　　　　　　　　　　78 800
　　　　使用权资产　　　　　　　　　　　　　　　　　　　368 000
　　　　资产处置损益　　　　　　　　　　　　　　　　　　　53 200

② 租赁变更日重新计量租赁负债。在租赁变更生效日(即第 6 年年初),华夏公司基于以下情况对租赁负债进行重新计量:剩余租赁期为 5 年;年付款额为 120 000 元;采用修订后的折现率 5%进行折现。据此,计算得出租赁变更后的租赁负债为 519 540 元[120 000×(P/A,5%,5)]。

③ 根据重新计量的租赁负债,调整租赁负债和使用权资产的账面价值。华夏公司将剩余租赁负债 421 240 元与变更后重新计量的租赁负债 519 540 元之间的差额 98 300 元,确认为使用权资产的账面价值。

其中,租赁负债的增加额 98 300 元包括两部分:租赁付款额的增加额 100 000 元[(120 000－200 000×50%)×5],以及未确认融资费用的增加额 1 700 元(100 000－98 300)。

借:使用权资产　　　　　　　　　　　　　　　　　　　　　　　98 300
　　租赁负债——未确认融资费用　　　　　　　　　　　　　　　 1 700
　　贷:租赁负债——租赁付款额　　　　　　　　　　　　　　　　　　100 000

 知识拓展 7-1

### 新租赁准则的修订对企业的影响

(一)对承租人财务报表的影响

旧租赁准则对于经营租赁业务相关的资产和负债是不计入表内的,所以容易出现表外融资的情况。执行新租赁准则,首先,企业的资产负债表中的资产和负债会增加,从而会导致资产负债率增加;其次,对于现金流量表来说,经营活动现金流量和筹资活动现金流量等相关的指标也会发生变化;对于利润表影响不大,会导致前期利润偏低,后期利润逐渐增高的情况。

(二)对利益相关者及监管的影响

对资本市场的投资者来说,受新租赁准则给企业对外披露信息产生的影响,企业应当做好与其投资者及股东就此问题的解释说明和沟通。企业还必须考虑债权人的要求,比如财务指标的变化对银行贷款产生的影响,银行授信额因此是否受到影响等。新租赁准则给企业信息披露带来的变化使相关指标是否符合上市监管机构的要求,以及其他政府机构监管的要求。

(三)对企业决策的影响

新租赁准则实施前,承租人为了避免在财务报表上反映更高的资产负债率有更多的选择经营租赁。新租赁准则实施后,由于新准则对租赁资产的列报和披露要求,会影响企业对资产"买还是租"的业务决策。出租人的策略也需要根据市场变化而进行调整。

## 六、短期租赁和低价值资产租赁

对于短期租赁和低价值资产租赁,承租人可以选择不确认使用权资产和租赁负债。作出该选择的,承租人应当将短期租赁和低价值资产租赁的租赁付款额,在租赁期内各个期间按照直线法或其他系统合理的方法计入相关资产成本或当期损益。其他系统合理的方法能够更好地反映承租人的受益模式的,承租人应当采用该方法。

### (一)短期租赁

短期租赁是指在租赁期开始日,租赁期不超过 12 个月的租赁。包含购买选择权的租赁不属于短期租赁。

对于短期租赁,承租人可以按照租赁资产的类别作出采用简化会计处理的选择。如果承租人对某类租赁资产作出了简化会计处理的选择,未来该类资产下所有的短期租赁都应采用简化会计处理。某类租赁资产是指企业运营中具有类似性质和用途的一组租赁资产。

【例 7-43】　承租人与出租人签订了一份租赁合同,约定了不可撤销期间为 9 个月,且承租人拥有 5 个月的续租选择权。在租赁期开始日,承租人判断可以合理确定将行使续租选择权,因为续租期的月租赁付款额明显低于市场价格。在此情况下,承租人确定租赁期为 14 个月,不属于短期租赁,承租人不能选择上述简化会计处理。

某些情况下,出租人可能对租赁提供激励措施,如免租期、承担承租人某些费用等。在出租人提供了免租期的情况下,应将租金总额在整个租赁期内,而不是在租赁期扣除免租期后的期间内按直线法或其他合理的方法进行分摊,免租期内应确认租金费用;在出租人承担了承租人的某些费用的情况下,应将该费用从租金总额中扣除,并将租金余额在整个租赁期内进行分摊。

按租金的支付方式(预付或者后付),出租人分别作出相应会计处理:

(1) 预付租金方式。

① 预付租金时:

借:其他应付款　　　　　　　　　　　　　　　　　　　　　　　　　【预付租金额】
　　贷:银行存款

② 确认各期租金费用时:

借:制造费用/管理费用/研发支出等　　　　　　　　　　　　　　　　【应确认的租金费用】
　　贷:其他应付款　　　　　　　　　　　　　　　　　　　　　　　　【摊销的预付租金】
　　　　银行存款　　　　　　　　　　　　　　　　　　　　　　　　　【实际支付的租金】

(2) 后付租金方式。

① 根据权责发生制确认各期应承担但尚未支付的租金费用时:

借:制造费用/管理费用/研发支出等　　　　　　　　　　　　　　　　【应付未付的租金】
　　贷:其他应付款

② 实际支付租金时:

借:其他应付款　　　　　　　　　　　　　　　　　　　　　　　　　【实际支付的租金】
　　贷:银行存款

此外,为了保证租赁资产的安全和有效使用,承租人应设置"租赁资产"备查簿作备查登记,以反映和监督租赁资产的使用、归还和结存情况。

【例7-44】 2×24年1月1日,华夏公司向乙租赁公司租入一套全新办公设备一台,租赁期为9个月。设备价值为200 000元,预计使用年限为6年。租赁合同规定,租金总计150 000元,第1季免租金,租金从第2季末开始支付,第2季末支付租金60 000元,第3季末支付租金90 000元,租赁期届满后乙公司收回设备(假定华夏公司和乙公司均在季末确认租金费用和租金收入,并且不存在租金逾期支付的情况)。

分析:此项租赁的租赁期为9个月,是短期租赁。华夏公司为简化会计处理,于租赁开始日,将租赁资产不确认为使用权资产和租赁负债,而是应采用直线法分摊确认各期的租金费用。此项租赁租金费用总额为150 000元(60 000+90 000),按直线法计算,每季应确认的租金费用为50 000元。

承租人(华夏公司)的账务处理如下:

① 2×24年3月31日,确认第1季度的租赁费用:

借:管理费用　　　　　　　　　　　　　　　　　　　　　　　　　50 000
　　贷:其他应付款　　　　　　　　　　　　　　　　　　　　　　　　　50 000

② 2×24年6月30日,确认第2季度的租赁费用:

借:管理费用　　　　　　　　　　　　　　　　　　　　　　　　　50 000
　　贷:其他应付款　　　　　　　　　　　　　　　　　　　　　　　　　50 000

③ 2×24 年 6 月 30 日,支付 60 000 元租金:

借:其他应付款　　　　　　　　　　　　　　　　　　　　　　　　　　60 000
　　贷:银行存款　　　　　　　　　　　　　　　　　　　　　　　　　　　　60 000

④ 2×24 年 9 月 30 日,确认第 3 季度的租赁费用:

借:管理费用　　　　　　　　　　　　　　　　　　　　　　　　　　　50 000
　　贷:其他应付款　　　　　　　　　　　　　　　　　　　　　　　　　　50 000

⑤ 2×24 年 9 月 30 日,支付 90 000 元租金:

借:其他应付款　　　　　　　　　　　　　　　　　　　　　　　　　　90 000
　　贷:银行存款　　　　　　　　　　　　　　　　　　　　　　　　　　　　90 000

需要注意的是,进行简化会计处理的短期租赁发生租赁变更或者其他原因导致租赁期发生变化的,承租人应当将其视为一项新租赁,重新按照上述原则判断该项新租赁是否可以选择简化会计处理。

**(二) 低价值资产租赁**

低价值资产是指单项租赁资产为全新资产时价值较低的租赁。

承租人在判断是否是低价值资产租赁时,应基于租赁资产的全新状态下的价值进行评估,不应考虑资产已被使用的年限。

对于低价值资产租赁,承租人可根据每项租赁的具体情况作出简化会计处理选择。低价值资产同时还应满足以下条件,即只有承租人能够从单独使用该低价值资产或将其与承租人易于获得的其他资源一起使用中获利,且该项资产与其他租赁资产没有高度依赖或高度关联关系时,才能对该资产租赁选择进行简化会计处理。

低价值资产租赁的标准应该是一个绝对金额,即仅与资产全新状态下的绝对价值有关,不受承租人规模、性质等影响,也不考虑该资产对于承租人或相关租赁交易的重要性。常见的低价值资产的例子包括平板电脑、普通办公家具、电话等小型资产。

但是,如果承租人已经或者预期要把相关资产进行转租赁,则不能将原租赁按照低价值资产租赁进行简化会计处理。

值得注意的是,符合低价值资产租赁的,也并不代表承租人若采取购入方式取得该资产时该资产不符合固定资产确认条件。

**【例 7-45】** 承租人与出租人签订了一份租赁合同,约定的租赁资产包括:①IT 设备,包括供员工个人使用的笔记本电脑、台式电脑、平板电脑、桌面打印机和手机等;②服务器,其中包括增加服务器容量的单独组件,这些组件根据承租人需要陆续添加到大型服务器以增加服务器存储容量;③办公家具,如桌椅和办公隔断等;④饮水机。

通常,办公笔记本电脑全新时的单独价格不超过人民币 10 000 元,台式电脑、平板电脑、桌面打印机和手机全新时的单独价格不超过人民币 5 000 元,普通办公家具的单独价格不超过人民币 10 000 元,饮水机的单独价格不超过人民币 1 000 元,服务器单个组件的单独价格不超过人民币 10 000 元。

分析:上述租赁资产中,各种 IT 设备、办公家具、饮水机都能够单独使承租人获益,且与其他租赁资产没有高度依赖或高度关联关系。通常情况下,符合低价值资产租赁的资产全新状态下的绝对价值应低于人民币 40 000 元。本例中,承租人将 IT 设备、办公家具、饮水机作为低价值租赁资产,选择按照简化方法进行会计处理。对于服务器中的组件,尽管单个组件的单独价格较低,但由于每个组件都与服务器中的其他部分高度相关,承租人若不租赁服务器就不会租赁这些组件,不构成单独的租赁部分,因此,不能作为低价值租赁资产进行会计处理。

> **知识拓展 7-2**

7-5 扫一扫
练一练

7-6 扫一扫
练一练答案

### 承租人租赁会计信息的列报和披露

1. 资产负债表

承租人应当在资产负债表中单独列示使用权资产和租赁负债。其中,租赁负债通常分别非流动负债和 1 年内到期的非流动负债(即资产负债表日后 12 个月内租赁负债预期减少的金额)列示。

2. 利润表

在利润表中,承租人应当分别列示租赁负债的利息费用与使用权资产的折旧费用。租赁负债的利息费用在财务费用项目列示。

3. 现金流量表

在现金流量表中,偿还租赁负债本金和利息所支付的现金应当计入筹资活动现金流出,支付的按简化处理的短期租赁付款额和低价值资产租赁付款额以及未纳入租赁负债计量的可变租赁付款额应当计入经营活动现金流出。

4. 报表附注

承租人应当在附注中披露与租赁有关的下列信息:

(1) 各类使用权资产的期初余额、本期增加额、期末余额以及累计折旧额和减值金额。

(2) 租赁负债的利息费用。

(3) 有关简化处理方法的披露。

(4) 未纳入租赁负债计量的可变租赁付款额。

(5) 转租使用权资产取得的收入。

(6) 与租赁相关的总现金流出。

5. 其他信息

承租人应当根据理解财务报表的需要,披露有关租赁活动的其他定性和定量信息。此类信息包括:

(1) 租赁活动的性质,如对租赁活动基本情况的描述。

(2) 未纳入租赁负债计量的未来潜在现金流出。

(3) 租赁导致的限制或承诺。

(4) 售后租回交易。

(5) 其他相关信息。

## 第三节 出租人的会计处理

### 一、出租人的租赁分类

#### (一) 融资租赁与经营租赁

出租人应当在租赁开始日将租赁分为融资租赁和经营租赁。

租赁开始日是指租赁合同签署日与租赁各方就主要租赁条款作出承诺日中的较早者。租赁开始日可能早于租赁期开始日,也可能与租赁期开始日重合。

一项租赁属于融资租赁还是经营租赁取决于交易的实质,而不是合同的形式。如果一项租赁实质上转移了与租赁资产所有权有关的几乎全部风险和报酬,出租人应当将该项租赁分类为融资租赁。出租人应当将除融资租赁以外的其他租赁分类为经营租赁。

出租人的租赁分类是以租赁转移与租赁资产所有权相关的风险和报酬的程度为依据的。风险包括由于生产能力的闲置或技术陈旧可能造成的损失,以及由于经济状况的改变可能造成的回报变动。报酬可以表现为在租赁资产的预期经济寿命期间经营的盈利以及因增值或残值变现可能产生的利得。

租赁开始日后,除非发生租赁变更,出租人无需对租赁的分类进行重新评估。租赁资产预计使用寿命、预计余值等会计估计变更或发生承租人违约等情况变化的,出租人不对租赁进行重分类。

租赁合同可能包括因租赁开始日与租赁期开始日之间发生的特定变化而需对租赁付款额进行调整的条款与条件(例如,出租人标的资产的成本发生变动,或出租人对该租赁的融资成本发生变动)。在此情况下,出于租赁分类目的,此类变动的影响均视为在租赁开始日已发生。

### (二)融资租赁的分类标准

企业在对租赁进行分类时,应当全面考虑租赁期届满时租赁资产所有权是否转移给承租人、承租人是否有购买租赁资产的选择权、租赁期占租赁资产使用寿命的比例等因素。满足下列标准之一的,即应认定为融资租赁,除融资租赁以外的租赁为经营租赁。

1. 租赁期届满租赁资产的所有权转移给承租人

如果在租赁协议中已经约定,或者根据其他条件在租赁开始日就可以合理地判断,租赁期届满时出租人会将资产的所有权转移给承租人,那么该项租赁应当认定为融资租赁。

2. 承租人有购买租赁资产的选择权

承租人有购买租赁资产的选择权,所订立的购买价款预计将远低于行使选择权时租赁资产的公允价值,因而在租赁开始日就可合理地确定承租人将会行使这种选择权("远低于"指的是小于等于25%)。

【例7-46】 出租人中国琴岛公司和承租人华夏公司签订了一项租赁协议,租赁期限为5年,租赁期届满时华夏公司有权以40 000元的价格购买租赁资产,在签订租赁协议时估计该租赁资产租赁期届满时的公允价值为200 000元,由于购买价格仅为公允价值的20%。如果没有特殊情况,华夏公司在租赁期届满时将会购买该项资产。在这种情况下,在租赁开始日即可判断该项租赁应当认定为融资租赁。

3. 租赁期占租赁资产使用寿命的比例在75%以上

即使资产的所有权不转移,但租赁期占租赁资产使用寿命的大部分。这里的"大部分"通常是指在租赁期占租赁开始日租赁资产使用寿命的75%以上(含75%,下同)。

需要说明的是,这里的量化标准只是指导性标准,企业在具体运用时,必须以准则规定的相关条件进行判断。这条标准强调的是租赁期占租赁资产使用寿命的比例,而非租赁期占该项资产全部可使用年限的比例。如果租赁资产是旧资产,在租赁前已使用年限超过资产自全新时起算可使用年限的75%以上时,则这条判断标准不适用,不能使用这条标准确定租赁的分类。

【例7-47】 中国琴岛公司某项租赁设备全新时可使用年限为10年,存在以下几种情形:

情形一:已经使用3年,从第4年开始租赁,租赁期为6年。

由于租赁开始时该设备使用寿命为7年,租赁期占使用寿命85.7%(6年/7年),符合第3)条标准,该项租赁应当归类为融资租赁。

情形二:已经使用3年,从第4年开始租赁,租赁期为3年。

由于租赁开始时该设备使用寿命为7年,租赁期占使用寿命的42.9%(3年/7年),不符合第3)条标准,该项租赁不应认定为融资租赁(假定也不符合其他判断标准)。

情形三:该项设备已经使用了8年,从第9年开始租赁,租赁期为2年。

由于租赁开始时该设备使用寿命为2年,租赁期为使用寿命的100%(2年/2年)。由于在租赁前该设备的已使用年限超过了可使用年限的75%(8年/10年=80%>75%),因此,不能采用这条标准来判断租赁的分类。

4. 租赁开始日租赁收款额的现值几乎相当于租赁资产的公允价值

在租赁开始日,租赁收款额的现值几乎相当于租赁资产的公允价值。实务中,这里的"几乎相当于",通常掌握在90%以上。需要说明的是,这里的量化标准也只是指导性标准,企业在具体运用时,必须以准则规定的相关条件进行综合判断。

【例7-48】 中国琴岛公司某项租赁资产最低租赁付款额的现值为560万元,租赁资产公允价值600万元,判断中国琴岛公司该项租赁业务类型。

解析:最低租赁收款额的现值为560万元>租赁资产公允价值的90%,即540万元(600万元×90%),符合第4)条判断标准。所以这项租赁应当认定为融资租赁。

5. 租赁资产性质特殊,如果不作较大改造,只有承租人才能使用

这条标准是指租赁资产是由出租人根据承租人对资产型号、规格等方面的特殊要求专门购买或建造的,具有专购、专用性质。这些租赁资产如果不作较大的重新改制,其他企业通常难以使用。这种情况下,该项租赁也应当认定为融资租赁。

一项租赁存在下列一项或多项迹象的,也可能分类为融资租赁:

(1) 若承租人撤销租赁,撤销租赁对出租人造成的损失由承租人承担。

(2) 资产余值的公允价值波动所产生的利得或损失归属于承租人。例如,租赁结束时,出租人以相当于资产销售收益的绝大部分金额作为对租金的退还,说明承租人承担了租赁资产余值的几乎所有风险和报酬。

(3) 承租人有能力以远低于市场水平的租金继续租赁至下一期间。此经济激励政策与购买选择权类似,如果续租选择权行权价远低于市场水平,可以合理确定承租人将继续租赁至下一期间。

值得注意的是,出租人判断租赁类型时,上述情形和迹象并非总是决定性的,而是应综合考虑经济激励的有利方面和不利方面。若有其他特征充分表明,租赁实质上没有转移与租赁资产所有权相关的几乎全部风险和报酬,则该租赁应分类为经营租赁。例如,若租赁资产的所有权在租赁期结束时是以相当于届时其公允价值的可变付款额转让至承租人,或者因存在可变租赁付款额导致出租人实质上没有转移几乎全部风险和报酬,就可能出现这种情况。

趣味阅读7-1

### 租赁的其他分类

按出租人取得租赁资产的来源和方式分,租赁还可以分为销售租赁、直接融资租赁、售后回租、杠杆租

赁和转租赁等。

1. 销售租赁

顾名思义,销售租赁是指销售性质的租赁,它是制造商或经销商销售商品的一种途径,即制造商或经销商作为出租人,将其制造或经销的商品收取一定租金提供给承租人使用。在这种情况下,出租人获取的收益不仅含有融资收益,还包括商品产销差价或进销差价。销售租赁与分期收款销售方式比较接近,主要区别是前者的所有权没有发生转移,而后者的所有权发生了转移。

2. 直接融资租赁

直接融资租赁是指出租人将自行购入的资产租给承租人并收取租金的租赁业务。它在形式上与销售租赁十分类似,主要区别是在直接融资租赁中,出租人赚取的主要是融资收益。

3. 售后回租

售后回租又称为回租租赁,它是一项特殊的租赁业务,是指销售方将自制或外购的资产销售出去后再租赁回来的业务,简称回租。在回租的方式下,销售方同时又是承租人,购买方同时又是出租人。承租人通过售后回租,在不影响其对租赁资产的占有、使用和收益的前提下,将一次性的固定资产投入转化为未来的分次支出,可以既保证正常的生产经营活动,又有效缓解自身的资金压力,是一种灵活的租赁方式。对出租人而言,售后回租应该按照前述的基本分类标准划分为融资租赁和经营租赁。

4. 杠杆租赁

杠杆租赁是融资租赁的一种特殊方式,又称为第三者权益租赁,租赁协议是介于承租人、出租人及贷款人之间的三边协定。具体做法是,由出租人(如租赁公司)本身拿出部分资金,然后加上贷款人提供的资金,以便购买承租人欲使用的资产,并交由承租人使用;而承租人使用租赁资产后,应定期支付租赁费用。通常出租人仅提供其中20%～40%的资金,贷款人则提供60%～80%的资金。租赁公司既是出租人又是借资人,既要收取租金又要支付债务。这种租赁是由于租赁收益一般大于借款成本支出,出租人借款购物出租可获得财务杠杆利益,故被称为杠杆租赁。

5. 转租赁

转租赁是指承租人在租赁期内将租入资产出租给第三方的行为,简称转租。

## 二、出租人对融资租赁的会计处理

### (一) 租赁期开始日相关业务的会计处理

在租赁期开始日,出租人应当对融资租赁确认应收融资租赁款,并终止确认融资租赁资产。出租人对应收融资租赁款进行初始计量时,应当以租赁投资净额作为应收融资租赁款的入账价值。

租赁投资净额为未担保余值和租赁期开始日尚未收到的租赁收款额按照租赁内含利率折现的现值之和。租赁内含利率是指使出租人的租赁收款额的现值与未担保余值的现值之和(即租赁投资净额)等于租赁资产公允价值与出租人的初始直接费用之和的利率。因此,出租人发生的初始直接费用包括在租赁投资净额中,也即包括在应收融资租赁款的初始入账价值中。

租赁收款额是指出租人因让渡在租赁期内使用租赁资产的权利而应向承租人收取的款项,包括:

(1) 承租人需支付的固定付款额及实质固定付款额。存在租赁激励的,应当扣除租赁激励相关金额。

(2) 取决于指数或比率的可变租赁付款额。该款项在初始计量时根据租赁期开始日的指数或比率确定。

(3) 购买选择权的行权价格,前提是合理确定承租人将行使该选择权。

(4) 承租人行使终止租赁选择权需支付的款项,前提是租赁期反映出承租人将行使终止租赁选择权。

(5) 由承租人、与承租人有关的一方以及有经济能力履行担保义务的独立第三方向出租人提供的担保余值。出租人与租赁业务相关的主要核算账户如表7-6所示。

表7-6　　　　　　　　　出租人与租赁业务相关的主要核算账户

| 会计账户 | 账户性质 | 核算内容 |
| --- | --- | --- |
| 融资租赁资产 | 资产类账户 | 本科目核算租赁企业作为出租人为开展融资租赁业务取得资产的成本。租赁业务不多的企业,也可通过"固定资产"等科目核算 |
| 应收融资租赁款 | 资产类备抵账户 | 本科目核算出租人融资租赁产生的租赁投资净额 |
| 应收融资租赁款减值准备 | 资产类备抵账户 | 本科目核算应收融资租赁款的减值准备 |
| 租赁收入 | 损益类账户 | 本科目核算租赁企业作为出租人确认的融资租赁和经营租赁的租赁收入。一般企业根据自身业务特点确定租赁收入的核算科目,如"其他业务收入"等 |

出租人租赁期开始日账务处理如下:

借:应收融资租赁款——租赁收款额　　　　【尚未收到的租赁收款额】
　　　　　　　　　——未担保余值　　　　【预计租赁期结束时的未担保余值】
　　银行存款　　　　　　　　　　　　　　【已经收取的租赁款】
　　贷:融资租赁资产　　　　　　　　　　【账面价值】
　　　　资产处置损益　　　　　　　　　　【公允价值－账面价值,可借可贷】
　　　　银行存款　　　　　　　　　　　　【发生的初始直接费用】
　　　　应收融资租赁款——未实现融资收益

【例7-49】 2×23年12月1日,中国琴岛公司与华夏公司签订了一份租赁合同,向华夏公司租入生产线。合同主要条款如下:

(1) 租赁标的物:生产线。
(2) 租赁期开始日:2×24年1月1日。
(3) 租赁期:从租赁期开始日36个月,即2×24年1月1日至2×26年12月31日。
(4) 租金支付方式:自租赁期开始日每年年末支付租金2 000 000元。
(5) 该生产线在2×24年1月1日公允价值为5 200 000元。
(6) 该生产线为全新设备,生产线的账面价值为5 200 000元,预计使用年限为5年。
(7) 发生的初始直接费用为200 000元。
(8) 中国琴岛公司每年按生产线所生产成品实现销售收入的2%向华夏公司分享经营收入。
(9) 2×26年12月31日,华夏公司收回生产线。

要求:根据以上资料,做出华夏公司在租赁开始日的会计处理。

分析：

第一步，计算租赁内含利率。

租赁内含利率是指在租赁开始日，使最低租赁收款额的现值和未担保余值的现值之和等于租赁资产公允价值和出租人初始直接费用之和的折现率，所以：

$2\,000\,000 \times (P/A, R, 3) = 5\,200\,000 + 200\,000$，即：

$2\,000\,000 \times (P/A, R, 3) = 5\,400\,000$，

$(P/A, R, 3) = 2.7$，经查表计算可得：$R = 5.46\%$。

第二步，计算租赁开始日最低租赁收款额及其现值和未实现融资收益。

最低租赁收款额＝最低租赁付款额＋无关第三方对出租人担保的资产余值
$= 2\,000\,000 \times 3 = 6\,000\,000$（元）

最低租赁收款额现值＝$2\,000\,000 \times (P/A, 5.46\%, 3) = 5\,400\,000$（元）

未实现融资收益＝（最低租赁收款额＋未担保余值）－（最低租赁收款额现值＋未担保余值现值）
$= 6\,000\,000 - 5\,400\,000 = 600\,000$（元）

第三步，判断租赁类型。

首先，租赁期（3年）占租赁资产尚可使用年限（5年）的60%（小于75%），没有满足融资租赁的第(3)条标准；

其次，最低租赁收款额的现值为5 400 000元，大于租赁资产原账面价值的90%（5 200 000×90%＝4 680 000元）。

因此，华夏公司应将该租赁认定为融资租赁。

第四步，账务处理。

借：应收融资租赁款——租赁收款额　　　　　　　　　　　　　　　6 000 000
　　贷：融资租赁资产　　　　　　　　　　　　　　　　　　　　　　5 200 000
　　　　银行存款　　　　　　　　　　　　　　　　　　　　　　　　　200 000
　　　　应收融资租赁款——未实现融资收益　　　　　　　　　　　　　600 000

若某融资租赁合同必须以收到租赁保证金为生效条件，出租人收到承租人交来的租赁保证金，借记"银行存款"科目，贷记"其他应收款——租赁保证金"科目。承租人到期不交租金，以保证金抵作租金时，借记"其他应收款——租赁保证金"科目，贷记"应收融资租赁款"科目。承租人违约，按租赁合同或协议规定没收保证金时，借记"其他应收款——租赁保证金"科目，贷记"营业外收入"等科目。

### 相关思考7-1

**应收融资租赁款的列报**

相关思考7-1解析：应收融资租赁款如何在报表上列示？

应收融资租赁款核算采用融资租赁方式租出固定资产而应向承租人收取的各种款项。

应收融资租赁款是新租赁准则的新增账户，原准则要求在"长期应收款——应收融资租赁款"账户核算。本科目可分别设置"租赁收款额""未实现融资收益"和"未担保余值"等进行明细核算。租赁业务较多的，出租人还可以在"租赁收款额"明细科目下进一步设置明细科目核算。

本科目余额在资产负债表"长期应收款"项目中填列，其中，自资产负债表日起1年内（含1年）到期的，在"一年内到期的非流动资产"项目中填列。出租业务较多的出租人，也可在"长期应收款"项目下单独列示为"其中：应收融资租赁款"。

## (二)租赁期间相关业务的会计处理

租赁期间,出租人具体的经济业务包括收取租赁收款额、确认融资利息收益、收取基于其他任何变量的可变租赁收款额。

### 1. 租赁收款额(如租金)的收取

租赁期内租赁收款额(如租金)的逐期收取相当于租赁债权的分期收回,它将减少出租人的租赁债权和承租人的债务。由于融资租赁具有融资的性质,因此每期收取的租金包含收回债权本金和利息两部分,即资产价值和融资收益两部分。根据租赁准则的规定,出租人应当采用实际利率法确认融资利息收入。在采用实际利率法的情况下,应当采用租赁内含利率作为融资租赁利息收入的实际利率。

收取租赁收款额(如租金)的账务处理如下:

借:银行存款(收到的租金)
　　贷:应收融资租赁款——租赁收款额

确认租赁收益的账务处理如下:

借:应收融资租赁款——未实现融资收益
　　贷:租赁收入(期初摊余成本×租赁内含利率)

【例 7-50】承[例 7-49],作出每期分配未实现融资收益的账务处理。

表 7-7　　　　　　　　　　未实现融资收益分配表　　　　　　　　　　单位:元

| 日期 | 租金<br>① | 融资收入<br>②=期初④×5.46% | 租赁投资净额减少额<br>③=①-② | 租赁投资净额余额<br>④=期初④-③ |
|---|---|---|---|---|
| 2×24 年 1 月 1 日 | | | | 5 400 000 |
| 2×24 年 12 月 31 日 | 2 000 000 | 294 840 | 1 705 160 | 3 694 840 |
| 2×25 年 12 月 31 日 | 2 000 000 | 201 738.26 | 1 798 261.74 | 1 896 578.26 |
| 2×26 年 12 月 31 日 | 2 000 000 | 103 421.74[b] | 1 896 578.26[a] | 0 |
| 合　　计 | 6 000 000 | 600 000 | 5 400 000 | |

注意:
(a) 1 896 578.26,最后一期租赁投资净额减少额应为上期租赁投资净余额。
(b) 103 421.74=2 000 000-1 896 578.26。

账务处理:

2×24 年 12 月 31 日收到第一期租金时:

借:银行存款　　　　　　　　　　　　　　　　　　　　　　　　2 000 000
　　贷:应收融资租赁款——租赁收款额　　　　　　　　　　　　　　　　2 000 000

2×24 年 1~12 月,每月确认融资收入=294 840÷12=24 570(元):

借:应收融资租赁款——未实现融资收益　　　　　　　　　　　　　24 570
　　贷:租赁收入　　　　　　　　　　　　　　　　　　　　　　　　　24 570

2×25 年 12 月 31 日收到第二期租金时:

借:银行存款　　　　　　　　　　　　　　　　　　　　　　　　2 000 000
　　贷:应收融资租赁款——租赁收款额　　　　　　　　　　　　　　　　2 000 000

2×25年1~12月,每月确认融资收入=201 738.26÷12=16 811.52(元):

借：应收融资租赁款——未实现融资收益　　　　　　　　　　　　16 811.52
　　贷：租赁收入　　　　　　　　　　　　　　　　　　　　　　　　　　16 811.52

2×26年12月31日收到第三期租金时：

借：银行存款　　　　　　　　　　　　　　　　　　　　　　　　　2 000 000
　　贷：应收融资租赁款——租赁收款额　　　　　　　　　　　　　　　　2 000 000

2×26年1~12月,每月确认融资收入=103 421.74÷12=8 618.48(元):

借：应收融资租赁款——未实现融资收益　　　　　　　　　　　　　8 618.48
　　贷：租赁收入　　　　　　　　　　　　　　　　　　　　　　　　　　8 618.48

2. 应收融资租赁款坏账准备的计提

为了更加真实、客观地反映出租人在融资租赁中的债权,出租人应当定期根据承租人的财务及经营管理情况,以及租金的逾期期限等因素,分析应收融资租赁款的风险程度和回收的可能性,对应收融资租赁款合理计提坏账准备。

出租人应对应收融资租赁款减去未实现融资收益的差额部分(在金额上等于本金的部分)合理计提坏账准备,而不是对应收融资租赁款全额计提坏账准备。计提坏账准备的方法由出租人根据有关规定自行确定。坏账准备的计提方法一经确定,不得随意变更。其会计处理如下：

(1) 计提坏账准备时：

借：信用减值损失
　　贷：坏账准备

(2) 对于确实无法收回的应收融资租赁款,经批准作为坏账损失,冲销计提的坏账准备：

借：坏账准备
　　贷：应收融资租赁款

(3) 已确认并转销的坏账损失,如果以后又收回,按实际收回的金额：

借：应收融资租赁款
　　贷：坏账准备

同时，

借：银行存款
　　贷：应收融资租赁款

3. 可变租赁收款额的处理

纳入出租人租赁投资净额的可变租赁收款额只包含取决于指数或比率的可变租赁收款额。在初始计量时,应当采用租赁期开始的指数或比率进行初始计量。

出租人应定期复核计算租赁投资总额时所使用的未担保余值。若预计未担保余值降低,出租人应修改租赁期内的收益分配,并立即确认预计的减少额。

出租人取得的未纳入租赁投资净额计量的可变租赁收款额,如与资产的未来绩效或使

用情况挂钩的可变租赁收款额,应当在实际发生时计入当期损益,其会计处理如下:

借:银行存款/应收账款
　　贷:租赁收入——可变租赁收款额

【例7-51】承[例7-49][例7-50],中国琴岛公司每年按生产线所生产成品实现销售收入的2%向华夏公司分享经营收入。2×24年、2×25年和2×26年中国琴岛公司分别实现塑钢窗销售收入100 000元、150 000元、120 000元,根据租赁合同规定,这3年应支付给华夏公司经营分享收入分别为2 000元、3 000元和2 400元。

(1) 2×24年,华夏公司确认可变租赁收入:

| | |
|---|---|
| 借:银行存款 | 2 260 |
| 　　贷:租赁收入——可变租赁收款额 | 2 000 |
| 　　　　应交税费——应交增值税(销项税额) | 260 |

(2) 2×25年,华夏公司确认可变租赁收入:

| | |
|---|---|
| 借:银行存款 | 3 390 |
| 　　贷:租赁收入——可变租赁收款额 | 3 000 |
| 　　　　应交税费——应交增值税(销项税额) | 390 |

(3) 2×26年,华夏公司确认可变租赁收入:

| | |
|---|---|
| 借:银行存款 | 2 952 |
| 　　贷:租赁收入——可变租赁收款额 | 2 400 |
| 　　　　应交税费——应交增值税(销项税额) | 552 |

**(三)租赁期届满的会计处理**

租赁期届满时,出租人应区别以下情况进行会计处理:
(1) 收回租赁资产的会计处理。

借:融资租赁资产
　　贷:应收融资租赁款——租赁收款额　【长期应收款的摊余成本】

(2) 优惠续租租赁资产。如果承租人行使优惠续租选择权,则出租人应视同该项租赁一直存在而作出相应计处理。比如,可能继续按照实际利率确认融资收益等。如果租赁期届满时承租人没有续租,承租人向出租人返还租赁资产时,其会计处理同上述收回租赁资产的会计处理。

(3) 留购租赁资产。租赁期届满时,承租人行使了优惠购买选择权。出租人按收到的承租人支付的购买资产的价款:

借:银行存款
　　贷:应收融资租赁款——租赁收款额　【长期应收款的摊余成本】

**(四)融资租赁变更的会计处理**

融资租赁发生变更且同时符合下列条件的,出租人应当将该变更作为一项单独租赁进行会计处理:
(1) 该变更通过增加一项或多项租赁资产的使用权而扩大了租赁范围或延长了租赁

期限;

(2) 增加的对价与租赁范围扩大部分或租赁期限延长部分的单独价格按该合同情况调整后的金额相当。

如果融资租赁的变更未作为一项单独租赁进行会计处理,且满足假如变更在租赁开始日生效,该租赁会被分类为经营租赁条件的,出租人应当自租赁变更生效日开始将其作为一项新租赁进行会计处理,并以租赁变更生效日前的租赁投资净额作为租赁资产的账面价值。

【例 7-52】 承租人就某套机器设备与出租人签订了一项为期 5 年的租赁,构成融资租赁。合同规定,每年年末承租人向出租人支付租金 20 000 元,租赁期开始日,出租资产公允价值为 75 816 元。在第 2 年年初,承租人和出租人同意对原租赁进行修改,缩短租赁期限到第 3 年年末,每年支付租金时点不变,租金总额从 100 000 元变更到 66 000 元。假设本例中不涉及未担保余值、担保余值、终止租赁罚款等。

解析:$20\ 000\times(P/A,r,5)=75\ 816$(元),租赁内含利率$=10\%$。

租赁收款额$=20\ 000\times5=100\ 000$(元)

未确认融资收益$=100\ 000-75\ 816=24\ 184$(元)

如果原租赁期限设定为 3 年,在租赁开始日,租赁类别被分类为经营租赁。

在租赁变更生效日,即第 2 年年初,出租人将租赁投资净额余额 63 398 元(75 816 − 20 000 + 75 816 × 10%)作为该套机器设备的入账价值,并从第 2 年年初开始,作为一项新的经营租赁(2 年租赁期,每年年末收取租金 33 000 元)进行会计处理。

第 2 年年初会计分录如下:

借:固定资产　　　　　　　　　　　　　　　　　　　　　　　　　63 398
　　应收融资租赁款——未实现融资收益　　　　　　　　　　　　　16 602
　　贷:应收融资租赁款——租赁收款额　　　　　　　　　　　　　　　　80 000

如果融资租赁的变更未作为一项单独租赁进行会计处理,且满足假如变更在租赁开始日生效,该租赁会被分类为融资租赁条件的,出租人应当按照《企业会计准则第 22 号——金融工具确认和计量》(2017)第四十二条关于修改或重新议定合同的规定进行会计处理,即修改或重新议定租赁合同,未导致应收融资租赁款终止确认,但导致未来现金流量发生变化的,应当重新计算该应收融资租赁款的账面余额,并将相关利得或损失计入当期损益。重新计算应收融资租赁款账面余额时,应当根据重新议定或修改的租赁合同现金流量按照应收融资租赁款的原折现率或按照《企业会计准则第 24 号——套期会计》(2017)第二十三条规定重新计算的折现率(如适用)折现的现值确定。对于修改或重新议定租赁合同所产生的所有成本和费用,企业应当调整修改后的应收融资租赁款的账面价值,并在修改后的应收融资租赁款的剩余期限内进行摊销。

【例 7-53】 承租人就某套机器设备与出租人签订了一项为期 5 年的租赁,构成融资租赁。合同规定,每年年末承租人向出租人支付租金 20 000 元,租赁期开始日租赁资产公允价值为 75 816 元,租赁内含利率 10%。在第 2 年年初,承租人和出租人因为设备适用性等原因同意对原租赁进行修改,从第 2 年开始,每年支付租金额变为 19 000 元,租金总额从 100 000 元变更到 96 000 元。

解析：如果此付款变更在租赁开始日生效，租赁类别仍被分类为融资租赁。在租赁变更生效日（第2年年初），重新计算的租赁投资净额＝19 000×($P/A$,10%,4)＝60 228（元），与原租赁投资净额账面余额63 398元（未收的本金：75 816－20 000＋75 816×10%；四舍五入）的差额3 170元计入当期损益。其中：租赁收款额减少4 000元（100 000－96 000），未确认融资收益减少830元（4 000－3 170）。

第2年年初会计分录如下：

借：租赁收入　　　　　　　　　　　　　　　　　　　　　　　　　3 170
　　应收融资租赁款——未实现融资收益　　　　　　　　　　　　　　830
　　贷：应收融资租赁款——租赁收款额　　　　　　　　　　　　　　　　4 000

### 知识拓展 7-3

**出租人融资租赁会计信息的列报和披露**

出租人应当在附注中披露与融资租赁有关的下列信息：

(1) 销售损益、租赁投资净额的融资收益以及与未纳入租赁投资净额的可变租赁收款额相关的收入。

(2) 资产负债表日后连续五个会计年度每年将收到的未折现租赁收款额，以及剩余年度将收到的未折现租赁收款额总额；不足五个会计年度的，披露资产负债表日后连续每年将收到的未折现租赁收款额。

(3) 未折现租赁收款额与租赁投资净额的调节表。

## 三、出租人对经营租赁的会计处理

在经营租赁下，与租赁资产有关的风险和报酬并没有实质上转移给承租人，出租人拥有租赁资产的所有权，因此出租人应按自有资产的处理方法，将租赁资产反映在资产负债表上。如果租赁资产为固定资产，应采用对类似应计折旧资产通常所采用的折旧政策计提折旧。经营租赁下出租人主要问题是解决应收的租金与确认为当期收入之间的关系、经营租赁资产折旧的计提。

### （一）租金的处理

在一般情况下，出租人应采用直线法将收到的租金在租赁期内确认为收益，但在某些特殊情况下，则应采用比直线法更系统合理的方法，如根据租赁资产的使用量来确认租赁收益。

出租人根据应确认的租金收益，借记"其他应收款""应收账款"等科目，贷记"租赁收入""其他业务收入"等科目。实际收到租金时，借记"银行存款"等科目，贷记"其他应收款""应收账款"等科目。

### （二）初始直接费用的处理

经营租赁中出租人发生的初始直接费用是指在租赁谈判和签订租赁合同的过程中发生的可归属于租赁项目的手续费、律师费、差旅费、印花税等，应当计入当期损益。金额较大的应当资本化，在整个经营租赁期内按照与确认租金收入相同的基础分期计入当期损益。

### （三）租赁资产的折旧和减值

对于经营租赁资产中的固定资产，应当采用出租人对类似应计折旧资产通常所采用的折旧政策计提折旧。对于其他经营租赁资产如周转材料等，应当根据该资产适用的企业会计准则,采用系统合理的方法进行摊销。

出租人应当按照《企业会计准则第8号——资产减值》的规定,确定经营租赁资产是否发生减值,并对已识别的减值损失进行会计处理。

### (四)可变租赁收款额

出租人取得的与经营租赁有关的可变租赁收款额,如果是与指数或比率挂钩的,应在租赁期开始日计入租赁收款额;除此之外的,应当在实际发生时计入当期损益。

### (五)出租人提供激励措施的处理

(1)出租人提供免租期的,出租人应将租金总额在不扣除免租期的整个租赁期内,按直线法或其他合理方法进行分配,免租期内应确认租金收入。

(2)出租人承担了承租人某些费用的,出租人应将该费用从租金收入总额中扣除,按扣除后的租金收入余额在租赁期内进行分配。

### (六)经营租赁的变更

经营租赁发生变更的,出租人应自变更生效日开始,将其作为一项新的租赁进行会计处理,与变更前租赁有关的预收或应收租赁收款额视为新租赁的收款额。

**【例7-54】** 2×24年1月1日,中国琴岛公司向华夏公司租入一台生产设备,租期为2年。华夏公司该设备价值为2 000 000元,预计使用年限为10年,预计净残率为4%,采用直线法计提折旧。租赁合同规定,租赁开始日(2×24年1月1日)中国琴岛公司向华夏公司一次性预付租金600 000元,第1年年末支付租金450 000元,第2年年末支付租金450 000元。租赁期届满后华夏公司收回设备,2年的租金总额为1 500 000元(假定中国琴岛公司和华夏公司均在年末确认租金费用和租金收入,并且不存在租金逾期支付的情况)。

出租人华夏公司各年的账务处理如下:

(1)2×24年1月1日:

借:银行存款 600 000
 贷:应收账款 600 000

(2)2×24年12月31日:

借:银行存款 450 000
 应收账款 300 000
 贷:租赁收入 750 000

年折旧额=2 000 000×(1−4%)÷10=192 000(元)

借:其他业务成本 192 000
 贷:累计折旧 192 000

(3)2×25年12月31日:

借:银行存款 450 000
 应收账款 300 000
 贷:租赁收入 750 000

借:其他业务成本 192 000
 贷:累计折旧 192 000

> **知识拓展 7-4**
>
> **出租人对经营租赁会计信息的列报和披露**
>
> 出租人应当根据资产的性质,在资产负债表中列示经营租赁资产。
>
> 出租人应当在附注中披露与经营租赁有关的下列信息:
>
> (1) 租赁收入,并单独披露与未计入租赁收款额的可变租赁收款额相关的收入;
>
> (2) 将经营租赁固定资产与出租人持有自用的固定资产分开,并按经营租赁固定资产的类别提供《企业会计准则第4号——固定资产》要求披露的信息;
>
> (3) 资产负债表日后连续五个会计年度每年将收到的未折现租赁收款额,以及剩余年度将收到的未折现租赁收款额总额。不足五个会计年度的,披露资产负债表日后连续每年将收到的未折现租赁收款额。
>
> 出租人应当根据理解财务报表的需要,披露有关租赁活动的其他定性和定量信息。此类信息包括:
>
> (1) 租赁活动的性质,如对租赁活动基本情况的描述;
>
> (2) 对其在租赁资产中保留的权利进行风险管理的情况;
>
> (3) 其他相关信息。

## 第四节 特殊租赁业务会计处理

### 一、转租赁

转租情况下,原租赁合同和转租赁合同通常都是单独协商的,交易对手也是不同的企业,准则要求转租出租人对原租赁合同和转租赁合同分别根据承租人和出租人会计处理要求,进行会计处理。

承租人在对转租赁进行分类时,转租出租人应基于原租赁中产生的使用权资产,而不是租赁资产(如作为租赁对象的不动产或设备)进行分类。原租赁资产不归转租出租人所有,原租赁资产也未计入其资产负债表。因此,转租出租人应基于其控制的资产(即使用权资产)进行会计处理。

原租赁为短期租赁,且转租出租人作为承租人已按照准则采用简化会计处理方法的,应将转租赁分类为经营租赁。

**【例 7-55】** 华夏公司(原租赁承租人)与乙企业(原租赁出租人)就 8 000 平方米办公场所签订了一项为期 5 年的租赁(原租赁)。在第 3 年年初,华夏公司将该 8 000 平方米办公场所转租给丙企业,期限为原租赁的剩余 3 年时间(转租赁)。假设不考虑初始直接费用。

分析:华夏公司应基于原租赁形成的使用权资产对转租赁进行分类。本例中,转租赁的期限覆盖了原租赁的所有剩余期限,综合考虑其他因素,华夏公司判断其实质上转移了与该项使用权资产有关的几乎全部风险和报酬,华夏公司将该项转租赁分类为融资租赁。

华夏公司的会计处理为:①终止确认与原租赁相关且转租给丙企业(转租承租人)的使用权资产,并确认转租赁投资净额。②将使用权资产与转租赁投资净额之间的差额确认为损益。③在资产负债表中保留原租赁的租赁负债,该负债代表应付原租赁出租人的租赁付款额。在转租期间,中间出租人既要确认转租赁的融资收益,也要确认原租赁的利息费用。

**【例 7-56】** 华夏公司(原租赁承租人)与乙企业(原租赁出租人)就 5 000 平方米办公场所签订了一项为期 5 年的租赁(原租赁)。在原租赁的租赁期开始日,华夏公司将该 5 000 平方米办公场所转租给丙企业,期限为 2 年(转租赁)。

分析:华夏公司基于原租赁形成的使用权资产对转租赁进行分类,考虑各种因素后,将其分类为经营租赁。签订转租赁合同时,中间出租人在其资产负债表中继续保留与原租赁相关的租赁负债和使用权资产。在转租期间,华夏公司的会计处理为:①确认使用权资产的折旧费用和租赁负债的利息费用。②确认转租赁的租赁收入。

## 二、生产商或经销商出租人的融资租赁会计处理

生产商或经销商通常为客户提供购买或租赁其产品或商品的选择。如果生产商或经销商出租其产品或商品构成融资租赁,则该交易产生的损益应相当于按照考虑适用的交易量或商业折扣后的正常售价直接销售标的资产所产生的损益。构成融资租赁的,生产商或经销商出租人在租赁期开始日应当按照租赁资产公允价值与租赁收款额按市场利率折现的现值两者孰低确认收入,并按照租赁资产账面价值扣除未担保余值的现值后的余额结转销售成本,收入和销售成本的差额作为销售损益。

由于取得融资租赁所发生的成本主要与生产商或经销商赚取的销售利得相关,生产商或经销商出租人应当在租赁期开始日将其计入损益。即,与其他融资租赁出租人不同,生产商或经销商出租人取得融资租赁所发生的成本不属于初始直接费用,不计入租赁投资净额。其会计处理如下:

借:应收融资租赁款——租赁收款额
　　贷:主营业务收入　　　　　　　　　【现值与公允价值较低者】
　　　　应收融资租赁款——未实现融资收益

此时:

借:主营业务成本　　　　　　　　　　【租赁资产账面价值－未担保余值现值】
　　贷:库存商品

【例 7-57】 华夏公司是一家设备生产商,与乙公司(生产型企业)签订了一份租赁合同,向乙公司出租所生产的设备,合同主要条款如下:

(1) 租赁资产:设备 A。
(2) 租赁期:2×24 年 1 月 1 日至 2×26 年 12 月 31 日,共 3 年。
(3) 租金支付:自 2×24 年起每年年末支付年租金 1 000 000 元。
(4) 租赁合同规定的利率:年利率 5%,与市场利率相同。
(5) 该设备于 2×24 年 1 月 1 日的公允价值为 2 700 000 元,账面价值为 2 000 000 元。
(6) 华夏公司取得该租赁发生的相关成本为 5 000 元。
(7) 该设备于 2×24 年 1 月 1 日交付乙公司,预计使用寿命为 8 年,无残值;租赁期届满时,乙公司可以 100 元购买该设备,预计租赁到期日该设备的公允价值不低于 1 500 000 元,乙公司对此金额提供担保;租赁期内该设备的保险、维修等费用均由乙公司自行承担。假设不考虑其他因素和各项税费影响。

解析:第一步,判断租赁类型。

租赁期满,乙公司可以远低于租赁到期日租赁资产公允价值的金额购买租赁资产,华夏公司认为其可以合理确定乙公司将行使购买选择权,综合考虑其他因素,与该项资产所

有权有关的几乎所有风险和报酬已实质转移给乙公司,因此华夏公司将该租赁认定为融资租赁。

第二步,计算租赁期开始日租赁收款额按市场利率折现的现值,确定收入金额。

租赁收款额=租金×期数+购买价格=1 000 000×3+100=3 000 100(元)

租赁收款额按市场利率折现的现值=1 000 000×(P/A,5%,3)+100×(P/F,5%,3)
$$=2\ 723\ 286(元)$$

按照租赁资产公允价值与租赁收款额按市场利率折现的现值两者孰低的原则,确认收入为2 700 000元。

第三步,计算租赁资产账面价值扣除未担保余值的现值后的余额,确定销售成本金额。

销售成本=账面价值-未担保余值的现值=2 000 000-0=2 000 000(元)

第四步,会计分录:

2×24年1月1日(租赁期开始日):

| 借:应收融资租赁款——租赁收款额 | 3 000 100 |
| --- | --- |
| 贷:主营业务收入 | 2 700 000 |
| 应收融资租赁款——未实现融资收益 | 300 100 |

此时:

| 借:主营业务成本 | 2 000 000 |
| --- | --- |
| 贷:库存商品 | 2 000 000 |
| 借:销售费用 | 5 000 |
| 贷:银行存款 | 5 000 |

由于华夏公司在确定营业收入和租赁投资净额(即应收融资租赁款)时,是基于租赁资产的公允价值,因此,华夏公司需要根据租赁收款额、未担保余值和租赁资产公允价值重新计算租赁内含利率。

$1\ 000\ 000×(P/A,r,3)+100×(P/F,r,3)=2\ 700\ 000(元)$,$r=5.4606\%$。计算租赁期内各期分摊的融资收益如表7-8所示。

表7-8　　　　　　　　　　　融资租赁利息收入计算表　　　　　　　　　　单位:元

| 日期 | 收取租赁款项 | 确认的融资收入 | 应收租赁款减少额 | 应收租赁款净额 |
| --- | --- | --- | --- | --- |
|  | ① | ②=期初④×5.4606% | ③=①-② | 期末④=期初④-③ |
| 2×24年1月1日 |  |  |  | 2 700 000 |
| 2×24年12月31日 | 1 000 000 | 147 436 | 852 564 | 1 847 436 |
| 2×25年12月31日 | 1 000 000 | 100 881 | 899 119 | 948 317 |
| 2×26年12月31日 | 1 000 000 | 51 783* | 948 217* | 100 |
| 2×26年12月31日 | 100 |  | 100 |  |
| 合计 | 3 000 100 | 300 100 | 2 700 000 |  |

注:*作尾数调整:51 783=1 000 000-948 217;948 217=948 317-100。

2×24年12月31日会计分录:(第1年年末)

借：银行存款　　　　　　　　　　　　　　　　　　　　1 000 000
　　贷：应收融资租赁款——租赁收款额　　　　　　　　　　　1 000 000
借：应收融资租赁款——未实现融资收益　　　　　　　　　147 436
　　贷：租赁收入　　　　　　　　　　　　　　　　　　　　 147 436

此时：

收取的利息＝2 700 000×5.4606％＝147 436(元)

收取的本金＝1 000 000－147 436＝852 564(元)

未收的本金＝2 700 000－852 564＝1 847 436(元)

2×25 年 12 月 31 日和 2×26 年 12 月 31 日会计分录从略。

为吸引客户，生产商或经销商出租人有时以较低利率报价。使用该利率会导致出租人在租赁期开始日确认的收入偏高。在这种情况下，生产商或经销商出租人应当将销售利得限制为采用市场利率所能取得的销售利得。

趣味阅读7-2

### 融资租赁公司的风险

融资租赁涉及三方当事人——融资租赁公司、卖方和承租人，融资租赁公司需要同卖方和承租人签订合同，因为存在两个合同关系，其风险具有复杂性和多样性的特点。融资租赁公司的经营风险主要有以下几种类型：

(1) 信用风险。传统的信用风险是指由于交易对手违约而带来的风险，现代意义上的信用风险不仅包括实际违约带来的风险，还应包括由于交易对手信用状况和履约能力上的变化导致债权人资产价值发生变动而遭受损失的风险。

(2) 汇率风险。汇率风险是指租赁公司在经营国际融资租赁业务中由于一国的货币折算成另一国家的货币比率的变动从而可能导致各方经济损失的风险。

(3) 利率风险。利率风险是指由于国际或国内政治、经济甚至军事等原因导致的银行利率水平的不确定变动，而给行为人造成损失，它是一种机遇风险。

(4) 政治风险。政治风险是指影响租赁公司正常经营活动的政治环境或政府采取的某些政策措施影响租赁公司经营活动所产生的风险。

(5) 技术风险。技术风险是指由于技术创新和市场需求不断变动造成租赁物陈旧过时的风险。

对于融资租赁公司而言，只有控制好了风险，才能使企业自身长期健康发展壮大。

## 三、售后租回交易

### (一) 售后租回交易的含义

售后租回交易是一种特殊形式的租赁业务，是指销货方(即承租人)将一项自制或外购的资产出售后，又将该项资产从购买方(即出租人)租回，习惯上称之为"回租"。从交易的效果来看：通过售后租回交易，资产的原所有者(即承租人)在保留对资产的占有权、使用权和控制权的前提下，将固定资本转化为货币资本，在出售时可取得全部价款的现金，而租金则是分期支付的，从而增加资金的流动性，提高资金的使用效率，同时也可缓解企业流动资金不足的难题。从购买方(出租人)来看，购买方通过"先买后租"的方式，实际上从事了一项风险较小、回报比较稳定的投资活动。

从交易形式上来看,售后租回交易包含了两项经济活动——销售和租赁,交易的双方也由此具有了双重身份:销售方同时也是承租人,购买方同时也是出租人。售后租回交易的双方均应按照售后租回交易的规定进行会计处理,即企业应当按照收入准则规定,评估确认售后租回交易中资产转让是否属于销售,并分别进行会计处理。

**(二)售后租回交易的会计处理**

1. 基本原则

按照我国租赁准则的规定,卖方首先要对售后回租是否形成一项满足收入确认的合同进行判断,评估确定售后租回交易中的资产转让是否属于销售,并区别进行会计处理:

如果符合《企业会计准则第 14 号——收入》中关于收入确认的标准(控制权的转移),则表明销售成立。售后租回交易中的资产转让属于销售的,承租人应当按原资产账面价值中与租回获得的使用权有关的部分,计量售后租回所形成的使用权资产,并仅就转让至出租人的权利确认相关利得或损失;出租人应当根据其他适用的企业会计准则对资产购买进行会计处理,并根据租赁的性质(经营租赁还是融资租赁)对资产出租进行会计处理。

如果售后租回交易中的资产转让不属于销售的,则统作为一项融资安排,承租人应当继续确认被转让资产,同时确认一项与转让收入等额的金融负债;而出租人不确认被转让资产,但应当确认一项与转让收入等额的金融资产,按照金融工具相关准则进行会计处理。

在标的资产的法定所有权转移给出租人并将资产租赁给承租人之前,承租人可能会先获得标的资产的法定所有权。但是,是否具有标的资产的法定所有权本身并非会计处理的决定性因素。如果承租人在资产转移给出租人之前已经取得对标的资产的控制,则该交易属于售后租回交易。然而,如果承租人未能在资产转移给出租人之前取得对标的资产的控制,那么即便承租人在资产转移给出租人之前先获得标的资产的法定所有权,该交易也不属于售后租回交易。

2. 售后租回交易中的资产转让属于销售

卖方兼承租人应当按原资产账面价值中与租回获得的使用权有关的部分,计量售后租回所形成的使用权资产,并仅就转让至买方兼出租人的权利确认相关利得或损失。买方兼出租人根据其他适用的企业会计准则对资产购买进行会计处理,并根据新租赁准则对资产出租进行会计处理。如果销售对价的公允价值与资产的公允价值不同,或者出租人未按市场价格收取租金,企业应当进行以下调整:

(1)销售对价低于市场价格的款项作为预付租金进行会计处理。

(2)销售对价高于市场价格的款项作为买方兼出租人向卖方兼承租人提供的额外融资进行会计处理。

同时,承租人按照公允价值调整相关销售利得或损失,出租人按市场价格调整租金收入。

在进行上述调整时,企业应当按以下两者中较易确定者进行:

(1)销售对价的公允价值与资产的公允价值的差异;

(2)合同付款额的现值与按市场租金计算的付款额的现值的差异。

【例 7-58】 2×24 年 1 月 1 日,华夏公司将一条冰箱生产线按公允价值 2 600 000 元的价格销售给乙公司。该生产线 2×24 年 1 月 1 日的账面原值为 3 000 000 元,已累计计提折旧 700 000 元,设备未计提减值准备。同时华夏公司与乙公司签订了一份租赁合同,将该生产线租回,年租金为 100 000 元。假定不考虑相关税费。华夏公司的会计处理如下:

第一步,识别合同是否为租赁。

该项合同为租赁,租赁期开始日按我国租赁准则的规定进行会计处理。

第二步,计算租赁付款额的现值。

租赁付款额的现值为 2 577 100 元。

3 年租赁期的年度租赁款租金 100 000 元(年金)按照 8%的折现率得到现值为 2 577 100 元,这一现值可以代表归属于华夏公司的销售价格(公允价值)部分。相应的,归属于乙公司的销售价格(公允价值)部分为 22 900 元(2 600 000-2 577 100)。在此基础上可以将账面金额与销售利得在华夏公司与乙公司之间进行分配。其中归属于华夏公司的销售对价与账面金额部分,从本质上讲是由华夏公司保留而未转移出去的资产价值部分,因此华夏公司不能确认归属于自身的销售利得,而只能确认归属于乙公司的销售利得。

第三步,计算使用权资产的入账价值。

使用权资产的入账价值=租赁资产账面价值×(租赁付款额现值÷租赁资产公允价值)
=2 300 000×(2 577 100÷2 600 000)=2 279 742(元)

第四步,计算资产销售利得(或)损失。

总销售利得(或)损失=2 600 000-(3 000 000-700 000)=300 000(元)

销售利得(或)损失=总销售利得(或)损失×(1-使用权资产入账价值÷租赁资产账面价值)
=300 000×(1-2 279 742÷2 300 000)=2 642(元)

根据上述分摊金额,华夏公司应作会计分录如下:

| | |
|---|---|
| 借:银行存款 | 2 600 000 |
| 　　累计折旧 | 700 000 |
| 　　使用权资产[2 300 000×(2 577 100÷2 600 000)] | 2 279 742 |
| 　贷:固定资产 | 3 000 000 |
| 　　　租赁负债 | 2 577 100 |
| 　　　资产处置损益[300 000×(20 258÷2 300 000)] | 2 642 |

3. 售后租回交易中的资产转让不属于销售

卖方兼承租人不终止确认所转让的资产,而应当将收到的现金作为金融负债,并按照《企业会计准则第 22 号——金融工具确认和计量》(2017)进行会计处理。买方兼出租人不确认被转让资产,而应当将支付的现金作为金融资产,并按照《企业会计准则第 22 号——金融工具确认和计量》(2017)进行会计处理。

【例 7-59】 华夏公司(卖方兼承租人)以货币资金 24 000 000 元的价格向乙公司(买方兼出租人)出售一栋建筑物,交易前该建筑物的账面原值是 24 000 000 元,累计折旧是 4 000 000 元。与此同时,华夏公司与乙公司签订了合同,取得了该建筑物 18 年的使用权(全部剩余使用年限为 40 年),年租金为 2 000 000 元,于每年年末支付,租赁期满时,华夏公司将以 100 元购买该建筑物。根据交易的条款和条件,华夏公司转让建筑物不满足《企业会计准则第 14 号——收入》(2017)中关于销售成立的条件。假设不考虑初始直接费用和各项税费的影响。该建筑物在销售当日的公允价值为 36 000 000 元。

分析:在租赁期开始日,华夏公司对该交易的会计处理如下:

| | |
|---|---|
| 借:银行存款 | 24 000 000 |
| 　贷:长期应付款 | 24 000 000 |

在租赁期开始日,乙公司对该交易的会计处理如下:

借:长期应收款　　　　　　　　　　　　　　　　　　　　24 000 000
　　贷:银行存款　　　　　　　　　　　　　　　　　　　　　24 000 000

7-7 扫一扫
看课件

## 本 章 小 结

本章主要学习了租赁的识别,租赁期,租赁的合并与分拆;承租人在租赁期开始日及租赁期间对使用权资产和租赁负债的初始计量和后续计量;承租人对短期租赁和低价值资产租赁的简化处理;出租人对经营租赁和融资租赁的会计处理;转租赁及售后租回交易的定义及账务处理。

新租赁准则相关会计科目所对应的会计报表项目如表7-9所示。

表7-9　　　　　　　　　　　新租赁准则相关会计科目列报

| 会计科目 | 报表项目 | 列报说明 |
| --- | --- | --- |
| 使用权资产 | "使用权资产" | 该项目应根据"使用权资产"科目的期末余额,减去"使用权资产累计折旧"和"使用权资产减值准备"科目的期末余额后的金额填列 |
| 使用权资产累计折旧 | | |
| 使用权资产减值准备 | | |
| 租赁负债 | "租赁负债"或"1年内到期的非流动负债" | 该项目应根据"租赁负债"科目的期末余额填列。自资产负债表日起1年内到期应予以清偿的租赁负债的期末账面价值在"一年内到期的非流动负债"项目反映 |
| 融资租赁资产 | "固定资产" | |
| 应收融资租赁款 | "长期应收款"或"1年内到期的非流动资产" | "应收融资租赁款"的科目余额在"长期应收款"项目中填列,其中,自资产负债表日起1年内(含1年)到期的,在"一年内到期的非流动资产"项目中填列。出租业务较多的出租人,也可在"长期应收款"项目下单独列示为"其中:应收融资租赁款" |
| 应收融资租赁款减值准备 | | |
| 租赁收入 | 营业收入 | |

## 重 要 概 念

租赁　租赁期　租赁开始日　租赁期开始日　使用权资产　租赁负债　资产余值
经营租赁　融资租赁　租赁收款额　租赁付款额　转租赁　售后租回

# 第八章 政府补助

> 内容提要
> 重点难点
> 学习目标
> 知识框架
> 第一节 政府补助概述
> 第二节 政府补助的会计处理
> 第三节 政府补助的列报
> 本章小结
> 重要概念

**内容提要**

本章主要讲述政府补助的概念、特征及分类,政府补助的会计处理。

**重点难点**

本章重点难点是政府补助的会计处理。

**学习目标**

通过本章学习,学生应掌握政府补助的会计处理,了解政府补助的概念、特征及分类。

**知识框架**

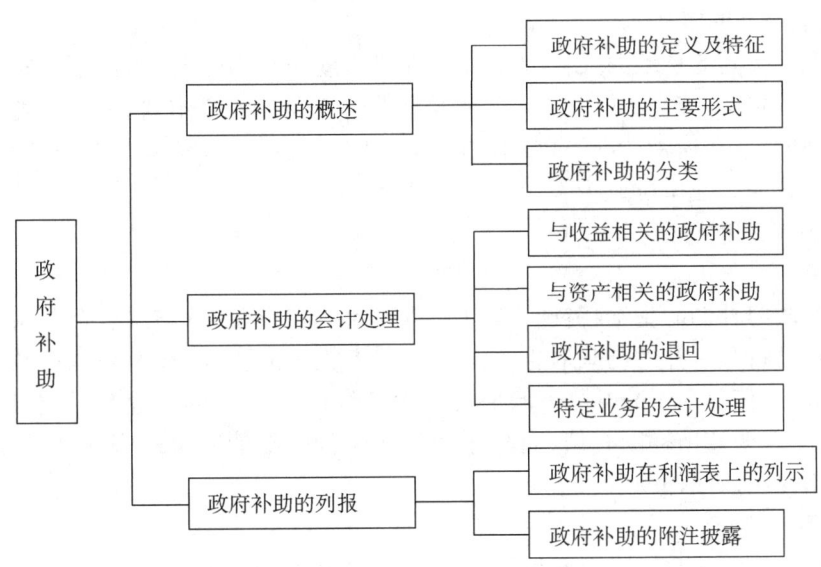

**思政育人　　如何避免政府补助发放的不公平问题？**

科大讯飞在 2008 年上市以后的 12 年间收到的政府补助累计达 12 亿元，获得的政府补助主要包括：基于软件行业增值税退税政策获得的退税收入；基于国家层面建设数字中国战略获得大量与人工智能产业和平台建设、智慧城市等业务相关的政府补助；通过产业聚集、落户获得的地方性双创资金补助；通过参与安徽信息工程学院办学获得办学补助。科大讯飞依靠政府补助发展智慧城市业务，企业发展与政府补助形成良性循环。

政府补助是对社会资源的再分配，政府补助发放得不合理，除了会导致公共资源利用低效率、公共产品供给不足的情况，还可能导致不正当竞争。国际范围内的反补贴政策是为了应对不正当的政府补助在国际贸易中导致的不公平现象。而在国内，同一行业内不同企业获得的政府补助失衡同样会导致不公平现象。受企业规模和性质影响，大型企业更容易获得大额政府补助，对科大讯飞来说，其因承担国家智能语音平台建设和在中国声谷中的重要地位获得大量的政府补助，这对行业内中小企业或新兴企业带来的同样可能带来不公平。

思考：政府部门在发放政府补助的过程中，应如何注意公平问题，避免政府在无形之中成为不公平的推手？

资料来源：连静亚.科大讯飞政府补助案例研究［EB/OL］.(2021-11-21)[2023-11-20].http://www.doc88.com/p-99959564857365.html.

8-1 视频：
政府补助
概述

# 第一节　政府补助概述

## 一、政府补助的定义及特征

### （一）政府补助的定义

政府补助是指企业从政府无偿取得货币性资产或非货币性资产，但不包括政府作为企业所有者投入的资本。政府如以企业所有者身份向企业投入资本，将拥有企业相应的所有权，分享企业利润。在这种情况下，政府与企业之间的关系是投资者与被投资者的关系，属于互惠交易。这与其他单位或个人对企业的投资在性质上是一致的。

### （二）政府补助的特征

**1. 无偿性**

无偿性是政府补助的基本特征。政府并不因此享有企业的所有权，企业将来也不需要偿还。这一特征将政府补助与政府作为企业所有者投入的资本、政府采购等政府与企业之间双向、互惠的经济活动区分开来。政府补助通常附有一定的条件，这与政府补助的无偿性并无矛盾，并不表明该项补助有偿，而是企业经法定程序申请取得政府补助后，应当按照政府规定的用途使用该项补助。

**2. 直接取得资产**

政府补助是企业从政府直接取得的资产，包括货币性资产和非货币性资产。比如，企业取得的财政拨款、先征后返(退)、即征即退等方式返还的税款，行政划拨的土地使用权等。不涉及资产直接转移的经济支持不属于政府补助准则规范的政府补助，比如政府与企业间的债务豁免，除税收返还外的税收优惠，如直接减征、免征、增加计税抵扣额、抵免部分税额等。

此外，还需说明的是，增值税出口退税不属于政府补助。根据相关税收法规规定，对增值税出口货物实行零税率，即对出口环节的增值部分免征增值税，同时退回出口货物前道环节所征的进项税额。由于增值税是价外税，出口货物前道环节所含的进项税额是抵扣项目，体现为企业垫付资金的性质，增值税出口退税实质上是政府归还企业事先垫付的资金，不属于政府补助。

## 二、政府补助的主要形式

随着我国社会主义市场经济的发展和完善，履行世界贸易组织协定（WTO）有关承诺，政府对企业的经济支持主要集中在关系国计民生的农业、环境保护以及科学技术研究等领域。比如，对粮、棉、油等生产或储备企业给予的定额补助，这些生活必需品涉及千家万户，其价格往往不能随行就市，售价低于成本造成的损失需要由政府来弥补。又如，为了环境保护，政府对符合条件的企业实行增值税先征后返政策，返还的税款专项用于环保支出。实际工作中，政府补助通常为货币性资产形式，如财政拨款、财政贴息和税收返还，也存在非货币性资产形式的情况。

### （一）财政拨款

财政拨款是指政府为了支持企业而无偿拨付的款项。为了体现财政拨款的政策引导作用，这类拨款通常具有严格的政策条件，只有符合申报条件的企业才能申请拨款；同时附有明确的使用条件，政府在批准拨款时就规定了资金的具体用途。比如，财政部门拨付给企业的粮食定额补贴，鼓励企业安置职工就业的奖励款等均属于财政拨款。

### （二）财政贴息

财政贴息是指政府为支持特定领域或区域发展、根据国家宏观经济形势和政策目标，对承贷企业的银行贷款利息给予的补贴。财政贴息的补贴对象通常是符合申报条件的某个综合性项目，包括设备购置、人员培训、研发费用、人员开支、购买服务等，也可以是单项的，比如仅限于固定资产贷款项目。

### （三）税收返还

税收返还是指政府按照国家有关规定采取先征后返（退），即征即退等办法向企业返还的税款，属于以税收优惠形式给予的一种政府补助。除了税收返还之外，税收优惠还包括直接减征、免征加计税抵扣额、抵免部分税额等形式。这类税收优惠体现了政策导向，但政府并未向企业无偿提供资产，因此不作为政府补助准则规范的政府补助处理。

### （四）无偿划拨非货币性资产

属于无偿划拨非货币性资产的情况主要有无偿划拨土地使用权、天然起源的天然林等。在实务中，这种情况已经很少。

需要说明的是，政府补助体现为以上几种形式，但并非所有这些形式的经济支持均属于政府补助准则规范的政府补助，应严格按照政府补助的定义来界定。

## 三、政府补助的分类

根据政府补助准则规定，政府补助应当划分为与资产相关的政府补助和与收益相关的政府补助，这是因为两类政府补助给企业带来经济利益或者弥补相关成本或费用的形式不同，从而在具体账务处理上存在差别。

### （一）与资产相关的政府补助

与资产相关的政府补助是指企业取得的、用于购建或以其他方式形成长期资产的政府补助。通常情况下，相关补助文件会要求企业将补助资金用于取得长期资产。长期资产将在较长的期间内给企业带来经济利益，会计上有两种处理方法可供选择：一是将与资产相关的政府补助确认为递延收益，随着资产的使用而逐步结转入损益；二是将补助冲减资产的账面价值，以反映长期资产的实际取得成本。

### （二）与收益相关的政府补助

与收益相关的政府补助是指除与资产相关的政府补助之外的政府补助。此类补助主要是用于补偿企业已发生或即将发生的费用或损失。受益期相对较短，所以通常在满足补助所附条件时计入当期损益或冲减相关成本。

## 第二节 政府补助的会计处理

根据政府补助准则的规定，政府补助同时满足下列条件的，才能予以确认：一是企业能够满足政府补助所附条件；二是企业能够收到政府补助。在计量方面，政府补助为货币性资产的，应当按照收到或应收的金额计量。如果企业已经实际收到补助资金，应当按照实际收到的金额计量；如果资产负债表日企业尚未收到补助资金，但企业在符合了相关政策规定后就相应获得了收款权，且与之相关的经济利益很可能流入企业，企业应当在这项补助成为应收款时按照应收的金额计量。政府补助为非货币性资产的，应当按照公允价值计量；公允价值不能可靠取得的，按照名义金额计量。

政府补助有两种会计处理方法：一是总额法，在确认政府补助时将政府补助全额确认为收益，而不是作为相关资产账面价值或者费用的扣减；二是净额法，将政府补助作为相关资产账面价值或所补偿费用的扣减。根据《企业会计准则——基本准则》的要求，同一企业不同时期发生的相同或者相似的交易或者事项，应当采用一致的会计政策，不得随意变更。确需变更的，应当在附注中说明。企业应当根据经济业务的实质，判断某一类政府补助业务应当采用总额法还是净额法，通常情况下，对同类或类似政府补助业务只能选用一种方法，同时，企业对该业务应当一贯地运用该方法，不得随意变更。

与企业日常活动相关的政府补助，应当按照经济业务实质，计入其他收益或冲减相关成本费用。与企业日常活动无关的政府补助，计入营业外收支。通常情况下，若政府补助补偿的成本费用是营业利润之中的项目，或该补助与日常销售等经营行为密切相关如增值税即征即退等，则认为该政府补助与日常活动相关。企业选择总额法对与日常活动相关的政府补助进行会计处理的，应增设"其他收益"科目进行核算。"其他收益"科目核算总额法下与日常活动相关的政府补助以及其他与日常活动相关且应直接计入本科目的项目。对于总额法下与日常活动相关的政府补助，企业在实际收到或应收时，或者将先确认为"递延收益"的政府补助分摊计入损益时，借记"银行存款""其他应收款""递延收益"等科目，贷记"其他收益"科目。

### 一、与收益相关的政府补助

（1）用于补偿企业以后期间的相关成本费用或损失的，在收到时应当先判断企业能否满足政府补助所附条件。如收到时暂时无法确定,则应当先作为预收款项记入"其他应付款"科目,待客观情况表明企业能够满足政府补助所附条件后,再确认递延收益;如收到补助时,客观情况表明企业能够满足政府补助所附条件,则应当确认递延收益,并在确认相关费用或损失的期间,计入当期损益或冲减相关成本。

【例8-1】 华夏粮食储备企业按照国家相关规定和有关主管部门每季度下达的轮换计划出售陈粮,同时购入新粮。为弥补华夏企业发生的轮换费用,财政部门按照轮换计划中规定的轮换量支付企业0.04元/千克的轮换费补贴。华夏企业根据下达的转换计划需要在2×23年第1季度轮换储备粮6万吨,款项尚未收到。华夏企业的账务处理如下:

① 2×23年1月,按照轮换量6万吨和国家规定的补贴定额0.04元/千克,计算和确认其他应收款240万元。

借:其他应收款　　　　　　　　　　　　　　　　　　　　　　2 400 000
　　贷:递延收益　　　　　　　　　　　　　　　　　　　　　　　　　　2 400 000

② 2×23年1月,将补偿1月份保管费的补贴计入当期收益。

借:递延收益　　　　　　　　　　　　　　　　　　　　　　　　800 000
　　贷:其他收益　　　　　　　　　　　　　　　　　　　　　　　　　　800 000

2×23年2月和3月的分录同上。

(2) 用于补偿企业已发生的相关成本费用或损失的,直接计入当期损益或冲减相关成本。这类补助通常与企业已经发生的行为有关,是对企业已发生的成本费用或损失的补偿,或是对企业过去行为的奖励。如果企业已经实际收到补助资金,应当按照实际收到的金额计入当期损益或冲减相关成本;如果会计期末企业尚未收到补助资金,但企业在符合了相关政策规定后就相应获得了收款权,且与之相关的经济利益很可能流入企业,企业应当在这项补助成为应收款时按照应收的金额予以确认,计入当期损益或冲减相关成本。

【例8-2】 华夏公司生产一种先进的模具产品,按照国家相关规定,该企业的这种产品适用增值税先征后返政策,即先按规定征收增值税,然后按实际缴纳增值税额返还70%。2×23年1月,该企业实际缴纳增值税额120万元。2×23年2月,该企业实际收到返还的增值税额84万元。2×23年2月,华夏公司实际收到返还的增值税额时,作账务处理如下:

借:银行存款　　　　　　　　　　　　　　　　　　　　　　　　840 000
　　贷:其他收益　　　　　　　　　　　　　　　　　　　　　　　　　　840 000

【例8-3】 华夏公司2×23年11月遭受重大自然灾害,并于2×23年12月10日收到了政府补助资金150万元。

2×23年12月10日,华夏公司实际收到补助资金并选择按总额法进行会计处理,其账务处理如下:

借:银行存款　　　　　　　　　　　　　　　　　　　　　　　1 500 000
　　贷:营业外收入　　　　　　　　　　　　　　　　　　　　　　　　1 500 000

【例8-4】 2×21年9月,华夏公司按照有关规定,为其自主创新的某高新技术项目申报政府财政贴息,申报材料中表明该项目已于2×21年3月启动,预计共需投入资金2 000万元,项目期2.5年,已投入资金600万元。项目尚需新增投资1 400万元,其中计划贷款 800 万元,已与银行签订贷款协议,协议规定贷款年利率 6%,贷款期 2 年。经审核,2×21 年 11 月政府批准拨付丙公司贴息资金 70 万元,分别在 2×22 年 10 月和 2×23 年 10 月支付 30 万元和 40 万元。作账务处理如下:

① 2×22 年 10 月,实际收到贴息资金 30 万元。

借:银行存款　　　　　　　　　　　　　　　　　　　　　　　　　300 000
　　贷:递延收益　　　　　　　　　　　　　　　　　　　　　　　　　300 000

② 2×22 年 10 月起,在项目期内分配递延收益(假设按月分配)。

借:递延收益　　　　　　　　　　　　　　　　　　　　　　　　　　25 000
　　贷:其他收益　　　　　　　　　　　　　　　　　　　　　　　　　　25 000

③ 2×23 年 10 月,实际收到贴息资金 40 万元。

借:银行存款　　　　　　　　　　　　　　　　　　　　　　　　　400 000
　　贷:其他收益　　　　　　　　　　　　　　　　　　　　　　　　　400 000

## 二、与资产相关的政府补助

8-2 视频:
与资产相关
的政府补助
会计处理

企业取得与资产相关的政府补助,不能全额确认为当期收益,应当随着相关资产的使用逐渐计入以后各期的收益。也就是说,这类补助应当先确认为递延收益,然后自相关资产可供使用时起,在该项资产使用寿命内平均分配,计入当期营业外收入。

与资产相关的政府补助通常为货币性资产形式,企业应当在实际收到款项时,有两种会计处理方法可供选择:一是总额法,即借记有关资产科目,贷记"递延收益"科目,在相关资产使用寿命内按合理、系统的方法分期计入损益,借记"递延收益"科目,贷记"其他收益"科目。相关资产在使用寿命结束时或结束前被处置(出售、转让、报废等),尚未分摊的递延收益余额应当一次性转入资产处置当期的收益,不再予以递延。二是净额法,将补助冲减相关资产账面价值。企业可以选择其中的一种处理方法,已经选用,不得随意变更。

【例 8-5】 2×15 年 2 月,华夏公司需购置一台环保设备,预计价款为 500 万元,因资金不足,按相关规定向有关部门提出补助 210 万元的申请。2×15 年 3 月 1 日,政府批准了华夏企业的申请并拨付华夏公司 210 万元财政拨款(同日到账)。2×15 年 4 月 30 日,华夏公司购入不需安装的环保设备,实际成本为 480 万元,使用寿命 10 年,采用直线法计提折旧(假设无残值)。2×23 年 4 月,华夏企业出售了这台设备,取得价款 120 万元(假定不考虑其他因素)。

华夏公司的账务处理如下:

方法一:华夏公司选择总额法进行会计处理。

(1) 2×15 年 3 月 1 日,实际收到财政拨款,确认政府补助:

借:银行存款　　　　　　　　　　　　　　　　　　　　　　　　 2 100 000
　　贷:递延收益　　　　　　　　　　　　　　　　　　　　　　　　 2 100 000

(2) 2×15 年 4 月 30 日,购入设备:

借:固定资产　　　　　　　　　　　　　　　　　　　　　　　　 4 800 000
　　贷:银行存款　　　　　　　　　　　　　　　　　　　　　　　　 4 800 000

(3) 自 2×15 年 5 月起每个资产负债表日(月末)计提折旧,同时分摊递延收益:

① 计提折旧:

借:制造费用　　　　　　　　　　　　　　　　　　　　　　　　　　40 000
　　贷:累计折旧　　　　　　　　　　　　　　　　　　　　　　　　　　40 000

② 分摊递延收益(月末):

借:递延收益　　　　　　　　　　　　　　　　　　　　　　　　　　17 500
　　贷:其他收益　　　　　　　　　　　　　　　　　　　　　　　　　　17 500

(4) 2×23 年 4 月,出售设备,同时转销递延收益余额:

① 出售设备:

借:固定资产清理　　　　　　　　　　　　　　　　　　　　　　　　960 000
　　累计折旧　　　　　　　　　　　　　　　　　　　　　　　　　3 840 000
　　贷:固定资产　　　　　　　　　　　　　　　　　　　　　　　　4 800 000
借:银行存款　　　　　　　　　　　　　　　　　　　　　　　　　1 200 000
　　贷:固定资产清理　　　　　　　　　　　　　　　　　　　　　　　960 000
　　　　资产处置损益　　　　　　　　　　　　　　　　　　　　　　　240 000

② 转销递延收益余额:

借:递延收益　　　　　　　　　　　　　　　　　　　　　　　　　　420 000
　　贷:营业外收入　　　　　　　　　　　　　　　　　　　　　　　　420 000

方法二:华夏公司选择净额法进行会计处理。

(1) 2×15 年 3 月 1 日,实际收到财政拨款,确认政府补助:

借:银行存款　　　　　　　　　　　　　　　　　　　　　　　　　2 100 000
　　贷:递延收益　　　　　　　　　　　　　　　　　　　　　　　　2 100 000

(2) 2×15 年 4 月 30 日,购入设备:

借:固定资产　　　　　　　　　　　　　　　　　　　　　　　　　4 800 000
　　贷:银行存款　　　　　　　　　　　　　　　　　　　　　　　　4 800 000
借:递延收益　　　　　　　　　　　　　　　　　　　　　　　　　2 100 000
　　贷:固定资产　　　　　　　　　　　　　　　　　　　　　　　　2 100 000

(3) 自 2×15 年 5 月起每个资产负债表日(月末)计提折旧:

计提折旧:

借:制造费用　　　　　　　　　　　　　　　　　　　　　　　　　　22 500
　　贷:累计折旧　　　　　　　　　　　　　　　　　　　　　　　　　　22 500

(4) 2×23 年 4 月,出售设备,同时转销递延收益余额:

出售设备:

借:固定资产清理　　　　　　　　　　　　　　　　　　　　　　　　540 000
　　累计折旧　　　　　　　　　　　　　　　　　　　　　　　　　2 160 000
　　贷:固定资产　　　　　　　　　　　　　　　　　　　　　　　　2 700 000

| 借:银行存款 | 1 200 000 | |
|---|---|---|
| 　　贷:固定资产清理 | | 540 000 |
| 　　　　资产处置损益 | | 660 000 |

企业取得的政府补助为非货币性资产的,应当首先同时确认一项资产(固定资产或无形资产等)和递延收益,然后在相关资产使用寿命内平均分摊递延收益,计入当期收益。但是,以名义金额计量的政府补助,在取得时计入当期损益。为了避免财务报表产生误导,对于不能合理确定价值的政府补助,应当在附注中披露该政府补助的性质、范围和期限。

值得注意的是,企业与政府发生交易所取得的收入,如果该交易具有商业实质,且与企业销售商品或提供劳务等日常经营活动密切相关的,应当按照收入确认的原则进行会计处理。在判断该交易是否具有商业实质时,应考虑该交易是否具有经济上的互惠性,与交易相关的合同、协议、国家有关文件是否已明确规定了交易目的、交易双方的权利和义务,如属于政府采购的,是否已履行相关的政府采购程序等。

8-3 扫一扫
练一练

8-4 扫一扫
练一练答案

### 三、政府补助的退回

已计入损益的政府补助需要退回的,应当在需要退回的当期分别情况按照以下规定进行会计处理:①初始确认时冲减相关资产账面价值的,调整资产账面价值。②存在相关递延收益的,冲减相关递延收益账面余额,超出部分计入当期损益。③属于其他情况的,直接计入当期损益。此外,对于属于前期差错的政府补助退回,应当按照前期差错更正进行追溯调整。

【例8-6】华夏企业于2×20年11月与某开发区政府签订合作协议,在开发区内投资设立生产基地。协议约定,开发区政府自协议签订之日起6个月内向华夏企业提供300万元产业补贴资金用于奖励该企业在开发区内投资,华夏企业自获得补贴起5年内注册地址不迁离本区。如果华夏企业在此期限内提前搬离开发区,开发区政府允许华夏企业按照实际留在本区的时间保留部分补贴,并按剩余时间追回补贴资金。华夏企业于2×21年1月3日收到补贴资金。

假设华夏企业在实际收到补助资金时,客观情况表明华夏企业在未来5年内搬离开发区的可能性很小,华夏企业应当在收到补助资金时记入"递延收益"科目。由于协议约定如果华夏企业提前搬离开发区,开发区政府有权追回部分补助,说明企业每留在开发区内1年,就有权取得与这1年相关的补助,与这1年补助有关的不确定性基本消除,补贴收益得以实现,所以华夏企业应当将该补助在5年内平均摊销结转计入损益。

华夏企业的账务处理如下。

(1)2×21年1月3日,华夏企业实际收到补贴资金:

| 借:银行存款 | 3 000 000 | |
|---|---|---|
| 　　贷:递延收益 | | 3 000 000 |

(2)2×21年12月31日及以后年度,华夏企业分期将递延收益结转入当期损益:

| 借:递延收益 | 600 000 | |
|---|---|---|
| 　　贷:其他收益 | | 600 000 |

假设2×23年1月,因华夏企业重大战略调整,搬离开发区,开发区政府根据协议要求

华夏企业退回补贴180万元：

借：递延收益　　　　　　　　　　　　　　　　　　　　　1 800 000
　　贷：其他应付款　　　　　　　　　　　　　　　　　　　　　1 800 000

### 四、特定业务的会计处理

**（一）综合性项目政府补助**

综合性项目政府补助同时包含与资产相关的政府补助和与收益相关的政府补助，企业需要将其进行分解并分别进行会计处理；难以区分的，企业应当将其整体归类为与收益相关的政府补助进行处理。

**（二）政策性优惠贷款贴息**

政策性优惠贷款贴息是政府为支持特定领域或区域发展，根据国家宏观经济形势和政策目标，对承贷企业的银行借款利息给予的补贴。企业取得政策性优惠贷款贴息的，应当区分财政将贴息资金拨付给贷款银行和财政将贴息资金直接拨付给企业两种情况，分别进行会计处理。

（1）财政将贴息资金拨付给贷款银行。在财政将贴息资金拨付给贷款银行的情况下，由贷款银行以政策性优惠利率向企业提供贷款。这种方式下，受益企业按照优惠利率向贷款银行支付利息，没有直接从政府取得利息补助，企业可以选择下列方法之一进行会计处理：一是以实际收到的金额作为借款的入账价值，按照借款本金和该政策性优惠利率计算借款费用。通常情况下，实际收到的金额即为借款本金。二是以借款的公允价值作为借款的入账价值并按照实际利率法计算借款费用，实际收到的金额与借款公允价值之间的差额确认递延收益，递延收益在借款存续期内采用实际利率法摊销，冲减相关借款费用。企业选择了上述两种方法之一后，应当一致地运用，不得随意变更。

在这种情况下，向企业发放贷款的银行并不是受益主体，其仍然按照市场利率收取利息，只是一部分利息来自企业，另一部分利息来自财政贴息。所以金融企业发挥的是中介作用，并不需要确认与贷款相关的递延收益。

（2）财政将贴息资金直接拨付给受益企业。财政将贴息资金直接拨付给受益企业，企业先按照同类贷款市场利率向银行支付利息，财政部门定期与企业结算贴息，在这种方式下，由于企业先按照同类贷款市场利率向银行支付利息，所以实际收到的借款金额通常就是借款的公允价值，企业应当将对应的贴息冲减相关借款费用。

## 第三节 政府补助的列报

### 一、政府补助在利润表上的列示

企业应当在利润表中的"营业利润"项目之上单独列报"其他收益"项目，计入其他收益的政府补助在该项目中反映。冲减相关成本费用的政府补助，在相关成本费用项目中反映。与企业日常经营活动无关的政府补助，在利润表的营业外收支项目中列报。

### 二、政府补助的附注披露

企业应当在附注中披露与政府补助有关的下列信息：政府补助的种类、金额和列报项目；计入当期损益的政府补助金额；本期退回的政府补助金额及原因。

因政府补助涉及递延收益、其他收益、营业外收入以及成本费用等多个报表项目，为了全面反映政府补助情况，企业应当在附注中单设项目披露政府补助的相关信息。

## 本 章 小 结

本章主要讲述政府补助的概念、特征及分类，政府补助的会计处理。其中政府补助的会计处理是本章中需要掌握的重点，在学习中要特别注意。

## 重 要 概 念

8-5 扫一扫看课件

政府补助　收益法　资本法

# 第九章 借 款 费 用

> 内容提要
> 重点难点
> 学习目标
> 知识框架
> 第一节 借款费用概述
> 第二节 借款费用的确认
> 第三节 借款费用的计量
> 本章小结
> 重要概念

## 内容提要

本章主要阐述借款费用的核算。借款费用反映的是企业借入资金所付出的代价,是企业因借款而发生的利息及其他相关成本。本章具体介绍了借款费用的范围、借款费用的确认和计量。

## 重点难点

本章的重点是借款费用的确认原则,包括借款费用开始资本化、暂停资本化、停止资本化的确认条件以及借款费用的计量;难点是专门借款利息资本化金额和一般借款利息资本化金额的确定。

## 学习目标

通过本章学习,学生应了解借款费用的范围,掌握借款费用的确认原则,理解借款费用资本化期间的确定,掌握借款费用的计量。

## 知识框架

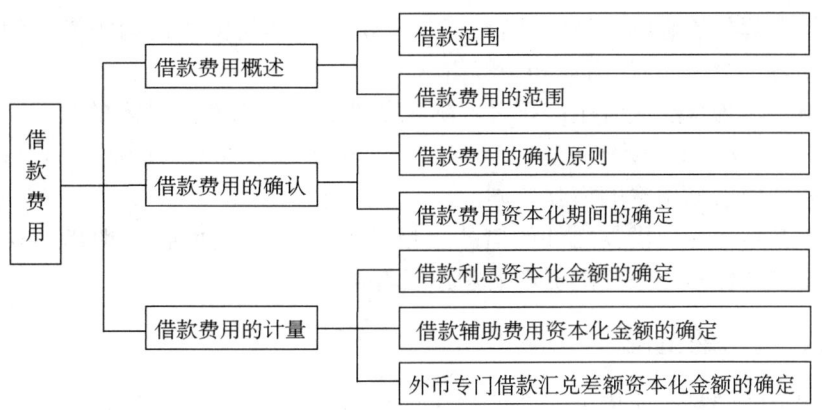

**思政育人** 　　　　借款费用如何影响损益

中天金融是贵州省第一家上市公司,也是贵州最大的民营企业之一,其实际控制人是前贵州首富罗玉平。中天金融自2014年开始全方位布局金融业务,陆续控股中融人寿、海际证券(现中天国富证券)等。中天金融近年来业绩并不理想。

中天金融年报显示,2021年,受外部环境以及公司自身因素影响,公司经营业绩不达预期。公司实现营业收入196.50亿元,同比下降16.16%;归属于上市公司股东的净利润为-64.16亿元,同比下降1 221.92%。利润的下降主要源于计入损益的借款费用增加、地产业务销售毛利率下降、计提大额商誉减值准备及大额预期信用损失等资产减值准备。

截至2021年年末,中融人寿的总资产为682.84亿元,较2020年年末增长了32.72%;净资产为-33.33亿元,较2020年年末的31.66亿元大幅缩水205.27%。

信永中和对中天金融2021年财务报表发表意见,认为最终可收回金额无法估计,截至2021年12月31日应当计提的信用减值损失金额可能超过合并财务报表整体的重要性水平15 000万元,对公司财务报表的影响重大。

企业在取得借款的同时,也要付出代价,承担相应的财务风险,所以企业要有风险和收益共存的意识,正确计算借款利息。同时企业也要有全局意识,统筹规划,合理布局,充分利用财务杠杆。年轻一代也要风险意识,明辨是非,能够全面识别出身边的风险,辩证看待风险。在能力范围内消费,勿盲目超前消费、从众消费、过度消费,树立正确的财富观和理性的消费观。有这样,才能更好适应社会发展的趋势,为国家发展、民族振兴贡献自己的力量。

在上述案例中,中天金融2021年利润的下降的主要原因之一是计入损益的借款费用增加。那么什么是借款费用?借款费用如何进行确认和计量?企业的借款费用是如何影响损益的?本章将就企业借款费用的问题进行介绍。

资料来源:王方圆. "吞象"5年无结果!70亿定金被深套,这家公司去年巨亏64亿[EB/OL]. (2022-06-19)[2023-11-22]. https://finance.china.com.cn/stock/zqyw/20220619/5830316.shtml.

# 第一节　借款费用概述

## 一、借款范围

借款是企业筹集资金的具体方式,可以是向银行或其他金融机构等借入的款项。按照借款费用准则,借款包括专门借款和一般借款。

专门借款是指为购建或者生产符合资本化条件的资产而专门借入的款项。专门借款通常应当有明确的用途,即为购建或者生产某项符合资本化条件的资产而专门借入的,并通常应当具有标明专门借款用途的借款合同。

一般借款是指除专门借款之外的借款。相对于专门借款而言,一般借款在借入时通常没有特指用于符合资本化条件的资产的购建或者生产。

## 二、借款费用的范围

9-1视频:借款费用的范围

借款费用反映的是企业借入资金所付出的代价,它是指企业因借款而发生的利息及其他相关成本。借款费用包括筹集过程中发生的和使用借款过程中发生的费用。筹集过程中发生的费用主要包括手续费、佣金等,使用过程中发生的费用主要是借款利息。借款费用具体包括借款利息、折价或者溢价的摊销额、辅助费用以及因外币借款而发生的汇兑差额等。

需要注意的是,企业发生的权益性融资费用,不应包括在借款费用中。但是,承租人根据租赁会计准则所确认的融资租赁发生的融资费用属于借款费用。借款费用的范围如图 9-1 所示。

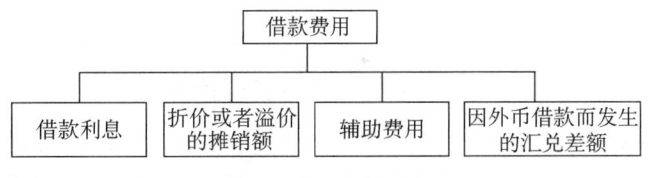

图 9-1 借款费用的范围

**(一) 借款利息**

借款利息是指企业因借款而发生的利息,包括企业向银行或者其他金融机构等借入资金发生的利息、发行公司债券发生的利息,以及为购建或者生产符合资本化条件的资产而发生的带息债务所承担的利息等。

**(二) 折价或溢价的摊销额**

折价或溢价主要是发行债券等所发生的溢价或折价。折价或溢价的摊销主要包括发行公司债券所发生的溢价或折价在每期的摊销金额。折价或溢价的摊销实质上是对借款利息的调整,构成了借款费用的组成部分。企业应在借款的存续期间对溢价或折价进行分期摊销。

**【例 9-1】** 华夏公司于 2×24 年 1 月 1 日发行债券,债券面值为 10 000 000 元,发行价为 8 000 000 元,期限为 5 年,票面利率为 5%,市场利率为 6%。

解析:债券的票面利率低于市场利率,债券采用了折价发行的方式。折价金额实质上是用于补偿投资者在购入债券后所收到利息的损失,应作为以后各期利息费用的调整额。

2×24 年应付利息:10 000 000×5%=500 000(元)。

这里的应付利息 500 000 元并不是实际利息,实际利息应该是摊余成本乘以实际利率。

**(三) 因借款而发生的辅助费用**

辅助费用包括企业在借款过程中发生的诸如手续费、佣金、印刷费等交易费用。由于这些费用是因安排借款而发生的,也属于借入资金的一部分代价,这些费用也构成了借款费用的组成部分。

**(四) 因外币借款而发生的汇兑差额**

因外币借款而发生的汇兑差额是指由于汇率变动导致市场汇率与账面汇率出现差异,从而对外币借款本金及其利息的记账本位币金额所产生的影响金额。

**相关思考 9-1**

**借款费用有哪些?**

以下各项,哪些属于借款费用?

(1) 企业发行债券的相关费用的摊销。

(2) 企业发行债券的折价或者溢价的摊销。

(3) 企业发行股票的相关费用。

(4) 承租人融资租入固定资产发生的"未确认融资费用"的摊销。

(5) 分期付款购买固定资产发生的"未确认融资费用"的摊销。

相关思考解析9-1:(1)(2)(4)(5)属于借款费用,(3)不属于借款费用。(3)属于权益性融资费用,权益性融资费用不应包括在借款费用中。

### 知识拓展9-1

#### 溢价、折价和平价发行债券

公司债券的发行方式有三种,即平价发行、溢价发行和折价发行。假设其他条件不变,债券的票面利率高于同期银行存款利率时,可按超过债券票面价值的价格发行,称为溢价发行。溢价是企业以后各期多付利息而事先得到的补偿;如果债券的票面利率低于同期银行存款利率,可按低于债券面值的价格发行,称为折价发行。折价是企业以后各期少付利息而预先给投资者的补偿。如果债券的票面利率与同期银行存款利率相同,可按票面价格发行,称为平价发行。溢价或折价是发行债券企业在债券存续期内对利息费用的一种调整。

## 第二节 借款费用的确认

### 一、借款费用的确认原则

根据借款费用准则的规定,企业发生的借款费用可直接归属于符合资本化条件的资产的购建或者生产的,应当予以资本化,计入相关资产成本;其他借款费用应当在发生时根据其发生额确认为费用,计入当期损益。

符合资本化条件的资产是指需要经过相当长时间的购建或者生产活动才能达到预定可使用或者可销售状态的固定资产、投资性房地产和存货等资产。建造合同成本、确认为无形资产的开发支出等在符合条件的情况下,也可以认定为符合资本化条件的资产。

符合资本化条件的存货,主要包括房地产开发企业开发的用于对外出售的房地产开发产品、企业制造的用于对外出售的大型机械设备等。这类存货通常需要经过相当长时间的建造或者生产过程,才能达到预定可销售状态。

其中,"相当长时间"是指为资产的购建或者生产所必需的时间,通常为1年以上(含1年)。

需要注意的是,由于人为或者故意等非正常因素导致资产的构建或者生产时间相当长的,该资产不属于符合资本化条件的资产。企业购入即可使用的资产,或者购入后需要安装但所需安装时间较短的资产,或者需要建造或者生产但所需建造或者生产时间较短的资产,均不属于符合资本化条件的资产。

### 相关思考9-2

**下列是否属于满足资本化条件的资产?**

华夏公司于2×24年6月1日起,从银行借款开工建设一幢简易厂房,厂房于当年9月1日完工,达到预定可使用状态。请问该项资产是否属于满足资本化条件的资产?

相关思考解析9-2:不属于,因为该项资产的购建不足1年。

## 二、借款费用资本化期间的确定

借款费用资本化期间是指从借款费用开始资本化时点到停止资本化时点的期间,但借款费用暂停资本化的期间不包括在内。只有发生在资本化期间内的借款费用,才允许资本化,它是借款费用确认和计量的重要前提。

借款费用资本化期间的确定包括三个时间的确定:借款费用开始资本化的时点、借款费用暂停资本化的时点和借款费用终止资本化的时点。

### (一) 借款费用开始资本化的时点

借款费用允许开始资本化必须同时满足三个条件,即资产支出已经发生、借款费用已经发生、为使资产达到预定可使用或者可销售状态所必要的购建或者生产活动已经开始。具体如图 9-2 所示。

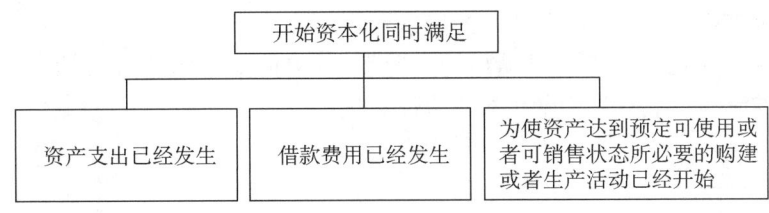

图 9-2 开始资本化的条件

1)"资产支出已经发生"的界定

"资产支出已经发生"是指企业已经发生了支付现金、转移非现金资产和承担带息债务形式所发生的支出。

(1) 支付现金是指用货币资金支付符合资本化条件的资产的购建或者生产支出。例如,企业用现金或者银行存款购买为建造或者生产符合资本化条件的资产所需用材料,支付有关职工薪酬,向工程承包商支付工程进度款等,这些支出均属于资产支出。

(2) 转移非现金资产是指企业将自己的非现金资产直接用于符合资本化条件的资产的购建或者生产。例如,企业将自己生产的产品,或者将自己生产的产品向其他企业换取用于符合资本化条件的资产的建造或者生产。

(3) 承担带息债务是指企业为了购建或者生产符合资本化条件的资产所需物资等而承担的带息应付款项(如带息应付票据)。企业以赊购方式购买这些物资所产生的债务可能带息,也可能不带息。如果企业赊购这些物资承担的是不带息债务,就不应当将购买价款计入资产支出,因为该债务在偿付前不需要承担利息,也没有占用借款资金,只有等到实际偿付债务时才能将其作为资产支出。如果企业赊购物资承担的是带息债务,则企业要为这笔债务支付利息,视同企业向银行借入款项用于支付资产支出,当该带息债务发生时,视同资产支出已经发生。

例如,企业因建设长期工程所需,于1月1日购入一批工程用物资,开出一张 60 000 元的带息银行承兑汇票,期限为 6 个月,票面年利率为 6%。在本例中,企业尽管没有为工程建设的目的直接支付现金,但承担了带息债务,所以应当将 60 000 元的购买工程用物资款作为资产支出,自1月1日开出承兑汇票开始即表明资产支出已经发生。

2)"借款费用已经发生"的界定

借款费用已经发生是指企业已经发生了因购建或者生产符合资本化条件的资产而专门

借入款项的借款费用或者所占用的一般借款的借款费用。例如,企业于1月1日为建造一幢办公楼从银行专门借入款项,当日开始计息,建设期为2年。则在1月1日即应当认为借款费用已经发生。

3)"为使资产达到预定可使用或者可销售状态所必要的购建或者生产活动已经开始"的界定

为使资产达到预定可使用或者可销售状态所必要的购建或者生产活动已经开始是指符合资本化条件的资产的实体建造或者生产工作已经开始,如主体设备的安装、厂房的实际开工建造等。它不包括仅仅持有资产但没有发生为改变资产形态而进行的实质上的建造或者生产活动。例如,企业为了建造某一项符合资本化条件的厂房已经使用银行存款购置了水泥、钢材等,发生了资产支出,相关借款也已开始计息,但是厂房因各种原因迟迟未能开工兴建。在这种情况下,企业尽管符合了借款费用开始资本化的前两个条件,但不符合借款费用开始资本化的第三个条件,因此所发生的借款费用不允许资本化。

企业只有在上述三个条件同时满足的情况下,有关借款费用才可开始资本化,只要其中有一个条件没有满足,借款费用就不能开始资本化。

> **相关思考9-3**

### 判断资本化开始的时点

华夏公司于2×24年5月1日从银行取得借款开工建设一幢厂房,7月1日支付工程款,9月1日工程开工建造。华美公司于2×24年4月1日开工建设一幢厂房,10月1日从银行取得借款,11月1日支付工程款。假定企业为购建符合资本化条件的资产,请判断华夏、华美公司开始资本化的时点。

相关思考解析9-3:华夏公司开始资本化的时点是9月1日,华美公司开始资本化的时点是11月1日。

### (二)借款费用暂停资本化时点的确定

符合资本化条件的资产在购建或者生产过程中发生非正常中断且中断时间连续超过3个月的,应当暂停借款费用的资本化,见图9-3。中断的原因必须是非正常中断,属于正常中断的,相关借款费用仍可资本化。

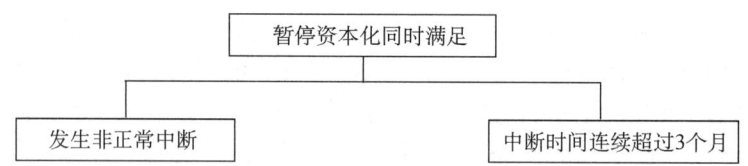

**图9-3 暂停资本化的时点**

非正常中断,通常是指由于企业管理决策上的原因或者其他不可预见的原因等所导致的中断。比如,企业因与施工方发生了质量纠纷,或者工程、生产用料没有及时供应,或者资金周转发生了困难,或者施工、生产发生了安全事故,或者发生了与资产购建、生产有关的劳动纠纷等原因,导致资产购建或者生产活动发生中断,均属于非正常中断,见图9-4。

正常中断与非正常中断显著不同。正常中断通常仅限于因购建或者生产符合资本化条件的资产达到预定可使用或者可销售状态所必要的程序,或者事先可预见的不可抗力因素

**图 9-4 非正常中断**

导致的中断,见图 9-5。比如,某些工程建造到一定阶段必须暂停下来进行质量或者安全检查,检查通过后才可继续下一阶段的建造工作,这类中断是在施工前可以预见的,而且是工程建造必须经过的程序,属于正常中断。某些地区的工程在建造过程中,由于可预见的不可抗力因素(如雨季或冰冻季节等原因)导致施工出现停顿,也属于正常中断。

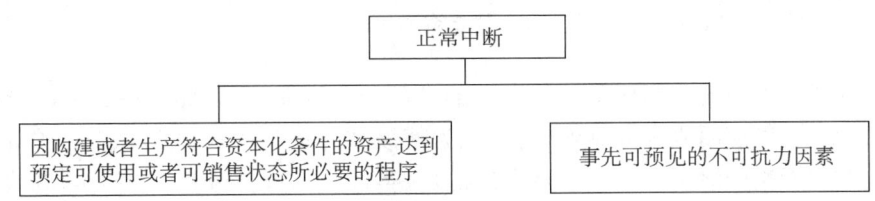

**图 9-5 正常中断**

【例 9-2】 华夏公司于 2×24 年 1 月 1 日从银行借入专门借款建造一幢办公楼,相关支出已经发生,借款费用从当日起开始资本化,工程预计于 2×25 年 10 月完工。2×25 年 3 月 15 日,由于工程施工发生了安全事故,导致工程中断,直到 6 月 20 日才复工。

解析:该中断就属于非正常中断,因此,上述专门借款在 3 月 15 日至 6 月 20 日间所发生的借款费用不应资本化,而应计入当期财务费用。

### 相关思考 9-4

#### 判断正常中断与非正常中断

以购建办公楼为例,判断下列建造过程中发生的中断是正常中断还是非正常中断?
(1) 由于缺乏工程物资导致停工。
(2) 由于发生劳动纠纷、质量纠纷引起的施工中断。
(3) 由于发生重大安全事故导致施工中断。
(4) 由于资金短缺、资金周转困难导致施工中断。
(5) 由于发生火灾导致施工中断。
(6) 由于企业可以预见到的不可抗力的因素(比如:雨季的大雨、北方冬季冰冻、沿海台风等)导致的施工中断。

相关思考解析 9-4:(1)—(5)为非正常中断,(6)为正常中断。

### (三) 借款费用停止资本化时点的确定

购建或者生产符合资本化条件的资产达到预定可使用或者可销售状态时,借款费用应当停止资本化。在符合资本化条件的资产达到预定可使用或者可销售状态之后所发生的借款费用,应当在发生时根据其发生额确认为费用,计入当期损益。

购建或生产符合资本化条件的资产达到预定可使用或者可销售状态,可从以下几个方面(图9-6)进行判断:①符合资本化条件的资产的实体建造(包括安装)或者生产活动已经全部完成或者实质上已经完成。②所购建或者生产的符合资本化条件的资产与设计要求、合同规定或者生产要求相符或者基本相符,即使有极个别与设计、合同或者生产要求不相符的地方,也不影响其正常使用或者销售。③继续发生在所购建或生产的符合资本化条件的资产上的支出金额很少或者几乎不再发生。

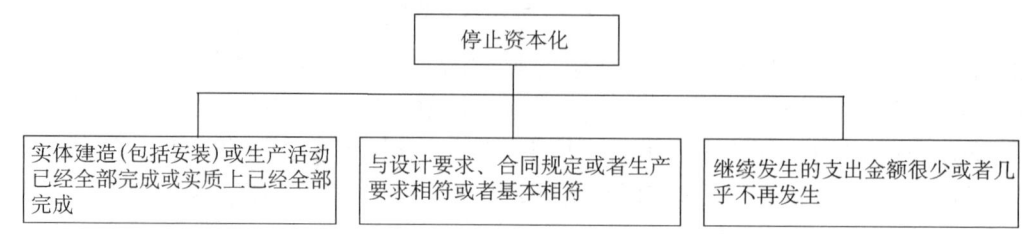

图9-6 停止资本化的时点

购建或者生产的符合资本化条件的资产的各部分分别完工,每部分在其他部分继续建造或者生产过程中可供使用或者可对外销售,且为使该部分资产达到预定可使用或可销售状态所必要的购建或者生产活动实质上已经完成的,应当停止与该部分资产相关的借款费用的资本化,因为该部分资产已经达到了预定可使用或者可销售状态。需要注意的是,如果必须等到整体完工后才可使用或者对外销售的,应当在该资产整体完工时停止借款费用的资本化。

【例9-3】 华夏公司在建设某一涉及数项工程的钢铁冶炼项目时,每个单项工程都是根据各道冶炼工序设计建造的,因此只有在每项工程都建造完毕后,整个冶炼项目才能正式运转,达到生产和设计要求。

解析:每一个单项工程完工后不应认为资产已经达到了预定可使用状态,企业只有等到整个冶炼项目全部完工,达到预定可使用状态时,才停止借款费用的资本化。

【例9-4】 华美公司利用借入资金建造由若干幢厂房组成的生产车间,每幢厂房完工时间不一样,但每幢厂房在其他厂房继续建造期间均可单独使用。

解析:在这种情况下,当其中的一幢厂房完工并达到预定可使用状态时,企业应当停止该幢厂房相关借款费用的资本化。

## 借款费用资本化还是费用化

9-2 扫一扫
练一练

企业每期发生的借款费用是应该费用化,直接计入当期损益,还是应该资本化,计入相关资产的成本,学者们有不同的观点。

9-3 扫一扫
练一练答案

借款费用费用化观点的支持者认为,将所有借款费用于发生的当期确认为费用,计入当期损益,可以避免相同的资产因筹资方式的不同而出现不同的价值,可以提高会计信息的可比性,简化会计工作量,使资产和损益的确认更具稳健性。比如,企业有些资产是由借款(为带息借款)形成的,有些资产是由发行股票筹得的资金形成的,如果允许将借款费用资本化,计入资产成本,而向股东支付的股利则未被资本化,会使使用前者筹得资金购置的资产的入账成本高于后者,影响资产成本信息的可比性,尤其是相同的资产会出现不同的账面价值。所以,主张借款费用于发生时全部费用化,计入当期损益。

借款费用资本化观点的支持者认为,将所有借款费用都费用化,不符合实际成本原则和收入与费用相配比的原则。首先,为购置或建造符合资本化条件的资产(如厂房、设备等固定资产等)而借入的资金所发生的借款费用,与其他计入资产成本的购置或建造费用没有什么区别,应该构成资产购建成本的有机组成部分;其次,从收入与费用相配比的原则来看,这些借款费用将在所购置或建造资产的使用期间为企业带来未来经济利益,应与以后期间的收入相配比,而非与借款费用发生当期的收入相配比,否则就会导致企业收益因购置或建造资产而下降的情况,影响收益的合理反映和会计信息使用者的盈利预测;最后,将这些借款费用资本化,还可以提高企业建造或安装资产成本与直接外购资产的成本(外购资产定价中往往考虑了借款费用)之间的可比性。

尽管存在上述争论,但从准则制定层面来看,准则的制定要以会计基本理论为基础。这些理论主要反映在基本准则或者概念框架中。比如,关于资产就有资产的定义和确认条件。如果符合了资产定义和确认条件,就应当确认为资产。在资产建造或生产中,借款费用发生之后,它很可能会在未来给企业带来经济利益的流入,因此,符合资产的定义和确认条件。

从世界各国有关借款费用会计准则来看,对于借款费用的确认原则问题,并不统一。总的来说,在界定允许资本化的借款费用上,各国一般都考虑了以下原则:①如果不发生符合资本化条件的资产的购置或建造支出,则该借款费用是可以避免的;②该借款费用很可能为企业带来未来经济利益,并且可以可靠地计量,换句话说,它符合资产的定义和确认条件特征。符合了这两个条件,借款费用就应予以资本化,计入资产成本;反之,则应作为期间费用计入当期损益。

在制定我国借款费用会计准则时,是在吸收上述原则的基础上,还考虑了我国的实际情况,选择了对特定资产购建或生产采用借款费用资本化的核算原则。

# 第三节 借款费用的计量

## 一、借款利息资本化金额的确定

借款费用应予资本化的借款包括专门借款和一般借款。在借款费用资本化期间内,每一会计期间的利息资本化金额,也要区分为专门借款利息资本化金额和一般借款利息资本化金额。

### (一) 专门借款利息资本化金额的确定

为购建或者生产符合资本化条件的资产而借入专门借款的,应当以专门借款当期实际发生的利息费用,减去将尚未动用的借款资金存入银行取得的利息收入或进行暂时性投资取得的投资收益后的金额,确定专门借款应予资本化的利息金额。

$$\text{专门借款利息费用资本化金额} = \text{当期实际发生的专门借款利息费用} - \text{尚未动用的专门借款派生的利息收益或投资收益}$$

需要注意的是,当期实际发生的专门借款利息费用的计算,不考虑资产支出情况,直接根据专门借款金额、资本化期间及借款利率计算。

尚未动用的借款资金存入银行取得的利息收入或进行暂时性投资取得的投资收益是指专门借款在未使用的时间段内存入银行或进行暂时性投资所取得的利息收入或投资收益金额。

一般的账务处理如下:

(1) 长期借款筹资方式。

借:在建工程
　　财务费用
　贷:应付利息

(2) 公司债筹资方式。

借：在建工程
　　财务费用
　贷：应付债券——利息调整（或借记）
　　　应付债券——应计利息（或应付利息）

借款存在折价或者溢价的，应当按照实际利率法确定每一会计期间应摊销的折价或溢价金额，调整每期利息金额。同时，每一会计期间的利息资本化金额，不应当超过当期相关借款实际发生的利息金额。

【例9-5】 华夏公司于2×24年1月1日开始动工兴建一幢办公楼，工期预计为1年零6个月，工程采用出包方式，分别于2×24年1月1日、2×24年7月1日和2×25年1月1日支付工程进度款。

华夏公司为建造该办公楼于2×24年1月1日取得专门借款10 000 000元，借款期限为3年，年利率为6%。另外在2×24年7月1日又取得专门借款20 000 000元，借款期限为5年，年利率为7%。借款利息按年支付。

闲置借款资金均用于固定收益债券短期投资，该短期投资月收益率为0.5%。

办公楼于2×25年6月30日完工，达到预定可使用状态。

华夏公司建造该办公楼的支出金额如表9-1所示。

表9-1　　　　　　　　　建造办公楼的支出金额　　　　　　　　　单位：元

| 日　期 | 每期资产支出金额 | 累计资产支出金额 | 闲置借款资金用于短期投资金额 |
| --- | --- | --- | --- |
| 2×24年1月1日 | 10 000 000 | 10 000 000 | 0 |
| 2×24年7月1日 | 10 000 000 | 20 000 000 | 10 000 000 |
| 2×25年1月1日 | 10 000 000 | 30 000 000 | 0 |
| 总　计 | 30 000 000 | — | 10 000 000 |

① 确定借款费用资本化期间为2×24年1月1日至2×25年6月30日。

② 计算在资本化期间内专门借款实际发生的利息金额：

2×24年专门借款发生的利息金额=1 000×6%+2 000×7%×6÷12=130（万元）

2×25年1月1日至6月30日专门借款发生的利息金额=1 000×6%×6÷12+2 000×7%×6÷12
　　　　　　　　　　　　　　　　　　　　　　　=100（万元）

③ 计算在资本化期间内利用闲置的专门借款资金进行短期投资的收益：

2×24年短期投资收益=1 000×0.5%×6=30（万元）

④ 资本化期间内专门借款利息费用的资本化金额：

2×24年的利息资本化金额=130－30=100（万元）
2×25年的利息资本化金额=100（万元）

有关账务处理如下：

2×24年12月31日：

| 借：在建工程 | 1 000 000 |
| --- | --- |
| 　　应收利息（或银行存款） | 300 000 |
| 　贷：应付利息 | 1 300 000 |

2×25 年 6 月 30 日：

| 借：在建工程 | 1 000 000 |
| --- | --- |
| 　贷：应付利息 | 1 000 000 |

【例 9-6】　华夏公司于 2×23 年 12 月 31 日借入长期借款，借款本金为 20 000 000 元，年利率为 6%，期限 3 年，每年年末支付利息，到期还本。

工程采用出包方式，工程于 2×24 年 2 月 1 日开工，工期预计为 1 年 6 个月，相关资产支出如下：

表 9-2　　　　　　　　　　　　工程相关资产支出　　　　　　　　　　　单位:元

| 日　　期 | 每期资产支出金额 | 累计资产支出金额 | 闲置借款资金用于短期投资金额 |
| --- | --- | --- | --- |
| 2×24 年 2 月 1 日 | 4 000 000 | 4 000 000 | 16 000 000（3 个月） |
| 2×24 年 5 月 1 日 | 6 000 000 | 10 000 000 | 10 000 000（6 个月） |
| 2×24 年 11 月 1 日 | 6 000 000 | 16 000 000 | 4 000 000（2 个月） |
| 2×25 年 3 月 1 日 | 2 000 000 | 18 000 000 | 2 000 000（3 个月） |
| 2×25 年 6 月 1 日 | 2 000 000 | 20 000 000 | 0 |
| 总　　计 | 20 000 000 | — | 32 000 000 |

2×24 年 7 月 1 日因工程事故一直停工至 11 月 1 日。

闲置借款资金均用于固定收益债券短期投资，该短期投资月收益率为 0.1%。

工程于 2×25 年 9 月 30 日完工，达到预定可使用状态。

① 2×24 年有关计算和处理（图 9-7）：

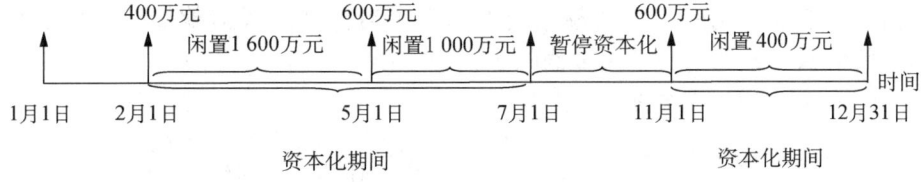

图 9-7　2×24 年各项支出的划分

确定 2×24 年借款费用资本化期间为：2 月 1 日至 7 月 1 日，11 月 1 日至 12 月 31 日

2×24 年专门借款发生的利息金额=2 000×6%×5÷12+2 000×6%×2÷12=70(万元)
2×24 年短期投资收益=1 600×0.1%×3+1 000×0.1%×2+400×0.1%×2=7.6(万元)
2×24 年的利息资本化金额=70-7.6=62.4(万元)
2×24 年的利息费用化金额=2 000×6%×5÷12-2 000×0.1%×1-1 000×0.1%×4=44(万元)

有关账务处理如下：

2×24 年 12 月 31 日：

借：在建工程 624 000
　　财务费用 440 000
　　应收利息（或银行存款） 136 000
　　　贷：应付利息 1 200 000

② 2×25 年有关计算和处理（图 9-8）：

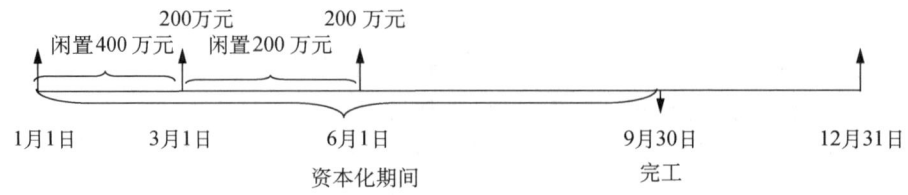

图 9-8　2×25 年各项支出的划分

确定 2×25 年借款费用资本化期间为：1 月 1 日至 9 月 30 日

2×25 年 1 月 1 日至 9 月 30 日专门借款发生的利息金额＝2 000×6％×9÷12＝90（万元）
2×25 年短期投资收益＝400×0.1％×2＋200×0.1％×3＝1.4（万元）
2×25 年的利息资本化金额＝90－1.4＝88.6（万元）
2×25 年的利息费用化金额＝2 000×6％×3÷12＝30（万元）

2×25 年 12 月 31 日：

借：在建工程 886 000
　　财务费用 300 000
　　应收利息（或银行存款） 14 000
　　　贷：应付利息 1 200 000

### （二）一般借款利息资本化金额的确定

企业为购建或者生产符合资本化条件的资产而占用了一般借款的，企业应当根据累计资产支出超过专门借款部分的资产支出加权平均数乘以所占用一般借款的资本化率，计算确定一般借款应予资本化的利息金额。资本化率应当根据一般借款加权平均利率计算确定。计算一般借款利息费用资本化金额的步骤如下：

（1）计算所占用一般借款的资本化率。

$$\text{所占用一般借款的资本化率}=\frac{\text{所占用一般借款当期实际发生的利息之和}}{\text{所占用一般借款本金加权平均数}}$$

$$\text{所占用一般借款本金加权平均数}=\sum(\text{所占用每笔一般借款本金}\times\text{每笔一般借款在当期所占用的天数}\div\text{当期天数})$$

**【例 9-7】** 华夏公司采用出包方式建造厂房。2×24 年 1 月 1 日预付工程款 2 000 万元，厂房实体建造工程于当日开始。华夏公司借入两笔一般借款：一笔为 2×24 年 1 月 1 日借入的金额为 2 000 万元，年利率为 5％，期限为 2 年；另一笔为 2×24 年 7 月 1 日借入的金额为 4 000 万元，年利率为 6％，期限为 3 年。

解析：

2×24 年一般借款资本化率＝(2 000×5％＋4 000×6％×6÷12)÷(2 000＋4 000×6÷12)＝5.5％
2×25 年一般借款资本化率＝(2 000×5％＋4 000×6％)÷(2 000＋4 000)＝5.6％

(2) 计算累计资产支出加权平均数。

累计资产支出加权平均数=Σ(每笔资产支出金额×每笔资产支出在当期所占用的天数/当期天数)

**【例 9-8】** 承[例 9-7],华夏公司 2×24 年 1 月 1 日预付工程款 2 000 万元,2×24 年 7 月 1 日预付工程款 2 000 万元。

解析：

2×24 年累计资产支出加权平均数=2 000×12÷12+2 000×6÷12=3 000(万元)

(3) 计算一般借款利息费用资本化金额。

$$\begin{matrix}一般借款利息费用\\资本化金额\end{matrix} = \begin{matrix}累计资产支出超过专门借款\\部分的资产支出加权平均数\end{matrix} \times \begin{matrix}所占用一般借款\\的资本化率\end{matrix}$$

**【例 9-9】** 承[例 9-7][例 9-8],计算华夏公司 2×24 年一般借款利息费用资本化金额。

解析：

一般借款利息费用资本化金额=3 000×5.5%=165(万元)

实际发生的一般借款利息费用=2 000×5%+4 000×6%×6÷12=220(万元)

借：在建工程                                1 650 000
　　财务费用                                  550 000
　　贷：应付利息                                      2 200 000

**【例 9-10】** 华夏公司为建造厂房于 2×24 年 1 月 1 日专门借款 4 000 万元,借款期限为 2 年,年利率为 5%,每年年末付息。厂房的实体建造工程于 1 月 1 日开始。除此之外,厂房在建造过程中还占用了两笔一般借款。具体资料如下：

资料一：向银行借入长期借款 4 000 万元,期限为 2×24 年 1 月 1 日至 2×26 年 1 月 1 日,年利率为 6%,按年支付利息。

资料二：向银行借入长期借款 2 000 万元,期限为于 2×24 年 7 月 1 日至 2×26 年 7 月 1 日,年利率为 8%,按年支付利息。

资料三：工程建设期间的支出情况如下：2×24 年 1 月 1 日支付工程款 3 000 万元,2×24 年 7 月 1 日支付工程款 5 000 万元,余款工程完工后支付。专门借款中未支付款项存入银行,银行存款年利率为 3%,全年按 360 天计算,每月按 30 天计算。

解析：

(1) 计算 2×24 年专门借款利息资本化金额：

专门借款利息金额=4 000×5%=200(万元)

专门借款闲置资金产生的利息收入=1 000×3%×6÷12=15(万元)

专门借款利息费用资本化金额=200-15=185(万元)

(2) 计算 2×24 年一般借款利息资本化金额：

一般借款利息金额=4 000×6%+2 000×8%×6÷12=320(万元)

一般借款资本化率=(4 000×6%+2 000×8%×6÷12)÷(4 000+2 000×6÷12)=6.4%

累计资产支出加权平均数=4 000×6÷12=2 000(万元)

一般借款利息资本化金额=2 000×6.4%=128(万元)

(3) 根据上述计算结果,公司建造厂房应予资本化的利息金额:185+128=313(万元)。

(4) 有关账务处理如下:

2×24 年 12 月 31 日:

| | | |
|---|---|---|
| 借:在建工程 | | 3 130 000 |
| 　　财务费用 | | 1 920 000 |
| 　　应收利息(或银行存款) | | 150 000 |
| 　贷:应付利息 | | 5 200 000 |

## 二、借款辅助费用资本化金额的确定

辅助费用是企业为了安排借款而发生的必要费用,包括借款手续费(如发行债券手续费)、佣金等。如果企业不发生这些费用,就无法取得借款,因此辅助费用是企业借入款项所付出的一种代价,是借款费用的有机组成部分。

专门借款发生的辅助费用的处理,分为两种情况:

(1) 所购建或者生产的符合资本化条件的资产达到预定可使用或者可销售状态之前发生的,应当在发生时根据其发生额予以资本化,计入符合资本化条件的资产的成本。

(2) 在所购建或者生产的符合资本化条件的资产达到预定可使用或者可销售状态之后所发生的,应当在发生时根据其发生额确认为费用,计入当期损益。

## 三、外币专门借款汇兑差额资本化金额的确定

9-4 视频:
外币专门借款
汇兑差额资本
化金额的
处理

企业为购建或者生产符合资本化条件的资产所借入的专门借款为外币借款时,由于企业取得外币借款日、使用外币借款日和会计结算日往往并不一致,而外汇汇率又在随时发生变化,因此,外币借款会产生汇兑差额。

相应地,在借款费用资本化期间内,为购建固定资产而专门借入的外币借款所产生的汇兑差额,是购建固定资产的一项代价,应当予以资本化,计入固定资产成本。出于简化核算的考虑,借款费用准则规定,在资本化期间内,外币专门借款本金及其利息的汇兑差额,应当予以资本化,计入符合资本化条件的资产的成本。而除外币专门借款之外的其他外币借款本金及其利息所产生的汇兑差额应当作为财务费用,计入当期损益。具体如表 9-3 所示。

表 9-3　　　　　　　　外币专门借款汇兑差额的处理

| 情形 | 处理方式 |
|---|---|
| 外币专门借款本金和利息的汇兑差额 | 资本化期间资本化 |
| 一般借款本金和利息的汇兑差额 | 计入当期损益 |

【例 9-11】 华夏公司为建造厂房于 2×24 年 1 月 1 日专门以面值发行美元公司债券计 2 000 万美元,年利率为 8%,期限为 2 年,假定不考虑与发行债券有关的辅助费用、未支出专门借款的利息收入或投资收益。合同约定,每年 1 月 1 日支付利息,到期还本。

工程于 2×24 年 1 月 1 日开始实体建造,2×25 年 6 月 30 日完工,达到预定可使用状态,期间发生的资产支出如下:

2×24 年 1 月 1 日,支出 400 万美元;

2×24 年 7 月 1 日,支出 1 000 万美元;

2×25 年 1 月 1 日,支出 600 万美元。

公司的记账本位币为人民币,外币业务采用外币业务发生时当日的市场汇率折算。相关汇率如下:

2×24 年 1 月 1 日,市场汇率为 1 美元=7.70 元人民币;

2×24 年 12 月 31 日,市场汇率为 1 美元=7.75 元人民币;

2×25 年 1 月 1 日,市场汇率为 1 美元=7.77 元人民币;

2×25 年 6 月 30 日,市场汇率为 1 美元=7.80 元人民币。

(1) 计算 2×24 年汇兑差额资本化金额。

① 债券应付利息=2 000×8%×7.75=160×7.75=1 240(万元人民币)

| 借:在建工程 | 12 400 000 |
| --- | --- |
| 贷:应付利息 | 12 400 000 |

② 外币债券本金及利息汇兑差额=2 000×(7.75−7.70)+160×(7.75−7.75)=100(万元人民币)

| 借:在建工程 | 1 000 000 |
| --- | --- |
| 贷:应付债券——面值 | 1 000 000 |

(2) 2×25 年 1 月 1 日,实际支付利息时,应当支付 160 万美元,折算成人民币为 1 243.2 万元(160×7.77)。该金额与原账面金额之间的差额 3.2 万元人民币(1 243.2−1 240)应当继续予以资本化,计入在建工程成本。

| 借:应付利息 | 12 400 000 |
| --- | --- |
| 　　在建工程 | 32 000 |
| 贷:银行存款 | 12 432 000 |

(3) 计算 2×25 年 6 月 30 日的汇兑差额资本化金额。

① 债券应付利息=2 000×8%÷2×7.80=80×7.80=624(万元人民币)

| 借:在建工程 | 6 240 000 |
| --- | --- |
| 贷:应付利息 | 6 240 000 |

② 外币债券本金及利息汇兑差额=2 000×(7.80−7.75)+80×(7.80−7.80)=100(万元人民币)

| 借:在建工程 | 1 000 000 |
| --- | --- |
| 贷:应付债券——面值 | 1 000 000 |

### 资本化的借款费用均与资产支出相关吗?

符合资本化条件的资产发生借款费用予以资本化时,专门借款和一般借款利息、折价或溢价摊销、辅助借款费用以及外币专门借款的汇兑差额,哪些要与资产支出挂钩?

**相关思考解析 9-5:** 专门借款发生的借款费用资本化、辅助借款费用以及外币专门借款的汇兑差额资本化不需要与资本支出挂钩;但对于一般借款的利息和折价、溢价摊销资本化金额的计算需要与资产支出挂钩。

### 案例讨论 9-1

#### 借款费用的涉税风险

A公司是一家化工企业,主要生产各类涂料、溶剂等化工产品。

近日,税务局在对辖区内化工企业进行风险评估过程中发现,A公司2018年度财务费用异常,大额列支80多万元,遂通知A公司财务张会计带上资料核实相关涉税问题。

经查询A公司相关合同和账目资料,税务机关了解到,2018年A公司为生产新型环保涂料,向银行借款引进一条新的生产线,将该生产线记入"在建工程"科目,于2020年2月竣工,银行借款发生借款利息80多万元。A公司直接将该笔借款利息支出在"财务费用——利息净支出"科目一次性列支。

税务机关告知张会计,根据其提供的相关资料,A公司向银行借款用于引进生产线发生的借款费用"属于实施条例第三十七条规定的需要资本化的借款费用"的情形,公司应将其计入在建工程成本,需调增2018年度应纳税所得额并补缴企业所得税税款及滞纳金。

该案例中,税务机关的处理是否是正确的?

### 知识拓展 9-2

#### 借款费用的扣除标准

《企业所得税法实施条例》第三十七条:企业在生产经营活动中发生的合理的不需要资本化的借款费用,准予扣除。公司为购置、建造固定资产、无形资产和经过12个月以上的建造才能达到预定可销售状态的存货发生借款的,在有关资产购置、建造期间发生的合理的借款费用,应当作为资本性支出计入有关资产的成本,并依照本条例的规定扣除。

## 本 章 小 结

本章主要学习了借款费用的范围、借款费用的确认原则以及借款费用的计量。借款费用的去向有两个:资本化和费用化,核心是资本化。根据借款费用的确认原则,准确掌握借款费用开始资本化、暂停资本化和停止资本化的确认条件,其中资本化期间是借款费用确认和计量的前提。在借款费用的计量中,应主要掌握应予以资本化的专门借款利息和一般借款利息。

## 重 要 概 念

专门借款　一般借款　资本化期间　资本化金额

# 第十章 股 份 支 付

- ➢ 内容提要
- ➢ 重点难点
- ➢ 学习目标
- ➢ 知识框架
- ➢ 第一节 股份支付概述
- ➢ 第二节 以权益结算的股份支付的会计处理
- ➢ 第三节 以现金结算的股份支付的会计处理
- ➢ 本章小结
- ➢ 重要概念

## 内容提要

本章主要讲述股份支付的特征及四个主要环节、股份支付的类型、股份支付协议条件的种类、权益结算的股份支付的确认和计量原则以及具体的会计处理方法、现金结算的股份支付的确认和计量原则以及具体的会计处理方法。

## 重点难点

本章重难点为权益结算的股份支付的确认和计量原则以及具体的会计处理方法、现金结算的股份支付的确认和计量原则以及具体的会计处理方法。

## 学习目标

通过本章学习,学生应掌握股份支付的四个主要环节、权益结算的股份支付的确认和计量原则以及具体的会计处理方法、现金结算的股份支付的确认和计量原则以及具体的会计处理方法,了解股份支付的特征以及股份支付的种类。

## 知识框架

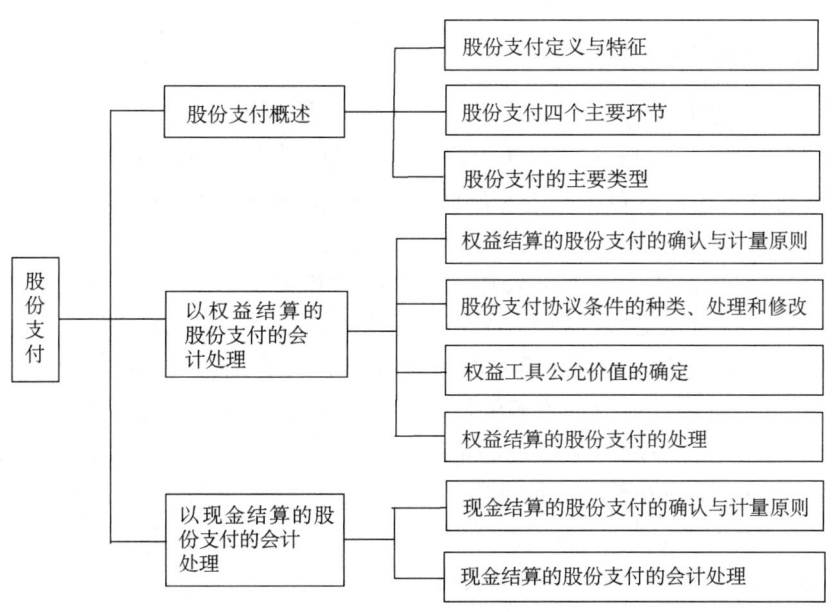

**思政育人　　隆平高科董事内幕交易，中信建设总经理陶扬被罚**

2018年5月至10月29日，袁隆平农业高科技股份有限公司（简称"隆平高科"）计划向包括公司董事、高级管理人员、重要的中层管理人员及核心骨干等共计414人定向增发限制性股票，并报中信建设（隆平高科持股5%以上的股东）、中国中信有限公司（中信建设控股股东，以下简称"中信有限"）审批。随后，隆平高科考虑到报送审批期间股价不断下跌，暂缓上述方案，并改为回购公司股份。10月13日，隆平高科披露《关于以集中竞价交易方式回购股份的预案》《关于召开2018年第三次（临时）股东大会的通知》等相关公告。隆平高科决策委员会、投资总监兼董事会秘书尹某文、中信证券股份有限公司李某、湖南启元律师事务所蔡某、周某凯、当事人中信建设总经理陶扬等人参与了本次回购公司股份的研究、制定与审批。

隆平高科拟实施股权激励的信息具有重大性，属于《证券法》第七十五条第二款第八项所述情形，在信息公开前，为内幕信息。该内幕信息不晚于2018年9月11日形成，公开于2018年10月13日。陶扬作为时任隆平高科董事、中信建设总经理，属于《证券法》第七十四条第一项、第二项规定的内幕信息知情人。2018年9月18日，陶扬审批中信建设内部报文《关于就隆平高科第七届董事会第十九次（临时）会议议案进行表决的请示》及附件并签批同意，其知悉内幕信息的时间不晚于当日。

王某2系陶扬母亲。2018年9月18日，陶扬在审批中信建设内部报文及附件并签批同意后于当日下午使用本人手机操作"王某2"账户买入隆平高科股票1.4万股，买入金额21.34万元。截至2019年3月4日，陶扬未卖出隆平高科股票，账面亏损3.34万元。

中国证监会认为，陶扬为法定内幕信息知情人，知悉内幕信息，其在内幕信息公开前交易隆平高科股票的行为股票，违反了《证券法》第七十三条、第七十六条第一款的规定，构成《证券法》第二百零二条所述的内幕交易行为。根据当事人违法行为的事实、性质、情节与社会危害程度，依据《证券法》第二百零二条的规定，中国证监会决定：责令陶扬依法处理非法持有的证券，并处以3万元的罚款。

资料来源：中国经济网.身为隆平高科董事内幕交易，中信建设总经理陶扬被罚[EB/OL].(2019-11-28)[2023-11-10].https://www.cqn.com.cn/cj/content/2019-11/28/content_7839887.htm.

# 第一节　股份支付概述

## 一、股份支付定义与特征

### （一）股份支付的定义

股份支付是"以股份为基础的支付"的简称，是指企业为获取职工和其他方提供服务而授予权益工具或者承担以权益工具为基础确定的负债的交易。权益工具是指能证明拥有某个企业在扣除所有负债后的资产中的剩余权益的合同。

我国《证券法》《公司法》和《上市公司股权激励管理办法（试行）》等规定，企业可以通过股票期权等权益工具对职工实行激励，而且对于已完成股权分置改革的上市公司，允许建立股权激励机制。企业向其雇员支付期权作为薪酬或奖励措施的行为，是目前具有代表性的股份支付交易，我国部分企业目前实施的职工期权激励计划即属于这一范畴。

企业授予职工股票期权、认股权证等衍生工具或其他权益工具以换取职工提供的服务，从而实现对职工的激励或补偿，实质上属于职工薪酬的组成部分。由于股份支付是以权益工具的公允价值为计量基础，《企业会计准则第9号——职工薪酬》规定，以股份为基础的薪酬适用《企业会计准则第11号——股份支付》。

## （二）股份支付的特征

1. 股份支付是企业与职工或其他方之间发生的交易。以股份为基础的支付可能发生在企业与股东之间、合并交易中的合并方与被合并方之间或者企业与其职工之间。其中，只有发生在企业与其职工或向企业提供服务的其他方之间的交易，才可能符合股份支付准则对股份支付的定义。

2. 股份支付是以获取职工或其他方服务为目的的交易。企业在股份支付交易中旨在获取其职工或其他方提供的服务（费用）或取得这些服务的权利（资产）。企业获取这些服务或权利的目的在于其正常生产经营，而不是转手获利等。

3. 股份支付交易的对价或其定价与企业自身权益工具未来的价值密切相关。股份支付交易与企业和其职工间其他类型交易的最大不同，是交易对价或其定价与企业自身权益工具未来的价值密切相关。在股份支付中，企业要么向职工支付其自身权益工具，要么向职工支付一笔现金，而其金额高低取决于结算时企业自身权益工具的公允价值。对价的特殊性可以说是股份支付定义中最突出的特征。企业自身权益工具包括会计主体本身、母公司和同一集团内的其他会计主体的权益工具。

## 二、股份支付的四个主要环节

以薪酬性股票期权为例，典型的股份支付通常涉及四个主要环节：授予日、可行权日、行权日和出售日。四个环节如图 10-1 所示。

10-1 视频：
股份支付
的环节

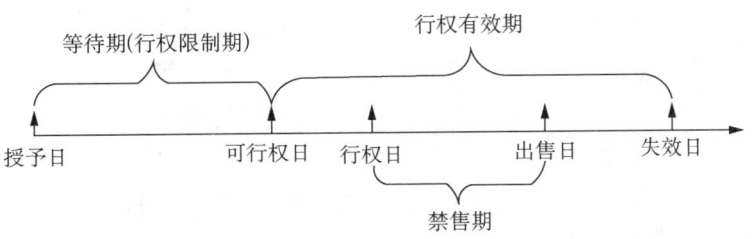

图 10-1　股份支付的四个主要环节

授予日是指股份支付协议获得批准的日期。其中，"获得批准"是指企业与职工或其他方就股份支付的协议条款和条件已达成一致，该协议获得股东大会或类似机构的批准。这里的"达成一致"是指在双方对该计划或协议内容充分形成一致理解的基础上，均接受其条款和条件。如果按照相关法规的规定，在提交股东大会或类似机构之前存在必要程序或要求，则应履行该程序或满足该要求。实务中，常见上市公司股东大会审议通过股权激励方案，并确定了授予价格，但未确定拟授予的股份激励对象对及股份数量，股东大会授权董事会后续确定具体激励对象及股份数量。在此情况下，授予日为董事会后续确定激励对象及股份数量，并将经批准的股权激励方案的具体条款或条件与员工进行沟通并达成一致的日期。

可行权日是指可行权条件得到满足、职工或其他方具有从企业取得权益工具或现金权利的日期。有的股份支付协议是一次性可行权，有的则是分批可行权。只有已经可行权的股票期权，才是职工真正拥有的"财产"，才能去择机行权。从授予日至可行权日的时段，是可行权条件得到满足的期间，因此称为"等待期"，又称"行权限制期"。

行权日是指职工和其他方行使权利、获取现金或权益工具的日期。例如,持有股票期权的职工行使了以特定价格购买一定数量本公司股票的权利,该日期即为行权日。行权是按期权的约定价格实际购买股票,一般是在可行权日之后至期权到期日之前的可选择时段内行权。

出售日是指股票的持有人将行使期权所取得的期权股票出售的日期。按照我国法规规定,用于期权激励的股份支付协议,应在行权日与出售日之间设立禁售期,其中国有控股上市公司的禁售期不得低于 2 年。

对于"一次授予、分期行权",即在授予日一次授予员工若干权益工具,之后每年分批达到可行权条件。每个批次是否可行权的结果通常是相对独立的,即每一期是否达到可行权条件并不会直接影响其他几期是否能够达到可行权条件。在会计处理时应将其作为同时授予的几个独立的股份支付计划。例如,在一次授予、分 3 年行权的股份支付计划中,应当将其视同为三个独立的股份支付计划,分别确定每个计划的等待期。企业应根据每个计划在授予日的公允价值估计股份支付费用,在其相应的等待期内,按照各计划在某会计期间内等待期长度占整个等待期长度的比例进行分摊。

### 三、股份支付的主要类型

股份支付按照方式和工具类型,主要可划分为两大类、四小类。

#### (一) 以权益结算的股份支付

以权益结算的股份支付是指企业为获取服务而以股份或其他权益工具作为对价进行结算的交易。以权益结算的股份支付最常用的工具有两类:限制性股票和股票期权。

限制性股票是指职工或其他方按照股份支付协议规定的条款和条件,从企业获得一定数量的本企业股票。企业授予职工一定数量的股票,在一个确定的等待期内或在满足特定业绩指标之前,职工出售股票要受到持续服务期限条款或业绩条件的限制。

股票期权是指企业授予职工或其他方在未来一定期限内以预先确定的价格和条件购买本企业一定数量股票的权利。实务中,存在名为"第二类限制性股票"的股权激励。激励对象在授予日无须出资购买限制性股票;待满足可行权条件后,激励对象可以选择按原授予价格购买股票,也可以选择不缴纳认股款,放弃取得相应股票。此类安排的实质是公司赋予员工在满足可行权条件后以约定价格(授予价格)购买公司股票的权利,员工可获取行权日股票价格高于授予价格的上行收益,但不承担股价下行风险,实质也是一项股票期权。

#### (二) 以现金结算的股份支付

以现金结算的股份支付是指企业为获取服务而承担的以股份或其他权益工具为基础计算的交付现金或其他资产的义务的交易。例如,某公司规定服务满 3 年的管理人员可以获得 100 份现金股票增值权,即根据股价的增长幅度可以行权获得现金。

以现金结算的股份支付最常用的工具有两类:模拟股票和现金股票增值权。

模拟股票和现金股票增值权,是用现金支付模拟的股权激励机制,即与股票挂钩,但用现金支付。除不需实际行权和持有股票之外,现金股票增值权的运作原理与股票期权是一样的,都是一种增值权形式的与股票价值挂钩的薪酬工具。除不需实际授予股票和持有股票之外,模拟股票的运作原理与限制性股票是一样的。

### 知识拓展 10-1

#### 认 购 权 证

认购权证（call warrant）又称为看涨权证、买权权证。认购权证是从股票上涨中获利。当股票跌落至认购权证执行价以下时，投资人可以选择不执行认购权，其损失为初始购买认购权证的费用，认购权证将过期作废，发行公司赚得了权证的发行价；反之，当股票价格上涨超过执行价时，权证的认购权将被执行，发行公司有义务以执行价将股票卖给权证持有人。

## 第二节　以权益结算的股份支付的会计处理

### 一、权益结算的股份支付的确认与计量原则

**（一）换取职工服务的股份支付的确认和计量原则**

对于换取职工服务的股份支付，企业应当以股份支付所授予的权益工具的公允价值计量。企业应在等待期内的每个资产负债表日，以对可行权权益工具数量的最佳估计为基础，按照权益工具在授予日的公允价值，将当期取得的服务计入相关资产成本或当期费用，同时计入资本公积中的其他资本公积。

对于授予后立即可行权的换取职工提供服务的权益结算的股份支付（例如授予限制性股票的股份支付），应在授予日按照权益工具的公允价值，将取得的服务计入相关资产成本或当期费用，同时计入资本公积中的股本溢价。

**（二）换取其他方服务的股份支付的确认和计量原则**

对于换取其他方服务的股份支付，企业应当以股份支付所换取的服务的公允价值计量。企业应当按照其他方服务在取得日的公允价值，将取得的服务计入相关资产成本或费用。

如果其他方服务的公允价值不能可靠地计量，但权益工具的公允价值能够可靠地计量时，企业应当按照权益工具在服务取得日的公允价值，将取得的服务计入相关资产成本或费用。

**（三）权益工具公允价值无法可靠确定时的处理**

在极少数情况下，授予权益工具的公允价值无法可靠地计量。在这种情况下，企业应当在获取对方提供服务的时点、后续的每个资产负债表日和结算日，以内在价值计量该权益工具，内在价值的变动应计入当期损益。同时，企业应当以最终可行权或实际行权的权益工具数量为基础，确认取得服务的金额。内在价值是指交易对方有权认购或取得的股份的公允价值，与其按照股份支付协议应当支付的价格间的差额。

企业对上述以内在价值计量的已授予权益工具进行结算，应当遵循以下要求：

（1）结算发生在等待期内的，企业应当将结算作为加速可行权处理，即立即确认本应于剩余等待期内确认的服务金额。

（2）结算时支付的款项应当作为回购该权益工具处理，即减少所有者权益。结算支付的款项高于该权益工具在回购日内在价值的部分，计入当期损益。

## 二、股份支付协议条件的种类、处理和修改

### (一) 股份支付协议条件的种类和处理

股份支付协议中的条件可分为可行权条件和非可行权条件。可行权条件是指能够确定企业是否得到职工或其他方提供的服务,且该服务使职工或其他方具有获取股份支付协议规定的权益工具或现金等权利的条件;反之,为非可行权条件。在满足这些条件之前,职工或其他方无法获得股份。可行权条件包括服务期限条件和业绩条件。

服务期限条件是指职工或其他方完成规定服务期限才可行权的条件。例如,某公司向总经理授予1 000 000股股票期权,约定总经理从即日起在该公司连续服务5年,即可以每股4元购买1 000 000股该公司股票,"连续服务5年"就是服务期限条件。

业绩条件是指职工或其他方完成规定服务期限且企业已经达到特定业绩目标才可行权的条件,具体包括市场条件和非市场条件。

市场条件是指行权价格、可行权条件以及行权可能性与权益工具的市场价格相关的业绩条件,如股份支付协议中关于股价上升至何种水平职工可相应取得多少股份的规定。企业在确定权益工具在授予日的公允价值时,应当考虑股份支付协议中规定的市场条件和非可行权条件的影响;市场条件和非可行权条件是否得到满足,不影响企业对预计可行权情况的估计。

非市场条件是指除市场条件之外的其他业绩条件,如股份支付协议中关于达到最低盈利目标或销售目标才可行权的规定。对于可行权条件为业绩条件的股份支付,在确定权益工具的公允价值时,应考虑市场条件的影响,只要职工满足了所有可行权条件中的非市场条件(如服务期限等),企业就应当确认已取得的服务。股份支付协议的条件如图10-2所示,市场条件与非市场条件处理的比较如图10-3所示。

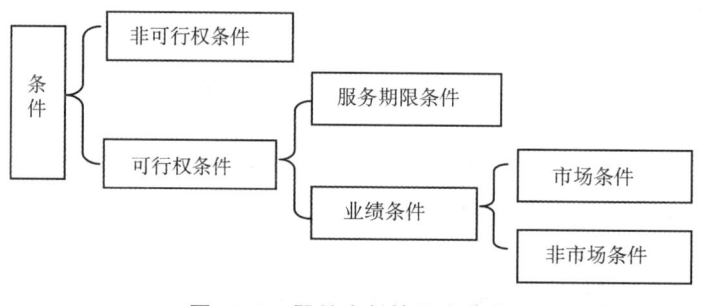

图10-2 股份支付协议中条件

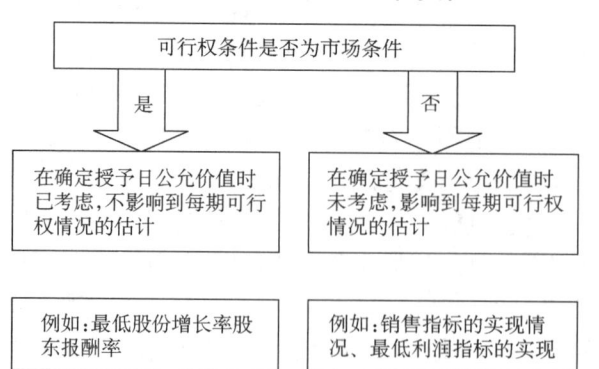

图10-3 市场条件与非市场条件处理的比较

【例10-1】 2×24年1月,为奖励并激励高管,华夏公司与其管理层成员签署股份支付协议,规定如果管理层成员在其后3年中都在公司中任职服务,并且公司股价每年均提高10%以上,管理层成员即可以低于市价的价格购买一定数量的本公司股票。

同时作为协议的补充,公司把全体管理层成员的年薪提高了50 000元,但公司将这部分年薪按月存入公司专门建立的内部基金,3年后,管理层成员可用属于其个人的部分抵减未来行权时支付的购买股票款项。如果管理层成员决定退出这项基金,可随时全额提取。华夏公司以期权定价模型估计授予的此项期权在授予日的公允价值为6 000 000元。

10-3 扫一扫
练一练

10-4 扫一扫
练一练答案

在授予日,华夏公司估计3年内管理层离职的比例为每年10%;第2年年末,华夏公司调整其估计离职率为5%;到第3年年末,公司实际离职率为6%。

在第1年中,公司股价提高了10.5%,第2年提高了11%,第3年提高了6%。公司在第1年、第2年年末均预计下年能实现当年股价增长10%以上的目标。

华夏公司应如何处理?

分析:如果不同时满足服务3年和公司股价年增长10%以上的要求,管理层成员就无权行使其股票期权,因此两者都属于可行权条件,其中服务满3年是一项服务期限条件,10%的股价增长要求是一项市场条件。虽然公司要求管理层成员将部分薪金存入统一账户保管,但不影响其可行权,因此统一账户条款是非可行权条件。

按照股份支付准则的规定,第1年年末确认的服务费用为:

$$6\ 000\ 000 \times 1 \div 3 \times 90\% = 1\ 800\ 000(元)$$

第2年年末累计确认的服务费用为:

$$6\ 000\ 000 \times 2 \div 3 \times 95\% = 3\ 800\ 000(元)$$

第3年年末累计应确认的服务费用为:

$$6\ 000\ 000 \times 94\% = 5\ 640\ 000(元)$$

由此,第2年应确认的费用为:

$$3\ 800\ 000 - 1\ 800\ 000 = 2\ 000\ 000(元)$$

第3年应确认的费用为:

$$5\ 640\ 000 - 3\ 800\ 000 = 1\ 840\ 000(元)$$

最后,94%的管理层成员满足了市场条件之外的全部可行权条件。尽管股价年增长10%以上的市场条件未得到满足,华夏公司在3年的年末也均确认了收到的管理层提供的服务,并相应确认了费用。

在实务中,部分股权激励计划约定员工须服务至企业成功完成首次公开募股,否则其持有的股份将以原认购价回售给企业或其实际控制人。该约定表明员工须达到规定的服务期限方可从股权激励计划中获益,这属于可行权条件中的服务期限条件,而企业成功完成首次公开募股属于可行权条件中业绩条件的非市场条件。企业应当合理估计未来成功完成首次公开募股的可能性及完成时点,将授予日至该时点的期间作为等待期,并在等待期内每个资产负债表日对预计可行权数量作出估计,确认相应的股权激励费用。等待期内企业估计其成功完成首次公开募股的时点发生变化的,应当根据重估时点确定等待期,截至当期累计应确认的股权激励费用扣减前期累计已确认金额,作为当期应确认的股权激励费用。

## (二)股份支付协议条件的修改

通常情况下,股份支付协议生效后,不应对其条款和条件随意修改。但在某些情况下,可能需要修改授予权益工具的股份支付协议中的条款和条件。例如,股票除权、除息或其他原因需要调整行权价格或股票期权数量。此外,为取得更佳的激励效果,有关法规也允许企业依据股份支付协议的规定,调整行权价格或股票期权数量,但应当由董事会作出决议并经股东大会审议批准,或者由股东大会授权董事会决定。《上市公司股权激励管理办法(试行)》对此作出了严格的限定,必须按照批准股份支付计划的原则和方式进行调整。

在会计核算上,无论已授予的权益工具的条款和条件如何修改,甚至取消权益工具的授予或结算该权益工具,企业都应至少确认按照所授予的权益工具在授予日的公允价值来计量获取的相应服务,除非因不能满足权益工具的可行权条件(除市场条件外)而无法可行权。

1. 条款和条件的有利修改

企业应当分别以下情况,确认导致股份支付公允价值总额升高以及其他对职工有利的修改的影响:

(1) 如果修改增加了所授予的权益工具的公允价值,企业应按照权益工具公允价值的增加相应地确认取得服务的增加。权益工具公允价值的增加是指修改前后的权益工具在修改日的公允价值之间的差额。

(2) 如果修改增加了所授予的权益工具的数量,企业应将增加的权益工具的公允价值相应地确认为取得服务的增加。

(3) 如果企业按照有利于职工的方式修改可行权条件,如缩短等待期、变更或取消业绩条件(非市场条件),企业在处理可行权条件时,应当考虑修改后的可行权条件。

2. 条款和条件的不利修改

如果企业以减少股份支付公允价值总额的方式或其他不利于职工的方式修改条款和条件,企业仍应继续对取得的服务进行会计处理,如同该变更从未发生,除非企业取消了部分或全部已授予的权益工具。具体包括如下几种情况:

(1) 如果修改减少了授予的权益工具的公允价值,企业应当继续以权益工具在授予日的公允价值为基础,确认取得服务的金额,而不应考虑权益工具公允价值的减少。

(2) 如果修改减少了授予的权益工具的数量,企业应当将减少部分作为已授予的权益工具的取消来进行处理。

(3) 如果企业以不利于职工的方式修改了可行权条件,如延长等待期、增加或变更业绩条件(非市场条件),企业在处理可行权条件时,不应考虑修改后的可行权条件。

3. 取消或结算

如果企业在等待期内取消了所授予的权益工具或结算了所授予的权益工具(因未满足可行权条件而被取消的除外),企业应当:

(1) 将取消或结算作为加速可行权处理,立即确认原本应在剩余等待期内确认的金额。

(2) 在取消或结算时支付给职工的所有款项均应作为权益的回购处理,回购支付的金额高于该权益工具在回购日公允价值的部分,计入当期费用。

(3) 如果向职工授予新的权益工具,并在新权益工具授予日认定所授予的新权益工具是用于替代被取消的权益工具的,企业应以与处理原权益工具条款和条件修改相同的方式,对所授予的替代权益工具进行处理。权益工具公允价值的增加是指在替代权益工具的授予日，替代权益工具公允价值与被取消的权益工具净公允价值之间的差额。被取消的权益工具的净公允价值是指其在取消前立即计量的公允价值减去因取消原权益工具而作为权益回购支付给职工的款项。如果企业未将新授予的权益工具认定为替代权益工具，则应将其作为一项新授予的股份支付进行处理。

企业如果回购其职工已可行权的权益工具，应当借记"所有者权益"，回购支付的金额高于该权益工具在回购日公允价值的部分，计入当期费用。

### 三、权益工具公允价值的确定

股份支付中权益工具的公允价值的确定，应当以市场价格为基础。一些股份和股票期权并没有一个活跃的交易市场，在这种情况下，应当考虑估值技术。通常情况下，企业应当按照《企业会计准则第 22 号——金融工具确认和计量》的有关规定确定权益工具的公允价值，并根据股份支付协议的条款进行调整。

**（一）股份**

对于授予职工的股份，企业应按照其股份的市场价格计量。如果其股份未公开交易，则应考虑其条款和条件估计其市场价格。例如，如果股份支付协议规定了期权股票的禁售期，则会对可行权日后市场参与者愿意为该股票支付的价格产生影响，并进而影响该股票期权的公允价值。

**（二）股票期权**

对于授予职工的股票期权，因其通常受到一些不同于交易期权的条款和条件的限制，因而在许多情况下难以获得其市场价格。如果不存在条款和条件相似的交易期权，就应通过期权定价模型来估计所授予的期权的公允价值。

在选择适用的期权定价模型时，企业应考虑熟悉情况和自愿的市场参与者将会考虑的因素。

此外，企业选择的期权定价模型还应考虑熟悉情况和自愿的市场参与者在确定期权价格时会考虑的其他因素，但不包括那些在确定期权公允价值时不考虑的可行权条件和再授予特征因素。确定授予职工的股票期权的公允价值，还需要考虑提早行权的可能性。

1. 期权定价模型的输入变量的估计

在估计基础股份的预计波动率和股利时，目标是尽可能接近当前市场或协议交换价格所反映的价格预期。在通常情况下，对于未来波动率、股利和行权行为的预期存在一个合理的区间。这时应将区间内的每项可能数额乘以其发生概率，加权计算上述输入变量的期望值。

2. 预计提早行权

出于各种原因，职工经常在期权失效日之前提早行使股票期权。考虑预计提早行权对期权公允价值的影响的具体方法，取决于所采用的期权定价模型的类型。但无论采用何种方法，估计提早行权时都要考虑以下因素：

（1）等待期的长度。

（2）以往发行在外的类似期权的平均存续时间。

(3) 基础股份的价格(有时根据历史经验,职工在股价超过行权价格达到特定水平时倾向于行使期权)。

(4) 职工在企业中所处的层级(有时根据历史经验,高层职工倾向于较晚行权)。

(5) 基础股份的预计波动率(一般而言,职工倾向于更早地行使高波动率的股份的期权)。

3. 预计波动率

预计波动率是对预期股份价格在一个期间内可能发生的波动金额的度量。期权定价模型中所用的波动率的量度,是一段时间内股份的连续复利回报率的年度标准差。波动率通常以年度表示,而不管计算时使用的是何种时间跨度基础上的价格,如每日、每周或每月的价格。一个期间股份的回报率(可能是正值也可能是负值)衡量了股东从股份的股利和价格涨跌中受益的多少。股份的预计年波动率是指一个范围(置信区间),连续复利年回报率预期处在这个范围内的概率大约为 2/3(置信水平)。

估计预计波动率要考虑以下因素:

(1) 如果企业有股票期权或其他包含期权特征的交易工具(如可转换公司债券)的买卖,则应考虑这些交易工具所内含的企业股价波动率。

(2) 在与期权的预计期限(考虑期权剩余期限和预计提早行权的影响)大体相当的最近一个期间内企业股价的历史波动率。

(3) 企业股份公开交易的时间。与上市时间更久的类似企业相比,新上市企业的历史波动率可能更大。

(4) 波动率向其均值(即其长期平均水平)回艮的趋势,以及表明预计未来波动率可能不同于以往波动率的其他因素。有时,企业股价在某一特定期间因为特定原因剧烈波动,如收购要约或重大重组失败,则在计算历史平均年度波动率时,可剔除这个特殊期间。

(5) 获取价格要有恰当且规则的间隔。价格的获取在各期应保持一贯性。例如,企业可用每周收盘价或每周最高价,但不应在某些周用收盘价、某些周用最高价。又如,获取价格时应使用与行权价格相同的货币来表示。

除了上述考虑因素,如果企业因新近上市而没有关于历史波动率的充分信息,应按可获得交易活动数据的最长期间计算其历史波动率,也可考虑类似企业在类似阶段可比期间的历史波动率。如果企业是非上市企业,在估计预计波动率时没有历史信息可循的,可考虑以下替代因素:

(1) 在某些情况下,定期向其职工(或其他方)发行期权或股份的非上市企业,可能已为其股份设立了一个内部"市场"。在估计预计波动率时可以考虑这些"股价"的波动率。

(2) 如果上述方法不适用,而企业以类似上市企业股价为基础估计其自身股份的价值,企业可考虑类似上市企业股价的历史或内含波动率。

(3) 如果企业未以类似上市企业股价为基础估计其自身股份价值,而是采用了其他估价方法对自身股份进行估价,则企业可推导出一个与该估价方法基础一致的预计波动率估计数。

4. 预计股利

计量所授予的股份或期权的公允价值时是否应当考虑预计股利,取决于被授予方是否有权取得股利或股利等价物。

如果职工被授予期权,并有权在授予日和行权日之间取得基础股份的股利或股利等价物(可现金支付,也可抵减行权价格),所授予的期权应当像不支付基础股份的股利那样进行估价,即预计股利的输入变量应为0。相反,如果职工对等待期内或行权前的股利或股利等价物没有要求权,对股份或期权在授予日公允价值的估计就应考虑预计股利因素。一般来说,预计股利应以公开可获得的信息为基础。不支付股利且没有支付股利计划的企业应假设预计股利收益率为0。如果无股利支付历史的新企业被预期在其职工股票期权期限内开始支付股利,可使用其历史股利收益率(0)与大致可比的同类企业的股利收益率均值的平均数。

5. 无风险利率

无风险利率一般是指期权行权价格以该货币表示的、剩余期限等于被估价期权的预计期限(基于期权的剩余合同期限,并考虑预计提早行权的影响)的零息国债当前可获得的内含收益率。如果没有此类国债,或环境表明零息国债的内含收益率不能代表无风险利率,应使用适当的替代利率。

6. 资本结构的影响

通常情况下,交易期权是由第三方而不是企业签出的。当这些股票期权行权时,签出人将股份交付给期权持有者。这些股份是从现有股东手中取得的。因此,交易期权的行权不会有稀释效应。

如果股票期权是从企业签出的,在行权时需要增加已发行在外的股份数量(要么正式增发,要么使用先前回购的库存股)。假定股份将按行权价格而不是行权日的市场价格发行,这种现实或潜在的稀释效应可能会降低股价,因此期权持有者行权时,无法获得像行使其他方面类似但不稀释股价的交易期权一样多的利益。这一问题能否对企业授予股票期权的价值产生显著影响,取决于各种因素,包括行权时增加的股份数量(相对于已发行在外股份数量)。如果市场已预期企业将会授予期权,则可能已将潜在稀释效应体现在了授予日的股价中。企业应考虑所授予的股票期权未来行权的潜在稀释效应,是否可能对股票期权在授予日的公允价值构成影响。企业可修改期权定价模型,以将潜在稀释效应纳入考虑范围。

## 四、权益结算的股份支付的处理

股份支付的会计处理必须以完整、有效的股份支付协议为基础。

### (一) 授予日

除了立即可行权的股份支付外,企业在授予日不需要作会计处理。因为尚未提供服务,企业不确认费用。对于立即可行权的股份支付,其会计处理与可行权日的会计处理相同。

### (二) 等待期内每个资产负债表日

对于权益结算的涉及职工的股份支付,企业应当在等待期内的每个资产负债表日,将取得职工或其他方提供的服务计入成本费用,计入成本费用的金额应当按照授予日权益工具的公允价值计量;同时确认所有者权益(其他资本公积),不确认其后续公允价值变动。

对于附有市场条件的股份支付,只要职工满足了其他所有非市场条件,企业就应当确认已取得的服务。在等待期内,业绩条件为非市场条件的,如果后续信息表明需要调整对可行权情况的估计的,应对前期估计进行修改。

对于授予的存在活跃市场的期权等权益工具,应当按照活跃市场中的报价确定其公允价值。对于授予的不存在活跃市场的期权等权益工具,应当采用期权定价模型等估值技术确定其公允价值。

在等待期内每个资产负债表日,企业应当根据最新取得的可行权职工人数变动等后续信息作出最佳估计,修正预计可行权的权益工具数量。在可行权日,最终预计可行权权益工具的数量应当与实际可行权工具的数量一致。

根据上述权益工具的公允价值和预计可行权的权益工具数量,计算截至当期累计应确认的成本费用金额,再减去前期累计已确认金额,作为当期应确认的成本费用金额。

### (三) 可行权日之后

对于权益结算的股份支付,在可行权日之后不再对已确认的成本费用和所有者权益总额进行调整。企业应在行权日根据行权情况,确认股本和股本溢价,同时结转等待期内确认的资本公积(其他资本公积)。

### (四) 回购股份进行职工期权激励

企业以回购股份形式奖励本企业职工的,属于权益结算的股份支付。企业回购股份时,应按回购股份的全部支出作为库存股处理,同时进行备查登记。按照《企业会计准则第11号——股份支付》对职工权益结算股份支付的规定,企业应当在等待期内每个资产负债表日按照权益工具在授予日的公允价值,将取得的职工服务计入成本费用,同时增加资本公积(其他资本公积)。在职工行权购买本企业股份时,企业应转销交付职工的库存股成本和等待期内资本公积(其他资本公积)累计金额,同时,按照其差额调整资本公积(股本溢价)。

实务中,上市公司实施限制性股票的股权激励安排中,以非公开发行方式向激励对象授予一定数量的公司股票,常见的做法是上市公司以非公开发行的方式向激励对象授予一定数量的公司股票,并规定锁定期和解锁期,在锁定期和解锁期内,不得上市流通及转让。达到解锁条件,才可以解锁;如果全部或部分股票未被解锁而失效或作废,通常由上市公司按照事先约定的价格(较为常见的是按最初的授予价格)进行回购。

对于此类授予限制性股票的股权激励计划,向职工发行的限制性股票按有关规定履行了注册登记等增资手续的,上市公司应当根据收到职工缴纳的认股款确认股本和资本公积(股本溢价),按照职工缴纳的认股款,借记"银行存款"等科目,按照股本金额,贷记"股本"科目,按照其差额,贷记"资本公积——股本溢价"科目;同时,就回购义务确认负债(作收购库存股处理),按照发行限制性股票的数量以及相应的回购价格计算确定的金额,借记"库存股"科目,贷记"其他应付款——限制性股票回购义务"(包括未满足条件而须立即回购的部分)等科目。

上市公司应当综合考虑限制性股票锁定期和解锁期等相关条款,按照《企业会计准则第11号——股份支付》相关规定判断等待期,进行与股份支付相关的会计处理。对于因回购产生的义务确认的负债,应当按照《企业会计准则第22号——金融工具确认和计量》相关规定进行会计处理。上市公司未达到限制性股票解锁条件而需回购的股票,按照相应支付的金额,借记"其他应付款——限制性股票回购义务"等科目,贷记"银行存款"等科目;同时,按照注销的限制性股票数量相对应的股本金额,借记"股本"科目,按照注销的限制性股票数量所对应的库存股的账面价值,贷记"库存股"科目,按其差额,借记"资本公积——股本溢价"科目。上市公司达到限制性股票解锁条件而无需回购的股票,按照解锁股票相对应的负债的账面价值,借记"其他应付款——限制性股票回购义务"等科目,按照解锁股票相对应的库存股的账面价值,贷记"库存股"科目,如有差额,则借记或贷记"资本公积——股本溢价"科目。

上市公司在等待期内发放现金股利的会计处理,应视其发放的现金股利是否可撤销采取不同的方法:

(1) 现金股利可撤销,即一旦未达到解锁条件,被回购限制性股票的持有者将无法获得(或需要退回)其在等待期内应收(或已收)的现金股利。

等待期内,上市公司在核算应分配给限制性股票持有者的现金股利时,应合理估计未来解锁条件的满足情况,该估计与进行股份支付会计处理时在等待期内每个资产负债表日对可行权权益工具数量进行的估计应当保持一致。对于预计未来可解锁限制性股票持有者,上市公司应分配给限制性股票持有者的现金股利应当作为利润分配进行会计处理,借记"利润分配——应付现金股利或利润"科目,贷记"应付股利——限制性股票股利"科目;同时,按分配的现金股利金额,借记"其他应付款——限制性股票回购义务"等科目,贷记"库存股"科目;实际支付时,借记"应付股利——限制性股票股利"科目,贷记"银行存款"等科目。对于预计未来不可解锁限制性股票持有者,上市公司应分配给限制性股票持有者的现金股利应当冲减相关的负债,借记"其他应付款——限制性股票回购义务"等科目,贷记"应付股利——限制性股票股利"科目;实际支付时,借记"应付股利——限制性股票股利"科目,贷记"银行存款"等科目。后续信息表明不可解锁限制性股票的数量与以前估计不同的,应当作为会计估计变更处理,直到解锁日预计不可解锁限制性股票的数量与实际未解锁限制性股票的数量一致。

(2) 现金股利不可撤销,即不论是否达到解锁条件,限制性股票持有者仍有权获得(或不得被要求退回)其在等待期内应收(或已收)的现金股利。

等待期内,上市公司在核算应分配给限制性股票持有者的现金股利时,应合理估计未来解锁条件的满足情况,该估计与进行股份支付会计处理时在等待期内每个资产负债表日对可行权权益工具数量进行的估计应当保持一致。对于预计未来可解锁限制性股票持有者,上市公司应分配给限制性股票持有者的现金股利应当作为利润分配进行会计处理,借记"利润分配——应付现金股利或利润"科目,贷记"应付股利——限制性股票股利"科目;实际支付时,借记"应付股利——限制性股票股利"科目,贷记"银行存款"等科目。对于预计未来不可解锁限制性股票持有者,上市公司应分配给限制性股票持有者的现金股利应当计入当期成本费用,借记"管理费用"等科目,贷记"应付股利——应付限制性股票股利"科目;实际支付时,借记"应付股利——限制性股票股利"科目,贷记"银行存款"等科目。后续信息表明不可解锁限制性股票的数量与以前估计不同的,应当作为会计估计变更处理,直到解锁日预计不可解锁限制性股票的数量与实际未解锁限制性股票的数量一致。

(五) 行权日

企业应在行权日根据行权情况,确认股本和股本溢价,同时结转等待期内确认的资本公积(其他资本公积)。

【例10-2】 (授予后立即可行权的会计处理)2×24年4月1日,华夏公司决定向其1 000名职工每名授予公司股份100股,当日股价为6元/股。股权授予日职工即可行权。

授予日 2×24 年 4 月 1 日按照权益工具授予日的公允价值处理。

借：管理费用　　　　　　　　　　　　　　　　　　　　　　　　　600 000
　　贷：资本公积——股本溢价　　　　　　　　　　　　　　　　　　　　600 000

【例 10-3】（附服务年限条件的权益结算的股份支付）华夏公司为一上市公司。2×20 年 1 月 1 日，公司向其 400 名管理人员每人授予 100 份股票期权，这些职员从 2×20 年 1 月 1 日起在该公司连续服务 3 年，即可以每股 5 元的价格购买 100 股华夏公司股票，从而获益。公司估计该期权在授予日的公允价值为 18 元。

第 1 年有 40 名职员离开华夏公司，华夏公司估计 3 年中离开的职员的比例将达到 20%；第 2 年又有 20 名职员离开公司，公司将估计的职员离开比例修正为 15%；第 3 年又有 30 名职员离开。

(1) 费用和资本公积计算过程如表 10-1 所示。

表 10-1　　　　　　　　　费用和资本公积计算表　　　　　　　　　单位：元

| 年份 | 计算 | 当期费用 | 累计费用 |
| --- | --- | --- | --- |
| 2×20 | 400×100×(1－20%)×18×1/3 | 192 000 | 192 000 |
| 2×21 | 400×100×(1－15%)×18×2/3－192 000 | 216 000 | 408 000 |
| 2×22 | 310×100×18－408 000 | 150 000 | 558 000 |

(2) 华夏公司账务处理如下：

① 2×20 年 1 月 1 日：

授予日不作账务处理。

② 2×20 年 12 月 31 日：

借：管理费用　　　　　　　　　　　　　　　　　　　　　　　　　192 000
　　贷：资本公积——其他资本公积　　　　　　　　　　　　　　　　　192 000

③ 2×21 年 12 月 31 日：

借：管理费用　　　　　　　　　　　　　　　　　　　　　　　　　216 000
　　贷：资本公积——其他资本公积　　　　　　　　　　　　　　　　　216 000

④ 2×22 年 12 月 31 日：

借：管理费用　　　　　　　　　　　　　　　　　　　　　　　　　150 000
　　贷：资本公积——其他资本公积　　　　　　　　　　　　　　　　　150 000

⑤ 假设全部 310 名职员都在 2×22 年 12 月 31 日行权，华夏公司股份面值为 1 元：

借：银行存款(310×100×5)　　　　　　　　　　　　　　　　　　　155 000
　　资本公积——其他资本公积　　　　　　　　　　　　　　　　　　558 000
　　贷：股本(310×100×1)　　　　　　　　　　　　　　　　　　　　 31 000
　　　　资本公积——股本溢价　　　　　　　　　　　　　　　　　　　682 000

【例 10-4】（附非市场业绩条件的权益结算的股份支付）2×20 年 1 月 1 日，华夏公司为其 200 名管理人员每人授予 100 份股票期权；第 1 年年末的可行权条件为企业净利润增长率达到20%;第2年年末的可行权条件为企业净利润2年平均增长15%;第3年年末的可行权条件为企业净利润3年平均增长10%。每份期权在2×20年1月1日的公允价值为24元。

2×20年12月31日,华夏公司净利润增长了18%,同时有16名管理人员离开,企业预计2×21年将以同样的速度增长,因此预计将于2×21年12月31日可行权。另外,企业预计2×21年12月31日又将有16名管理人员离开企业。

2×21年12月31日,华夏公司净利润仅增长了10%,因此无法达到可行权状态。另外,实际有20名管理人员离开,预计第3年将有24名管理人员离开企业(等待期延长到3年)。

2×22年12月31日,企业净利润增长了8%,3年平均增长率为12%,因此达到可行权状态。当年有16名管理人员离开。

分析:

按照股份支付会计准则,本例中的可行权条件是一项非市场业绩条件。

第1年年末,虽然没能实现净利润增长20%的要求,但公司预计下年将以同样速度增长,因此能实现两年平均年增长15%的要求。所以公司将其预计等待期调整为2年。由于有16名管理人员离开,公司同时调整了期满(2年)后预计可行权期权的数量(200-16-16)。

第2年年末,虽然2年实现15%增长的目标再次落空,但公司仍然估计能够在第3年取得较理想的业绩,从而实现3年平均增长10%的目标。所以公司将其预计等待期调整为3年。由于第2年有20名管理人员离开,高于预计数字,因此公司相应调增了第3年预计离开的人数(200-16-20-24)。

第3年年末,目标实现,实际离开人数为16人。公司根据实际情况确定累计费用,并据此确认了第3年费用。

费用和资本公积计算过程如表10-2所示。

表10-2 费用和资本公积计算过程表 单位:元

| 年份 | 计算 | 当期费用 | 累计费用 |
| --- | --- | --- | --- |
| 2×20 | (200-16-16)×100×24×1/2 | 201 600 | 201 600 |
| 2×21 | (200-16-20-24)×100×24×2/3-201 600 | 22 400 | 224 000 |
| 2×22 | (200-16-20-16)×100×24-224 000 | 131 200 | 355 200 |

## 第三节 以现金结算的股份支付的会计处理

### 一、现金结算的股份支付的确认与计量原则

企业应当在等待期内的每个资产负债表日,以对可行权情况的最佳估计为基础,按照企业承担负债的公允价值,将当期取得的服务计入相关资产成本或当期费用,同时计入负债,并在结算前的每个资产负债表日和结算日对负债的公允价值重新计量,将其变动计入损益。

对于授予后立即可行权的现金结算的股份支付(例如授予虚拟股票或业绩股票的股份支付),企业应当在授予日按照企业承担负债的公允价值计入相关资产成本或费用,同时计入负债,并在结算前的每个资产负债表日和结算日对负债的公允价值重新计量,将其变动计入损益。

## 二、现金结算的股份支付的会计处理

### (一) 授予日

10-5 视频：现金结算股份支付的会计处理

和权益结算的股份支付相同,除了立即可行权的股份支付外,企业在授予日不作会计处理。

### (二) 等待期内每个资产负债表日

对于现金结算的股份支付,企业应当按照每个资产负债表日权益工具的公允价值重新计量,将取得职工或其他方提供的服务计入成本费用,同时确认负债(应付职工薪酬)。

根据权益工具的公允价值和预计可行权的权益工具数量,计算截至当期累计应确认的成本费用金额,再减去前期累计已确认金额,作为当期应确认的成本费用金额。

### (三) 可行权日

在可行权日,也就是等待期结束,有权利参加行权的职工人数应当确定,预计应付职工薪酬也应当确定,这和未来实际应支付金额保持一致。因此,可行权日的会计处理和等待期内的资产负债表日处理一样,只是应付金额是确定的。

### (四) 可行权日之后

对于现金结算的股份支付,企业在可行权日之后不再确认成本费用,负债(应付职工薪酬)公允价值的变动应当计入当期损益(公允价值变动损益)。

### (五) 行权日

在行权日,企业根据支付现金的金额,冲减应付职工薪酬。

10-6 扫一扫练一练

【例 10-5】(授予后立即可行权的会计处理)2×24 年 1 月 1 日,华夏公司确定公司高级管理人员的激励机制为:公司股票 10 万股价值的现金奖励,授予日即可行权。公司现行股票公允价值为 3 元/股。

会计处理：

2×24 年 1 月 1 日授予日的处理：

| | |
|---|---:|
| 借：管理费用 | 300 000 |
|     贷：应付职工薪酬 | 300 000 |
| 借：应付职工薪酬 | 300 000 |
|     贷：银行存款 | 300 000 |

10-7 扫一扫练一练答案

【例 10-6】(以现金结算的股份支付)2×18 年年初,华夏公司为其 400 名中层以上职员每人授予 100 份现金股票增值权,这些职员从 2×18 年 1 月 1 日起在该公司连续服务 3 年,即可按照当时股价的增长幅度获得现金,该增值权应在 2×22 年 12 月 31 日之前行使。华夏公司估计,该增值权在结算之前的每一个资产负债表日以及结算日的公允价值和可行权后的每份增值权现金支出额如表 10-3 所示。

表 10-3         华夏公司资料         单位：元

| 年份 | 公允价值 | 支付现金 |
|---|---|---|
| 2×18 | 28 | |
| 2×19 | 30 | |

(续表)

| 年份 | 公允价值 | 支付现金 |
|------|---------|---------|
| 2×20 | 36 | 32 |
| 2×21 | 42 | 40 |
| 2×22 |    | 50 |

第1年有40名职员离开华夏公司,华夏公司估计3年中还将有30名职员离开;第2年又有20名职员离开公司,公司估计还将有20名职员离开;第3年又有30名职员离开。第3年年末,有140人行使股票增值权取得了现金。第4年年末,有100人行使了股票增值权。第5年年末,剩余70人也行使了股票增值权。

（1）费用和负债计算过程如表10-4所示。

表10-4　　　　　　　　　　**费用和负债计算过程表**　　　　　　　　　单位:元

| 年份 | 负债计算(1) | 支付现金计算(2) | 负债(3) | 支付现金(4) | 当期费用(5) |
|------|------------|----------------|---------|------------|------------|
| 2×18 | (400－70)×100×28×1÷3 |  | 308 000 |  | 308 000 |
| 2×19 | (400－80)×100×30×2÷3 |  | 640 000 |  | 332 000 |
| 2×20 | (400－90－140)×100×36 | 140×100×32 | 612 000 | 448 000 | 420 000 |
| 2×21 | (400－90－140－100)×100×42 | 100×100×40 | 294 000 | 400 000 | 82 000 |
| 2×22 | 0 | 70×100×50 | 0 | 350 000 | 56 000 |
| 总额 |  |  |  | 1 198 000 | 1 198 000 |

其中:(1)计算得(3),(2)计算得(4);
当期(3)－前一期(3)＋当期(4)＝当期(5)

（2）账务处理如下:

① 2×18年1月1日。

授予日不作账务处理。

② 2×18年12月31日:

借:管理费用　　　　　　　　　　　　　　　　　　　　　　　308 000
　　贷:应付职工薪酬——股份支付　　　　　　　　　　　　　　　　　308 000

③ 2×19年12月31日:

借:管理费用　　　　　　　　　　　　　　　　　　　　　　　332 000
　　贷:应付职工薪酬——股份支付　　　　　　　　　　　　　　　　　332 000

④ 2×20年12月31日:

借:管理费用　　　　　　　　　　　　　　　　　　　　　　　420 000
　　贷:应付职工薪酬——股份支付　　　　　　　　　　　　　　　　　420 000
借:应付职工薪酬——股份支付　　　　　　　　　　　　　　　　448 000
　　贷:银行存款　　　　　　　　　　　　　　　　　　　　　　　　　448 000

⑤ 2×21年12月31日：

借：公允价值变动损益　　　　　　　　　　　　　　　　　　　82 000
　　贷：应付职工薪酬——股份支付　　　　　　　　　　　　　　　　82 000
借：应付职工薪酬——股份支付　　　　　　　　　　　　　　　400 000
　　贷：银行存款　　　　　　　　　　　　　　　　　　　　　　　400 000

⑥ 2×22年12月31日：

借：公允价值变动损益　　　　　　　　　　　　　　　　　　　56 000
　　贷：应付职工薪酬——股份支付　　　　　　　　　　　　　　　　56 000
借：应付职工薪酬——股份支付　　　　　　　　　　　　　　　350 000
　　贷：银行存款　　　　　　　　　　　　　　　　　　　　　　　350 000

## 本 章 小 结

10-8 扫一扫看课件

本章主要讲解了股份支付的特征及四个主要环节、股份支付的类型、股份支付协议条件的种类、权益结算的股份支付的确认和计量原则以及具体的会计处理方法、现金结算的股份支付的确认和计量原则以及具体的会计处理方法。

## 重 要 概 念

股份支付　授予日　可行权日　行权日　等待期　出售日　权益结算　现金结算　职工激励

# 第十一章 会计政策、会计估计变更和差错更正

> 内容提要
> 重点难点
> 学习目标
> 知识框架
> 第一节 会计政策及其变更
> 第二节 会计估计及其变更
> 第三节 前期差错及其更正
> 本章小结
> 重要概念

## 内容提要

本章讲述了会计政策的概念、特征、会计政策变更的情形、会计政策变更与会计估计变更的划分、会计政策变更的两种处理方法、会计政策变更的披露;会计估计的概念、特征、会计估计变更的情形、会计估计变更的会计处理、会计估计变更的披露;前期差错的概念、前期差错更正的会计处理、前期差错更正的披露。

## 重点难点

本章重点为会计政策变更与会计估计变更的划分、会计政策变更的两种处理方法;难点为前期差错更正的会计处理。

## 学习目标

通过本章学习,学生应掌握会计政策变更与会计估计变更的划分、会计政策变更的两种处理方法、前期差错更正的会计处理。了解会计政策变更的披露、会计估计变更的披露及前期差错更正的披露。

## 知识框架

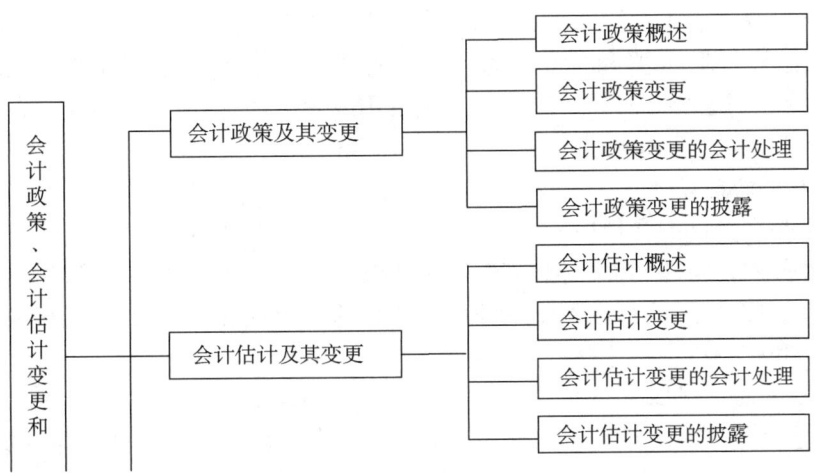

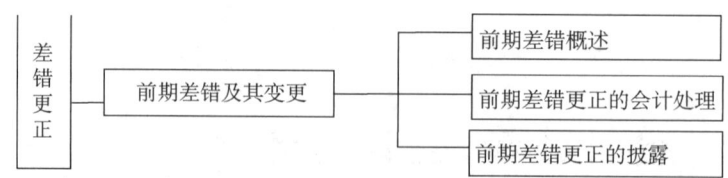

**思政育人　东阿阿胶会计估计变更：种驴折旧年限由 5 年变更为 10 年**

东阿阿胶 3 月 16 日晚间发布公告，称公司 2018 年 3 月 14 日召开的第八届董事会第十五次会议审议通过了《关于公司会计估计变更的议案》。公告显示，本次会计估计变更内容为：变更前，成熟生产性生物资产的成龄种驴，按照年限平均法计提折旧，折旧年限为 5 年，净残值率为 5%；变更后，成熟生产性生物资产的成龄种驴，按照年限平均法计提折旧，折旧年限为 10 年，净残值率为 60%。

对于本次会计估计变更对财务报表的影响及变更时间，东阿阿胶公告表示按照《企业会计准则》规定本次会计估计变更采用未来适用法，不改变以前期间的会计估计，也不调整以前期间的报告结果。会计估计变更后，根据测算预计影响每年增加净利润 325.55 万元。

评价：东阿阿胶是否存在滥用会计估计情况？

资料来源：李金茹. 课程思政视角下高级财务会计线上线下混合案例教学方案设计：以《会计政策、会计估计变更及差错更正》为例［EB/OL］.（2021-11-05）［2023-11-20］. https://xueshu.baidu.com/usercenter/paper/show?paperid=1p680aw0300e00f0j8730rb0mv324460.

# 第一节　会计政策及其变更

## 一、会计政策概述

会计政策是指企业在会计确认、计量和报告中所采用的原则、基础和会计处理方法。其中，原则是指按照企业会计准则规定的、适合于企业会计核算的具体会计原则。例如，《企业会计准则第 14 号——收入》规定的以交易已经完成、经济利益能够流入企业、收入和成本能够可靠地计量作为收入确认的标准，就属于收入确认的具体会计原则。基础是指为了将会计原则应用于交易或者事项而采用的基础，主要是计量基础（即计量属性），包括历史成本、重置成本、可变现净值、现值和公允价值等。会计处理方法是指企业在会计核算中按照法律、行政法规或者国家统一的会计制度等规定采用或者选择的、适合于本企业的具体会计处理方法。会计政策具有以下特点：

1. 会计政策的选择性

会计政策是在允许的会计原则、计量基础和会计处理方法中作出指定或具体选择。由于企业经济业务的复杂性和多样化，某些经济业务在符合会计原则和计量基础的要求下，可以有多种会计处理方法，即存在不止一种可供选择的会计政策。例如，长期股权投资的后续计量有成本法和权益法进行选择。

2. 会计政策的强制性

在我国，会计准则和会计制度属于行政法规，会计政策所包括的具体会计原则、计量基础和具体会计处理方法由会计准则或会计制度规定，具有一定的强制性。企业必须在法规所允许的范围内选择适合本企业实际情况的会计政策。即企业在发生某项经济业务时，必须从允许的会计原则、计量基础和会计处理方法中选择适合本企业特点的会计政策。

3. 会计政策的层次性

会计政策包括会计原则、计量基础和会计处理方法三个层次。例如,《企业会计准则第13号——或有事项》规定的以该义务是企业承担的现时义务、履行该义务很可能导致经济利益流出企业、该义务的金额能够可靠地计量作为预计负债的确认条件就是确认预计负债要遵循的会计原则;会计基础是为了将会计原则体现在会计核算中而采用的计量基础,例如,《企业会计准则第8号——资产减值》中涉及的公允价值就是计量基础;《企业会计准则第15号——建造合同》规定的完工百分比法就是会计处理方法。会计原则、计量基础和会计处理方法三者是一个具有逻辑性的、密不可分的整体,通过这个整体,会计政策才能得以应用和落实。

企业应当披露采用的重要会计政策,不具有重要性的会计政策可以不予披露。判断会计政策是否重要,应当考虑与会计政策相关的项目的性质和金额。企业应当披露的重要会计政策包括:

(1) 发出存货成本的计量是指企业确定发出存货成本所采用的会计处理。例如,企业发出存货成本的计量是采用先进先出法,还是采用其他计量方法。

(2) 长期股权投资的后续计量是指企业取得长期股权投资后的会计处理。例如,企业对被投资单位的长期股权投资是采用成本法,还是采用权益法核算。

(3) 投资性房地产的后续计量是指企业在资产负债表日对投资性房地产进行后续计量所采用的计量方法。例如,企业对投资性房地产的后续计量是采用成本模式,还是采用公允价值模式。

(4) 固定资产的初始计量是指对取得的固定资产初始成本的计量。例如,企业取得的固定资产初始成本是以购买价款,还是以购买价款的现值为基础进行计量。

(5) 生物资产的初始计量是指对取得的生物资产初始成本的计量。例如,企业为取得生物资产而产生的借款费用,是予以资本化,还是计入当期损益。

(6) 无形资产的确认是指对无形项目的支出是否确认为无形资产。例如,企业内部研究开发项目开发阶段的支出是确认为无形资产,还是在发生时计入当期损益。

(7) 非货币性资产交换的计量是指非货币性资产交换事项中对换入资产成本的计量。例如,非货币性资产交换是以换出资产的公允价值作为确定换入资产成本的基础,还是以换出资产的账面价值作为确定换入资产成本的基础。

(8) 借款费用的处理是指借款费用的会计处理方法,即是采用资本化,还是采用费用化。

(9) 合并政策是指编制合并财务报表所采用的原则。例如,母公司与子公司的会计年度不一致的处理原则、合并范围的确定原则等。

## 二、会计政策变更

会计政策变更是指企业对相同的交易或者事项由原来采用的会计政策改用另一会计政策的行为。为保证会计信息的可比性,使财务报表使用者在比较企业一个以上期间的财务报表时,能够正确判断企业的财务状况、经营成果和现金流量的趋势,一般情况下,企业采用的会计政策,在每一会计期间和前后各期应当保持一致,不得随意变更。否则,势必削弱会

计信息的可比性。但是,在下列两种情况下,企业可以变更会计政策:

(1) 法律、行政法规或者国家统一的会计制度等要求变更。这种情况是指,按照法律、行政法规以及国家统一的会计制度的规定,要求企业采用新的会计政策,则企业应当按照法律、行政法规以及国家统一的会计制度的规定改变原会计政策,按照新的会计政策执行。例如,《企业会计准则第1号——存货》规定,不允许企业采用后进先出法核算发出存货成本,这就要求执行企业会计准则体系的企业按照新规定,将原来以后进先出法核算发出存货成本改为准则规定可以采用的会计政策。《企业会计准则第8号——资产减值》规定,已计提的固定资产减值准备不允许转回,这就要求执行企业会计准则体系的企业按照新规定改变原允许固定资产减值准备转回的做法,变更原有会计政策。

(2) 会计政策变更能够提供更可靠、更相关的会计信息。由于经济环境、客观情况的改变,使企业原采用的会计政策所提供的会计信息,已不能恰当地反映企业的财务状况、经营成果和现金流量等情况。在这种情况下,应改变原有会计政策,按变更后新的会计政策进行会计处理,以便对外提供更可靠、更相关的会计信息。例如,某企业一直采用成本模式对投资性房地产进行后续计量,如果该企业能够从房地产交易市场上持续地取得同类或类似房地产的市场价格及其他相关信息,从而能够对投资性房地产的公允价值作出合理的估计,此时采用公允价值模式对投资性房地产进行后续计量可以更好地反映其价值。这种情况下,该企业可以将投资性房地产的后续计量方法由成本模式变更为公允价值模式。

需要注意的是,除法律、行政法规以及国家统一的会计制度要求变更会计政策的,应当按照国家的相关规定执行外,企业因满足上述第(2)条变更会计政策时,必须有充分、合理的证据表明其变更的合理性,并说明变更会计政策后,能够提供关于企业财务状况、经营成果和现金流量等更可靠、更相关的会计信息的理由。对会计政策的变更,企业仍应经股东大会或董事会、经理(厂长)会议或类似机构批准,并按照法律、行政法规等的规定报送有关各方备案。如无充分、合理的证据表明会计政策变更的合理性,或者未重新经股东大会或董事会、经理(厂长)会议或类似机构批准擅自变更会计政策的,或者连续、反复地自行变更会计政策的,视为滥用会计政策,按照前期差错更正的方法进行处理。

上市公司的会计政策目录及变更会计政策后重新制定的会计政策目录,除应当按照信息披露的要求对外公布外,还应当报公司上市地交易所备案。未报公司上市地交易所备案的,视为滥用会计政策,按照前期差错更正的方法进行处理。

对会计政策变更的认定,直接影响会计处理方法的选择。因此,在会计实务中,企业应当正确认定属于会计政策变更的情形。下列两种情况不属于会计政策变更:

(1) 本期发生的交易或者事项与以前相比具有本质差别而采用新的会计政策。这是因为,会计政策是针对特定类型的交易或事项,如果发生的交易或事项与其他交易或事项有本质区别,那么,企业实际上是为新的交易或事项选择适当的会计政策,并没有改变原有的会计政策。例如,将自用的办公楼改为出租,不属于会计政策变更,而是采用新的会计政策。

(2) 对初次发生的或不重要的交易或者事项采用新的会计政策。对初次发生的某类交易或事项采用适当的会计政策,并未改变原有的会计政策。例如,某企业初次签订一项建造合同,为另一企业建造一栋厂房,该企业对该项建造合同采用完工百分比法确认收入。由于该企业初次发生该项交易,采用完工百分比法确认该项交易的收入,不属于会计政策变更。

### 三、会计政策变更的会计处理

发生会计政策变更时,有两种会计处理方法,即追溯调整法和未来适用法,两种方法适用于不同情形。

11-1 视频:会计政策变更的会计处理

#### (一)追溯调整法

追溯调整法是指对某项交易或事项变更会计政策,视同该项交易或事项初次发生时即采用变更后的会计政策,并以此对财务报表相关项目进行调整的方法。采用追溯调整法时,对于比较财务报表期间的会计政策变更,应调整各期间净损益各项目和财务报表其他相关项目,视同该政策在比较财务报表期间一直采用。对于比较财务报表可比期间以前的会计政策变更的累积影响数,应调整比较财务报表最早期间的期初留存收益,财务报表其他相关项目的数字也应一并调整。

采用追溯调整法时,对于比较财务报表期间的会计政策变更,应调整各期间净损益各项目和财务报表其他相关项目,视同该政策在比较财务报表期间一直采用。对于比较财务报表可比期间以前的会计政策变更的累积影响数,应调整比较财务报表最早期间的期初留存收益,财务报表其他相关项目的数字也应一并调整。因此,追溯调整法是将会计政策变更的累积影响数调整列报前期最早期初留存收益,而不计入当期损益。但确定会计政策变更对列报前期影响数不切实可行的,应对从可追溯调整的最早期间期初开始应用变更后的会计政策。

其中,会计政策变更的累积影响数是指按照变更后的会计政策对以前各期追溯计算的列报前期最早期初留存收益应有金额与现有金额之间的差额。根据上述定义的表述,会计政策变更的累积影响数可以分解为以下两个金额之间的差额:(1)在变更会计政策当期,按变更后的会计政策对以前各期追溯计算,所得到列报前期最早期初留存收益金额;(2)在变更会计政策当期,列报前期最早期初留存收益金额。

上述留存收益金额,包括法定盈余公积、法定公益金、任意盈余公积以及未分配利润各项目,不考虑由于损益的变化而应当补分的利润或股利。例如,某企业由于会计政策变化,增加了以前期间可供分配的利润,该企业通常按净利润的20%分派股利。但在计算调整会计政策变更当期期初的留存收益时,不应当考虑由于以前期间净利润的变化而需要分派的股利。

在财务报表只提供列报项目上一个可比会计期间比较数据的情况下,上述第(2)项在变更会计政策当期,列报前期最早期初留存收益金额,即为上期资产负债表所反映的期初留存收益,可以从上年资产负债表项目中获得;需要计算确定的是第(1)项,即按变更后的会计政策对以前各期追溯计算所得到的上期期初留存收益金额。

累积影响数通常可以通过以下各步计算获得:

第一步,根据新会计政策重新计算受影响的前期交易或事项。

第二步,计算两种会计政策下的差异。

第三步,计算差异的所得税影响金额。

第四步,确定前期中的每一期的税后差异。

第五步,计算会计政策变更的累积影响数。

需要注意的是,对以前年度损益进行追溯调整或追溯重述的,应当重新计算各列报期间的每股收益。

【例11-1】 华夏公司2×22年、2×23年分别以4 000 000元和1 000 000元的价格从股票市场购入A、B两只以交易为目的的股票(假设不考虑购入股票发生的交易费用),市价一直高于购入成本。公司采用成本与市价孰低法对购入股票进行计量。公司从2×24年起对其以交易为目的购入的股票由成本与市价孰低改为公允价值计量,公司保存的会计资料比较齐备,可以通过会计资料追溯计算。假设所得税税率为25%,公司按净利润的10%提取法定盈余公积,按净利润的5%提取任意盈余公积。公司发行普通股4 500万股,未发行任何稀释性潜在普通股。两种方法计量的交易性金融资产账面价值如表11-1所示。

表11-1　　　　　两种方法计量的交易性金融资产账面价值　　　　　单位:元

| 股票 | 成本 | 2×22年年末公允价值 | 2×23年年末公允价值 |
|---|---|---|---|
| A股票 | 4 000 000 | 4 500 000 | 4 500 000 |
| B股票 | 1 000 000 | — | 1 200 000 |

根据上述资料,华夏公司的会计处理如下:

第一,计算改变交易性金融资产计量方法后的累计影响数(表11-2)。

表11-2　　　　　改变交易性金融资产计量方法后的累计影响数　　　　　单位:元

| 时间 | 公允价值 | 成本 | 税前差异 | 所得税影响 | 税后差异 |
|---|---|---|---|---|---|
| 2×22年年末 | 4 500 000 | 4 000 000 | 500 000 | 125 000 | 375 000 |
| 2×23年年末 | 1 200 000 | 1 000 000 | 200 000 | 50 000 | 150 000 |
| 合计 | 5 700 000 | 5 000 000 | 700 000 | 175 000 | 525 000 |

华夏公司2×24年12月31日的比较财务报表列报前期最早期初为2×23年1月1日。华夏公司在2×22年年末按公允价值计量的账面价值为4 500 000元,按成本与市价孰低计量的账面价值为4 000 000元,两者的所得税影响合计为125 000元,两者差异的税后净影响额为375 000元,即为该公司2×23年期初由成本与市价孰低改为公允价值的累积影响数。

华夏公司在2×23年年末按公允价值计量的账面价值为5 700 000元,按成本与市价孰低计量的账面价值为5 000 000元,两者的所得税影响合计为175 000元,两者差异的税后净影响额为525 000元,其中,375 000元是调整2×22年累积影响数,150 000元是调整2×23年当期金额。

华夏公司按照公允价值重新计量2×23年年末B股票账面价值,其结果为公允价值变动收益少计了200 000元,所得税费用少计了50 000元,净利润少计了150 000元。

第二,编制有关项目的调整分录。

(1) 对2×22年有关事项的调整分录:

① 调整会计政策变更累积影响数：

借：交易性金融资产——公允价值变动　　　　　　　　　　　　　500 000
　　贷：利润分配——未分配利润　　　　　　　　　　　　　　　　　375 000
　　　　递延所得税负债　　　　　　　　　　　　　　　　　　　　　125 000

② 调整利润分配。

按照净利润的10%提取法定盈余公积，按照净利润的5%提取任意盈余公积，共计提取盈余公积375 000×15%＝56 250（元）。

借：利润分配——未分配利润　　　　　　　　　　　　　　　　　　56 250
　　贷：盈余公积　　　　　　　　　　　　　　　　　　　　　　　　56 250

（2）对2×23年有关事项的调整分录：

① 调整交易性金融资产：

借：交易性金融资产——公允价值变动　　　　　　　　　　　　　200 000
　　贷：利润分配——未分配利润　　　　　　　　　　　　　　　　　150 000
　　　　递延所得税负债　　　　　　　　　　　　　　　　　　　　　50 000

② 调整利润分配。

按照净利润的10%提取法定盈余公积，按照净利润的5%提取任意盈余公积，共计提取盈余公积150 000×15%＝22 500（元）。

借：利润分配——未分配利润　　　　　　　　　　　　　　　　　　22 500
　　贷：盈余公积　　　　　　　　　　　　　　　　　　　　　　　　22 500

第三，财务报表调整和重述。

华夏公司在列报2×24年财务报表时，应调整2×24年资产负债表有关项目的年初余额、利润表有关项目的上年金额及所有者权益变动表有关事项的上年余额和本年余额。

（1）资产负债表项目的调整：

调增以公允价值计量且其变动计入当期损益的金融资产年初余额700 000元；调增递延所得税负债年初余额175 000元；调增盈余公积年初余额78 750元；调增未分配利润年初余额446 250元。

（2）利润表项目的调整：

调增公允价值变动收益上年金额200 000元；调增所得税费用上年金额50 000元；调增净利润上年金额150 000元；调增基本每股收益上年金额0.003 3元。

（3）所有者权益变动表项目的调整：

调增会计政策变更项目中盈余公积上年金额56 250元，未分配利润上年金额318 750元，所有者权益合计上年金额375 000元。

调增会计政策变更项目中盈余公积本年金额22 500元，未分配利润本年金额127 500元，所有者权益合计本年金额150 000元。

**（二）未来适用法**

未来适用法是指将变更后的会计政策应用于变更日及以后发生的交易或者事项，或者在会计估计变更当期和未来期间确认会计估计变更影响数的方法。

在未来适用法下,不需要计算会计政策变更产生的累积影响数,也无须重编以前年度的财务报表。企业会计账簿记录及财务报表上反映的金额,变更之日仍保留原有的金额,不因会计政策变更而改变以前年度的既定结果,并在现有金额的基础上再按新的会计政策进行核算。

【**例 11-2**】 华夏公司原对发出存货采用后进先出法,由于采用新准则,按其规定,公司从 2×24 年 1 月 1 日起改用先进先出法。2×24 年 1 月 1 日存货的价值为 4 000 000 元,公司当年购入存货的实际成本为 24 000 000 元,2×24 年 12 月 31 日按先进先出法计算确定的存货价值为 8 000 000 元,当年销售额为 30 000 000 元,假设该年度其他费用为 6 000 000 元,所得税税率为 25%。2×24 年 12 月 31 日按后进先出法计算的存货价值为 5 400 000 元。

华夏公司由于法律环境变化而改变会计政策,假定对其采用未来适用法进行处理,即对存货采用先进先出法从 2×24 年及以后才适用,不需要计算 2×24 年 1 月 1 日以前按先进先出法计算存货应有的余额以及对留存收益的影响金额。

计算确定会计政策变更对当期净利润的影响数如表 11-3 所示。

表 11-3　　　　　　　　　　**当期净利润的影响数计算表**　　　　　　　　单位:元

| 项目 | 先进先出法 | 后进先出法 |
| --- | --- | --- |
| 营业收入 | 30 000 000 | 30 000 000 |
| 减:营业成本 | 20 000 000 | 22 600 000 |
| 减:其他费用 | 6 000 000 | 6 000 000 |
| 利润总额 | 4 000 000 | 1 400 000 |
| 减:所得税 | 1 000 000 | 350 000 |
| 净利润 | 3 000 000 | 1 050 000 |
| 差额 | | 1 950 000 |

公司由于会计政策变更使当期净利润增加了 1 950 000 元。其中,采用先进先出法的销售成本为:期初存货+购入存货实际成本−期末存货=4 000 000+24 000 000−8 000 000=20 000 000(元);采用后进先出法的销售成本为:期初存货+购入存货实际成本−期末存货=4 000 000+24 000 000−5 400 000=22 600 000(元)。

### (三)会计政策变更会计处理方法的选择

对于会计政策变更,企业应当根据具体情况,分别采用不同的会计处理方法。

法律、行政法规或者国家统一的会计制度等要求变更的情况下,企业应当分别以下情况进行处理:

(1)国家发布相关的会计处理办法,则按照国家发布的相关会计处理规定进行处理。国家没有发布相关的会计处理办法,则采用追溯调整法进行会计处理。

(2)会计政策变更能够提供更可靠、更相关的会计信息的情况下,企业应当采用追溯调整法进行会计处理,将会计政策变更累积影响数调整列报前期最早期初留存收益,其他相关项目的期初余额和列报前期披露的其他比较数据也应当一并调整。

确定会计政策变更对列报前期影响数不切实可行的,应当从可追溯调整的最早期间期初开始应用变更后的会计政策;在当期期初确定会计政策变更对以前各期累积影响数不切实可行的,应当采用未来适用法处理。

### 知识拓展 11-1

**不切实可行的判断**

不切实可行是指企业在采取所有合理的方法后，仍然不能获得采用某项规定所必需的相关信息，而导致无法采用该项规定，则该项规定在此时是不切实可行的。

对于以下特定前期，对某项会计政策变更应用追溯调整法，或对某项重要的前期差错更正采用追溯重述法是不切实可行的：①应用追溯调整法或追溯重述法的累积影响数不能确定；②应用追溯调整法或追溯重述法要求对管理层在该期当时的意图做出假定。③应用追溯调整法或追溯重述法要求对有关金额进行重大估计，并且不可能将提供有关交易发生时存在状况的证据（例如，有关金额确认、计量或披露日期存在事实的证据，以及在受变更影响的当期和未来期间确认会计估计变更的影响的证据）和该期间财务报表批准报出时能够取得的信息这两类信息与其他信息客观地加以区分。

在某些情况下，调整一个或者多个前期比较信息以获得与当期会计信息的可比性是不切实可行的。例如，某个或者多个前期财务报表有关项目的数据难以收集，而要再造会计信息则可能是不切实可行的。对根据某项交易或者事项确认、披露的财务报表项目应用会计政策时常常需要进行估计。本质上，估计是主观行为，而且可能在资产负债表日后才做出。当追溯调整会计政策变更或者追溯重述前期差错更正时，要作出切实可行的估计更加困难，因为有关交易或者事项已经发生了较长一段时间，要获得做出切实可行的估计所需要的相关信息往往比较困难。

### 四、会计政策变更的披露

企业应当在附注中披露与会计政策变更有关的下列信息：

（1）会计政策变更的性质、内容和原因。其包括：对会计政策变更的简要阐述、变更的日期、变更前采用的会计政策和变更后所采用的新会计政策及会计政策变更的原因。例如，依据法律或会计准则等行政法规、规章的要求变更会计政策时，在财务报表附注中应当披露所依据的文件，如对于由于执行企业会计准则而发生的变更，应在财务报表附注中说明：依据《企业会计准则第×号——××》的要求变更会计政策。

（2）当期和各个列报前期财务报表中受影响的项目名称和调整金额。其包括：采用追溯调整法时，计算出的会计政策变更的累积影响数；当期和各个列报前期财务报表中需要调整的净损益及其影响金额，以及其他需要调整的项目名称和调整金额。

（3）无法进行追溯调整的，说明该事实和原因以及开始应用变更后的会计政策的时点、具体应用情况。其包括：无法进行追溯调整的事实；确定会计政策变更对列报前期影响数不切实可行的原因；在当期期初确定会计政策变更对以前各期累积影响数不切实可行的原因；开始应用新会计政策的时点和具体应用情况。

需要注意的是，在以后期间的财务报表中，不需要重复披露在以前期间的附注中已披露的会计政策变更的信息。

## 第二节 会计估计及其变更

11-2 视频：
会计估计
及其变更

### 一、会计估计概述

会计估计是指企业对结果不确定的交易或者事项以最近可利用的信息为基础所作的判

断。由于商业活动中内在的不确定因素影响,许多财务报表中的项目不能精确地计量,而只能加以估计。估计涉及以最近可利用的、可靠的信息为基础所作的判断。

会计估计有如下特点:

(1) 会计估计的存在是由于经济活动中内在的不确定性因素的影响。在会计核算中,企业总是力求保持会计核算的准确性,但有些经济业务本身具有不确定性(例如,坏账、固定资产折旧年限、固定资产残余价值、无形资产摊销年限等),因而需要根据经验做出估计。可以说,在进行会计核算和相关信息披露的过程中,会计估计是不可避免的,并不削弱其可靠性。

(2) 进行会计估计时,往往以最近可利用的信息或资料为基础。企业在会计核算中,由于经营活动中内在的不确定性,不得不经常进行估计。一些估计的主要目的是确定资产或负债的账面价值,例如,坏账准备、担保责任引起的负债;另一些估计的主要目的是确定将在某一期间记录的收益或费用的金额,例如,某一期间的折旧、摊销的金额。企业在进行会计估计时,通常应根据当时的情况和经验,以一定的信息或资料为基础。但是,随着时间的推移、环境的变化,进行会计估计的基础可能会发生变化,因此,进行会计估计所依据的信息或者资料不得不经常发生变化。由于最新的信息是最接近目标的信息,以其为基础所作的估计最接近实际,所以进行会计估计时,应以最近可利用的信息或资料为基础。

(3) 进行会计估计并不会削弱会计确认和计量的可靠性。企业为了定期、及时地提供有用的会计信息,将延续不断的经营活动人为地划分为一定的期间,并在权责发生制的基础上对企业的财务状况和经营成果进行定期确认和计量。例如,在会计分期的情况下,许多企业的交易跨越若干会计年度,以至于需要在一定程度上作出决定:某一年度发生的开支,哪些可以合理地预期能够产生其他年度以收益形式表示的利益,从而全部或部分向后递延;哪些可以合理地预期在当期能够得到补偿,从而确认为费用。也就是说,需要决定在结算日,哪些开支可以在资产负债表中处理,哪些开支可以在损益表中作为当年费用处理。因此,由于会计分期和货币计量的前提,在确认和计量过程中,不得不对许多尚在延续中、其结果尚未确定的交易或事项予以估计入账。

企业应当披露重要的会计估计,不具有重要性的会计估计可以不披露。判断会计估计是否重要,应当考虑与会计估计相关项目的性质和金额。企业应当披露的重要会计估计包括:

(1) 存货可变现净值的确定。

(2) 采用公允价值模式下的投资性房地产公允价值的确定。

(3) 固定资产的预计使用寿命与净残值;固定资产的折旧方法。

(4) 生物资产的预计使用寿命、预计净残值;各类生产性生物资产的折旧方法。

(5) 使用寿命有限的无形资产的预计使用寿命与净残值。

(6) 可收回金额按照资产组的公允价值减去处置费用后的净额确定的,确定公允价值减去处置费用后的净额的方法;可收回金额按照资产组预计未来现金流量的现值确定的,预计未来现金流量的确定方法。

(7) 合同完工进度的确定。

(8) 权益工具公允价值的确定。

(9) 债务人债务重组中转让的非现金资产的公允价值、由债务转成的股份的公允价值和修改其他债务条件后债务的公允价值的确定。

债权人债务重组中受让的非现金资产的公允价值、由债权转成的股份的公允价值和修改其他债务条件后债权的公允价值的确定。

(10) 预计负债初始计量的最佳估计数的确定。

(11) 金融资产公允价值的确定。

(12) 承租人对未确认融资费用的分摊；出租人对未实现融资收益的分配。

(13) 探明矿区权益、井及相关设施的折旧方法；与油气开采活动相关的辅助设备及设施的折旧方法。

(14) 非同一控制下企业合并成本的公允价值的确定。

(15) 其他重要会计估计。

## 二、会计估计变更

会计估计变更是指由于资产和负债的当前状况及预期经济利益和义务发生了变化，从而对资产或负债的账面价值或者资产的定期消耗金额进行调整。

由于企业经营活动中内在的不确定因素，许多财务报表项目不能准确地计量，只能加以估计，估计过程涉及以最近可以得到的信息为基础所作的判断。但是，估计毕竟是就现有资料对未来所作的判断，随着时间的推移，如果赖以进行估计的基础发生变化，或者由于取得了新的信息、积累了更多的经验或后来的发展可能不得不对估计进行修订，但会计估计变更的依据应当真实、可靠。会计估计变更的情形包括：

(1) 赖以进行估计的基础发生了变化。企业进行会计估计，总是依赖于一定的基础。如果其所依赖的基础发生了变化，则会计估计也应相应发生变化。例如，某企业的一项无形资产摊销年限原定为10年，以后发生的情况表明，该资产的受益年限已不足10年，相应调减摊销年限。

(2) 取得了新的信息、积累了更多的经验。企业进行会计估计是就现有资料对未来所做的判断，随着时间的推移，企业有可能取得新的信息、积累更多的经验，在这种情况下，企业可能不得不对会计估计进行修订，即发生会计估计变更。例如，某企业原根据当时能够得到的信息，对应收账款每年按其余额的5%计提坏账准备。现在掌握了新的信息，判定不能收回的应收账款比例已达15%，企业改按15%的比例计提坏账准备。

会计估计变更，并不意味着以前期间会计估计是错误的，只是由于情况发生变化，或者掌握了新的信息，积累了更多的经验，使得变更会计估计能够更好地反映企业的财务状况和经营成果。如果以前期间的会计估计是错误的，则属于会计差错，按会计差错更正的会计处理办法进行处理。

11-3 扫一扫
练一练

## 三、会计估计变更的会计处理

企业对会计估计变更应当采用未来适用法处理。即在会计估计变更当期及以后期间，采用新的会计估计，不改变以前期间的会计估计，其处理方法为：

(1) 会计估计变更仅影响变更当期的，其影响数应当在变更当期予以确认。例如，某企业原按应收账款余额的5%提取坏账准备，由于企业不能收回应收账款的比例已达10%，则企业改按应收账款余额的10%提取坏账准备。这类会计估计的变更，只影响变更当期，因

11-4 扫一扫
练一练答案

此,应于变更当期确认。

(2) 既影响变更当期又影响未来期间的,其影响数应当在变更当期和未来期间予以确认。例如,某企业的一项可计提折旧的固定资产,其有效使用年限或预计净残值的估计发生变更,影响了变更当期及资产以后使用年限内各个期间的折旧费用,这项会计估计的变更,应于变更当期及以后各期确认。

会计估计变更的影响数应计入变更当期与前期相同的项目中。为了保证不同期间的财务报表具有可比性,会计估计变更的影响如果以前包括在企业日常经营活动的损益中,则以后也应包括在相应的损益类项目中;如果会计估计变更的影响数以前包括在特殊项目中,则以后也相应作为特殊项目反映。

(3) 企业应当正确划分会计政策变更和会计估计变更,并按不同的方法进行相关会计处理。企业通过判断会计政策变更和会计估计变更划分基础仍然难以对某项变更进行区分的,应当将其作为会计估计变更处理。

## 四、会计估计变更的披露

企业应当在附注中披露与会计估计变更有关的下列信息:

(1) 会计估计变更的内容和原因。其包括变更的内容、变更日期以及会计估计变更的原因。

(2) 会计估计变更对当期和未来期间的影响数。其包括会计估计变更对当期和未来期间损益的影响金额,以及对其他各项目的影响金额。

(3) 会计估计变更的影响数不能确定的,披露这一事实和原因。

【例 11-3】 华夏公司有一台管理用设备,原始价值为 84 000 元,预计使用寿命为 8 年,净残值为 4 000 元,自 2×20 年 1 月 1 日起按直线法计提折旧。2×24 年 1 月,由于新技术的发展等原因,需要对原预计使用寿命和净残值做出修正,修改后的预计使用寿命为 6 年,净残值为 2 000 元。假定税法允许按变更后的折旧额在税前扣除。

华夏公司对上述会计估计变更的会计处理如下:

① 不调整以前各期折旧,也不计算累积影响数。

② 变更日以后发生的经济业务改按新估计使用寿命提取折旧。

按原估计,每年折旧额为 10 000 元,已提折旧 4 年,共计 40 000 元,固定资产净值为 44 000 元,则第 5 年相关科目的期初余额如下:

固定资产                                                      84 000
减:累计折旧                                                   40 000
固定资产净值                                                  44 000

改变估计使用寿命后,2×24 年 1 月 1 日起每年计提的折旧费用为 21 000 元[(44 000－2 000)÷(6－4)]。2×24 年不必对以前年度已提折旧进行调整,只需按重新预计的尚可使用寿命和净残值计算确定的年折旧费用,编制会计分录如下:

借:管理费用                                                  21 000
　　贷:累计折旧                                                      21 000

③ 附注说明。本公司一台管理用设备,原始价值为 84 000 元,原预计使用寿命为 8 年,

预计净残值为 4 000 元,按直线法计提折旧。由于新技术的发展,该设备已不能按原预计使用寿命计提折旧,本公司于 2×24 年年初变更该设备的使用寿命为 6 年,预计净残值为 2 000 元,以反映该设备的真实耐用寿命和净残值。此估计变更影响本年度净利润减少数为 8 250 元[(21 000 — 10 000)×(1—25%)]。

## 第三节 前期差错及其更正

### 一、前期差错概述

前期差错是指由于没有运用或错误运用下列两种信息,而对前期财务报表造成省略或错报。①编报前期财务报表时预期能够取得并加以考虑的可靠信息。②前期财务报告批准报出时能够取得的可靠信息。前期差错通常包括计算错误、应用会计政策错误、疏忽或曲解事实以及舞弊产生的影响等。

没有运用或错误运用上述两种信息而形成前期差错的情形主要有:

(1) 计算以及账户分类错误。例如,企业购入的 5 年期国债,意图长期持有,但在记账时计入了交易性金融资产,导致账户分类上的错误,并且在资产负债表上流动资产和非流动资产的分类也有误。

(2) 采用法律、行政法规或者国家统一的会计制度等不允许的会计政策。例如,对联营企业的长期股权投资应采用权益法核算,而实际上采用了成本法核算,导致会计政策的错误应用。

(3) 对事实的疏忽或曲解,以及舞弊。例如,企业对某项建造合同应按建造合同规定的方法确认营业收入,但该企业却按确认商品销售收入的原则确认收入。

### 知识拓展 11-2

**重要前期差错的判断**

如果财务报表项目的遗漏或错误表述可能影响财务报表使用者根据财务报表所做出的经济决策,则该项目的遗漏或错误是重要的。

重要的前期差错是指足以影响财务报表使用者对企业财务状况、经营成果和现金流量作出正确判断的前期差错。不重要的前期差错是指不足以影响财务报表使用者对企业财务状况、经营成果和现金流量做出正确判断的前期差错。

前期差错的重要性取决于在相关环境下对遗漏或错误表述的规模和性质的判断。前期差错所影响的财务报表项目的金额或性质,是判断该前期差错是否具有重要性的决定性因素。一般来说,前期差错所影响的财务报表项目的金额越大、性质越严重,其重要性水平越高。

企业应当严格区分会计估计变更和前期差错更正,对于前期根据当时的信息、假设等作了合理估计,在当期按照新的信息、假设等需要对前期估计金额作出变更的,应当作为会计估计变更处理,不应作为前期差错更正处理。

### 二、前期差错更正的会计处理

企业应当采用追溯重述法更正重要的前期差错,但确定前期差错累积影响数不切实可行的除外。追溯重述法是指在发现前期差错时,视同该项前期差错从未发生过,从而对财务报表相关项目进行更正的方法。

### (一) 不重要的前期差错的处理

对于不重要的前期差错,企业不需调整财务报表相关项目的期初数,但应调整发现当期与前期相同的相关项目。属于影响损益的,应直接计入本期与上期相同的净损益项目;属于不影响损益的,应调整本期与前期相同的相关项目。

### (二) 重要的前期差错的处理

对于重要的前期差错,企业应当在其发现当期的财务报表中,调整前期比较数据。具体地说,企业应当在重要的前期差错发现当期的财务报表中,通过下述处理对其进行追溯更正:①追溯重述差错发生期间列报的前期比较金额。②如果前期差错发生在列报的最早前期之前,则追溯重述列报最早前期的资产、负债和所有者权益相关项目的期初余额。

对于发生的重要前期差错,如影响损益,应将其对损益的影响数调整发现当期的期初留存收益,财务报表其他相关项目的期初数也应一并调整;如不影响损益,应调整财务报表相关项目的期初数。

在编制比较财务报表时,对于比较财务报表期间的重要的前期差错,应调整各该期间的净损益和其他相关项目,视同该差错在产生的当期已经更正;对于比较财务报表期间以前的重要的前期差错,应调整比较财务报表最早期间的期初留存收益,财务报表其他相关项目的数字也应一并调整。

对前期差错进行会计处理时,需要关注以下几点:

(1) 编制相关项目的调整分录时应注意,本期发现前期重要差错和资产负债表日后调整事项涉及损益调整的事项通过"以前年度损益调整"科目核算。

(2) 应交所得税的调整按企业所得税法规定执行。具体来说,当《企业会计准则》和企业所得税法对涉及的损益类调整事项处理的口径相同时,则应考虑应交所得税和所得税费用的调整;当《企业会计准则》和企业所得税法对涉及的损益类调整事项处理的口径不同时,则不应考虑应交所得税的调整。

(3) 递延所得税资产和递延所得税负债的调整。若调整事项涉及暂时性差异,则应调整所得税资产或递延所得税负债。

【例 11-4】 (不重要的前期差错的会计处理。)华夏公司在 2×23 年 12 月 31 日发现,一台价值为 9 600 元计入固定资产,并于 2×22 年 2 月 1 日开始计提折旧的管理用设备,在 2×22 年计入了当期费用。该公司对固定资产折旧采用直线法,该资产估计使用年限为 4 年,假设不考虑净残值因素。则在 2×23 年 12 月 31 日更正此差错的会计分录如下:

借:固定资产　　　　　　　　　　　　　　　　　　　　　　9 600
　　贷:管理费用　　　　　　　　　　　　　　　　　　　　　5 000
　　　　累计折旧　　　　　　　　　　　　　　　　　　　　　4 600

假设该项差错直至 2×26 年 2 月后才发现,则不需要作任何分录,因为该项差错已经抵销了。

【例 11-5】 (重要的前期差错的会计处理。)华夏公司在 2×24 年发现,2×23 年公司漏记一项生产线的折旧费用 180 000 元,在所得税申报表中未扣除了该项折旧。假设 2×23 年适用所得税税率为25%,无其他纳税调整事项。该公司按净利润的10%提取法定盈余公积,按净利润的5%提取任意盈余公积。该公司发行股票份额为1 800 000股。

第一,分析差错的影响数。

| | |
|---|---|
| 2×23年少计折旧费用 | 180 000 |
| 多计所得税费用(180 000×25%) | 45 000 |
| 多计净利润 | 135 000 |
| 多计应交税费(180 000×25%) | 45 000 |
| 多提法定盈余公积 | 13 500 |
| 多提任意盈余公积 | 6 750 |

第二,编制有关项目的调整分录。

(1) 补提折旧。

借:以前年度损益调整　　　　　　　　　　　　　　　　　　　　180 000
　　贷:累计折旧　　　　　　　　　　　　　　　　　　　　　　　180 000

(2) 调整应交所得税。

借:应交税费——应交所得税　　　　　　　　　　　　　　　　　45 000
　　贷:以前年度损益调整　　　　　　　　　　　　　　　　　　　45 000

(3) 将"以前年度损益调整"科目的余额转入利润分配。

借:利润分配——未分配利润　　　　　　　　　　　　　　　　　135 000
　　贷:以前年度损益调整　　　　　　　　　　　　　　　　　　　135 000

(4) 调整利润分配有关数字。

借:盈余公积　　　　　　　　　　　　　　　　　　　　　　　　20 250
　　贷:利润分配——未分配利润　　　　　　　　　　　　　　　　20 250

第三,财务报表调整和重述(财务报表从略)。

华夏公司2×24年度资产负债表的年初数和利润表及股东权益变动表的上年数栏分别按调整前和调整后的金额列示,2×24年度资产负债表的期末数栏和利润表及股东权益变动表的本年累计数栏的年初未分配利润,应按调整后的年初数为基础编制。

(1) 资产负债表项目的调整。调增累计折旧180 000元;调减应交税费45 000元;调减盈余公积20 250元;调减未分配利润114 750元。

(2) 利润表项目的调整。调增营业成本上年金额180 000元(计提折旧计入制造费用);调减所得税费用上年金额45 000元;调减净利润上年金额135 000元;调减基本每股收益上年金额0.075元。

(3) 股东所有者权益变动表项目的调整。调减前期差错更正项目中盈余公积上年金额20 250元,未分配利润上年金额114 750元,所有者权益合计上年金额135 000元。

### 三、前期差错更正的披露

企业应当在附注中披露与前期差错更正有关的下列信息:①前期差错的性质;②各个列

报前期财务报表中受影响的项目名称和更正金额。③无法进行追溯重述的,说明该事实和原因以及对前期差错开始进行更正的时点、具体更正情况。

在以后期间的财务报表中,不需要重复披露在以前期间的附注中已披露的前期差错更正的信息。

## 本 章 小 结

本章主要讲述了会计政策及变更、会计估计及变更、前期差错的概念,会计政策变更的会计处理、会计估计变更的会计处理、前期差错更正的会计处理。其中会计政策变更的会计处理、前期差错更正的会计处理是本章中需要掌握的重点,在学习中要特别注意。

## 重 要 概 念

会计政策　会计政策变更　会计估计　会计估计变更　前期差错　追溯调整法　未来适用法

11-5 扫一扫
看课件

# 第十二章 资产负债表日后事项

- ➤ 内容提要
- ➤ 重点难点
- ➤ 学习目标
- ➤ 知识框架
- ➤ 第一节 资产负债表日后事项概述
- ➤ 第二节 资产负债表日后调整事项
- ➤ 第三节 资产负债表日后非调整事项
- ➤ 本章小结
- ➤ 重要概念

### 内容提要

本章主要讲解资产负债表日后事项的含义、涵盖期间,资产负债表日后调整事项的会计处理原则和会计处理方法、资产负债表日后非调整事项的会计处理原则和会计处理方法。

### 重点难点

本章重点为资产负债表日后调整事项与非调整事项的内容、会计处理原则及其会计处理方法;难点为资产负债表日后调整事项的会计处理原则和会计处理方法。

### 学习目标

通过本章学习,学生应了解资产负债表日后事项的含义、涵盖期间;掌握资产负债表日后调整事项与非调整事项的内容、会计处理原则和会计处理方法。

### 知识框架

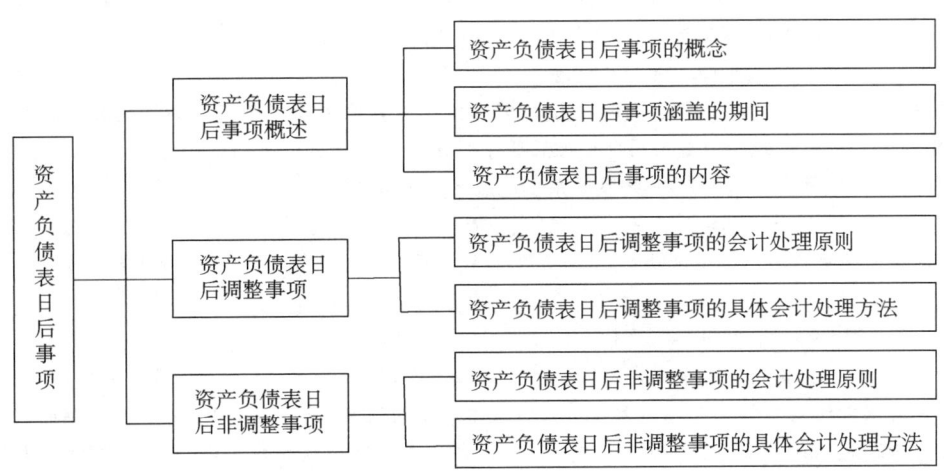

**思政育人　　　中国证监会市场禁入决定书(王迎燕)**

当事人:王迎燕,女,1967年12月出生,时任美尚生态景观股份有限公司(以下简称美尚生态)董事长,系美尚生态实际控制人之一,住址:江苏省无锡市滨湖区。

依据2005年修订、2014年修正的《中华人民共和国证券法》(以下简称2005年《证券法》)和2019年修订的《中华人民共和国证券法》(以下简称《证券法》)的有关规定,我会对美尚生态信息披露违法违规、欺诈发行行为进行了立案调查、审理,并依法向当事人告知了作出市场禁入的事实、理由、依据及当事人依法享有的权利,当事人王迎燕未提出陈述、申辩意见,也未要求听证。本案现已调查、审理终结。对其他责任人员,我会将另行依法处理。

经查明,美尚生态存在以下违法事实:

一、美尚生态2015年公司招股说明书、2015年至2019年年报、2020年半年报、2016年非公开发行股份及支付现金购买资产并募集配套资金暨关联交易报告书、2017年面向合格投资者公开发行公司债券募集说明书等信息披露文件存在虚假记载。

具体情况如下:

(一)美尚生态通过提前确认应收账款收回虚增净利润

(二)虚记银行利息收入

(三)不按审定金额调整项目收入

(四)虚增子公司收入

二、未按规定披露关联交易及资金占用

根据《中华人民共和国公司法》第二百一十六条第四项及《上市公司信息披露管理办法》(证监会令第40号)第七十一条第一款第三项的规定,无锡瑞德纺织服装设计有限公司、美尚(无锡)纺织品有限公司、无锡苏美迪服装有限公司为美尚生态的关联方。

三、未按规定披露重大诉讼事项

2021年,美尚生态因合同纠纷等陆续被债权人提起诉讼。2021年2月1日至2021年8月9日,美尚生态发生相关诉讼累计17起,涉案金额累计38 693.85万元,占最近一期经审计净资产的10.14%。截至2021年8月30日(半年报披露日),美尚生态未披露的诉讼累计20起,涉案金额累计43 733.56万元,占当期报告净资产235 580.29万元的18.56%。截至2021年12月30日,美尚生态发生诉讼累计42起,涉案金额累计69 807.40万元,占美尚生态最近一期经审计净资产的比例为18.3%。美尚生态直至2021年12月31日才首次披露且披露不全面,并于2022年1月19日、2022年2月11日补充披露。

四、未如实披露控股股东归还资金占用情况

美尚生态于2021年7月1日发布的《关于公司股票交易其他风险警示情形的进展公告》(公告编号:2021-080)披露,2021年6月30日公司收到控股股东归还占用资金30 000.75万元,资金来源于杭州链杭实业有限公司(以下简称链杭实业)对控股股东王迎燕女士的借款。

王迎燕作为时任董事长、总经理、财务总监、代董事会秘书,隐瞒资金占用情况、虚假归还,导致美尚生态上述信息披露违法行为,构成《证券法》第一百九十七条第二款所述"隐瞒相关事项导致发生上述情形"的情形。

五、美尚生态非公开发行股票行为构成欺诈发行

2018年1月3日,美尚生态召开第三届董事会第三次会议,审议通过《关于公司符合创业板非公开发行股票条件的议案》《关于公司2018年非公开发行股票方案的议案》等与非公开发行股票相关的议案。

上述行为违反2005年《证券法》第十三条第二款、第二十条第一款的规定,构成2005年《证券法》第一百八十九条第一款所述的欺诈发行违法行为。

上述违法事实,有相关公告、相关合同、记账凭证、财务套账、情况说明、当事人询问笔录、银行账户流水、诉讼材料、借款协议、企业工商登记资料等证据证明,足以认定。

当事人如果对本决定不服,可在收到本决定书之日起 60 日内向中国证券监督管理委员会申请行政复议,也可在收到本决定书之日起 6 个月内直接向有管辖权的人民法院提起行政诉讼。复议和诉讼期间,上述决定不停止执行。

资料来源:中国证券监督管理委员会. 中国证监会市场禁入决定书[EB/OL]. (2023-6-28)[2023-11-16]. http://www.csrc.gov.cn/csrc/c101927/c7425776/content.shtml. 本节作了删减。

# 第一节 资产负债表日后事项概述

## 一、资产负债表日后事项的概念

资产负债表日后事项是指资产负债表日至财务报告批准报出日之间发生的有利或不利事项。

**(一)资产负债表日**

资产负债表日是指会计年度末和会计中期期末。中期是指短于一个完整的会计年度的报告期间,包括半年度、季度和月度等。按照《会计法》规定,我国会计年度采用公历年度,即 1 月 1 日至 12 月 31 日。因此,年度资产负债表日是指每年的 12 月 31 日,中期资产负债表日是指各会计中期期末。

**(二)财务报告批准报出日**

财务报告批准报出日是指董事会或类似机构批准财务报告报出的日期,通常是指对财务报告的内容负有法律责任的单位或个人批准财务报告对外公布的日期。

《公司法》规定,公司制企业的董事会有权批准对外公布财务报告,因此公司制企业的财务报告批准报出日是指董事会批准财务报告报出的日期,而不是股东大会审议批准的日期,也不是注册会计师出具审计报告的日期。对于非公司制企业,财务报告批准报出日是指经理(厂长)会议或类似机构批准财务报告报出的日期。

**(三)有利事项和不利事项**

资产负债表日后事项包括有利事项和不利事项,对于资产负债表日后有利或不利事项的处理原则相同。资产负债表日后事项,如果属于调整事项,对有利或不利的调整事项均应进行处理,并调整报告年度或报告中期的财务报表;如果属于非调整事项,对有利或不利的非调整事项均应在年度报告或中期报告的附注中进行披露。

> **相关思考 12-1**
>
> 资产负债表日后事项是在这个特定期间内发生的全部事项吗?
>
> 资产负债表日后事项不是在这个特定期间内发生的全部事项,而是与资产负债表日存在状况有关的事项,或虽然与资产负债表日存在状况无关,但对企业财务状况具有重大影响的事项。

## 二、资产负债表日后事项涵盖的期间

资产负债表日后事项涵盖的期间是自资产负债表日次日起至财务报告批准报出日止一段时间。对上市公司而言,这一期间内涉及几个日期,包括完成财务报告编制日、注册会计师出具审计报告日、董事会批准财务报告可以对外公布日、实际对外公布日等。具体而言,资产负债表日后事项涵盖的期间应当包括：

1. 报告期间下一期间的第一天至董事会或类似机构批准财务报告对外公布的日期。

2. 财务报告批准报出以后、实际报出之前又发生与资产负债表日后事项有关的事项并由此影响财务报告对外公布日期的，应以董事会或类似机构再次批准财务报告对外公布的日期为截止日期。

【例12-1】 华夏公司2×23年的年度财务报告于2×24年2月20日编制完成，注册会计师完成年度财务报表审计工作并签署审计报告的日期为2×24年4月17日，董事会批准财务报告对外公布的日期为2×24年4月17日，财务报告实际对外公布的日期为2×24年4月23日，股东大会召开日期为2×24年5月10日。

根据资产负债表日后事项涵盖期间的规定，本例中，该公司2×23年度资产负债表日后事项涵盖的期间为2×24年1月1日至2×24年4月17日。如果在4月17至23日之间发生了重大事项，需要调整财务报表相关项目的数字或需要在财务报表附注中披露，经调整或说明后的财务报告再经董事会批准报出的日期为2×24年4月25日，实际报出的日期为2×24年4月30日，则资产负债表日后事项涵盖的期间为2×24年1月1日至2×24年4月25日。

### 三、资产负债表日后事项的内容

资产负债表日后事项包括资产负债表日后调整事项（以下简称调整事项）和资产负债表日后非调整事项（以下简称非调整事项）。

12-1视频：资产负债表日后事项的内容

**（一）调整事项**

调整事项是指对资产负债表日已经存在的情况提供了新的或进一步证据的事项。

如果资产负债表日及所属会计期间已经存在某种情况，但当时并不知道其存在或者不能知道确切结果，资产负债表日后发生的事项能够证实该情况的存在或者确切结果，则该事项属于资产负债表日后事项中的调整事项。如果资产负债表日后事项对资产负债表日的情况提供了进一步的证据，证据表明的情况与原来的估计和判断不完全一致，则需要对原来的会计处理进行调整。

企业发生的调整事项，通常包括下列各项：

(1) 资产负债表日后诉讼案件结案，法院判决证实了企业在资产负债表日已经存在现时义务，需要调整原先确认的与该诉讼案件相关的预计负债，或确认一项新负债。

(2) 资产负债表日后取得确凿证据，表明某项资产在资产负债表日发生了减值或者需要调整该项资产原先确认的减值金额。

(3) 资产负债表日后进一步确定了资产负债表日前购入资产的成本或售出资产的收入。

(4) 资产负债表日后发现了财务报表舞弊或差错。

【例12-2】 华夏公司因产品质量问题被消费者起诉。2×23年12月31日法院尚未判决，考虑到消费者胜诉要求华夏公司赔偿的可能性较大，华夏公司为此确认了500万元的预计负债。2×24年2月20日，在华夏公司2×23年度财务报告对外报出之前，法院判决消费者胜诉，要求华夏公司支付赔偿款700万元。

本例中，华夏公司在2×23年12月31日结账时已经知道消费者胜诉的可能性较大，但不能知道法院判决的确切结果，因此，确认了500万元的预计负债。2×24年2月20日法院判决结果为华夏公司预计负债的存在提供了进一步的证据。此时，按照2×23年12月

31日存在状况编制的财务报表所提供的信息已不能真实地反映企业的实际情况,应据此对财务报表相关项目的数字进行调整。

**(二)非调整事项**

非调整事项是指表明资产负债表日后发生的情况的事项。非调整事项的发生不影响资产负债表日企业的财务报表数字,只说明资产负债表日后发生了某些情况。对于财务报告使用者而言,非调整事项说明的情况有的重要,有的不重要。其中重要的非调整事项虽然不影响资产负债表日的财务报表数字,但可能影响资产负债表日以后的财务状况和经营成果,不加以说明将会影响财务报告使用者作出正确估计和决策。因此,需要适当披露。企业发生的非调整事项,通常包括下列资产负债表日后发生重大诉讼、仲裁、承诺;资产负债表日后资产价格、税收政策、外汇汇率发生重大变化等。

**(三)调整事项与非调整事项的区别**

资产负债表日后发生的某一事项究竟是调整事项还是非调整事项,取决于该事项表明的情况在资产负债表日或资产负债表日以前是否已经存在。若该情况在资产负债表日或之前已经存在,则属于调整事项;反之,则属于非调整事项。

【例12-3】 华夏公司2×23年10月向华美公司出售一批原材料,价款为2 000万元,根据销售合同,华美公司应在收到原材料后3个月内付款。至2×23年12月31日,华美公司尚未付款。假定华夏公司在编制2×23年度财务报告时有两种情况:①2×23年12月31日,公司根据掌握的资料判断,华美公司有可能破产清算,估计该应收账款将有20%无法收回,故按20%的比例计提坏账准备;2×24年1月20日,华夏公司收到通知,华美公司已被宣告破产清算,华夏公司估计有70%的债权无法收回。②2×23年12月31日,华美公司的财务状况良好,华夏公司预计应收账款可按时收回;2×24年1月20日,华夏公司发生重大火灾,导致华夏公司50%的应收账款无法收回。

2×24年3月15日,华夏公司的财务报告经批准对外公布。

本例中,①导致华夏公司应收账款无法收回的事实是华美公司财务状况恶化,该事实在资产负债表日已经存在,华美公司被宣告破产只是证实了资产负债表日华美公司财务状况恶化的情况。因此,华美公司破产导致华夏公司应收款项无法收回的事项属于调整事项。②导致华夏公司应收账款损失的因素是火灾,火灾是不可预计的,应收账款发生损失这一事实在资产负债表日以后才发生。因此,华美公司发生火灾导致华夏公司应收款项发生坏账的事项属于非调整事项。

在理解资产负债表日后事项的会计处理时,还需要明确以下两个问题:

(1) 如何确定资产负债表日后某一事项是调整事项还是非调整事项,是对资产负债表日后事项进行会计处理的关键。调整和非调整事项是一个广泛的概念,从事项本身而言,可以有各种各样的性质,只要符合企业会计准则中对这两类事项的判断原则即可。另外,同一性质的事项可能是调整事项,也可能是非调整事项,这取决于该事项表明的情况是在资产负债表日或资产负债表日以前已经存在或发生,还是在资产负债表日后才发生的。

(2) 企业会计准则以列举的方式说明了资产负债表日后事项中,哪些属于调整事项,哪些属于非调整事项,但并没有列举详尽。实务中,会计人员应按照资产负债表日后事项的判断原则,确定资产负债表日后发生的事项中哪些属于调整事项,哪些属于非调整事项。

## 第二节　资产负债表日后调整事项

### 一、资产负债表日后调整事项的会计处理原则

企业发生的资产负债表日后调整事项,应当调整资产负债表日的财务报表。对于年度财务报告而言,资产负债表日后事项发生在报告年度的次年,报告年度的有关账目已经结转,特别是损益类科目在结账后已无余额。因此,资产负债表日后发生的调整事项,应具体分别以下情况进行处理:

(1) 涉及损益的事项,通过"以前年度损益调整"科目核算。调整增加以前年度利润或调整减少以前年度亏损的事项,记入"以前年度损益调整"科目的贷方;调整减少以前年度利润或调整增加以前年度亏损的事项,记入"以前年损益调整"科目的借方。

涉及损益的调整事项,如果发生在资产负债表日所属年度(即报告年度)所得税汇算清缴前的,应调整报告年度应纳税所得额、应纳所得税税额;由于以前年度损益调整增加的所得税费用,记入"以前年度损益调整"科目的借方,同时贷记"应交税费——应交所得税"等科目;由于以前年度损益调整减少的所得税费用,记入"以前年度损益调整"科目的贷方,同时借记"应交税费——应交所得税"等科目。调整完成后,将"以前年度损益调整"科目的贷方或借方余额,转入"利润分配——未分配利润"科目。

涉及损益的调整事项,发生在报告年度所得税汇算清缴后的,应调整本年度(即报告年度的次年)应纳所得税税额。

(2) 涉及利润分配调整的事项,直接在"利润分配——未分配利润"科目核算。

(3) 不涉及损益及利润分配的事项,调整相关科目。

(4) 通过上述账务处理后,还应同时调整财务报表相关项目的数字,包括:①资产负债表日编制的财务报表相关项目的期末数或本年发生数。②当期编制的财务报表相关项目的期初数或上年数。③上述调整如果涉及报表附注内容的,还应当作出相应调整。

### 二、资产负债表日后调整事项的具体会计处理方法

为简化处理,如无特别说明,本章所有的例子均假定如下:财务报告批准报出日是次年3月31日,所得税税率为25%,按净利润的10%提取法定盈余公积,提取法定盈余公积后不再作其他分配;调整事项按税法规定均可调整应缴纳的所得税;涉及递延所得税资产的,均假定未来期间很可能取得用来抵扣暂时性差异的应纳税所得额;不考虑报表附注中有关现金流量表项目的数字。

**(一) 资产负债表日后诉讼案件结案,法院判决证实了企业在资产负债表日已经存在现时义务,需要调整原先确认的与该诉讼案件相关的预计负债,或确认一项新负债**

这一事项是指导致诉讼的事项在资产负债表日已经发生,但尚不具备确认负债的条件而未确认,资产负债表日后至财务报告批准报出日之间获得了新的或进一步的证据(人民法院判决结果),表明符合负债的确认条件,因此应在财务报告中确认为一项新负债;或者在资产负债表日已确认某项负债,但在资产负债表日至财务报告批准报出日之间获得新的或进一步的证据,表明需要对已经确认的金额进行调整。

**【例 12-4】** 华夏公司与华美公司签订一项销售合同,约定华夏公司应在 2×23 年 8 月向华美公司交付 A 产品 3 000 件。但华夏公司未按照合同发货,致使华美公司遭受重大经济损失。2×23 年 11 月,华美公司将华夏公司告上法庭,要求华夏公司赔偿 9 000 000 元。2×23 年 12 月 31 日,人民法院尚未判决,华夏公司对该诉讼事项确认预计负债 6 000 000 元,华美公司未确认应收赔偿款。2×24 年 2 月 8 日,经人民法院判决华夏公司应赔偿华美公司 8 000 000 元,华夏公司、华美公司双方均服从判决。判决当日华夏公司向华美公司支付赔偿款 8 000 000 元。华夏、华美两公司 2×23 年所得税汇算清缴均在 2×24 年 3 月 10 日完成(假定该项预计负债产生的损失不允许在预计时税前抵扣,只有在损失实际发生时,才允许税前抵扣)。

本例中,人民法院 2×24 年 2 月 8 日的判决证实了华夏、华美两公司在资产负债表日(即 2×23 年 12 月 31 日)分别存在现时赔偿义务和获赔权利,因此两公司都应将"人民法院判决"这一事项作为调整事项进行处理。华夏公司和华美公司 2×23 年所得税汇算清缴均在 2×24 年 3 月 10 日完成,因此,应根据法院判决结果调整报告年度应纳税所得额和应纳所得税税额。

(1)华夏公司的账务处理如下:

① 记录支付的赔偿款。

| | |
|---|---|
| 借:以前年度损益调整 | 2 000 000 |
|     贷:其他应付款——华美公司 | 2 000 000 |
| 借:预计负债——未决诉讼 | 6 000 000 |
|     贷:其他应付款——华美公司 | 6 000 000 |
| 借:其他应付款——华美公司 | 8 000 000 |
|     贷:银行存款 | 8 000 000 |

注:资产负债表日后事项如涉及现金收支项目,均不调整报告年度资产负债表的货币资金项目和现金流量表各项目数字。本例中,虽然已经支付了赔偿款,但在调整会计报表相关数字时,只需调整上述第一笔和第二笔分录,第三笔分录作为 2×24 年的会计事项处理。

② 调整递延所得税资产。

| | |
|---|---|
| 借:以前年度损益调整(6 000 000×25%) | 1 500 000 |
|     贷:递延所得税资产 | 1 500 000 |

2×23 年末因确认预计负债 6 000 000 元时已确认相应的递延所得税资产,资产负债表日后事项发生后递延所得税资产不复存在,应予转回。

③ 调整应交所得税。

| | |
|---|---|
| 借:应交税费——应交所得税(8 000 000×25%) | 2 000 000 |
|     贷:以前年度损益调整——所得税费用 | 2 000 000 |

④ 将"以前年度损益调整"科目余额转入未分配利润。

| | |
|---|---|
| 借:利润分配——未分配利润 | 1 500 000 |
|     贷:以前年度损益调整 | 1 500 000 |

⑤ 因净利润减少,调减盈余公积。

借:盈余公积——提取法定盈余公积(1 500 000×10%)     150 000
    贷:利润分配——未分配利润     150 000

⑥ 调整报告年度财务报表相关项目的数字(财务报表从略)。

资产负债表项目的调整。调减递延所得税资产1 500 000元,调减应交税费2 000 000元;调增其他应付款8 000 000元,调减预计负债6 000 000元;调减盈余公积150 000元,调减未分配利润1 350 000元。

利润表项目的调整。调增营业外支出2 000 000元,调减所得税费用500 000元,调减净利润1 500 000元。

所有者权益变动表项目的调整。调减净利润1 500 000元;提取盈余公积项目中盈余公积一栏调减150 000元;未分配利润调减1 350 000元。

⑦ 调整2×24年2月份资产负债表相关项目的年初数(资产负债表从略)。

华夏公司在编制2×24年1月份的资产负债表时,按照调整前2×23年12月31日的资产负债表的数字作为资产负债表的年初数,由于发生了资产负债表日后调整事项,华夏公司除了调整2×23年度资产负债表相关项目的数字外,还应当调整2×24年2月份资产负债表相关项目的年初数,其年初数按照2×23年12月31日调整后的数字填列。

(2) 华美公司的账务处理如下:

① 记录收到的赔款。

借:其他应收款——华夏公司     8 000 000
    贷:以前年度损益调整     8 000 000
借:银行存款     8 000 000
    贷:其他应收款——华夏公司     8 000 000

注:资产负债表日后事项如涉及现金收支项目,均不调整报告年度资产负债表的货币资金项目和现金流量表各项目数字。本例中,虽然已经收到了赔偿款,但在调整会计报表相关数字时,只需调整上述第一笔分录,第二笔分录作为2×24年的会计事项处理。

② 调整应交所得税。

借:以前年度损益调整——所得税费用(8 000 000×25%)     2 000 000
    贷:应交税费——应交所得税     2 000 000

③ 将"以前年度损益调整"科目余额转入未分配利润。

借:以前年度损益调整     6 000 000
    贷:利润分配——未分配利润     6 000 000

④ 因净利润增加,补提盈余公积。

借:利润分配——未分配利润     600 000
    贷:盈余公积——提取法定盈余公积(6 000 000×10%)     600 000

⑤ 调整报告年度财务报表相关项目的数字(财务报表从略)。

资产负债表项目的调整。调增其他应收款8 000 000元;调增应交税费2 000 000元;调增盈余公积600 000元,调增未分配利润5 400 000元。

利润表项目的调整。调增营业外收入8 000 000元,调增所得税费用2 000 000元,调增净利润 6 000 000 元。

所有者权益变动表项目的调整。调增净利润 6 000 000 元;提取盈余公积项目中盈余公积一栏调增 600 000 元;未分配利润调增 5 400 000 元。

⑥ 调整 2×24 年 2 月份资产负债表相关项目的年初数(资产负债表从略)。

华美公司在编制 2×24 年 1 月份的资产负债表时,按照调整前 2×23 年 12 月 31 日的资产负债表的数字作为资产负债表的年初数。由于发生了资产负债表日后调整事项,华美公司除了调整 2×23 年度资产负债表相关项目的数字外,还应当调整 2×24 年 2 月份资产负债表相关项目的年初数,其年初数按照 2×23 年 12 月 31 日调整后的数字填列。

### (二) 资产负债表日后取得确凿证据,表明某项资产在资产负债表日发生了减值或者需要调整该项资产原先确认的减值金额

这一事项是指在资产负债表日,根据当时的资料判断某项资产可能发生了损失或减值,但没有最后确定是否会发生,因而按照当时的最佳估计金额反映在财务报表中;但在资产负债表日至财务报告批准报出日之间,所取得的确凿证据能证明该事实成立,即某项资产已经发生了损失或减值,则应对资产负债表日所作的估计予以修正。

【例 12-5】 华夏公司 2×23 年 6 月销售给华美公司一批物资,货款为 2 000 000 元(含增值税)。华美公司于 7 月份收到所购物资并验收入库。按合同规定,华美公司应于收到所购物资后 3 个月内付款。由于华美公司财务状况不佳,到 2×23 年 12 月 31 日仍未付款。华夏公司于 2×23 年 12 月 31 日已为该项应收账款计提坏账准备 100 000 元。2×23 年 12 月 31 日资产负债表上"应收账款"项目的金额为 4 000 000 元,其中 1 900 000 元为该项应收账款。华夏公司于 2×24 年 2 月 3 日(所得税汇算清缴前)收到人民法院通知,华美公司已宣告破产清算,无力偿还所欠部分货款。华夏公司预计可收回应收账款的 60%。

本例中,华夏公司在收到人民法院通知后,首先可判断该事项属于资产负债表日后调整事项。华夏公司原对应收华美公司账款计提了 100 000 元的坏账准备,按照新的证据应计提的坏账准备为 800 000 元(2 000 000×40%),差额 700 000 元应当调整 2×24 年度财务报表相关项目的数字。

华夏公司的账务处理如下:

(1) 补提坏账准备。

应补提的坏账准备 = 2 000 000×40% − 100 000 = 700 000(元)

借:以前年度损益调整  700 000
 贷:坏账准备  700 000

(2) 调整递延所得税资产。

借:递延所得税资产  175 000
 贷:以前年度损益调整(700 000×25%)  175 000

(3) 将"以前年度损益调整"科目的余额转入未分配利润。

借:利润分配——未分配利润  525 000
 贷:以前年度损益调整  525 000

(4) 因净利润减少,调减盈余公积。

```
借：盈余公积——提取法定盈余公积                                              52 500
    贷：利润分配——未分配利润(525 000×10%)                                          52 500
```

(5) 调整报告年度财务报表相关项目的数字(财务报表从略)。

① 资产负债表项目的调整。调减应收账款 700 000 元，调增递延所得税资产 175 000 元；调减盈余公积 52 500 元，调减未分配利润 472 500 元。

② 利润表项目的调整。调增信用减值损失 700 000 元，调减所得税费用 175 000 元，调减净利润 525 000 元。

③ 所有者权益变动表项目的调整。调减净利润 525 000 元；提取盈余公积项目中盈余公积一栏调减 52 500 元；未分配利润调减 472 500 元。

(6) 调整 2×24 年 2 月资产负债表相关项目的年初数(资产负债表从略)。华夏公司在编制 2×24 年 1 月的资产负债表时，按照调整前 2×23 年 12 月 31 日的资产负债表的数字作为资产负债表的年初数。由于发生了资产负债表日后调整事项，华夏公司除了调整 2×23 年度资产负债表相关项目的数字外，还应当调整 2×24 年 2 月资产负债表相关项目的年初数，其年初数按照 2×23 年 12 月 31 日调整后的数字填列。

### (三) 资产负债表日后进一步确定了资产负债表日前购入资产的成本或售出资产的收入

这类调整事项包括两方面的内容：①若资产负债表日前购入的资产已经按暂估金额等入账，资产负债表日后获得证据，可以进一步确定该资产的成本，则应该对已入账的资产成本进行调整。例如，购建固定资产已经达到预定可使用状态，但尚未办理竣工决算，企业已办理暂估入账；资产负债表日后办理决算，此时应根据竣工决算的金额调整暂估入账的固定资产成本等。②企业符合收入确认条件确认销售收入，但资产负债表日后获得关于资产收入的进一步证据，如发生销售退回、销售折让等，此时也应调整财务报表相关项目的金额。需要说明的是，资产负债表日后发生的销售退回，既包括报告年度或报告中期销售的商品在资产负债表日后发生的销售退回，也包括以前期间销售的商品在资产负债表日后发生的销售退回。

资产负债表所属期间或以前期间所售商品在资产负债表日后退回的，应作为资产负债表日后调整事项处理。发生于资产负债表日后至财务报告批准报出日之间的销售退回事项，可能发生于年度所得税汇算清缴之前，也可能发生于该企业年度所得税汇算清缴之后，其会计处理为：

首先，涉及报告年度所属期间的销售退回发生于该企业报告年度所得税汇算清缴之前，应调整报告年度利润表的收入、费用等，并相应调整报告年度的应纳税所得额以及报告年度应缴的所得税等。

**【例 12-6】** 华夏公司 2×23 年 10 月 25 日销售一批 A 商品给华美公司，取得收入 2 400 000 元(不含增值税)，并结转成本 2 000 000 元。2×23 年 12 月 31 日，该笔货款尚未收到，华夏公司未对该应收账款计提坏账准备。2×24 年 2 月 8 日，由于产品质量问题，本批货物被全部退回。华夏公司于 2×24 年 2 月 20 日完成 2×23 年所得税汇算清缴。华夏公司适用的增值税税率为 13%。

本例中，销售退回业务发生在资产负债表日后事项涵盖期间内，属于资产负债表日后调整事项。由于销售退回发生在华夏公司报告年度所得税汇算清缴之前，在所得税汇算清缴时，应扣除该部分销售退回所实现的应纳税所得额。

华夏公司的账务处理如下：

(1) 调整销售收入。

借：以前年度损益调整                                         2 400 000
    应交税费——应交增值税（销项税额）                  312 000
    贷：应收账款——华美公司                            2 712 000

(2) 调整销售成本。

借：库存商品——A商品                                        2 000 000
    贷：以前年度损益调整                                           2 000 000

(3) 调整应缴纳的所得税。

借：应交税费——应交所得税[(2 400 000－2 000 000)×25%]    100 000
    贷：以前年度损益调整                                              100 000

(4) 将"以前年度损益调整"科目的余额转入未分配利润。

借：利润分配——未分配利润                                      300 000
    贷：以前年度损益调整                                              300 000

(5) 因净利润减少，调减盈余公积。

借：盈余公积——提取法定盈余公积(300 000×10%)         30 000
    贷：利润分配——未分配利润                                    30 000

(6) 调整报告年度相关财务报表（财务报表从略）。

① 资产负债表项目的调整。调减应收账款 2 712 000 元，调增库存商品 2 000 000 元；调减应交税费 412 000 元；调减盈余公积 30 000 元，调减未分配利润 270 000 元。

② 利润表项目的调整。调减营业收入 2 400 000 元，调减营业成本 2 000 000 元，调减所得税费用 100 000 元，调减净利润 300 000 元。

③ 所有者权益表项目的调整。调减净利润 300 000 元；提取盈余公积项目中盈余公积一栏调减 30 000 元；未分配利润调减 270 000 元。

(7) 调整 2×24 年 2 月资产负债表相关项目的年初数（资产负债表从略）。

华夏公司在编制 2×24 年 1 月份的资产负债表时，按照调整前 2×23 年 12 月 31 日的资产负债表的数字作为资产负债表的年初数，由于发生了资产负债表日后调整事项，华夏公司除了调整 2×23 年度资产负债表相关项目的数字外，还应当调整 2×24 年 2 月资产负债表相关项目的年初数，其年初数按照 2×23 年 12 月 31 日调整后的数字填列。

其次，资产负债表日后事项中涉及报告年度所属期间的销售退回发生于该企业报告年度所得税汇算清缴之后的，应调整报告年度会计报表的收入、费用等，但按照税法规定在此期间的销售退回所涉及的应缴所得税，应作为本年的纳税调整事项。

**[相关思考 12-2]**

### 销售退回发生在报告年度所得税汇算清缴之后的处理

在[例 12-6]中，销售退回如果发生报告年度所得税汇算清缴之后，应如何进行会计处理？

**相关思考12-2解析：**

华夏公司的账务处理如下：

(1) 调整销售收入。

| | |
|---|---:|
| 借：以前年度损益调整 | 2 400 000 |
| 　　应交税费——应交增值税(销项税额) | 312 000 |
| 　　贷：应收账款——华美公司 | 2 712 000 |

(2) 调整销售成本。

| | |
|---|---:|
| 借：库存商品——A商品 | 2 000 000 |
| 　　贷：以前年度损益调整 | 2 000 000 |

(3) 调整应缴纳的所得税。

| | |
|---|---:|
| 借：应交税费——应交所得税(2 400 000－2 000 000)×25% | 100 000 |
| 　　贷：所得税费用 | 100 000 |

(4) 将"以前年度损益调整"科目的余额转入未分配利润。

| | |
|---|---:|
| 借：利润分配——未分配利润 | 400 000 |
| 　　贷：以前年度损益调整 | 400 000 |

(5) 因净利润减少，调减盈余公积。

| | |
|---|---:|
| 借：盈余公积——提取法定盈余公积(400 000×10%) | 40 000 |
| 　　贷：利润分配——未分配利润 | 40 000 |

(6) 调整报告年度相关财务报表(财务报表略)。

① 资产负债表项目的调整。

调减应收账款2 712 000元，调增库存商品2 000 000元；调减应交税费412 000元；调减盈余公积40 000元，调减未分配利润360 000元。

② 利润表项目的调整。

调减营业收入2 400 000元，调减营业成本2 000 000元，调减所得税费用100 000元，调减净利润400 000元。

③ 所有者权益表项目的调整。

调减净利润400 000元；提取盈余公积项目中盈余公积一栏调减40 000元；未分配利润调减360 000元。

(7) 调整2×24年2月资产负债表相关项目的年初数(资产负债表略)。

华夏公司在编制2×24年1月份的资产负债表时，按照调整前2×23年12月31日的资产负债表的数字作为资产负债表的年初数，由于发生了资产负债表日后调整事项，华夏公司除了调整2×23年度资产负债表相关项目的数字外，还应当调整2×24年2月资产负债表相关项目的年初数，其年初数按照2×23年12月31日调整后的数字填列。

12-3 扫一扫
练一练

12-4 扫一扫
练一练答案

### (四) 资产负债表日后发现了财务报表舞弊或差错

这一事项是指资产负债表日至财务报告批准报出日之间发生的属于资产负债表期间或以前期间存在的财务报表舞弊或差错。这种舞弊或差错应当作为资产负债表日后调整事项，调整报告年度的年度财务报告或中期财务报告相关项目的数字。

## 第三节 资产负债表日后非调整事项

### 一、资产负债表日后非调整事项的会计处理原则

资产负债表日后发生的非调整事项,是表明资产负债表日后发生的情况的事项,与资产负债表日存在状况无关,不应当调整资产负债表日的财务报表。但有的非调整事项由于事项重大,对财务报告使用者具有重大影响,如不加以说明,将不利于财务报告使用者作出正确估计和决策,因此,应在附注中对其性质、内容及对财务状况和经营成果的影响加以披露。

### 二、资产负债表日后非调整事项的具体会计处理方法

对于资产负债表日后发生的非调整事项,应当在报表附注中披露每项重要的资产负债表日后非调整事项的性质、内容,及其对财务状况和经营成果的影响。无法作出估计的,应当说明原因。

资产负债表日后非调整事项的主要例子如下:

**(一)资产负债表日后发生重大诉讼、仲裁、承诺**

资产负债表日后发生的重大诉讼等事项,对企业影响较大,为防止误导投资者及其他财务报告使用者,应当在财务报表附注中予以披露。

【例12-7】 华夏公司是房地产的销售代理商,在买卖双方同意房地产的销售条款时确认佣金收入,佣金由卖方支付。2×23年,华夏公司同意替华美公司的房地产寻找买主。2×23年12月10日,华夏公司找到一位有意的买主华联公司,华联公司在对该房地产实地观察后,与华美公司在2×23年12月30日签订了购买该房地产的合同,华美公司随即向华夏公司支付了销售佣金。但在2×24年1月20日,当华美公司催促华联公司履行合同时,华联公司称其在获得银行贷款方面有困难,资金不足,拒绝履行合同。2×24年2月,华美公司通过法律手段起诉华联公司。2×24年3月1日,华联公司同意赔偿给华美公司2 000 000元现金以使其撤回法律诉讼。假设该赔偿额对华美公司和华联公司均存在较大影响。

本例中,华美公司提起诉讼是在2×24年才发生的,在2×23年资产负债表日并不存在。但由于资产负债表日后发生的重大诉讼、仲裁、承诺等事项影响较大,应在财务报表附注中进行相关披露,即华夏公司和华联公司均应在2×23年度财务报表附注中披露诉讼事项的信息。

**(二)资产负债表日后资产价格、税收政策、外汇汇率发生重大变化**

资产负债表日后发生的资产价格、税收政策和外汇汇率的重大变化,虽然不会影响资产负债表日财务报表相关项目的数字,但对企业资产负债表日后的财务状况和经营成果有重大影响,应当在财务报表附注中予以披露。

【例12-8】 华夏公司2×23年9月采用租赁方式从英国租入某大型生产线,租赁合同规定,该大型生产线的租赁期为10年,年租金300 000英镑。华夏公司在编制2×23年度财务报表时已按2×23年12月31日的即期汇率对该笔长期应付款进行了折算(假设2×23年12月31日的汇率为1英镑兑11.21元人民币)。假设国家规定从2×24年1月1日起调整

人民币兑英镑的汇率,人民币兑英镑的汇率发生重大变化。

本例中,华夏公司在资产负债表日已经按规定的汇率对有关账户进行调整,因此,无论资产负债表日后汇率如何变化,均不影响资产负债表日的财务状况和经营成果。但是,如果资产负债表日后外汇汇率发生重大变化的,华夏公司应对由此产生的影响在财务报表附注中进行披露。

### (三) 资产负债表日后因自然灾害导致资产发生重大损失

自然灾害导致资产发生重大损失对企业资产负债表日后财务状况的影响较大,如果不加以披露,有可能使财务报告使用者作出错误的决策,因此应作为非调整事项在财务报表附注中进行披露。

【例12-9】 华夏公司2×23年12月购入一批商品10 000 000元,至2×23年12月31日该批商品已全部验收入库,货款通过银行支付。2×24年1月12日,华夏公司所在地发生百年不遇的冰冻灾害,该批商品全部毁损。

本例中,冰冻灾害发生于2×24年1月12日,属于资产负债表日后才发生或存在的事项,但对公司资产负债表日后财务状况的影响较大,华夏公司应当将此事项作为非调整事项在2×23年度财务报表附注中进行披露。

### (四) 资产负债表日后发行股票和债券以及其他巨额举债

企业在资产负债表日后发行股票、债券以及向银行或非银行金融机构举借巨额债务都是比较重大的事项,虽然这一事项与企业资产负债表日的存在状况无关,但这一事项的披露能使财务报告使用者了解与此有关的情况及可能带来的影响,因此应当在财务报表附注中进行披露。

### (五) 资产负债表日后资本公积转增资本

资产负债表日后企业以资本公积转增资本将会改变企业的资本(或股本)结构,影响较大,应当在财务报表附注中进行披露。

【例12-10】 华夏公司2×24年1月经批准将80 000 000元资本公积转增资本。

本例中,华夏公司于2×24年1月将资本公积转增资本,属于资产负债表日后才发生的事项,但对公司资产负债表日后财务状况的影响较大,华夏公司应当将此事项作为非调整事项在2×23年度财务报表附注中进行披露。

### (六) 资产负债表日后发生巨额亏损

企业资产负债表日后发生巨额亏损将会对企业报告期以后的财务状况和经营成果产生重大影响,应当在财务报表附注中及时披露该事项,以便为投资者或其他财务报告使用者作出正确决策提供信息。

### (七) 资产负债表日后发生企业合并或处置子公司

企业合并或者处置子公司的行为可以影响股权结构、经营范围等,对企业未来的生产经营活动会产生重大影响,应当在财务报表附注中进行披露。

### (八) 资产负债表日后,企业利润分配方案中拟分配的以及经审议批准宣告发放的股利或利润

资产负债表日后,企业利润分配方案中拟分配的以及经审议批准宣告发放的股利或利润,不确认为资产负债表日负债,但应当在财务报表附注中单独披露。

【例12-11】 2×24年1月16日,华夏上市公司董事会审议通过了2×23年利润分配

方案,决定以公司2×23年年末总股本为基数,分派现金股利10 000 000元,每10股派送1元(含税),该利润分配方案于2×24年4月10日经公司股东大会审议批准。

本例中,华夏上市公司制订利润分配方案,拟分配或经审议批准宣告发放股利或利润的行为,并不会使公司在资产负债表日形成现时义务,因此虽然发生该事项可导致公司负有支付股利或利润的义务,但支付义务在资产负债表日尚不存在,不应该调整资产负债表日的财务报告,因此,该事项为非调整事项。但由于该事项对公司资产负债表日后的财务状况有较大影响,可能导致现金较大规模流出、公司股权结构变动等,为便于财务报告使用者更充分地了解相关信息,华夏上市公司需要在2×23年度财务报表附注中单独披露该信息。

此外,需要关注以下问题:

(1) 对于在报告期资产负债表日已经存在的债务,在资产负债表日后期间与债权人达成的债务重组交易不属于资产负债表日后调整事项,不能据以调整报告期资产、负债项目的确认和计量。在报告期资产负债表中,债务重组涉及的相关负债仍应按照达成债务重组协议前具有法律效力的有关协议等约定进行确认和计量。

(2) 如果企业于资产负债表日对金融资产计提损失准备,资产负债表日至财务报告批准报出日之间,该笔金融资产到期并全额收回,对于这种情形,企业在资产负债表日后终止确认金融资产,属于表明资产负债表日后发生的情况的事项,即非调整事项。如果企业在资产负债表日考虑所有合理且有依据的信息,已采用预期信用损失法基于有关过去事项、当前状况以及未来经济状况预测计提了信用减值准备,不能仅因资产负债表日后交易情况认为已计提的减值准备不合理,并进而调整资产负债表日的财务报表。

**相关思考12-3**

**调整事项和非调整事项的关系**

调整事项和非调整事项有何区别?

相关思考解析12-3:

调整事项和非调整事项的区别如下:

1. 概念不同

(1) 资产负债表日后调整事项,是指对资产负债表日已经存在的情况下,提供了新的或进一步证据的事项。调整事项是存在于资产负债表日或以前,资产负债表日后提供了新的或进一步证据的事项。

(2) 资产负债表日后非调整事项,是指表明资产负债表日后发生的情况的事项。非调整事项的发生不影响资产负债表日企业的财务报表数字,只说明资产负债表日后发生了某些情况。

2. 特点不同

(1) 资产负债表日后调整事项的特点:

① 在资产负债表日已经存在,资产负债表日后得以证实的事项;

② 对按资产负债表日存在状况编制的财务报表产生重大影响的事项。

(2) 资产负债表日后非调整事项的特点:

① 非调整事项是在资产负债表日尚未存在;

② 是在资产负债表日以后才发生的事项。

3. 内容不同

(1) 资产负债表日后调整事项的内容:

① 资产负债表日后诉讼案件结案,法院判决证实了企业在资产负债表日已经存在现时义务,需要调整原先确认的与诉讼案件相关的预计负债,或确认一项新负债;

②资产负债表日后取得确凿证据,表明某项资产在资产负债表日发生了减值或者需要调整该项资产原先确认的减值金额;
③资产负债表日后进一步确定了资产负债表日前购入资产的成本或售出资产的收入;
④资产负债表日后发现了财务报表舞弊或差错。
(2)资产负债表日后非调整事项的内容:
① 资产负债表日后发生重大诉讼、仲裁、承诺;
② 资产负债表日后资产价格、税收政策、外汇汇率发生重大变化;
③ 资产负债表日后因自然灾害导致资产发生重大损失;
④ 资产负债表日后发行股票和债券以及其他巨额举债;
⑤ 资产负债表日后资本公积转增资本;
⑥ 资产负债表日后发生巨额亏损;
⑦ 资产负债表日后发生企业合并或处置子公司;
⑧ 资产负债表日后,企业利润分配方案中拟分配的以及经审议批准宣告发放的股利或利润。

## 本章小结

本章主要学习资产负债表日后事项的含义、涵盖期间,资产负债表日后调整事项与非调整事项的会计处理原则和会计处理方法。

## 重要概念

12-5 扫一扫
看课件

资产负债表日后事项　　调整事项　　非调整事项

# 第十三章 每股收益

➢ 内容提要
➢ 重点难点
➢ 学习目标
➢ 知识框架
➢ 第一节 每股收益概述
➢ 第二节 基本每股收益
➢ 第三节 稀释每股收益
➢ 第四节 每股收益的列报
➢ 本章小结
➢ 重要概念

## 内容提要

本章全面论述基本每股收益和稀释每股收益的计算和列报。每股收益是指普通股股东每持有一股普通股所能享有的企业净利润或需承担的企业净亏损。计算每股收益的目的是反映不同规模企业的盈利水平。每股收益包括基本每股收益和稀释每股收益两类。

## 重点难点

本章重点难点为基本每股收益和稀释每股收益的计算。

## 学习目标

通过本章的学习,学生应掌握基本每股收益的计算、稀释每股收益的计算;了解每股收益的列报。

## 知识框架

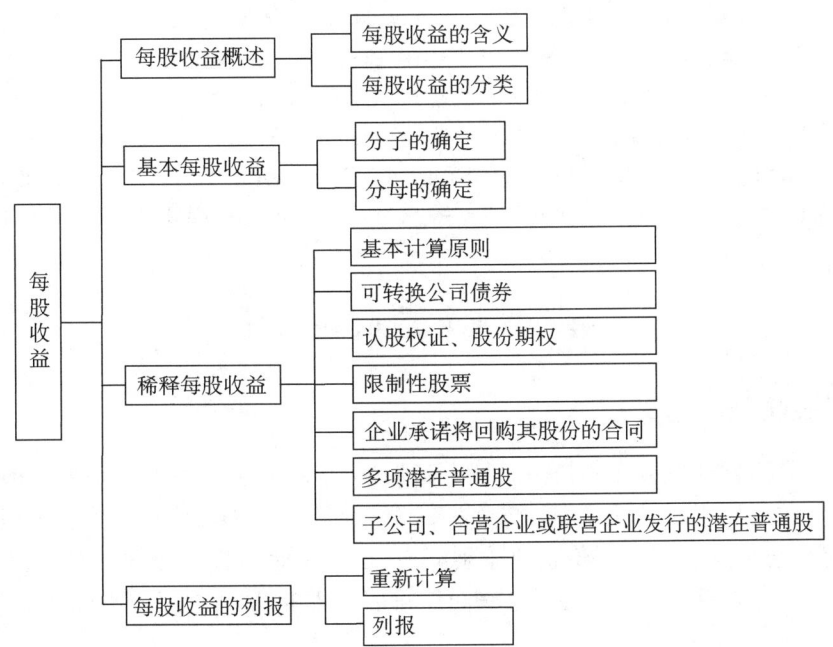

**思政育人    山西焦煤：上半年每股收益 0.842 5 元**

8月8日,我省A股上市公司山西焦煤(000983.SZ)发布了2023年半年度报告:公司营业收入为275.6亿元,同比减少15.70%。归属于上市公司股东的净利润为45.17亿元,同比减少29.43%。归属于上市公司股东的扣除非经常性损益的净利润为45.47亿元,同比减少19.85%。基本每股收益为0.842 5元。

山西焦煤主营业务是煤炭的生产、洗选加工、销售及发供电,矿山开发设计施工、矿用及电力器材生产经营等,主要产品为煤炭、电力热力、焦炭及化工产品等。煤炭产品主要是焦煤、肥煤、瘦煤、贫瘦煤、气煤等。

据悉,2023年上半年,全国煤炭产量继续保持增长,进口快速增加,煤炭供应能力持续增强,市场呈平衡宽松态势。3月下旬以来,在经济形势、政策变化等多方面因素综合作用下,煤炭市场出现较大幅度震荡。

山西焦煤立足新发展阶段,完整、准确、全面贯彻新发展理念,聚焦"发展第一要务",锚定"高质量发展"主题,紧紧围绕省委提出的十二个时代之问和"五个发展理念",坚持稳字当头、稳中求进、稳中求变,全面深化党建统领、转型升级、改革变革,系统优化管理体系、运营机制、发展模式,有效应对煤炭市场超预期变化,保持了企业发展稳定,实现了第二个"三步走"良好开局。

对于下半年市场走势,山西焦煤认为,从需求端看,2023年下半年国内各项政策将逐渐显效,对煤钢焦产业链形成一定支撑;下游钢铁行业产能置换升级、高炉大型化水平提升,强粘焦煤需求增加。从供给端来看,受资源埋藏较深、瓦斯、冲击地压等自然灾害威胁多影响,炼焦煤供应水平整体有限;公司在炼焦精煤,特别是主焦煤、肥煤资源方面和市场份额方面具有优势,部分煤炭出口国在资源品质上无法形成有效替代,优质炼焦煤出口国受政治、经济等多种因素影响对国内出口量有限,在我国供给中起调节和补充作用。

对此,山西焦煤将关注产业链下游和客户价值成长,牢固树立"共生共赢"发展理念,牢牢把握"诚信、稳定、协同"原则,积极参与到价值链共生中,全面强化"煤钢焦"产业链供应链协同发展,坚持补链延链强链,孵化和培育新项目、新业态,进一步深度融入市场、融入客户,与客户共生、共创、共赢,打造高质量发展的生态圈。

针对原材料、人工成本、安全成本及各类政策性支出在单位生产成本中占比较高这一问题,山西焦煤将持续推进精益化管理,继续强化生产成本管控力度,重点加强作业成本法的推广、应用。进一步完善市场采购模式,优化薪酬分配结构,采用新技术、新工艺、新设备,提高生产效率,有效盘活现有资源,提高资金使用效率,积极推进商业模式变革,狠抓生产提效、降本增效、营销创效,大力挖潜增收创效。

资料来源:王龙飞.山西焦煤:上半年每股收益 0.842 5元.山西经济日报[EB/OL].(2023-08-10)[2023-11-16].https://kns.cnki.net/kcms2/article/abstract?v=sSXGFc3NEDKAXsF3IRuDmG_SqmzCd9806ZFEJyhG6q_MNL6FfxqJfrbM5ebuXw0olEh5DruzpQiXzJY_pHWBaZOm3JYI3EPazcF6d3dTjxcwzMPwxabEqKI569YUDDF1oCiR-WFuR-CtgaWdeTlacw==&uniplatform=NZKPT&language=CHS.

# 第一节 每股收益概述

## 一、每股收益的含义

每股收益是指普通股股东每持有一股普通股所能享有的企业净利润或需承担的企业净亏损。每股收益是用于反映企业的经营成果,衡量普通股的获利水平及投资风险,是投资者、债权人等信息使用者据以评价企业盈利能力、预测企业成长潜力进而作出相关经济决策的一项重要的财务指标。在进行财务分析时,每股收益指标既可用于不同企业间的业绩比较,以评价某企业的相对盈利能力;也可用于企业不同会计期间的业绩比较,以了解该企业盈利能力的变化趋势;另外还可用于企业经营实绩与盈利预测的比较,以掌握该企业的管理能力。

### 二、每股收益的分类

每股收益包括基本每股收益和稀释每股收益两类。

基本每股收益仅考虑当期实际发行在外的普通股股份,而稀释每股收益的计算和列报主要是为了避免每股收益虚增可能带来的信息误导。例如,一家公司发行可转换公司债券融资,由于转换选择权的存在,这些可转换债券的利率低于正常同等条件下普通债券的利率,从而降低了融资成本,在经营业绩和其他条件不变的情况下,相对提高了基本每股收益金额。要求考虑可转换公司债券的影响计算和列报稀释每股收益,就是为了能够提供一个更可比、更有用的财务指标。

## 第二节 基本每股收益

基本每股收益只考虑当期实际发行在外的普通股股份,按照归属于普通股股东的当期净利润除以当期实际发行在外普通股的加权平均数计算确定。

### 一、分子的确定

13-1视频:基本每股收益

计算基本每股收益时,分子为归属于普通股股东的当期净利润,即企业当期实现的可供普通股股东分配的净利润或应由普通股股东分担的净亏损金额。发生亏损的企业,每股收益以负数列示。以合并财务报表为基础计算的每股收益,分子应当是归属于母公司普通股股东的当期合并净利润,即扣减少数股东损益后的余额。与合并财务报表一同提供的母公司财务报表中企业自行选择列报每股收益的,以母公司个别财务报表为基础计算的每股收益,分子应当是归属于母公司全部普通股股东的当期净利润。

### 二、分母的确定

计算基本每股收益时,分母为当期发行在外普通股的算术加权平均数,即期初发行在外普通股股数根据当期新发行或回购的普通股股数与相应时间权数的乘积进行调整后的股数。需要指出的是,公司库存股不属于发行在外的普通股,且无权参与利润分配,应当在计算分母时扣除。

发行在外普通股加权平均数=期初发行在外普通股股数+当期新发行普通股股数×已发行时间÷报告期时间-当期回购普通股股数×已回购时间÷报告期时间

其中,作为权数的已发行时间、报告期时间和已回购时间通常按天数计算,在不影响计算结果合理性的前提下,也可以采用简化的计算方法,如按月数计算。

【例13-1】 华夏公司2×23年期初发行在外的普通股为20 000万股;5月1日新发行普通股16 500万股;12月1日回购普通股8 400万股,以备将来奖励职工之用。该公司当年度实现净利润为13 635万元。假定该公司按月数计算每股收益的时间权重。2×23年度基本每股收益计算如下：

发行在外普通股加权平均数＝20 000×12÷12＋16 500×8÷12－8 400×1÷12＝30 300(万股)

或者　20 000×4÷12＋36 500×7÷12＋28 100×1÷12＝30 300(万股)

基本每股收益＝13 635÷30 300＝0.45(元/股)

新发行普通股股数应当根据发行合同的具体条款，从应收对价之日（一般为股票发行日）起计算确定。通常包括下列情况：

(1) 为收取现金而发行的普通股股数，从应收现金之日起计算。

(2) 因债务转资本而发行的普通股股数，从停计债务利息之日或结算日起计算。

(3) 非同一控制下的企业合并，作为对价发行的普通股股数，从购买日起计算；同一控制下的企业合并，作为对价发行的普通股股数，应当计入与合并净利润口径一致的相关各列报期间普通股的加权平均数。

(4) 为收购非现金资产而发行的普通股股数，从确认收购之日起计算。

## 第三节　稀释每股收益

### 一、基本计算原则

13-2视频：
稀释每股
收益基本
计算原则

稀释每股收益是以基本每股收益为基础，假设企业所有发行在外的稀释性潜在普通股均已转换为普通股，从而分别调整归属于普通股股东的当期净利润以及发行在外普通股的加权平均数计算而得的每股收益。

**(一) 稀释性潜在普通股**

潜在普通股是指赋予其持有者在报告期或以后期间享有取得普通股权利的一种金融工具或其他合同。目前，我国企业发行的潜在普通股主要有可转换公司债券、认股权证、股份期权等。

稀释性潜在普通股是指假设当期转换为普通股会减少每股收益的潜在普通股。对于亏损企业而言，稀释性潜在普通股假设当期转换为普通股，将会增加每股亏损的金额。计算稀释每股收益时只考虑稀释性潜在普通股的影响，而不考虑不具有稀释性的潜在普通股。需要特别说明的是，潜在普通股是否具有稀释性的判断标准是看其对持续经营每股收益的影响；也就是说，假定潜在普通股当期转换为普通股，如果会减少持续经营每股收益或增加持续经营每股亏损，表明具有稀释性，否则，具有反稀释性。一般情况下，每股收益是按照企业当期归属于普通股股东的全部净利润计算而得；但如果企业存在终止经营的情况，应当按照扣除终止经营净利润以后的当期归属于普通股股东的持续经营净利润进行计算。

**(二) 分子的调整**

计算稀释每股收益时，应当根据下列事项对归属于普通股股东的当期净利润进行调整：①当期已确认为费用的稀释性潜在普通股的利息。②稀释性潜在普通股转换时将产生的收益或费用。上述调整应当考虑相关的所得税影响。对于包含负债和权益成分的金融工具，仅需调整属于金融负债部分的相关利息、利得或损失。

### (三) 分母的调整

计算稀释每股收益时,当期发行在外普通股的加权平均数应当为计算基本每股收益时普通股的加权平均数与假定稀释性潜在普通股转换为已发行普通股而增加的普通股股数的加权平均数之和。

假定稀释性潜在普通股转换为已发行普通股而增加的普通股股数,应当根据潜在普通股的条件确定。当存在不止一种转换基础时,应当假定会采取从潜在普通股持有者角度看最有利的转换率或执行价格。

假定稀释性潜在普通股转换为已发行普通股而增加的普通股股数,应当按照其发行在外时间进行加权平均。以前期间发行的稀释性潜在普通股,应当假设在当期期初转换为普通股;当期发行的稀释性潜在普通股,应当假设在发行日转换为普通股;当期被注销或终止的稀释性潜在普通股,应当按照当期发行在外的时间加权平均计入稀释每股收益;当期被转换或行权的稀释性潜在普通股,应当从当期期初至转换日(或行权日)计入稀释每股收益中,从转换日(或行权日)起所转换的普通股则计入基本每股收益中。

## 二、可转换公司债券

可转换公司债券是指公司依法发行的、在一定期间内依据约定的条件可以转换成股份的公司债券。

对于可转换公司债券,可以采用假设转换法判断其稀释性,并计算稀释每股收益。首先,假设这部分可转换公司债券在当期期初(或发行日)即已转换成普通股,从而一方面增加了发行在外的普通股股数;另一方面节约了公司债券的利息费用,增加了归属于普通股股东的当期净利润。然后,用增加的净利润除以增加的普通股股数,得出增量股的每股收益,与原来的每股收益比较。如果增量股的每股收益小于原每股收益,则说明该可转换公司债券具有稀释作用,应当计入稀释每股收益的计算中。

计算稀释每股收益时,以基本每股收益为基础,分子的调整项目为当期已确认为费用的利息等的税后影响额;分母的调整项目为假定可转换公司债券当期期初(或发行日)转换为普通股的股数加权平均数。

【例13-2】 华夏公司2×23年归属于普通股股东的净利润为5 000万元,期初发行在外普通股股数4 000万股,年内普通股股数未发生变化。2×23年1月1日,公司按面值发行600万元的3年期可转换公司债券,债券每张面值100元,票面固定年利率为5%,利息自发行之日起每年支付一次,即每年12月31日为付息日。该批可转换公司债券自发行结束后12个月以后即可转换为公司股票,即转股期为发行12个月后至债券到期日止的期间。转股价格为每100元债券可转换为80股面值为1元的普通股。债券利息不符合资本化条件,直接计入当期损益,所得税税率为25%。

假设不具备转换选择权的类似债券的市场利率为6%。公司在对该批可转换公司债券初始确认时,根据《企业会计准则第37号——金融工具列报》的有关规定将负债和权益成分进行了分拆。2×23年度每股收益计算如下:

$$基本每股收益 = 5\,000 \div 4\,000 = 1.25(元/股)$$
$$每年支付利息 = 600 \times 5\% = 30(万元)$$

负债成分公允价值 $=30\div(1+6\%)+30\div(1+6\%)^2+630\div(1+6\%)^3$
$=583.95(万元)$

权益成分公允价值 $=600-583.95=16.05(万元)$

假设转换所增加的净利润 $=583.95\times6\%\times(1-25\%)=26.28(万元)$

假设转换所增加的普通股股数 $=600\div100\times80=480(万股)$

增量股的每股收益 $=26.28\div480=0.05475(元/股)$

增量股的每股收益小于基本每股收益,可转换公司债券具有稀释作用。

稀释每股收益 $=(5\,000+26.28)\div(4\,000+480)=1.12(元/股)$

### 三、认股权证、股份期权

认股权证是指公司发行的、约定持有人有权在履约期间内或特定到期日按约定价格向本公司购买新股的有价证券。股份期权是指公司授予持有人在未来一定期限内以预先确定的价格和条件购买本公司一定数量股份的权利,股份期权持有人对于其享有的股份期权,可以在规定的期间内以预先确定的价格和条件购买公司一定数量的股份,也可以放弃该种权利。

对于盈利企业,认股权证、股份期权等的行权价格低于当期普通股平均市场价格时具有稀释性。对于亏损企业,认股权证、股份期权的假设行权一般不影响净亏损,但增加普通股股数,从而导致每股亏损金额的减少,实际上产生了反稀释的作用,因此,这种情况下,不应当计算稀释每股收益。

对于稀释性认股权证、股份期权,计算稀释每股收益时,一般无需调整分子净利润金额,只需要按照下列步骤对分母普通股加权平均数进行调整:

(1) 假设这些认股权证、股份期权在当期期初(或发行日)已经行权,计算按约定行权价格发行普通股将取得的股款金额。

(2) 假设按照当期普通股平均市场价格发行股票,计算需发行多少普通股能够带来上述相同的股款金额。

(3) 比较行使股份期权、认股权证将发行的普通股股数与按照平均市场价格发行的普通股股数,差额部分相当于无对价发行的普通股,作为发行在外普通股股数的净增加。也就是说,认股权证、股份期权行权时发行的普通股可以视为两部分:一部分是按照平均市场价格发行的普通股,这部分普通股由于是按照市价发行,导致企业经济资源流入与普通股股数同比例增加,既没有稀释作用也没有反稀释作用,不影响每股收益金额;另一部分是无对价发行的普通股,这部分普通股由于是无对价发行,企业可利用的经济资源没有增加,但发行在外普通股股数增加,因此具有稀释性,应当计入稀释每股收益中。

$$增加的普通股股数 = 拟行权时转换的普通股股数 - \frac{行权价格 \times 拟行权时转换的普通股股数}{当期普通股平均市场价格}$$

其中,普通股平均市场价格的计算,理论上应当包括该普通股每次交易的价格,但实务操作中通常对每周或每月具有代表性的股票交易价格进行简单算术平均即可。股票价格比较平稳的情况下,可以采用每周或每月股票的收盘价作为代表性价格;股票价格波动较大的情况下,可以采用每周或每月股票最高价与最低价的平均值作为代表性价格。无论采用何种方法计算平均市场价格,一经确定,不得随意变更,除非有确凿证据表明原计算方法不再适用。当期发行认股权证或股份期权的,普通股平均市场价格应当自认股权证或股份期权的发行日起计算。

(4) 将净增加的普通股股数乘以其假设发行在外的时间权数,据此调整计算稀释每股收益的分母数。

**【例 13-3】** 华夏公司 2×23 年度归属于普通股股东的净利润为 100 万元,发行在外普通股加权平均数为 100 万股,该普通股平均每股市场价格为 20 元。2×22 年 9 月 1 日,该公司对外发行 20 万份认股权证,行权价为 15 元,行权日为 2×23 年 9 月 30 日,2×23 年 6 月 30 日发行认股权证 10 万股,行权价格为 16 元,行权期为 2×24 年 5 月。该公司 2×23 年度每股收益计算如下:

2×23 年发行在外普通股的加权平均数＝100＋20×3÷12＝105(万股)
基本每股收益＝100÷105＝0.95(元/股)
调整增加的普通股股数＝20×(1－15÷20)×9÷12＋10×(1－16÷20)×6÷12＝4.75(万股)
稀释每股收益＝100÷(105＋4.75)＝0.91(元/股)

13-3 扫一扫
练一练

### 四、限制性股票

上市公司采取授予限制性股票的方式进行股权激励的,在其等待期内应当按照以下原则计算每股收益。

**(一) 等待期内基本每股收益的计算**

基本每股收益仅考虑发行在外的普通股,按照归属于普通股股东的当期净利润除以发行在外普通股的加权平均数计算。限制性股票由于未来可能被回购,性质上属于或有可发行股票,因此,在计算基本每股收益时不应当包括在内。上市公司在等待期内基本每股收益的计算,应视其发放的现金股利是否可撤销采取不同的方法:

13-4 扫一扫
练一练答案

(1) 现金股利可撤销,即一旦未达到解锁条件,被回购限制性股票的持有者将无法获得(或需要退回)其在等待期内应收(或已收)的现金股利。等待期内计算基本每股收益时,分子应扣除当期分配给预计未来可解锁限制性股票持有者的现金股利;分母不应包含限制性股票的股数。

(2) 现金股利不可撤销,即不论是否达到解锁条件,限制性股票持有者仍有权获得(或不得被要求退回)其在等待期内应收(或已收)的现金股利。对于现金股利不可撤销的限制性股票,即便未来没有解锁,已分配的现金股利也无须退回,表明在分配利润时这些股票享有了与普通股相同的权利。因此,属于同普通股股东一起参加剩余利润分配的其他权益工具。等待期内计算基本每股收益时,分子应扣除归属于预计未来可解锁限制性股票的净利润;分母不应包含限制性股票的股数。

**(二) 等待期内稀释每股收益的计算**

上市公司在等待期内稀释每股收益的计算,应视解锁条件不同采取不同的方法:

(1) 解锁条件仅为服务期限条件的,公司应假设资产负债表日尚未解锁的限制性股票已于当期期初(或晚于期初的授予日)全部解锁,并参照本章中股份期权的有关规定考虑限制性股票的稀释性。行权价格低于公司当期普通股平价市场价格时,应当考虑其稀释性,计算稀释每股收益。其中,行权价格为限制性股票的发行价格加上资产负债表日尚未取得的职工服务按《企业会计准则第 11 号——股份支付》有关规定计算确定的公允价值。锁定期内计算稀释每股收益时,分子应加回计算基本每股收益分子时已扣除的当期分配给预计未来可解锁限制性股票持有者的现金股利或归属于预计未来可解锁限制性股票的净利润。

行权价格＝限制性股票的发行价格＋资产负债表日尚未取得的职工服务的公允价值

稀释每股收益＝当期净利润÷(普通股加权平均数＋调整增加的普通股加权平均数)

＝当期净利润÷[普通股加权平均数＋(限制性股票股数－行权价格×限制性股票股数÷当期普通股平均市场价格)*]

(2) 解锁条件包含业绩条件的,公司应假设资产负债表日即为解锁日并据以判断资产负债表日的实际业绩情况是否满足解锁要求的业绩条件。若满足业绩条件的,应当参照上述解锁条件仅为服务期限条件的有关规定计算稀释性每股收益;若不满足业绩条件的,计算稀释性每股收益时不必考虑此限制性股票的影响。

**【例 13-4】** 华夏公司为上市公司,采用授予职工限制性股票的形式实施股权激励计划。2×24 年 1 月 1 日,公司以非公开发行的方式向 600 名管理人员每人授予 100 股自身股票(每股面值为 1 元),授予价格为每股 8 元。当日,600 名管理人员出资认购了相关股票,总认购款为 480 000 元,华夏公司履行了相关增资手续。华夏公司估计该限制性股票股权激励在授予日的公允价值为每股 15 元。

激励计划规定,这些管理人员从 2×24 年 1 月 1 日起在华夏公司连续服务 3 年的,所授予股票将于 2×24 年 1 月 1 日全部解锁;其间离职的,华夏公司将按照原授予价格每股 8 元回购相关股票。2×24 年 1 月 1 日至 2×27 年 1 月 1 日期间,所授予股票不得上市流通或转让;激励对象因获授限制性股票而取得的现金股利由公司代管,作为应付股利在解锁时向激励对象支付;对于未能解锁的限制性股票,公司在回购股票时应扣除激励对象已享有的该部分现金分红。

2×24 年度,华夏公司实现净利润 500 万元,发行在外普通股(不含限制性股票)加权平均数为 200 万股,宣告发放现金股利每股 1 元;华夏公司估计 3 年中离职的管理人员合计为 80 人,当年年末有 30 名管理人员离职。假定华夏公司 2×24 年度当期普通股平均市场价格为每股 35 元。

基本每股收益＝[5 000 000－1×(600－80)×100]÷2 000 000＝2.47(元)

行权价格＝8＋15×2÷3＝18(元)

由于行权价格低于当期普通股平均市场价格,因此应当考虑限制性股票的稀释性。

发行在外的限制性股票在 2×24 年的加权平均数
＝600×100×(364÷365)＋(600－30)×100×(1÷365)＝59 991.78(股)

稀释每股收益＝5 000 000÷[2 000 000＋(59 991.78－18×59 991.78÷35)]

＝5 000 000÷2 029 139＝2.46(元)

## 五、企业承诺将回购其股份的合同

企业承诺将回购其股份的合同中规定的回购价格高于当期普通股平均市场价格时,应

---

\* 限制性股票若为当期发行的,则还需考虑时间权数计算加权平均数。

当考虑其稀释性。计算稀释每股收益时,与前面认股权证、股份期权的计算思路恰好相反,具体步骤为:

(1) 假设企业于期初按照当期普通股平均市场价格发行普通股,以募集足够的资金来履行回购合同;合同日晚于期初的,则假设企业于合同日按照自合同日至期末的普通股平均市场价格发行足量的普通股。该假设前提下,由于是按照市价发行普通股,导致企业经济资源流入与普通股股数同比例增加,每股收益金额不变。

(2) 假设回购合同已于当期期初(或合同日)履行,按照约定的行权价格回购本企业股票。

(3) 比较假设发行的普通股股数与假设回购的普通股股数,差额部分作为净增加的发行在外普通股股数,再乘以相应的时间权重,据此调整计算稀释每股收益的分母数。

$$\text{增加的普通股股数} = \text{回购价格} \times \text{承诺回购的普通股股数} \div \text{当期普通股平均市场价格} - \text{承诺回购的普通股股数}$$

**【例 13-5】** 华夏公司 2×23 年度归属于普通股股东的净利润为 500 万元,发行在外普通股加权平均数为 1 250 万股。2×23 年 3 月 2 日,该公司与股东签订一份远期回购合同,承诺 1 年后以每股 11 元的价格回购其发行在外的 360 万股普通股。假设,该普通股 2×23 年 3 月至 12 月平均市场价格为 10 元。2×23 年度每股收益计算如下:

$$\text{基本每股收益} = 500 \div 1\ 250 = 0.4(\text{元/股})$$
$$\text{调整增加的普通股股数} = 360 \times 11 \div 10 - 360 = 36(\text{万股})$$
$$\text{稀释每股收益} = 500 \div (1\ 250 + 36 \times 10 \div 12) = 0.39(\text{元/股})$$

## 六、多项潜在普通股

企业对外发行不同潜在普通股的,单独考察其中某潜在普通股可能具有稀释作用,但如果和其他潜在普通股一并考察时可能恰恰变为反稀释作用。

例如:某公司先后发行甲、乙两种可转换债券(票面利率和转换价格均不同),甲债券导致的增量股每股收益为 1.5 元,乙债券导致的增量股每股收益为 3.5 元,假设基本每股收益为 4 元。如果分别考察甲、乙两种可转换债券,增量股每股收益小于基本每股收益,两种债券都具有稀释作用。并且,由于增量股每股收益越小,其稀释作用越大,甲债券的稀释作用大于乙债券。然而,如果综合考察甲、乙两种可转换债券,先计入甲债券使得每股收益稀释为 3.1 元,若再计入乙债券则使得每股收益反弹为 3.4 元,因此,乙债券在这种情况下不再具有稀释作用,不应计入稀释每股收益中。

为了反映潜在普通股最大的稀释作用,应当按照各潜在普通股的稀释程度从大到小的顺序计入稀释每股收益,直至稀释每股收益达到最小值。稀释程度根据增量股的每股收益来衡量,即假定稀释性潜在普通股转换为普通股的情况下,将增加的归属于普通股股东的当期净利润除以增加的普通股股数的金额。需要强调的是,企业每次发行的潜在普通股应当视作不同的潜在普通股,分别判断其稀释性,而不能将其作为一个总体来考虑。通常情况下,股份期权和认股权证排在前面计算,因为其假设行权一般不影响净利润。

对外发行多项潜在普通股的企业应当按照下列步骤计算稀释每股收益:

(1) 列出企业在外发行的各潜在普通股。

(2) 假设各潜在普通股已于当期期初或发行日转换为普通股,确定其对归属于普通股股东当期净利润的影响金额。可转换公司债券的假设转换一般会增加当期净利润金额;股份期权和认股权证的假设行权一般不影响当期净利润。

(3) 确定各潜在普通股假设转换后将增加的普通股股数。值得注意的是,稀释性股份期权和认股权证假设行权后,计算增加的普通股股数不是发行的全部普通股股数,而应当是其中无对价发行部分的普通股股数。

(4) 计算各潜在普通股的增量股每股收益,判断其稀释性。增量股每股收益越小的潜在普通股稀释程度越大。

(5) 按照潜在普通股稀释程度从大到小的顺序,将各稀释性潜在普通股分别计入稀释每股收益中。在分步计算过程中,如果下一步得出的每股收益小于上一步得出的每股收益,表明新计入的潜在普通股具有稀释作用,应当计入稀释每股收益中;反之,则表明具有反稀释作用,不应计入稀释每股收益中。

(6) 最后得出的最小每股收益金额即为稀释每股收益。

## 七、子公司、合营企业或联营企业发行的潜在普通股

子公司、合营企业、联营企业发行能够转换成其普通股的稀释性潜在普通股,不仅应当包括在其稀释每股收益计算中,而且还应当包括在合并稀释每股收益以及投资者稀释每股收益的计算中。

【例13-6】 华夏公司2×23年度归属于普通股股东的净利润为144 000万元(不包括子公司乙公司利润或乙公司支付的股利),发行在外普通股加权平均数为120 000万股,持有乙公司70%的普通股股权。乙公司2×23年度归属于普通股股东的净利润为64 800万元,发行在外普通股加权平均数为27 000万股,该普通股当年平均市场价格为8元。年初,乙公司对外发行1 800万份可用于购买其普通股的认股权证,行权价格为4元,华夏公司持有36万份认股权证,当年无认股权证被行权。假设除股利外,母子公司之间没有其他需抵销的内部交易;华夏公司取得对乙公司投资时,乙公司各项可辨认资产等的公允价值与其账面价值一致。2×23年度每股收益计算如下:

(1) 子公司每股收益:

① 基本每股收益=64 800÷27 000=2.4(元/股)

② 调整增加的普通股股数=1 800−1 800×4÷8=900(万股)
   稀释每股收益=64 800÷(27 000+900)=2.32(元/股)

(2) 合并每股收益:

① 归属于母公司普通股股东的母公司净利润=144 000(万元)
   包括在合并基本每股收益计算中的子公司净利润部分=2.4×27 000×70%=45 360(万元)
   基本每股收益=(144 000+45 360)÷120 000=1.58(元/股)

② 子公司净利润中归属于普通股且由母公司享有的部分=2.32×27 000×70%=43 848(万元)
   子公司净利润中归属于认股权证且由母公司享有的部分=2.32×900×36÷1 800=41.76(万元)
   稀释每股收益=(144 000+43 848+41.76)÷120 000=1.57(元/股)

## 第四节 每股收益的列报

### 一、重新计算

#### (一) 派发股票股利、公积金转增资本、拆股和并股

企业派发股票股利、公积金转增资本、拆股或并股等，会增加或减少其发行在外普通股或潜在普通股的数量，但并不影响所有者权益金额，这既不影响企业所拥有或控制的经济资源，也不改变企业的盈利能力，即意味着同样的损益现在要由扩大或缩小了的股份规模来享有或分担。因此，为了保持会计指标的前后期可比性，企业应当在相关报批手续全部完成后，按调整后的股数重新计算各列报期间的每股收益。上述变化发生于资产负债表日至财务报告批准报出日之间的，应当以调整后的股数重新计算各列报期间的每股收益。

【例 13-7】 华夏公司 2×23 年和 2×24 年归属于普通股股东的净利润分别为 3 192 万元和 3 696 万元，2×23 年 1 月 1 日发行在外的普通股 1 600 万股，2×23 年 4 月 1 日按市价新发行普通股 320 万股，2×24 年 7 月 1 日分派股票股利，以 2×23 年 12 月 31 日总股本 1 920 万股为基数每 10 股送 3 股，假设不存在其他股数变动因素。2×23 年与 2×24 年基本每股收益的计算如下：

2×24 年度发行在外普通股加权平均数 = (1 600 + 320 + 576) × 12 ÷ 12 = 2 496(万股)
2×23 年度发行在外普通股加权平均数 = 1 600 × 1.3 × 12 ÷ 12 + 320 × 1.3 × 9 ÷ 12 = 2 392(万股)
2×24 年度基本每股收益 = 3 696 ÷ 2 496 = 1.48(元/股)
2×23 年度基本每股收益 = 3 192 ÷ 2 392 = 1.33(元/股)

#### (二) 配股

配股在计算每股收益时比较特殊，因为它是向全部现有股东以低于当前股票市价的价格发行普通股，实际上可以理解为按市价发行股票和无对价送股的混合体。也就是说，配股中包含的送股因素具有与股票股利相同的效果，导致发行在外普通股股数增加的同时却没有相应的经济资源流入。因此，计算基本每股收益时，应当考虑配股中的送股因素将这部分无对价的送股(注意不是全部配发的普通股)视同列报最早期间期初就已发行在外，并据以调整各列报期间发行在外普通股的加权平均数，计算各列报期间的每股收益。

为此，企业首先应当计算出一个调整系数，再用配股前发行在外普通股的股数乘以该调整系数，得出计算每股收益时应采用的普通股股数。

$$\text{每股理论除权价格} = \left( \text{行权前发行在外普通股的公允价值总额} + \text{配股收到的款项} \right) \div \text{行权后发行在外的普通股股数}$$

$$\text{调整系数} = \text{行权前发行在外普通股的每股公允价值} \div \text{每股理论除权价格}$$

$$\text{因配股重新计算的上年度基本每股收益} = \text{上年度基本每股收益} \div \text{调整系数}$$

$$\text{本年度基本每股收益} = \text{归属于普通股股东的当期净利润} \div \left( \text{配股前发行在外普通股股数} \times \text{调整系数} \times \text{配股前普通股发行在外的时间权重} + \text{配股后发行在外普通股加权平均数} \right)$$

【例 13-8】 华夏公司 2×23 年度归属于普通股股东的净利润为 47 000 万元，2×23 年 1 月 1 日发行在外普通股股数为 16 000 万股，2×23 年 6 月 10 日，该企业发布增资配股公告，向截至 2×23 年(股权登记日)所有登记在册的老股东配股，配股比例为每 4 股配 1 股，

配股价格为每股 12 元,除权交易基准日为 2×23 年 7 月 1 日。假设行权前一日的市价为每股 22 元,2×22 年度基本每股收益为 2.64 元。2×23 年度比较利润表中基本每股收益的计算如下:

每股理论除权价格 = $(22 \times 16\,000 + 12 \times 4\,000) \div (16\,000 + 4\,000) = 20$(元)

调整系数 = $22 \div 20 = 1.1$

因配股重新计算的 2×19 基本每股收益 = $2.64 \div 1.1 = 2.4$(元/股)

2×23 年度基本每股收益 = $47\,000 \div (16\,000 \times 1.1 \times 6 \div 12 + 20\,000 \times 6 \div 12) = 2.5$(元/股)

需要特别说明的是:

(1) 企业向特定对象以低于当前市价的价格发行股票的,不考虑送股因素。虽然它与配股具有相似的特征,即发行价格低于市价。但是,后者属于向非特定对象增发股票;而前者往往是企业出于某种战略考虑或其他动机向特定对象以较低的价格发行股票,或者特定对象除认购股份以外还需以其他形式予以补偿,因此,综合这些因素,向特定对象发行股票的行为可以视为不存在送股因素,视同发行新股处理。

(2) 企业存在发行在外的除普通股以外的金融工具的,在计算基本每股收益时,基本每股收益中的分子,即归属于普通股股东的净利润不应包含其他权益工具的股利或利息,其中,对于发行的不可累积优先股等其他权益工具应扣除当期宣告发放的股利,对于发行的累积优先股等其他权益工具,无论当期是否宣告发放股利,均应予以扣除。基本每股收益计算中的分母,为发行在外普通股的加权平均股数。

对于同普通股股东一起参加剩余利润分配的其他权益工具,在计算普通股每股收益时,归属于普通股股东的净利润不应包含根据可参加机制计算的应归属于其他权益工具持有者的利润。

**【例 13-9】** 华夏公司 2×23 年度实现净利润为 20 000 万元,发行在外普通股加权平均数为 25 000 万股。2×23 年 1 月 1 日,华夏公司按票面金额平价发行 600 万股优先股,优先股每股票面金额为 100 元。该批优先股股息不可累积,即当年度未向优先股股东足额派发股息的差额部分,不可累积到下一计息年度。2×23 年 12 月 31 日,华夏公司宣告并以现金全额发放当年优先股股息,股息率为 5%。根据该优先股合同条款规定,华夏公司将该批优先股分类为权益工具,优先股股息不在所得税前列支。2×23 年度基本每股收益计算如下:

归属于普通股股东的净利润 = $20\,000 - 100 \times 600 \times 5\% = 17\,000$(万元)

基本每股收益 = $17\,000 \div 25\,000 = 0.68$(元/股)

企业发行的金融工具中包含转股条款的,即存在潜在稀释性的,在计算稀释每股收益时考虑的因素与企业发行可转换公司债券、认股权证相同。

**(三) 以前年度损益的追溯调整或追溯重述**

按照《企业会计准则第 28 号——会计政策、会计估计变更和差错更正》的规定对以前年度损益进行追溯调整或追溯重述的,应当重新计算各列报期间的每股收益。

## 二、列报

对于普通股或潜在普通股已公开交易的企业以及正处于公开发行普通股或潜在普通股过程中的企业,如果不存在稀释性潜在普通股则应当在利润表中单独列示基本每股收益;如果存在稀释性潜在普通股则应当在利润表中单独列示基本每股收益和稀释每股收益。编制比较财务报表时,各列报期间中只要有一个期间列示了稀释每股收益,那么所有列报期间均应当列示稀释每股收益,即使其金额与基本每股收益相等。

企业对外提供合并财务报表的,仅要求其以合并财务报表为基础计算每股收益,并在合并财务报表中予以列报;与合并财务报表一同提供的母公司财务报表中不要求计算和列报每股收益,如果企业自行选择列报的,应以母公司个别财务报表为基础计算每股收益并在其个别财务报表中予以列报。

企业应当在附注中披露与每股收益有关的下列信息:
(1) 基本每股收益和稀释每股收益分子、分母的计算过程。
(2) 列报期间不具有稀释性,但以后期间很可能具有稀释性的潜在普通股。
(3) 在资产负债表日至财务报告批准报出日之间,企业发行在外普通股或潜在普通股发生重大变化的情况。

企业如有终止经营的情况,应当在附注中分别持续经营和终止经营披露基本每股收益和稀释每股收益。

## 本 章 小 结

本章主要讲述每股收益的相关含义,计算和列报。基本每股收益的含义,分子确定、分母的确定;稀释每股收益的基本计算原则;可转换公司债券,认股权证,股份期权,限制性股票,企业承诺将回购其股份的合同,多项潜在普通股,子公司、合营企业或联营企业发行的潜在普通股每股收益的计算和列报。

## 重 要 概 念

每股收益　基本每股收益　稀释每股收益　潜在普通股　稀释性潜在普通股

13-5 扫一扫
看课件

# 第十四章 分部报告和中期财务报告

➢ 内容提要
➢ 重点难点
➢ 学习目标
➢ 知识框架
➢ 第一节　分部报告
➢ 第二节　中期财务报告
➢ 本章小结
➢ 重要概念

**内容提要**

本章主要讲解分部报告和中期财务报告的编制意义,分部的划分和报告分部的确定、分部会计信息的披露;中期财务报告的定义、构成、理论基础、编制原则、确认、计量与编报要求,中期财务报告附注编制的要求。

**重点难点**

本章重点为分部的划分和报告分部的确定、分部会计信息的披露、中期财务报告的确认、计量与编制要求;难点为分部的划分和报告分部的确定。

**学习目标**

通过本章学习,学生应了解分部的划分,掌握报告分部的确定、分部报告内容的披露;中期财务报告的概念、内容与结构。

**知识框架**

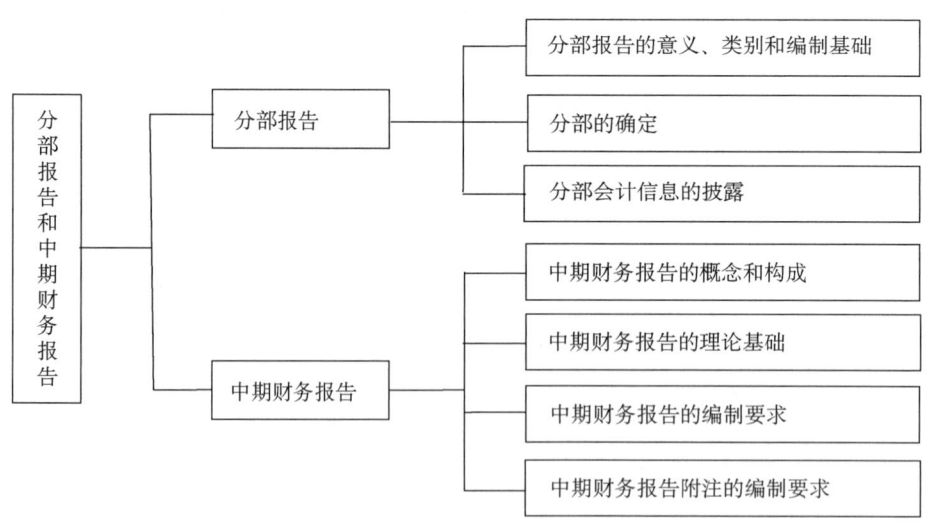

##  思政育人　关于进一步提升上市公司财务报告内部控制有效性的通知

为贯彻落实《国务院关于进一步提高上市公司质量的意见》（国发〔2020〕14号）、《国务院办公厅关于进一步规范财务审计秩序促进注册会计师行业健康发展的意见》（国办发〔2021〕30号）等有关要求，加强对上市公司实施企业内部控制规范的管理、指导和监督，规范会计师事务所内部控制审计行为，提升上市公司财务报告内部控制有效性和会计信息质量，强化资本市场领域财会监督力度，现将有关事项通知如下。

一、充分认识加强财务报告内部控制的重要意义

近年来，财政部会同证监会等相关部门，不断健全企业内部控制规范体系，逐步建立了上市公司实施、注册会计师审计、政府监管推动的内部控制实施机制，着力推动上市公司提升内部控制水平，上市公司实施企业内部控制规范总体取得一定成效。但部分上市公司仍存在对内部控制重视程度不够、内部控制缺陷标准不恰当、内部控制评价和审计未充分发挥应有作用等问题。

国发〔2020〕14号文件明确提出"严格执行上市公司内控制度，加快推行内控规范体系，提升内控有效性"。国办发〔2021〕30号文件要求"进一步明确会计核算、内部控制、信息化建设等要求"。内部控制特别是财务报告内部控制，是加强财会监督、遏制财务造假、提高上市公司会计信息质量的重要基础。有关地方和单位要高度重视，切实提升上市公司财务报告内部控制的有效性，充分发挥内部控制在上市公司财务报告中的控制关口前移、提升披露透明度、保护投资者权益等重要作用。

二、提升上市公司财务报告内部控制有效性的重点领域

针对当前多发的上市公司财务造假和相关内部控制缺陷，提升上市公司财务报告内部控制有效性，主要目标是评估和应对为迎合市场预期或特定监管要求、谋取以财务业绩为基础的私人报酬最大化、骗取外部资金、侵占资产、违规担保、内幕交易、操纵市场等动机，对财务报告信息作出虚假记载、误导性陈述或者重大遗漏的风险，特别是防范上市公司董事、监事、高级管理层和实际控制人等"关键少数"的舞弊风险。主要包括以下重点领域。

（一）资金资产活动相关舞弊和错报的风险与控制。

1. 加强资金资产管理舞弊风险评估与控制。
2. 加强资金资产活动相关账户及财务报表列报的风险评估与控制。

（二）收入相关舞弊和错报的风险与控制。

1. 加强收入确认政策的合理性及其变更的控制。
2. 加强收入舞弊风险的评估与控制。
3. 加强收入相关账户及财务报表列报的风险评估与控制。

（三）成本费用相关舞弊和错报的风险与控制。

1. 加强对成本费用相关会计政策和会计估计及其变更合理性的控制。
2. 加强成本费用舞弊风险的评估与控制。
3. 加强成本费用相关账户及财务报表列报的风险评估与控制。

（四）投资活动相关舞弊和错报的风险与控制。

1. 加强投资活动舞弊风险评估与控制。
2. 加强投资活动相关账户及财务报表列报的风险评估与控制。

（五）关联交易相关舞弊和错报的风险与控制。

1. 加强关联交易舞弊风险的评估与控制。
2. 加强关联交易列报风险的评估与控制。

（六）重要风险业务和重大风险事件相关的风险与控制。

1. 加强重要风险业务的风险评估及控制。

2. 加强重大风险因素和事件预警及应急处置机制建设与实施。

（七）财务报告编制相关的风险与控制。

1. 加强财务报告流程相关风险评估与控制。

2. 加强对与财务报告编制相关的信息系统风险评估与控制。

3. 重点关注"关键少数"舞弊导致的财务报告重大错报风险。

三、明确责任，加强组织实施

（一）上市公司作为第一责任人，要确保财务报告内部控制有效实施。

（二）会计师事务所要发挥审计监督作用，重点审计财务报告内部控制有效性。

（三）政府监管部门形成合力，强化对上市公司和会计师事务所监管。

资料来源：中华人民共和国财政部. 关于进一步提升上市公司财务报告内部控制有效性的通知[EB/OL]. (2022-03-21)[2023-11-16]. http://kjs.mof.gov.cn/gongzuotongzhi/202203/t20220318_3796327.htm.

# 第一节　分部报告

随着市场经济的发展，企业的生产经营规模日益扩大，经营范围也逐步突破单一业务界限，成为从事多种产品生产经营或从事多种业务经营活动的综合经营体；同时经营的地域范围也日益扩大，有的企业分别在国内不同地区甚至在境外设立分公司或子公司。在这种情况下，反映不同产品（或劳务）和不同地区经营的风险报酬信息越来越普遍地受到会计信息使用者的重视。《企业会计准则第35号——分部报告》（以下简称分部报告准则）主要规范了企业分部报告的编制方法和应披露的信息，有助于保证会计信息的充分披露，满足会计信息使用者的决策需要。

分部报告准则着重解决了分部报告的编制方法和分部信息的披露内容，尤其规范了企业需要披露的分部信息。

## 一、分部报告的意义、类别和编制基础

### （一）分部报告的意义

分部报告是跨行业、跨地区经营的企业，按其确定的企业内部组成部分（业务分部或地区分部）编报的有关各组成部分收入、费用、利润、资产、负债等信息的财务报告。

随着市场经济的发展，企业的生产经营规模日益扩大，在激烈的市场竞争中，为了分散业务和地区的风险：一方面，企业的经营范围逐渐突破单一的业务界限，成为从事多种产业经营或从事多种业务经营活动的综合经营体；另一方面，企业经营的地域范围也日益扩大，不少企业在国内不同地区甚至在境外设立分公司或子公司。在这种现代企业跨行业、跨地区经营的趋势下，反映不同产品或劳务以及不同地区经营的风险报酬的信息愈来愈多地受到会计信息使用者的重视。为了满足会计信息使用者的决策需要，保证会计信息的充分披露，《企业会计准则第35号——分部报告》规定了企业分部报告的编制方法和应披露的信息。

企业在经营中存在整体风险，它是由企业经营的各种业务（产品或劳务）、各个经营地区的风险和报酬构成。随着企业跨行业和跨地区经营，许多企业生产和销售多种产品，提供多种劳务，而这些产品和劳务又广泛地分布于各个不同的行业或地区，由于不同业务和不同行业通常具有不同的利润率、发展机会、未来前景和风险，因此，财务报告的使用者不仅要着眼于反映企业综合会计信息的总体财务报表，分析企业的总体风险，而且需要参考其组成部分

即分部的信息,分析不同业务和不同地区的风险与报酬。

总之,分部报告可以为企业的投资者、债权人、经营管理者等会计信息使用者,提供比企业整体财务报表更为有用和更加具体的会计信息,以便其借助于详细具体的会计信息和不同因素对企业的影响,更全面准确地把握企业以往的经营业绩,合理地预测和判断企业带来的发展趋势,从整体上对企业作出更有根据和更为准确的风险与报酬的判断,从而为决策提供可靠依据。

### (二) 分部报告的类别和编制基础

分部报告有两种类型:一种是按经营业务不同性质编制的分部报告,称为业务分部报告;另一种是按经营业务的地域范围编制的分部报告,称为地区分部报告。

企业一般应以其个别财务报表作为分部报告的编制基础;在披露合并财务报表的情况下,则以其合并财务报表作为分部报告的编制基础。

## 二、分部的确定

### (一) 分部的概念与类别

企业披露分部报告,首先要确定作为报告主体的分部。分部是指企业内部可区分的、承担不同于其他组成部分风险和报酬的组成部分。某一组成部分是否承担了不同于其他组成部分的风险和报酬,是确定分部的主要依据。换言之,只有当某个组成部分承担了不同于其他组成部分的风险和报酬,才可以作为分部确认。

14-1 视频:
分部的确定

企业在披露分部信息时,应当区分业务分部和地区分部。

### (二) 业务分部的确定

1. 业务分部的概念及其与业务部门的关系

业务分部是指企业内可区分的、能够提供单项或一组相关产品或劳务的组成部分。该组成部分承担了不同于其他组成部分的风险和报酬。

企业在确定业务分部时,主要是看作为某一分部的组成部分是否承担了不同于其他组成部分的风险和报酬。对于某些企业而言,某一业务部门可能是一个业务分部,也可能由若干个业务部门组成一个业务分部;企业可能将生产某一种产品或提供某种劳务的部门作为一个业务分部,也可能将生产若干种(一组)相关产品或提供一组劳务的部门作为一个业务分部。作为一般规则,单个业务分部中不包括风险和报酬具有显著差异的产品或劳务。

2. 确定业务分部应考虑的因素

通常情况下,一个企业的内部组织和管理结构,以及向董事会或者类似机构的内部报告制度,是企业确定分部的基础。企业在确定业务分部时,应当结合企业内部管理要求,并考虑下列因素:

(1) 各单项产品或劳务的性质。各单项产品或劳务的性质,包括产品或劳务的规格、型号、最终用途等。一般情况下,生产的产品和提供劳务的性质相同或相似的,其风险、报酬率及其成长率可能较为接近,因此,可以将其划分到同一业务分部之中。而对于性质完全不同的产品或劳务,则不能将其划分到同一业务分部之中。例如,某企业的生产经营范围包括机械制造、旅游及餐饮业、交通运输、合成纤维生产等,在确定业务分部时,必须分别将其作为不同的业务分部处理,而不能将机械制造与旅游及餐饮业作为一个业务分部处理。

(2) 生产过程的性质。生产过程的性质,包括采用劳动密集或资本密集方式组织生产、使用相同或者相似设备和原材料、采用委托生产或加工方式等。对于其生产过程相同或相似的,可以将其划分为一个业务分部,如按资本密集型和劳动密集型划分业务部门。对于资本密集型的部门来说,其占用的设备较为先进,占用的固定资产较多,相应所负担的折旧费也较多,其经营成本受资产折旧费用影响较大,受技术进步因素的影响也较大;而对于劳动密集型部门来说,其使用的劳动力较多,相对而言劳动力的成本即人工费用的影响较大,其经营成果受人工成本的高低影响很大。

(3) 产品或劳务的客户类型。产品或劳务的客户类型,包括大宗客户、零散客户等。对于购买产品或接受劳务的同一类型的客户,如果其销售条件基本相同,如相同或相似的销售价格、销售折扣,相同或相似的售后服务,因而具有相同或相似的风险和报酬。而不同的客户,其销售条件不尽相同,由此可能导致其具有不同的风险和报酬。比如,某计算机生产企业,其生产的计算机可以分为商用计算机和个人用计算机,商用计算机主要销售客户是企业,一般是大宗购买,对计算机专用性要求比较强,售后服务相对较为集中;而个人用计算机,其客户对计算机的通用性要求较高,其售后服务相对较为分散。

(4) 销售产品或提供劳务的方式。销售产品或提供劳务的方式,包括批发、零售、自产自销、委托销售、承包等。企业销售产品或提供劳务的方式不同,其承受的风险和报酬也不相同。比如,在赊销方式下,可以扩大销售规模,但发生的收账费用较大,并且发生应收账款坏账的风险也很大;而在现销方式下,则不存在应收账款的坏账问题,不会发生收账费用,但销售规模的扩大有限。

(5) 生产产品或提供劳务受法律、行政法规的影响。生产产品或提供劳务受法律、行政法规的影响,包括经营范围或交易定价限制等。企业生产产品或提供劳务总是处于一定的经济法律环境之下,其所处的环境必然对其经营活动产生影响。对在不同法律环境下生产的产品或提供的劳务进行分类,进而向会计信息使用者提供不同法律环境下产品生产或劳务的信息,有利于会计信息使用者对企业未来的发展走向作出判断和预测。对相同或相似法律环境下的产品生产或劳务提供进行归类,以提供其经营活动所生成的信息,同样有利于明晰地反映该类产品生产和劳务提供的会计信息。比如,商业银行、保险公司等金融企业易受特别的、严格的监管政策,在考虑该类企业确定分部产品和劳务是否相关时,应当考虑所受监管政策的影响。

企业在具体确定业务分部时,特定的分部不大可能同时符合上述列明的全部因素。通常情况下,业务分部应当在包含了上述所列明的大部分因素时予以确定。

### (三) 地区分部的确定

1. 地区分部的概念及其与行政区域的关系

地区分部是指企业内可区分的、能够在一个特定的经济环境内提供产品或劳务的组成部分。该组成部分承担了不同于在其他经济环境内提供产品或劳务组成部分的风险和报酬。

企业在确定地区分部时,主要是作为某一分部的组成部分是否承担了不同于其他组成部分的风险和报酬,而不单纯是以某个行政区域作为划分依据。一般地,单个地区分部中不包括风险和报酬具有显著差异的经济环境。因此,作为某个地区分部的生产或经营区域,应当具有相同或相似的风险和报酬率。这一区域可以是单一国家(或地区)、也可以是两个或两个以上具有相同或相似经营风险和报酬的国家(或地区)的组合;可以是一个国家内的一个行政区域,也可以是一个国家两个或两个以上行政区域的组合。具有重大不同风险和报酬环境中经营的区域,不能将其作为同一个地区分部处理。

2. 地区分部的确定基础

企业的风险和报酬,既可能受到其资产(经营)的地理位置的极大影响,也可能受到客户(市场)的地理位置的极大影响。前者是指产品的生产地或提供劳务的主要场所(即资产所在地),后者是指产品的销售地或者劳务的提供地(即客户所在地)。在实务中,风险和报酬可能来自前者也可能来自后者。然而,企业的组织形式和内部报告结构通常会提供证据,用于判断企业的地区风险究竟是来自资产所在地还是客户所在地。

企业在确定地区分部时,应当考虑分部经营活动的主要风险和报酬是与其生产产品或提供劳务的地区相关,还是与其经营活动的市场及客户所在地区更相关,从而选择以资产所在地或者客户所在地为基础确定地区分部。如果分部经营活动的主要风险和报酬与其生产产品或提供劳务的地区相关,则应当选择以资产所在地划分地区分部;如果分部经营活动的主要风险和报酬与其经营活动的市场及客户所在地区更相关,则应当选择以客户所在地划分地区分部。例如,某公司主要生产机床,其总公司在辽宁省,在上海、浙江、新疆、内蒙古等地均设有制造厂,其生产的产品主要销售到国内各省(市)以及韩国、瑞典、南非和阿联酋等。该公司在确定地区分部时,就应当根据风险和报酬主要来自资产所在地还是客户所在地,从而选择确定以资产所在地(如辽宁、上海、浙江、新疆、内蒙古等地)或客户所在地(如国内各地以及韩国、瑞典、南非和阿联酋等)作为地区分部。

3. 确定地区分部时应考虑的因素

企业在确定地区分部时,应当结合企业内部管理要求,并考虑下列因素:

(1) 所处经济、政治环境的相似性。所处经济、政治环境的相似性,包括境外经营所在地区经济和政治的稳定程度等。不同生产经营所在地经济、政治环境的差异,意味着其生产经营活动所面临经济、政治风险的不同,因此不能将其归并为一个地区分部;反之,对于经济、政治环境基本相似的国家或地区,在确定地区分部时应将其归并为一个地区分部。

(2) 在不同地区经营之间的关系。在不同地区经营之间的关系,包括在某地区进行产品生产,而在其他地区进行销售等。在不同地区的经营之间存在着紧密的联系,意味着这些不同地区的经营具有相同的风险和报酬,应当将这些地区的经营作为一个地区分部处理;反之,当两个地区的经营之间没有直接的联系时,不应将其作为一个地区分部处理。

(3) 经营的接近程度大小。经营的接近程度大小,包括在某地区生产的产品是否需在其他地区进一步加工生产等。生产经营接近程度较高的地区作为一个地区分部处理;反之,生产经营接近程度不高的地区,通常表明其在生产经营方面所面临的风险和报酬不同。因此在确定地区分部时,不将其作为一个地区分部处理。

(4) 与某一特定地区经营相关的特别风险。与某一特定地区经营相关的特别风险,包括气候异常变化等。如果某一特定地区在生产经营上存在着特别风险,则不能将其与其他地区分部合并作为一个地区分部处理;反之,如果某一特定地区在生产经营上并不存在着特别的经营风险,则可能会将其与其他地区分部合并作为一个地区分部处理。

(5) 外汇管理规定。外汇管理规定,即境外经营所在国家或地区是否实行外汇管制。外汇管制的规定直接影响着企业内部资金的调度和转移,从而有可能影响企业的经营风险。在实行外汇管制的国家或地区,转移资金相对较为困难,要承受较大的资金转移风险;而外汇可以自由流动的国家或地区,转移资金较为容易,其资金转移风险相对较小。因此,不能将实行外汇管制的国家和地区与外汇自由流动的国家和地区,作为一个地区分部处理;对于实行外汇管制的国家和地区,也不能一概而论地将其作为一个地区分部处理。

(6)外汇风险。外汇风险,即外汇汇率变动的风险。通常情况下,在外汇汇率波动不大的国家或地区,其生产经营所面临的风险和报酬基本相同,可以作为一个地区分部处理;而在外汇汇率波动较大的国家或地区,其生产经营所面临的风险和报酬不同,不能作为一个地区分部处理。但是,企业在具体确定地区分部时,特定的分部不大可能同时符合上述列明的全部因素。通常情况下,当包含了上述所列明的大部分因素时,就可认定为某个地区分部。

### (四)报告分部的确定

1. 重要性标准的判断

14-2视频:
报告分部
的确定

报告分部是指符合业务分部或地区分部的定义,按规定应予披露的业务分部或地区分部。报告分部的确定应当以业务分部或地区分部为基础,而业务分部或地区分部的划分通常是以不同的风险和报酬为基础,而不论其是否重要。存在多种产品经营或者跨多个地区经营的企业可能会拥有大量、规模较小、不是很重要的分部,而大量单独披露如此之多的小分部信息不仅会给财务报表使用者带来困惑,给报表编制者也带来了不必要的披露成本。因此,报告分部的确定应当考虑重要性原则,符合重要性标准的业务分部或地区分部才能确定为报告分部。

同理,对于一个企业而言,赚取利润或蒙受损失均来自与外部客户之间的交易。对通过与外部客户交易产生了大量收入的分部进行信息披露,能够为使用者更好地理解企业财务报表提供相关信息,将有助于会计信息使用者从企业整体上对企业的风险和报酬作出更有根据的评估。因此,在确定报告分部时,除企业的内部管理采用垂直一体化经营方式以外,作为报告分部的业务分部或地区分部的大部分收入应当是企业对外部客户交易而获得。

当业务分部或地区分部的大部分收入是对外交易收入,且满足下列条件之一的,企业应当将其确定为报告分部:

(1)该分部的分部收入占所有分部收入合计的10%或者以上。分部收入是指可归属于分部的对外交易收入和对其他分部交易收入。从上述定义可以看出,分部收入包括两部分:一是对外交易收入;二是对其他分部交易收入。

当某分部的分部收入大部分是对外交易收入,并且满足上述条件时,则可以将其确定为报告分部;反之,当某分部的分部收入大部分是通过与其他分部交易而取得,并且企业的内部管理不属于按垂直一体化经营的不同层次来划分的,即使满足上述10%的条件,也不能将其确定为报告分部。

(2)该分部的分部利润(亏损)的绝对额,占所有盈利分部利润合计额或者所有亏损分部亏损合计额的绝对额两者中较大者的10%或者以上。分部利润(亏损)是指分部收入减去分部费用后的余额。分部费用是指可归属于分部的对外交易费用和对其他分部交易费用。当企业的分部收入大部分是通过对外交易而取得,并且该分部的分部利润或者分部亏损的绝对额,占所有盈利分部利润合计额或者所有亏损分部亏损合计额的绝对额两者较大者的10%或者以上,则可以将其确定为报告分部。

(3)该分部的分部资产占所有分部资产合计额的10%或者以上。分部资产是指分部经营活动使用的可以归属于该分部的资产。具体来说,分部资产符合下列两个条件:一是在分部的经营中使用、可直接归属于该分部;二是能够以合理的基础分配给该分部。根据上述定义,分部资产应当包括但不限于以下项目:分部在经营活动中所使用的流动资产、固定资产、使用权资产、可直接归属于或者以合理的基础分配于某分部的商誉、无形资产等。而递延所得税资产,以及服务于整个企业或者管理总部的资产,则不属于分部资产。

企业在计量分部资产时,应当按照分部资产的账面价值进行计量,即按扣除相关累计折旧或摊销额以及累计减值准备后的金额计量。

当某一分部的大部分收入是对外交易收入,并且分部资产占所有分部资产合计额的10%或者以上,则可以将其确定为报告分部。

2. 低于10%重要性标准的选择

业务分部或地区分部未满足三个重要性判断标准的,可以按照下列规定进行处理:

(1) 不考虑该分部的规模,直接将其指定为报告分部。在这种情况下,无论该分部是否满足10%的重要性标准,企业可以根据需要直接将其指定为报告分部。

(2) 不将该分部直接指定为报告分部的,可将该分部与一个或一个以上类似的、未满足规定条件的其他分部合并为一个报告分部。对分部报告的10%的重要性测试可能会导致存在多种业务或多地区经营的企业拥有大量未满足10%数量临界线的小业务分部或地区分部,在这种情况下,如果企业没有直接将这些分部指定为报告分部的,则可以将一个或一个以上类似的、未满足重要性标准的小分部合并成一个报告分部。

(3) 不将该分部指定为报告分部且不与其他分部合并的,应当在披露分部信息时,将其作为其他项目单独披露。如果企业不将该分部直接指定为报告分部,并且也不将该分部与其他未作为报告分部的其他分部合并为一个报告分部,则企业应当把这些分部作为其他项目(即未分配项目),单独进行披露。

3. 报告分部75%的标准

企业的业务分部或地区分部达到规定的10%重要性标准确认为报告分部后,确定为报告分部的各业务分部或各地区分部的对外交易收入合计额占合并总收入或企业总收入的比重应当达到75%的比例。如果未达到75%的标准,企业必须增加报告分部的数量,将其他未作为报告分部的业务分部或地区分部纳入报告分部的范围,直到该比重达到75%。此时,其他未作为报告分部的业务分部或地区分部很可能未满足前述规定的三个10%的重要性标准,但为了使报告分部的对外交易收入合计额占合并总收入或企业总收入的总体比重能够达到75%的比例要求,也应当将其确定为报告分部。具体确定时,可以按照上述第(2)项的相应规定处理。

4. 报告分部的数量

根据前述的确定报告分部的原则,企业确定的报告分部数量能超过10个,此时,企业提供的分部信息可能变得非常烦琐,不利于会计信息使用者理解和使用。因此,报告分部的数量通常不应当超过10个。如果报告分部的数量超过10个,企业应当考虑将具有相似经济特征、满足经营分部合并条件的报告分部进行合并,以使合并后的报告分部数量不超过10个。

5. 垂直一体化经营下报告分部的确定

如前所述,当业务分部或地区分部的大部分收入是通过与企业外部客户交易而取得时,在满足其他重要性条件的情况下,可以将该业务分部或地区分部确定为报告分部。但是,如果企业的内部管理按照垂直一体化经营的不同层次来划分,即使其大部分收入不通过对外交易取得,仍可将垂直一体化经营的不同层次确定为独立业务分部对外报告。

**【例 14-1】** 华夏公司的子公司分别从事石油勘探及生产、炼油、营销及分销、化工等业务,并独立进行管理,各子公司承担了不同的风险和报酬。在日常经营过程中,负责石油勘探及生产业务的子公司生产的 90% 左右的原油及天然气均销售给炼油公司,其余的则销售给企业的外部客户。

分析:虽然负责勘探及生产业务的子公司所取得的大部分收入来自负责炼油的子公司,不符合大部分收入应当来对外部交易取得的规定,但是,由于该企业对各个子公司分别进行经营管理,并且各个子公司承担了不同的风险和报酬,因此,该企业在确定报告分部时,可以将石油勘探及生产子公司、炼油子公司、营销及分销子公司、化工子公司等业务分部分别作为报告分部。

6. 为提供可比信息报告分部的确定

企业在确定报告分部时,除应当遵循相应的确定标准以外,还应当考虑不同会计期间分部信息的可比性和一贯性。对于某一分部,在上期可能满足报告分部的确定条件从而确定为报告分部,但本期可能并不满足报告分部的确定条件。此时,如果企业认为该分部仍然重要,单独披露该分部的信息能够更有助于报表使用者了解企业的整体情况,则不需考虑该分部的规模,仍应当将该分部确定为本期的报告分部。

**相关思考 14-1**

**下列项目有何区别**

分部报告与财务报告有何区别?

相关思考 14-1 解析:

分部报告是跨行业、跨地区经营的企业,按其确定的企业内部组成部分(业务分部或地区分部)编报的有关各组成部分收入、费用、利润、资产、负债等信息的财务报告。

财务报告是企业向财务报告使用者提供与企业财务状况、经营成果和现金流量等有关会计信息,反映企业管理层受托责任履行情况的书面报告。

## 三、分部会计信息的披露

企业在披露分部信息时,应当区分主要报告形式和次要报告形式,分别按照确定的报告分部披露相应的分部信息。

### (一) 分部信息披露的形式及其确定

分部报告按其报告的形式分为主要报告形式和次要报告形式。所谓主要报告形式是指按规定应当披露较为细的分部信息的报告形式;次要报告形式则是指可以披露较为简化的分部信息的报告形式。企业可以采用其中之一进行报告。

企业在确定分部信息的主要报告形式和次要报告形式时,应当以其风险和报酬的主要来源和性质为依据,同时结合企业的内部组织结构,管理结构以及董事会或类似机构的内部财务报告制度。

企业风险和报酬的主要来源和性质,与其提供的产品或劳务,或者经营所在的国家或地区密切相关。企业应当分析其风险和报酬所受的影响,在确定按业务分部还是按地区分部作为分部信息的主要形式或次要形式时,以风险和报酬的主要、次要来源作为依据。风险和报酬的主要来源应作为确定分部报告的主要报告形式的依据;风险和报酬的次要来源则作为确定分部报告的次要报告形式的依据。无论是业务分部还是地区分部,只要是风险和报酬主要的分部,都应当作为主要报告形式,其余的分部作为次要报告形式。具体来说:当企业的风险和报酬主要受其在不同的国家或地区经营活动的影响,应以地区分部作为披露分部信息的主要报告形式,以业务分部作为披露分部信息的次要报告形式;当企业的风险和报酬同时较大地受其产品和劳务的差异以及经营活动所在国家或地区差异的影响,则应以业务分部作为披露分部信息的主要报告形式,以地区分部作为披露分部信息的次要报告形式。

**(二) 主要报告形式下会计信息的披露**

1. 主要报告形式下会计信息披露的内容

无论是以业务分部还是以地区分部作为主要报告形式,均应披露分部收入、分部费用、分部利润(亏损)、分部资产和分部负债等分部信息。

(1) 分部收入。分部收入由可归属于分部的对外交易收入和对其他分部交易收入两部分构成,两部分收入应当分别披露。其中,可归属于分部的对外交易收入是分部收入的主要组成部分,通常为营业收入,主要来源有两个:一是直接由分部的业务交易产生的可直接归于分部的收入;二是将企业交易产生的收入在相关分部之间进行分配可间接归属于分部的收入。分部收入通常不包括下列以企业整体为基础来计划和管理投资、融资行为所产生的收入以及非营业活动产生的收入。

一是利息收入和股利收入,如因预付或借给其他分部款项而确认的利息收入、债券投资的利息收入、采用成本法核算的长期股权投资股利收入(投资收益)等。但如果某个分部的日常经营活动的全部或绝大部分都是资产的借贷或投资,那么该分部的经营就主要是金融性质,分部收入将包括利息收入和股利收入,以及出售投资和清偿债务实现的利得等。对此类分部,这些项目就属于营业收入的一部分。在实务中,其经营主要是金融性质的分部主要包括商业银行、证券公司、保险公司、财务公司、金融租赁公司等。

二是采用权益法核算的长期股权投资在被投资单位实现的净利润中应享有的份额。因其属于投资收益,所以不属于营业收入的范畴。但分部日常活动是金融性质的,应将其作为分部收入。

三是处置投资形成的净收益。因其不属于企业的营业收入范畴,因此不包括在分部收入中,但分部日常活动是金融性质的,处置投资形成的净收益则属于日常经营收入范围,应将其作为分部收入。

四是营业外收入,如罚没收入、政府补助收入等,因其与日常经营业务无直接关系,因此不属于分部收入。

(2) 分部费用。分部费用包括可以归属于分部的对外交易费用和对其他分部交易费用。其主要由可归属于分部的对外交易费用构成,通常包括营业成本、税金及附加、销售费用等。与分部收入的确认相同,这里可以归属分部的费用也来源于两个渠道:一是可以直接归属于分部的费用,即直接由分部的业务交易而发生;二是可以间接归属于分部的费用,即将企业交易发生的费用在相关分部之间进行分配,按属于某分部的费用金额确认为分部费用。

分部费用通常不包括下列项目:①利息费用(包括因预收或向其他分部借款而确认的利息费用)。如发行债券等,但分部的日常活动是金融性质的除外。②采用权益法核算的长期股权投资在被投资单位发生的净损失中应承担的份额。但分部的日常活动是金融性质的除外。③处置投资发生的净损失。但分部的日常活动是金融性质的除外。④营业外支出，如对外捐赠、罚款支出等。⑤所得税费用。因其是企业整体税收政策所考虑的内容而非某一分部活动所考虑的，因此，不属于分部费用。⑥与企业整体相关的管理费用和其他费用。由于这些费用是与整个企业相关，而非与某个特定分部相关，因此不应当包括在分部费用中。但是，有些在企业层次上发生的费用是由企业代某个所属分部支付的，当这些费用与分部的经营活动相关，且能直接归属于或能按合理的基础分配给该分部时，则属于分部费用。

(3) 分部利润(亏损)。分部利润(亏损)指分部收入减去分部费用后的余额。因此，不属于分部收入和分部费用的项目，在计算分部利润(亏损)时不得作为考虑的因素。从这个意义上说，分部利润(亏损)与企业的利润(亏损)总额或净利润(净亏损)包含的内容不同。企业在披露分部信息时，分部利润(亏损)应当单独进行披露。如果企业需要提供合并财务报表的，分部利润(亏损)应当在调整少数股东损益前确定。

(4) 分部资产。分部资产包括企业在分部的经营中使用的、可直接归属于该分部的资产，以及能够以合理的基础分配给该分部的资产。分部资产的披露金额应当按照扣除相关累计折旧或摊销额以及累计减值准备后的金额确定，即按照分部资产的账面价值来确定。具体披露分部资产总额时，当期发生的在建工程成本总额、购置的固定资产和无形资产的成本总额，应当单独披露。对于不属于任何一个分部的资产，应当作为其他项目单独披露。

(5) 分部负债。分部负债是指分部经营活动形成的可归属于该分部的负债，不包括递延所得税负债。与分部资产的确认条件相同，分部负债的确认也应当符合下列两个条件：一是可直接归属于该分部；二是能够以合理的基础分配给该分部。

根据上述定义，分部负债应当包括但不限于以下项目：应付账款、其他应付款、预收账款、预计负债等。

分部负债通常不包括下列项目：借款、应付债券、租入固定资产所发生的相关债务、在经营活动之外为融资目的而承担的负债、递延所得税负债等。

需要说明的是，一般情况下，企业发生的借款或发行的债券通常是以整个企业为基础而发生或发行的，不可能直接归属于某个分部。但是，如果某个分部的分部费用包括利息支出，那么其分部负债中就应包含该项借款或应付债券。

对于不属于任何一个分部的负债，应当作为其他项目单独披露。

2. 分部信息与企业合并财务报表或企业财务报表总额信息的衔接

企业披露的分部信息，应当与合并财务报表或企业财务报表中的总额信息相衔接，其相互衔接关系主要包括以下几个方面：

(1) 分部收入应当与企业的对外交易收入相衔接。企业的对外交易收入包括企业对外交易取得的、未包括在任何分部收入中的收入。分部收入在与企业的对外交易收入相衔接时，需要将分部之间的内部交易进行抵销，各个报告分部的对外交易收入加上未包含在任何分部中的对外交易收入金额之和，应当与企业的对外交易收入总额一致。

(2) 分部利润(亏损)应当与企业营业利润(亏损)和企业净利润(净亏损)相衔接。由于分部收入和分部费用与企业的对外交易收入和对外交易费用存在差异，导致企业分部利润(亏损)与企业营业利润(亏损)和企业净利润(净亏损)之间也存在一定差异。如，非金融企业的长期股权投资实现的投资收益，构成了企业营业利润的一个组成，但却不属于分部利润；企业的净利润是通过利润总额扣除所得税费用以后计算得来的，但分部利润的计算并没有考虑所得税的扣除因素。因此，企业的分部利润（亏损）在进一步考虑不属于分部的收入或费用等调整因素之后，可以计算出企业的营业利润（亏损）和企业的净利润（净亏损）。

(3) 分部资产总额应当与企业资产总额相衔接。企业资产总额由归属于分部的资产总额和未分配给各个分部的资产总额组成。分部资产总额加上未分配给各个分部的资产总额的合计额，与企业资产总额相一致。

(4) 分部负债总额应当与企业负债总额相衔接。企业负债总额由归属于分部的负债总额和未分配给各个分部的负债总额组成。分部负债总额加上未分配给各个分部的负债总额的合计额，与企业负债总额相一致。

**（三）次要报告形式下分部信息的披露**

1. 采用业务分部作为主要报告形式下次要信息的披露

分部信息的主要报告形式是业务分部的，企业应当就次要报告形式披露下列信息：

(1) 对外交易收入占企业对外交易收入总额10％或者以上的地区分部，以外部客户所在地为基础披露对外交易收入。

(2) 分部资产占所有地区分部资产总额10％或者以上的地区分部，以资产所在地为基础披露分部资产总额。

2. 采用地区分部作为主要报告形式下次要信息的披露

分部信息的主要报告形式是地区分部的，企业应当就次要报告形式披露下列信息：

(1) 对外交易收入占企业对外交易收入总额10％或者以上的业务分部，应当披露对外交易收入。

(2) 分部资产占所有业务分部资产总额10％或者以上的业务分部，应当披露分部资产总额。

**（四）分部报告的其他披露要求**

企业在编制分部报告时，除对上述信息进行披露以外，还应当对下列内容进行披露：

1. 分部间转移价格的确定及其变更

企业在计量分部之间发生的交易收入时，需要确定分部间转移交易价格。一般情况下，分部之间的交易定价不同于市场公允交易价格，为准确计量分部间转移交易，企业在确定分部间交易收入时，应当以实际交易价格为基础计量。转移价格的确定基础应当在附注中予以披露。同时，因企业不同期间生产的产品的成本等不同，可能会导致不同期间分部间转移价格的确定产生差异，对于转移交易价格的变更情况，也应当在附注中进行披露。

2. 分部会计政策的披露

分部会计政策是指编制合并财务报表或企业财务报表时采用的会计政策，以及与分部报告特别相关的会计政策。由于分部信息是企业整体财务信息的一个分解，企业提供分部信息所采用的会计政策，应当与编制企业集团合并财务报表或企业财务报表时所采用的会计政策一致。同时，由于分部信息不同于企业整体财务信息，而某些分部信息对于外部会计信息使用者来说是有用的和相关的，因此，企业提供分部信息时除采用与编制企业集团合并财务报表或企业财务报表时相一致的会计政策以外，还会采用一些与分部特别相关的会计政策，即使这些与分部特别相关的会计政策不同于企业编制集团合并财务报表或企业财务报表时所采用的会计政策。与分部报告特别相关的会计政策包括分部的确定、分部间转移价格的确定方法，以及将收入和费用分配给分部的基础等。

企业应当披露分部会计政策。但是,如果分部会计政策与合并财务报表或企业财务报表一致,并且已按《企业会计准则第 30 号——财务报表列报》和《企业会计准则第 33 号——合并财务报表》等规定在附注中进行了相关披露,则不需要在披露分部信息时重复披露。

有些会计政策变更只与分部报告相关,比如分配分部收入和费用的基础发生的变更等,这种变更不会影响到企业合并财务报表或企业财务报表的总额信息。当企业改变了其分部信息采用的会计政策,并且这种变更对分部信息产生了实质性的影响,企业应当披露这一变更情况,具体按照《企业会计准则第 28 号——会计政策、会计估计变更和差错更正》的规定披露,并按规定提供相关比较数据。如果提供比较数据不切实可行的,应当说明原因。例如,企业因管理战略改变对经营业务范围作出变更或对经营地区作出调整,使企业原已确定的业务分部或地区分部中所面临的风险和报酬产生较大差异,从而使企业必须改变原对分部所作的分类。在这种情况下,企业就应当对此项分部会计政策变更予以披露。

此外,企业改变分部的分类且提供比较数据不切实可行的,应当在改变分部分类的年度,分别披露改变前和改变后的报告分部信息。

3. 前期比较数据

企业在披露分部信息时,为可比起见,应当提供前期的比较数据。对于某一分部,如果本期满足报告分部的确定条件从而确定为报告分部的,即使前期没有满足报告分部的确定条件从而未确定为报告分部的,也应当提供前期的比较数据。但是,提供比较数据不切实可行的除外。

# 第二节　中期财务报告

## 一、中期财务报告的概念和构成

### (一) 中期财务报告的概念

中期财务报告是指以中期为基础编制的财务报告。中期是指短于一个完整的会计年度的报告期间。中期财务报告有的按季报出,称为季报;有的按月报出,称为月报;有的按半年报出,称为半年报;还有的视具体要求而定,如按 1 月 1 日 1 至 9 月 30 日的期间编报等。可见,中期财务报告包括月度财务报告、季度财务报告、半年度财务报告和年初至本中期期末的财务报告。

随着市场经济发展和全球经济一体化,企业经营活动和外部经营环境不断波动,风险因素和不确定性也日趋增加,而传统的按年度编制财务报告的做法,在瞬息万变的经济环境下,相对于信息使用者的决策而言,间隔时间显得过长,因为待年度财务报告公开披露时,许多信息已经失去及时性。为了有助于及时合理地作出决策,信息使用者对财务报告信息的及时性和相关性提出了更高的要求。为此,产生了对中期财务报告的需求。编制中期财务报告可以弥补年度财务报告时间间隔过长的缺陷,改善信息的及时性,增强信息的反馈和预测价值,有助于提高会计信息质量和相关决策的有效性。同时,编制中期财务报告也有助于完善上市公司的信息披露制度,提高证券市场效率,促进资源的有效配置。此外,编制中期财务报告也可以使业绩评价和监督管理更加及时,有助于揭示和解决问题,从而强化对企业有效监管。

**（二）中期财务报告的基本构成**

中期财务报告至少应当包括以下部分：资产负债表、利润表、现金流量表和附注。其中：资产负债表、利润表、现金流量表和附注是中期财务报告至少应当编制的法定内容，对其他财务报表或者其他信息，如所有者权益（或股东权益）变动表等，企业可以根据需要自行决定。

中期资产负债表、利润表和现金流量表的格式和内容，应当与上年度财务报表相一致。但如果当年新实行的会计准则对财务报表的格式和内容作了修改的，中期财务报表应当按照修改后的报表格式和内容编制，与此同时，在中期财务报告中提供的上年度比较财务报表的格式和内容也应当作相应的调整。

中期财务报告中的附注相对于年度财务报告中的附注而言，是适当简化的。中期财务报表附注的编制应当遵循重要性原则。如果某项信息没有在中期财务报告中披露，会影响到投资者等信息使用者对企业财务状况、经营成果和现金流量判断的正确性，那么就认为这一信息是重要的。但企业至少应当在中期财务报告附注披露中期财务报告准则规定的信息。

## 二、中期财务报告的理论基础

关于编制中期财务报告的理论基础，目前主要有两种观点：一种是独立观；另一种是一体观。

独立观是将每一中期视为一个独立的会计期间。其基本特点是：中期财务报告中所采用的会计政策和确认与计量原则与年度财务报告期一致，其中所应用的会计估计、成本分配和应计项目的处理等亦与年度财务报告相一致。采用独立观编制中期财务报告，优点是可以直接采用企业在编制年度财务报告时已有的一套会计政策和确认、计量原则，便于实务操作，而且在中期财务报告中所反映的财务状况和经营业绩等相对比较可靠，不容易被操纵；缺点是容易导致各中期收入与费用的不合理配比，从而会影响企业业绩的评价，也可能会导致各中期列报的收益波动较大，影响会计信息使用者对年度结果的预测。

一体观是将每一中期视为年度会计期间不可分割的一部分而非独立的会计期间。其基本特点是：中期财务报告中应用的会计估计、成本分配、各递延和应计项目的处理必须考虑全年将要发生的情况，即要考虑会计年度剩余期间的经营成果。因此，会计年度内发生的成本与费用，需要以年度预计活动水平如预计受益期间、预计销售量和产量等为基础，分配到各个中期。采用一体观编制中期财务报告，优点是可以避免因会计期间的缩短而导致的各中期受益的非正常波动，从而有利于年度受益预测；缺点是许多成本和费用需要以年度结果为基础进行估计，因此需要依赖于较高的职业判断，且所估计的结果可能因缺乏客观可靠的依据，从而容易操纵收益，影响中期财务报告信息的可靠性。

目前，世界上，除了美国等少数国家或地区采用一体观之外，大多数国家或者地区采用的都是独立观。不过，从各国或者地区中期财务报告会计准则的具体内容来看，纯粹地采用其中一种观点的情况比较少，往往都是相对侧重于某一观念。目前，我国中期财务报告的编制基础侧重于独立观。

## 三、中期财务报告的编制要求

**（一）中期财务报告编制应遵循的原则**

1. 与年度财务报告相一致的会计政策

中期财务报告应当遵循与年度财务报告相一致的会计政策原则。企业在编制中期财务报告时,应将中期视同为一个独立的会计期间,所采用的会计政策应与年度财务报告采用的会计政策相一致,不得随意变更会计政策。

2. 重要性原则

企业在编制中期财务报告遵循重要性的会计信息质量要求时应注意以下几点:

(1) 重要性程度的判断应当以中期财务数据为基础,而不得以预计的年度财务数据为基础。因为有些对于预计的年度财务数据不重要的信息对中期财务报告可能是重要的。这里所指的"中期财务数据",既包括本中期的财务数据,也包括年初至本中期期末的财务数据。

(2) 重要性的运用应当保证中期财务报告包括与理解企业中期期末财务状况和中期经营成果及其现金流量相关信息。企业在运用重要性会计信息质量要求时,应避免在中期财务报告中由于不确认、不披露或者忽略某些信息而对信息使用者的决策产生误导。

(3) 重要性程度的判断需要根据具体情况作出职业判断,通常在判断某一项目的重要性程度时,应将项目的金额和性质结合在一起予以考虑。

3. 及时性原则

编制中期财务报告的目的是向会计信息使用者提供比年度财务报告更加及时的信息,以提高会计信息的决策有用性。中期财务报告所涵盖的会计期间短于一个会计年度,其编报的时间通常也短于年度财务报告,所以,中期财务报告应当能够提供比年度财务报告更加及时的信息。为了体现企业编制中期财务报告的及时性原则,中期财务报告计量相对于年度财务数据的计量而言,在很大程度上依赖于估计。例如,企业通常在会计年度末对存货进行全面、详细的实地盘点,因此,对年末存货可以达到较为精确的计价。但是在中期期末,由于时间上的限制和成本方面的考虑,有时不大可能对存货进行全面、详细的实地盘点,在这种情况下,对于中期期末存货的计价就可在更大程度上依赖于会计估计,但是,企业应当确保所提供的中期财务报告包括了相关的重要信息。

需要强调的是,中期财务报告编制的重要性和及时性原则,是企业编制中期财务报告时需要特殊考虑的两个原则。同时,对于其他会计原则,如可比性原则、谨慎性原则、实质重于形式原则等,企业在编制中期财务报告时也应当像年度财务报告一样予以遵循。

(二) 中期财务报告的确认与计量

1. 中期财务报告的确认与计量的基本原则

(1) 中期会计要素的确认和计量原则应当与年度财务报表相一致。中期财务报告中各会计要素的确认和计量原则应当与年度财务报告所采用的原则相一致。即企业在中期根据所发生的交易或者事项,对资产、负债、所有者权益(股东权益)、收入、费用和利润等会计要素进行确认和计量时,应当符合相应会计要素定义和确认、计量标准,不能因为财务报告期间的缩短(相对于会计年度而言)而改变。

(2) 中期会计计量应当以年初至本中期期末为基础。中期财务报告准则规定,中期会计计量应当以年初至本中期期末为基础,财务报告的频率不应当影响年度结果的计量。也就是说,无论企业中期财务报告的频率是月度、季度还是半年度,企业中期会计计量的结果最终应当与年度财务报告中的会计计量结果相一致。为此,企业中期财务报告的计量应当以年初至本中期期末为基础,即企业在中期应当以年初至本中期期末作为中期会计计量的期间基础,而不应当以本中期作为会计计量的期间基础。

(3)中期采用的会计政策应当与年度财务报告相一致,会计政策、会计估计变更应当符合规定。为了保持企业前后各期会计政策的一贯性,以提高会计信息的可比性和有用性,企业在中期不得随意变更会计政策,应当采用与年度财务报告相一致的会计政策。如果上年度资产负债表日之后按规定变更了会计政策,且该变更后的会计政策将在本年度财务报告中采用,中期财务报告应当采用该变更后的会计政策。对于中期会计政策的变更需要注意以下两点:①企业变更会计政策应当符合《企业会计准则第28号——会计政策、会计估计变更和差错更正》规定的条件,即企业只有在满足下列条件之一时,才能在中期进行会计政策变更:法律、行政法规或者国家统一的会计制度等要求变更,会计政策变更能够提供更可靠、更相关的会计信息。②企业在中期进行会计政策变更时,通常应当确保该项会计政策亦将在年度财务报告中采用,即中期财务报告准则不允许企业在同一会计年度的各个中期之间随意变更会计政策,但符合国家法律、行政法规以及相关会计准则规定的除外。

对于会计估计变更,本准则规定,在同一会计年度内,以前中期财务报表项目在以后中期发生了会计估计变更的,以后中期财务报表应当反映该会计估计变更后的金额,但对以前中期财务报表项目金额不作调整。也就是说,企业在一个会计年度内,前一个或者几个中期(如季度)的会计估计在以后一个中期或者几个中期(如季度)里发生了变更,应当按照中期财务报告准则及《企业会计准则第28号——会计政策、会计估计变更和差错更正》的规定,不对以前中期已经报告过的会计估计金额作追溯调整,也不重编以前中期的财务报表,企业只需在变更当期或者以后期间按照变更后的会计估计进行会计处理。

会计估计变更的影响数计入变更当期,如果还影响到以后期间的话,还应将会计估计变更的影响数计入以后期间,同时在附注中作相应披露。

2. 季节性、周期性或者偶然性取得收入的确认和计量

中期财务报告准则规定,企业取得季节性、周期性或者偶然性收入,应当在发生时予以确认和计量,不应当在中期财务报表中预计或者递延,但会计年度末允许预计或者递延的除外。

3. 会计年度中不均匀发生的费用的确认与计量

中期财务报告准则规定,企业在会计年度中不均匀发生的费用,应当在发生时予以确认和计量,不应在中期财务报表中预提或者待摊,但会计年度末允许预提或者待摊的除外。通常情况下,与企业生产经营和管理活动有关的费用往往是在一个会计年度的各个中期内均匀发生的,各中期之间发生的费用不会有较大差异。但是,对于一些费用,如员工培训费等,往往集中在会计年度的个别中期内。对于这些会计年度中不均匀发生的费用,企业应当在发生时予以确认和计量,不应当在中期财务报表中予以预提或者待摊。也就是说,企业不应当为了使各中期之间收益的平滑化而将这些费用在会计年度的各个中期之间进行分摊。中期财务报告准则又规定,如果会计年度内不均匀发生的费用在会计年度末允许预提或者待摊,则在中期末也允许预提或者待摊。

(三)中期合并财务报表和母公司财务报表的编报要求

中期财务报告准则规定,上年度编制合并财务报表的,中期期末应当编制合并财务报表。上年度财务报告除了包括合并财务报表,还包括母公司财务报表的,中期财务报告也应当包括母公司财务报表。具体包括以下内容:

（1）上年度编报合并财务报表的企业，其中期财务报告也应当编制合并财务报表，而且合并财务报表的合并范围、合并原则、编制方法和合并财务报表的格式与内容等也应当与上年度合并财务报表相一致。但当年企业会计准则有新规定的除外。

（2）上年度财务报告包括了合并财务报表，但报告中期内处置了所有应纳入合并范围的子公司，中期财务报告应包括当年子公司处置前的相关财务信息。

（3）如果企业在报告中期内新增子公司，在这种情况下，企业在中期期末就需要将该子公司财务报表纳入合并财务报表的合并范围中。

（4）应当编制合并财务报表的企业，如果在上年度财务报告中除了提供合并财务报表之外，还提供了母公司财务报表，如上市公司，那么在其中期财务报告中除了应当提供合并财务报表之外，也应当提供母公司财务报表。

### （四）比较财务报表编制要求

为了提高财务报告信息的可比性、相关性和有用性，企业在中期期末除了编制中期期末资产负债表、中期利润表和现金流量表之外，还应当提供前期比较财务报表。中期财务报告准则规定，中期财务报告应当按照下列规定提供比较财务报表：

（1）本中期期末的资产负债表和上年度末的资产负债表。

（2）本中期的利润表、年初至本中期期末的利润表以及上年度可比期间的利润表。其中，上年度可比期间的利润表包括：上年度可比中期的利润表和上年度年初至上年可比中期期末的利润表。

（3）年初至本中期期末的现金流量表和上年度年初至上年可比中期期末的现金流量表。

需要说明的是，企业在中期财务报告中提供比较财务报表时，应当注意以下几个方面：

（1）企业在中期内按新会计准则的规定，对财务报表项目进行了调整，则上年度比较财务报表项目及其金额应当按照本年度中期财务报表的要求进行重新分类，以确保其与本年度中期财务报表的相应信息相互可比。同时，企业还应当在附注中说明财务报表项目重新分类的原因及内容。如果企业因原始数据收集、整理或者记录等方面的原因，无法对比较财务报表中的有关项目进行重新分类，应当在附注中说明不能进行重新分类的原因。

（2）企业在中期内发生了会计政策变更的，其累积影响数能合理确定且涉及本会计年度以前中期财务报表净损益和其他相关项目数字的，应当予以追溯调整，视同该会计政策在整个会计年度一贯采用；对于比较财务报表可比期间以前的会计政策变更的累积影响数，应当根据规定调整比较财务报表最早期间的期初留存收益，财务报表其他相关项目的数字也应当一并调整。同时，在附注中说明会计政策变更的性质、内容、原因及其影响数；无法追溯调整的，应当说明原因。

（3）对于在本年度中期内发生的调整以前年度损益事项，企业应当调整本年度财务报表相关项目的年初数，同时，中期财务报告中相应的比较财务报表也应当为已经调整以前年度损益后的报表。

## 四、中期财务报告附注的编制要求

### （一）中期财务报告附注编制的基本要求

中期财务报告附注，是对中期资产负债表、利润表、现金流量表等报表中列示项目的文字描述或明细阐述,以及对未能在这些报表中列示项目的说明等。其目的是使财务报告信息对会计信息使用者的决策更加相关、有用,但同时又要考虑成本效益原则。

(1)中期财务报告附注应当以年初至本中期期末为基础披露。编制中期财务报告的目的是向报告使用者提供自上年度资产负债表日之后所发生的重要交易或者事项,因此,中期财务报告附注应当以"年初至本中期期末"为基础进行编制,而不应当仅仅只披露本中期所发生的重要交易或者事项。

【例14-2】 华夏公司需要编制季度财务报告,该公司在2×23年3月5日对外进行重大投资,设立一家子公司。

本例中,对于这一事项,华夏公司不仅应当在2×23年度第1季度财务报告附注中予以披露,在2×23年度第2季度财务报告和第3季度财务报告附注中也应当予以披露。

【例14-3】 华夏公司为一家水果生产和销售企业,需要对外提供季度财务报告,公司水果的收获和销售主要集中在每年的第3季度。该公司在2×23年1月1日至9月30日(即年初至第3季度末)间累计实现净利润400万元,其中第1季度发生亏损1 400万元,第2季度发生亏损1 200万元,第3季度实现净利润3 000万元。第3季度末的存货(库存水果)为150万元,公司考虑到该批存货已经过了销售旺季,可变现净值已经远低于账面价值,确认了存货跌价损失120万元。

本例中,尽管该批存货跌价损失仅仅占华夏公司第3季度净利润总额的4%(120÷3 000),可能并不重要。但是,该项损失占公司1~9月份累计净利润的30%(120÷400),对于理解华夏公司2×23年第1~9月份的经营成果来讲,却属于重要事项。所以,华夏公司应当在第3季度财务报告附注中披露该事项。在实务工作中,企业还应当综合考虑资产规模、经营特征等因素,以对重要性作出较为合理的判断。

(2)中期财务报告附注应当对自上年度资产负债表日之后发生的重要交易或者事项进行披露。为了全面反映企业财务状况、经营成果和现金流量,中期财务报告准则规定,中期财务报告附注应当以年初至本中期期末为基础编制,披露自上年度资产负债表日之后发生的,有助于理解企业财务状况、经营成果和现金流量变化情况的重要交易或者事项。此外,对于理解本中期财务状况、经营成果和现金流量有关的重要交易或者事项,也应当在附注中作相应披露。

【例14-4】 华夏公司在2×23年1月1日至6月30日累计实现净利润2 500万元,其中,第2季度实现净利润80万元,公司在第2季度转回前期计提的坏账准备100万元,第2季度末应收账款余额为800万元。

本例中,尽管该公司第2季度转回的坏账准备仅仅占华夏公司1~6月份净利润总额的4%(100÷2 500),可能并不重要,但是该项转回金额占第2季度净利润的125%(100÷800),占第2季度末应收账款余额的12.5%(100÷800),对于理解第2季度(4~6月)经营成果和第2季度末财务状况而言,属于重要事项,所以,华夏公司应当在第2季度财务报告附注中披露该事项。在实务工作中,企业还应当综合考虑资产规模、经营特征等因素,以对重要性作出较为合理的判断。

(二)中期财务报告附注披露内容

中期财务报告准则规定,中期财务报告附注至少应当包括以下信息:

(1)中期财务报告所采用的会计政策与上年度财务报表相一致的声明。企业在中期会计政策发生变更的,应当说明会计政策变更的性质、内容、原因及其影响数;无法进行追溯调整的,应当说明原因。

(2)会计估计变更的内容、原因及其影响数;影响数不能确定的,应当说明原因。

14-3 扫一扫
练一练

14-4 扫一扫
练一练答案

（3）前期差错的性质及其更正金额；无法进行追溯重述的，应当说明原因。

（4）企业经营的季节性或者周期性特征。

（5）存在控制关系的关联方发生变化的情况；关联方之间发生交易的，应当披露关联方关系的性质、交易类型和交易要素。

（6）合并财务报表的合并范围发生变化的情况。

（7）对性质特别或者金额异常的财务报表项目的说明。

（8）证券发行、回购和偿还情况。

（9）向所有者分配利润的情况，包括在中期内实施的利润分配和已提出或者已批准但尚未实施的利润分配情况。

（10）根据《企业会计准则第35号——分部报告》规定披露分部报告信息的，应当披露主要报告形式的分部收入与分部利润（亏损）。

（11）中期资产负债表日至中期财务报告批准报出日之间发生的非调整事项。

（12）上年度资产负债表日以后所发生的或有负债和或有资产的变化情况。

（13）企业结构变化情况，包括企业合并，对被投资单位具有重大影响、共同控制或者控制关系的长期股权投资的购买或者处置，终止经营等。

（14）其他重大交易或者事项，包括重大的长期资产转让及其出售情况、重大的固定资产和无形资产取得情况、重大的研究和开发支出、重大的资产减值损失情况等。

企业在提供上述第（5）和第（10）有关关联方交易、分部收入与分部利润（亏损）信息时，应当同时提供本中期（或者本中期期末）和本年度初至本中期期末的数据，以及上年度可比中期（或者可比期末）和可比年初至本中期期末的比较数据。

此外，在同一会计年度内，如果以前中期财务报告中的某项估计金额在最后一个中期发生了重大变更、而企业又不单独编制该最后中期的财务报告的，企业应当在年度财务报告的附注中披露该项会计估计变更的内容、原因及其影响金额。例如，某公司需要编制季度财务报告，但不需单独编制第4季度财务报告。假设该公司在第4季度里，对第1季度、第2季度或者第3季度财务报表中所采用的会计估计，如固定资产折旧年限、资产减值、预计负债等估计作了重大变更，则需要在其年度财务报告附注中，按照《企业会计准则第28号——会计政策、会计估计变更和差错更正》的规定，披露该项会计估计变更的内容、原因及其影响金额。同样地，假如一家公司是需要编制半年度财务报告的企业，但不单独编制下半年财务报告，如果该公司对于上半年财务报告中所采用的会计估计在下半年作了重大变更，应当在其年度财务报告的附注中予以说明。

### 相关思考 14-2

#### 下列项目的区别？

中期财务报告和年度财务报告有何区别？

相关思考 14-2 解析：

中期财务报告和年度财务报告区别如下：

（1）报告时间间隔不同。

年度财务报告是指年度终了对外提供的财务报告。中期财务报告是指以中期为基础编制的财务报告。

（2）目的不同。

年度财务报告作为综合反映企业年末财务状况、全年经营成果、现金流量等的报告,在沟通企业单位管理层与财务报告使用者之间起着十分重要的桥梁作用。中期财务报告的目的是提供一个特定期间内企业的经营成果等信息,是缩短了期间,加快了报告的频率。

(3) 会计要素的确认计量和报告的方式上不同。

中期财务报告包括涵盖一个中期的一套完整的财务报表,或者一套简明的财务报表的财务报告。年度财务报告包括财务报表、财务报表附注和其他应当在财务报告中披露的相关信息和资料。

## 本 章 小 结

本章主要学习分部报告和中期财务报告的编制意义,分部的划分和报告分部的确定、分部报告内容的披露;中期财务报告的定义、构成、理论基础、编制原则、确认、计量与编报要求,中期财务报告的附注编制的要求。

## 重 要 概 念

分部报告　业务分部　地区分部　中期财务报告

14-5 扫一扫看课件

# 第十五章 企业合并

- 内容提要
- 重点难点
- 学习目标
- 知识框架
- 第一节 企业合并概述
- 第二节 同一控制下企业合并的处理
- 第三节 非同一控制下企业合并的处理
- 本章小结
- 重要概念

**内容提要**

本章主要讲解企业合并的概念、方式、分类及企业合并所涉及的同一控制下企业合并和非同一控制下企业合并的会计处理方法。

**重点难点**

本章重点为企业合并的方式、分类及企业合并所涉及的同一控制下企业合并和非同一控制下企业合并的会计处理方法。本章难点为非同一控制下企业合并的会计处理。

**学习目标**

通过本章学习,学生应了解企业合并的概念、方式、分类;掌握同一控制下企业合并和非同一控制下企业合并的会计处理。

**知识框架**

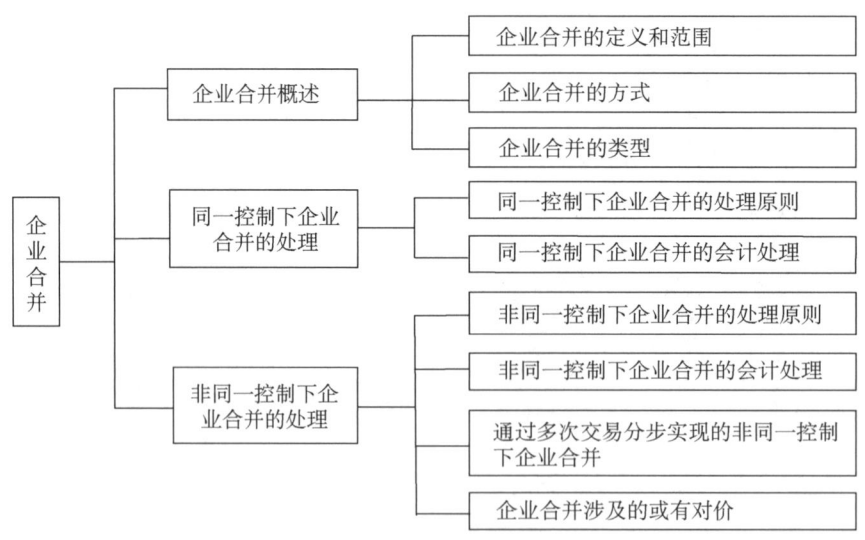

## 思政育人　　甘肃圣越农牧发展有限公司并购上市

10月19日,甘肃圣越农牧发展有限公司并购上市仪式在镇原县举行。

圣农集团创始人、圣农发展有限公司董事长傅光明,市委书记黄泽元致辞。圣农发展有限公司总裁傅芬芳,省农业农村厅副厅长常宏,市领导董涛、何英禅出席。圣农发展有限公司副总裁廖俊杰主持并介绍企业并购上市情况。

仪式上,圣农集团为镇原县捐赠慈善基金并设立基金会,支持当地乡村振兴和公益活动。出席领导共同为甘肃圣越农牧发展有限公司并购上市剪彩。

傅光明在致辞中说,圣农集团根植"一只鸡",专注做一件事、一个行业,几十年如一日,坚守初心,艰苦创业,如今发展成为亚洲产能第一的白羽肉鸡企业,拥有最完整配套的产业集群、全国第一的C端品牌和优质的国内外行业高精尖人才。2018年入驻镇原县以来,虽然面临疫情防控、南北气候差异等诸多困难,但圣越农牧发展态势良好,市场从西北做到供应大客户和出口,养殖量实现超4倍增长,产值达到近50亿元,产业链建设逐步完整,这离不开当地政府和干部群众的大力支持。未来,圣农集团将情系老区、感恩奋进,在庆阳持续扩大资本、人才和技术投入,启动熟食加工厂建设,实施数字化发展,增强进出口业务,配套更完整的产业链,在持续做大做强企业的同时,全力为庆阳经济社会发展和群众增收致富贡献企业应有力量。

黄泽元代表市委、市政府向甘肃圣越农牧发展有限公司成功并购上市表示祝贺,向福建圣农集团长期以来对庆阳经济社会发展的大力支持表示感谢。他说,圣农集团是中国民营企业、民生企业和民族企业的一面旗帜。集团在庆阳成立甘肃圣越农牧发展有限公司以来,深耕现代农业板块,倾力联农带农富农,先后投资超过50亿元,不仅贡献了地方产值、提供了就业岗位,而且为庆阳农业产业化和现代化提供了一条可复制、可推广、可借鉴的新模式,已经成为庆阳产业化的领军企业和示范企业。圣越农牧发展有限公司成功并购上市,是圣农集团优化资源配置、增强市场竞争力的一个重大战略,也是庆阳拥抱资本市场、实现上市公司从无到有的一次重大突破,更是地企双方精诚团结、紧密合作的样板典范,为我们今后扩大招商引资、加快推动高质量发展提供了基本经验和遵循。希望圣越农牧发展有限公司能够以并购上市为新起点,主动对接资本资源,加快在建项目进度,尽快扩大产能规模,确保如期实现1.2亿羽白羽肉鸡全产业链目标,推动产业链真正形成闭合,为圣农集团发展壮大和庆阳农业现代化作出新的更大贡献。庆阳市、县两级将不断优化营商环境,提供良好要素保障,一如既往支持圣农集团在庆发展,助推企业行稳致远、做大做强。

仪式后,召开了圣越农牧并购上市地企座谈会,就进一步加快项目建设、深化务实合作交换意见。福建圣农集团表示,将坚定发展信心,持续深耕庆阳,加大投资力度,为庆阳群众增收致富、农业提质增效作出更大贡献。黄泽元表示,庆阳市将牢固树立应当支持、必须支持、持续支持、有效支持的意识,推动形成"齐心协力、团结一致、深度合作、互利共赢"的良好局面。

据悉,2018年10月,福建圣农集团入驻镇原县,成立甘肃圣越农牧发展有限公司,规划投资60亿元,分三期实施1.2亿羽白羽肉鸡全产业链项目。目前,已累计完成投资50.27亿元,建成种鸡场14个、肉鸡场42个、孵化中心2个、肉鸡加工厂2个、饲料厂2个、有机肥厂2个、分子膜发酵基地和物流中心各1个,2021年通过了省级(肉鸡)现代农业产业园认定。目前,圣越公司肉鸡饲养量达到5 827万羽,屠宰量4 706万羽(当前日屠宰量25万羽),生产鸡肉产品10.1万吨,实现产值11.4亿元。

资料来源:新华网.甘肃圣越农牧发展有限公司并购上市[EB/OL].(2023-10-20)[2023-11-16]. http://gs.news.cn/shizhou/2023-10/20/c_1129927106.htm.

# 第一节　企业合并概述

企业合并在经济快速发展时期是较为常见的。近些年来,随着我国经济市场化和国际化的发展,国际竞争力的不断增强,跨国经营不断增多,企业的收购兼并日趋复杂,客观上需要拓宽生产经营渠道,开辟新的投资领域或市场等。同时,在企业合并会计政策方面不断提出新的问题,需要加以统一规范,以指导企业并购实务。《企业会计准则第 20 号——企业合并》(以下简称企业合并准则)主要规范了对不同类型企业合并的会计处理。

## 一、企业合并的定义和范围

### (一) 企业合并的定义

企业合并是将两个或两个以上单独的企业合并形成一个报告主体的交易或事项。

企业合并的结果通常是一个企业取得了对一个或多个业务的控制权。构成企业合并至少包括两层含义:一是取得对另一个或多个企业(或业务)的控制权;二是所合并的企业必须构成业务。业务是指企业内部某些生产经营活动或资产负债的组合,该组合具有投入、加工处理和产出能力,能够独立计算其成本费用或所产生的收入。

有关资产、负债的组合要形成一项业务,通常应具备以下要素:①投入是指原材料、人工、必要的生产技术等无形资产以及构成生产能力的机器设备等其他长期资产的投入;②加工处理过程是指具有一定的管理能力、运营过程,能够组织投入形成产出;③产出,如生产出产成品,或是通过为其他部门提供服务来降低企业整体的运行成本等其他带来经济利益的方式。有关资产或资产、负债的组合要构成一项业务,不一定要同时具备上述三个要素,某些情况下具备投入和加工处理过程两个要素即可认为构成一项业务。业务的目的,主要是向投资者提供回报,如生产的产品出售后形成现金流入,或是能够为企业的生产经营带来其他经济利益,如能够降低成本等。

有关资产或资产、负债的组合是否构成一项业务,应结合所取得资产、负债的内在联系及加工处理过程等进行综合判断。在实务中,一个企业对另一个企业某条具有独立生产能力的生产线的合并、一家保险公司对另一家保险公司寿险业务的合并等,一般构成业务合并。

如果一个企业取得了对另一个或多个企业的控制权,而被购买方(或被合并方)并不构成业务,则该交易或事项不形成企业合并。企业取得了不形成业务的一组资产或是净资产时,应将购买成本按购买日所取得各项可辨认资产、负债的相对公允价值基础进行分配,不按照企业合并准则进行处理。

从企业合并的定义看,是否形成企业合并,除要看取得的企业是否构成业务之外,关键是要看有关交易或事项发生前后,是否引起报告主体的变化。

报告主体的变化产生于控制权的变化。在交易或事项发生以后,一方能够对另一方的生产经营决策实施控制,形成母子公司关系,就涉及控制权的转移,从合并财务报告角度形成报告主体的变化;交易或事项发生以后,一方能够控制另一方的全部净资产,被合并的企业在合并后失去其法人资格,也涉及控制权及报告主体的变化,形成企业合并。实务中,对于交易或事项发生前后是否形成控制权的转移,应当遵循实质重于形式原则,综合可获得的各方面情况进行判断。

### (二) 企业合并的范围

假定在企业合并前 A、B 两个企业为各自独立的法律主体,且构成业务(在合并交易发生前,不存在任何投资关系),企业合并准则中所界定的企业合并,包括但不限于以下情形:

（1）企业 A 通过增发自身的普通股自企业 B 原股东处取得企业 B 的全部股权，该交易事项发生后，企业 B 仍持续经营。

（2）企业 A 支付对价取得企业 B 的净资产，该交易或事项发生后，撤销企业 B 的法人资格。

（3）企业 A 以其资产作为出资投入企业 B，取得对企业 B 的控制权，该交易或事项发生后，企业 B 仍维持其独立法人资格继续经营。

## 二、企业合并的方式

企业合并方式包括控股合并、吸收合并和新设合并。

### （一）控股合并

合并方（或购买方，下同）通过企业合并交易或事项取得对被合并方（或被购买方，下同）的控制权，企业合并后能够通过所取得的股权等主导被合并方的生产经营决策并自被合并方的生产经营活动中获益，被合并方在企业合并后仍维持其独立法人资格继续经营的，为控股合并。该类企业合并中，因合并方通过企业合并交易或事项取得了对被合并方的控制权，被合并方成为其子公司，在企业合并发生后，被合并方应当纳入合并方合并财务报表的编制范围，从合并财务报表角度，形成报告主体的变化。

### （二）吸收合并

合并方在企业合并中取得被合并方的全部净资产，并将其有关资产、负债并入合并方自身的账簿和报表进行核算。企业合并后，注销被合并方的法人资格，由合并方持有合并中取得的被合并方的资产、负债，在新的基础上继续经营，该类合并为吸收合并。

吸收合并中，因被合并方（或被购买方）在合并发生以后被注销，从合并方（或购买方）的角度需要解决的问题是，其在合并日（或购买日）取得的被合并方有关资产、负债入账价值的确定，以及为了进行企业合并支付的对价与所取得被合并方资产、负债的入账价值之间存在差额的处理。

企业合并继后期间，合并方应将合并中取得的资产、负债作为本企业的资产、负债。

### （三）新设合并

参与合并的各方在企业合并后法人资格均被注销，重新注册成立一家新的企业，由新注册成立的企业持有参与合并各企业的资产、负债，并在新的基础上经营，为新设合并。

## 三、企业合并的类型

企业合并准则中将企业合并划分为两大基本类型——同一控制下的企业合并与非同一控制下的企业合并。企业合并的类型划分不同，所遵循的会计处理原则也不同。

15-2 视频：
企业合并
类型划分

? **相关思考 15-1**

**企业合并的实质是什么？**

企业合并可以分为同一控制下的合并和非同一控制下的合并，其实质分别是什么？

相关思考 15-1 解析：

对于同一控制下的企业合并，由于合并各方在合并前后的最终控制方没有发生变化，准则没有把这种合并视为交易，只是将其当作一个经济事项。因此，相应的会计处理采用账面价值进行计量。对于非同一控制下的企业合并,由于参与合并各方在合并前、后不属于同一方或相同的多方最终控制,这种合并实质上是一种交易——购买方购买被购买方控制权的交易。正因为如此,相应的会计处理中需要遵循交易规则,使用自愿交易的双方都能够接受的价值——公允价值。

### (一) 同一控制下的企业合并

同一控制下的企业合并是指参与合并的企业在合并前后均受同一方或相同的多方最终控制且该控制并非暂时性的。

判断某一企业合并是否属于同一控制下的企业合并,应当把握以下要点:

(1) 能够对参与合并各方在合并前后均实施最终控制的一方通常指企业集团的母公司。同一控制下的企业合并一般发生于企业集团内部,如集团内母子公司之间、子公司与子公司之间等。因为该类合并从本质上是集团内部企业之间的资产或权益的转移,能够对参与合并企业在合并前后均实施最终控制的一方为集团的母公司。

(2) 能够对参与合并的企业在合并前后均实施最终控制的相同多方是指根据合同或协议的约定,拥有最终决定参与合并企业的财务和经营政策,并从中获取利益的投资者群体。

(3) 实施控制的时间性要求是指参与合并各方在合并前后较长时间内为最终控制方所控制。具体是指在企业合并之前(即合并日之前),参与合并各方在最终控制方的控制时间一般在1年以上(含1年),企业合并后所形成的报告主体在最终控制方的控制时间也应达到1年以上(含1年)。

(4) 企业之间的合并是否属于同一控制下的企业合并,应综合构成企业合并交易的各方面情况,按照实质重于形式的原则进行判断。通常情况下,同一控制下的企业合并是指发生在同一企业集团内部企业之间的合并。同受国家控制的企业之间发生的合并,不应仅仅因为参与合并各方在合并前后均受国家控制而将其作为同一控制下的企业合并。

### (二) 非同一控制下的企业合并

非同一控制下的企业合并是指参与合并各方在合并前后不受同一方或相同的多方最终控制的合并交易,即同一控制下企业合并以外的其他企业合并。

**相关思考 15-2**

下列项目有何区别?

同一控制下的企业合并与非同一控制下企业合并的区别?

相关思考 15-2 解析:

同一控制下的企业合并是指参与合并的企业在合并前后均受同一方或相同的多方最终控制且该控制并非暂时性的。

非同一控制下的企业合并是指参与合并各方在合并前后不受同一方或相同的多方最终控制的合并交易,即同一控制下企业合并以外的其他企业合并。

## 四、业务的判断

业务是指企业内部某些生产经营活动或资产负债的组合,该组合具有投入、加工处理过程和产出能力,能够独立计算其成本费用或所产生的收入等,目的在于为投资者提供股利、降低成本或带来其他经济利益。有关资产或资产、负债的组合具备了投入和加工处理过程两个要素即可认为构成一项业务。对于取得的资产、负债组合是否构成业务,应当由企业结合实际情况进行判断。

**（一）构成业务的要素**

根据企业合并准则的规定,涉及构成业务的合并应当比照企业合并准则规定处理。合并方在合并中取得的生产经营活动或资产的组合(以下简称组合)构成业务,通常应具有下列三个要素:

(1) 投入,指原材料、人工、必要的生产技术等无形资产以及构成产出能力的机器设备等其他长期资产的投入。

(2) 加工处理过程,指具有一定的管理能力、运营过程,能够组织投入形成产出能力的系统、标准、协议、惯例或规则。

(3) 产出,包括为客户提供的产品或服务、为投资者或债权人提供的股利或利息等投资收益,以及企业日常活动产生的其他的收益。

**（二）构成业务的判断条件**

合并方在合并中取得的组合应当至少同时具有一项投入和一项实质性加工处理过程,且两者相结合对产出能力有显著贡献,该组合才构成业务。合并方在合并中取得的组合是否有实际产出并不是判断其构成业务的必要条件。企业应当考虑产出的下列情况分别判断加工处理过程是否是实质性的:

该组合在合并日无产出的,同时满足下列条件的加工处理过程应判断为是实质性的:第一,该加工处理过程对投入转化为产出至关重要;第二,具备执行该过程所需技能、知识或经验的有组织的员工,且具备必要的材料、权利、其他经济资源等投入,例如技术、研究和开发项目、房地产或矿区权益等。

该组合在合并日有产出的,满足下列条件之一的加工处理过程应判断为是实质性的:第一,该加工处理过程对持续产出至关重要,且具备执行该过程所需技能、知识或经验的有组织的员工;第二,该加工处理过程对产出能力有显著贡献,且该过程是独有、稀缺或难以取代的。企业在判断组合是否构成业务时,应当从市场参与者角度考虑可以将其作为业务进行管理和经营,而不是根据合并方的管理意图或被合并方的经营历史来判断。

**（三）判断非同一控制下企业合并中取得的组合是否构成业务,也可选择采用集中度测试**

集中度测试是非同一控制下企业合并的购买方在判断取得的组合是否构成一项业务时,可以选择采用的一种简化判断方式。在进行集中度测试时,如果购买方取得的总资产的公允价值几乎相当于其中某一单独可辨认资产或一组类似可辨认资产的公允价值的,则该组合通过集中度测试,应判断为不构成业务,且购买方无须按照上述构成业务的判断条件进行判断;如果该组合未通过集中度测试,购买方仍应按照上述构成业务的判断条件的规定进行判断。购买方应当按照下列规定进行集中度测试:

(1) 计算确定取得的总资产的公允价值。取得的总资产不包括现金及现金等价物、递延所得税资产以及由递延所得税负债影响形成的商誉。购买方通常可以通过下列公式之一计算确定取得的总资产的公允价值:

公式一:总资产的公允价值＝合并中取得的非现金资产的公允价值＋(购买方支付的对价＋购买日被购买方少数股东权益的公允价值＋购买日前持有被购买方权益的公允价值－合并中所取得的被购买方可辨认净资产的公允价值)－递延所得税资产－由递延所得税负债影响形成的商誉

公式二:总资产的公允价值＝购买方支付的对价＋购买日被购买方少数股东权益的公允价值＋购买日前持有被购买方权益的公允价值＋取得负债的公允价值(不包括递延所得税负债)－取得的现金及现金等价物递延所得税资产－由递延所得税负债影响形成的商誉

(2) 关于单独可辨认资产。单独可辨认资产是企业合并中作为一项单独可辨认资产予以确认和计量的一项资产或资产组。如果资产(包括租赁资产)及其附着物分拆成本重大,应当将其一并作为一项单独可辨认资产,例如土地和建筑物。

(3) 关于一组类似资产。企业在评估一组类似资产时,应当考虑其中每项单独可辨认资产的性质及其与管理产出相关的风险等。下列情形通常不能作为一组类似资产:一是有形资产和无形资产;二是不同类别的有形资产,例如存货和机器设备;三是不同类别的可辨认无形资产,例如商标权和特许权;四是金融资产和非金融资产;五是不同类别的金融资产,例如应收款项和权益工具投资;六是同一类别但风险特征存在重大差别的可辨认资产等。

# 第二节 同一控制下企业合并的处理

同一控制下的企业合并,是从合并方出发,确定合并方在合并日对于企业合并事项应进行的会计处理。合并方是指取得对其他合并企业控制权的一方;合并日是指合并方实际取得对被合并方控制权的日期。

### 一、同一控制下企业合并的处理原则

对于同一控制下的企业合并,企业合并准则中规定的会计处理方法类似于权益结合法。该方法下,将企业合并看作是两个或多个参与合并企业权益的重新整合,由于最终控制方的存在,从最终控制方的角度,该类企业合并一定程度上并不会造成构成企业集团整体的经济利益流入和流出,最终控制方在合并前后实际控制的经济资源并没有发生变化,有关交易或事项不作为出售或购买。

**知识拓展 15-1**

**权益结合法的实质**

权益结合法的实质是将企业合并视为原有的股东权益在新的会计主体下的联合和继续,而不是企业之间发生的一种取得资产或筹集资本的交易。

(1) 合并方在合并中确认取得的被合并方的资产、负债仅限于被合并方账面上原已确认的资产和负债,合并中不产生新的资产和负债。

同一控制下的企业合并,从最终控制方的角度,其在企业合并发生前后能够控制的净资产价值量并没有发生变化,因此即便是在合并过程中,取得的净资产入账价值与支付的合并对价账面价值之间存在差额,同一控制下的企业合并中一般也不产生新的商誉因素,即不确认新的资产,但被合并方在企业合并前账面上原已确认的商誉应作为合并中取得的资产确认。

(2) 合并方在合并中取得的被合并方各项资产、负债应维持其在被合并方的原账面价值不变。

被合并方在企业合并前采用的会计政策与合并方不一致的,应基于重要性原则,首先统

一会计政策,即合并方应当按照本企业会计政策对被合并方资产、负债的账面价值进行调整,并以调整后的账面价值作为有关资产、负债的入账价值。进行上述调整的一个基本原因是将该项合并中涉及的合并方及被合并方作为一个整体对待,对于一个完整的会计主体,其对相关交易或事项应当采用相对统一的会计政策,在此基础上反映其财务状况和经营成果。在同一控制下的企业合并中,被合并方同时进行改制并对资产负债进行评估调账的,应以评估调账后的账面价值并入合并方。

(3) 合并方在合并中取得的净资产的入账价值与为进行企业合并支付的对价账面价值之间的差额,应当调整所有者权益相关项目,不计入企业合并当期损益。合并方在同一控制下的企业合并,本质上不作为购买,而是两个或多个会计主体权益的整合。合并方在企业合并中取得的价值量相对于所放弃价值量之间存在差额的,应当调整所有者权益。在根据合并差额调整合并方的所有者权益时,应首先调整资本公积(资本溢价或股本溢价),资本公积(资本溢价或股本溢价)的余额不足冲减的,应冲减留存收益。

(4) 对于同一控制下的控股合并,应视同合并后形成的报告主体自最终控制方开始实施控制时一直是一体化存续下来的,参与合并各方在合并以前期间实现的留存收益应体现为合并财务报表中的留存收益,在合并财务报表中,应以合并方的资本公积(或经调整后的资本公积中的资本溢价部分)为限,在所有者权益内部进行调整,将被合并方在合并日以前实现的留存收益中按照持股比例计算归属于合并方的部分自资本公积转入留存收益。

## 二、同一控制下企业合并的会计处理

同一控制下的企业合并,视合并方式不同,应当分别以下情况进行会计处理。

### (一) 同一控制下的控股合并

同一控制下的控股合并中,合并方在合并日涉及两个方面的问题:一是对于因该项企业合并形成的对被合并方的长期股权投资的确认和计量;二是合并日合并财务报表的编制。

1. 长期股权投资的确认和计量

按照《企业会计准则第2号——长期股权投资》的规定,同一控制下企业合并形成的长期股权投资,合并方应以合并日应享有被合并方账面所有者权益的份额作为形成长期股权投资的初始投资成本。

合并方确认的长期股权投资的初始投资成本与其支付对价(支付现金、非现金资产)账面价值的差额或与发行的权益性证券的面值的差额,应当调整资本公积(资本溢价或股本溢价),如果需要调减资本公积,必须以原来合并方的资本公积(资本溢价或股本溢价)为限进行冲减,不足冲减的,依次冲减盈余公积和未分配利润。

2. 合并日合并财务报表的编制

同一控制下的企业合并形成母子公司关系的,合并方一般应在合并日编制合并财务报表。编制合并日的合并财务报表时,一般包括合并资产负债表、合并利润表及合并现金流量表。

(1) 合并资产负债表。被合并方的有关资产、负债应以其账面价值并入合并财务报表。合并方与被合并方在合并日及以前期间发生的交易,应作为内部交易,按照本书第十六章"合并财务报表"有关原则进行抵销。

在合并资产负债表中,对于被合并方在企业合并前实现的留存收益(盈余公积和未分配利润之和)中归属于合并方的部分,应按以下原则,自合并方的资本公积转入盈余公积和未分配利润:①确认企业合并形成的长期股权投资后,合并方账面资本公积(资本溢价或股本溢价)贷方余额大于被合并方在合并前实现的留存收益中归属于合并方的部分,在合并资产负债表中,应将被合并方在合并前实现的留存收益中归属于合并方的部分自"资本公积"转入"盈余公积"和"未分配利润"。在合并工作底稿中,借"资本公积"项目,贷记"盈余公积"和"未分配利润"项目。②确认企业合并形成的长期股权投资后,合并方账面资本公积(资本溢价或股本溢价)贷方余额小于被合并方在合并前实现的留存收益中归属于合并方的部分的,在合并资产负债表中,应以合并方资本公积(资本溢价或股本溢价)的贷方余额为限,将被合并方在企业合并前实现的留存收益中归属于合并方的部分自"资本公积"转入"盈余公积"和"未分配利润"。在合并工作底稿中,借记"资本公积"项目,贷记"盈余公积"和"未分配利润"项目。

因合并方的资本公积(资本溢价或股本溢价)余额不足,被合并方在合并前实现的留存收益中归属于合并方的部分在合并资产负债表中未予全额恢复的,合并方应当在会计报表附注中对这一情况进行说明。

【例 15-1】 华夏公司、华美公司分别为 P 公司控制下的两家子公司;华夏公司于 2×24 年 3 月 31 日自母公司处取得华美公司 100% 的股权,合并后华美公司仍维持其独立法人资格继续经营。为进行该项企业合并,华夏公司发行了 600 万股本公司普通股(每股面值 1 元)作为对价。假定华夏公司、华美公司采用的会计政策相同。合并日,华夏公司及华美公司的所有者权益构成如表 15-1 所示。

表 15-1                     资产负债表(简表)
                           2×24 年 3 月 31 日                           单位:元

| 华夏公司 | | 华美公司 | |
| --- | --- | --- | --- |
| 项目 | 金额 | 项目 | 金额 |
| 股本 | 36 000 000 | 股本 | 6 000 000 |
| 资本公积 | 10 000 000 | 资本公积 | 2 000 000 |
| 盈余公积 | 8 000 000 | 盈余公积 | 4 000 000 |
| 未分配利润 | 20 000 000 | 未分配利润 | 8 000 000 |
| 合计 | 74 000 000 | 合计 | 20 000 000 |

华夏公司在合并日应进行的账务处理如下:

借:长期股权投资                                              20 000 000
    贷:股本                                                       6 000 000
        资本公积——股本溢价                                        14 000 000

进行上述处理后,华夏公司在合并日编制合并资产负债表时,对于企业合并前华美公司实现的留存收益中归属于合并方的部分(1 200 万元)应自资本公积(资本溢价或股本溢价)转入留存收益。本例中,华夏公司在确认对华美公司的长期股权投资以后,其资本公积的账面余额为 2 400 万元(1 000+1 400),假定其中资本溢价或股本溢价的金额为 1 800 万元。在合并工作底稿中,应编制以下调整分录:

| | | | |
|---|---|---|---|
| 借：资本公积 | | 12 000 000 | |
|  贷：盈余公积 | | | 4 000 000 |
|   未分配利润 | | | 8 000 000 |

**【例 15-2】** 华夏公司以一项账面价值为 280 万元的固定资产（原价 400 万元，累计折旧 120 万元）和一项账面价值为 320 万元的无形资产（原价 500 万元，累计摊销 180 万元）为对价取得同一集团内另一家全资企业华美公司 100% 的股权。合并日，华夏公司和华美公司所有者权益构成如表 15-2 所示。

表 15-2         **资产负债表（简表）**         单位：元

| 华夏公司 | | 华美公司 | |
|---|---|---|---|
| 项目 | 金额 | 项目 | 金额 |
| 股本 | 36 000 000 | 股本 | 2 000 000 |
| 资本公积 | 1 000 000 | 资本公积 | 2 000 000 |
| 盈余公积 | 8 000 000 | 盈余公积 | 3 000 000 |
| 未分配利润 | 20 000 000 | 未分配利润 | 3 000 000 |
| 合计 | 65 000 000 | 合计 | 10 000 000 |

华夏公司在合并日应确认对华美公司的长期股权投资，进行以下账务处理：

| | |
|---|---|
| 借：固定资产清理 | 2 800 000 |
|   累计折旧 | 1 200 000 |
|  贷：固定资产 | 4 000 000 |
| 借：长期股权投资 | 10 000 000 |
|   累计摊销 | 1 800 000 |
|  贷：固定资产清理 | 2 800 000 |
|   无形资产 | 5 000 000 |
|   资本公积 | 4 000 000 |

进行上述处理后，华夏公司资本公积账面余额为 500 万元（100+400），假定全部属于资本溢价或股本溢价，小于华美公司在合并前实现的留存收益中归属于华夏公司的部分，华夏公司编制合并财务报表时，应以账面资本公积（资本溢价或股本溢价）的余额为限，将华美公司在合并前实现的留存收益中归属于华夏公司的部分相应转入盈余公积和未分配利润。合并工作底稿中的调整分录为：

| | |
|---|---|
| 借：资本公积 | 5 000 000 |
|  贷：盈余公积 | 2 500 000 |
|   未分配利润 | 2 500 000 |

（2）合并利润表。合并方在编制合并日的合并利润表时，应包含合并方及被合并方自合并当期期初至合并日实现的净利润。例如，同一控制下的企业合并发生于 2×23 年 3 月 31 日，合并方当日编制合并利润表时，应包括合并方及被合并方自 2×23 年 1 月 1 日至

2×23年3月31日实现的净利润。双方在当期发生的交易,应当按照合并财务报表的有关原则进行抵销。

为了帮助企业的会计信息使用者了解合并利润表中净利润的构成,发生同一控制下企业合并的当期,合并方在合并利润表中的"净利润"项下应单列"其中:被合并方在合并前实现的净利润"项目,反映合并当期期初至合并日自被合并方带入的损益。

(3) 合并现金流量表。合并方在编制合并日的合并现金流量表时,应包含合并方及被合并方自合并当期期初至合并日产生的现金流量。涉及双方当期发生内部交易产生的现金流量,应按照合并财务报表准则规定的有关原则进行抵销。

### (二) 同一控制下的吸收合并

同一控制下的吸收合并中,合并方主要涉及合并日取得被合并方资产、负债入账价值的确定,以及合并中取得有关净资产的入账价值与支付的合并对价账面价值之间差额的处理。

1. 合并方取得的被合并方资产和负债的计量

合并方对同一控制下吸收合并中取得的资产、负债应当按照相关资产、负债在被合并方的原账面价值入账。其中,对于合并方与被合并方在企业合并前采用的会计政策不同的,在将被合并方的相关资产和负债并入合并方的账簿和报表进行核算之前,首先应基于重要性原则,统一被合并方的会计政策,即应当按照合并方的会计政策对被合并方的有关资产、负债的账面价值进行调整后,以调整后的账面价值确认。

2. 合并差额的处理

合并方在确认了合并中取得的被合并方的资产和负债的入账价值后,以发行权益性证券方式进行的该类合并,所确认的净资产入账价值与发行股份面值总额的差额,应计入资本公积(资本溢价或股本溢价),资本公积(资本溢价或股本溢价)的余额不足冲减的,相应冲减盈余公积和未分配利润;以支付现金、非现金资产方式进行的该类合并,所确认的净资产入账价值与支付的现金、非现金资产账面价值的差额,相应调整资本公积(资本溢价或股本溢价),资本公积(资本溢价或股本溢价)的余额不足冲减的,应冲减盈余公积和未分配利润。

【例15-3】 2×23年6月30日,P公司向S公司的股东定向增发1 000万股普通股(每股面值为1元,市价为4.34元)对S公司进行吸收合并,并于当日取得S公司净资产。

本例中,假定P公司和S公司为同一集团内两家全资子公司,合并前其共同的母公司为华夏公司。该项合并中参与合并的企业在合并前及合并后均为华夏公司最终控制,为同一控制下的企业合并。自2×23年6月30日开始,P公司能够对S公司的净资产实施控制,该日即为合并日。

参与合并企业在2×23年6月30日企业合并前,有关资产、负债情况如表15-3所示。

表15-3　　　　　　　　　　资产负债表(简表)

2×23年6月30日　　　　　　　　　　　　　　　　　　　单位:元

| 项 目 | P公司 | | S公司 | |
|---|---|---|---|---|
| | 账面价值 | | 账面价值 | 公允价值 |
| 资产: | | | | |
| 货币资金 | 17 250 000 | | 1 800 000 | 1 800 000 |

(续表)

| 项　目 | P公司 | | S公司 | |
|---|---|---|---|---|
| | 账面价值 | | 账面价值 | 公允价值 |
| 应收账款 | 12 000 000 | | 8 000 000 | 8 000 000 |
| 存货 | 24 800 000 | | 1 020 000 | 1 800 000 |
| 长期股权投资 | 20 000 000 | | 8 600 000 | 15 200 000 |
| 固定资产 | 28 000 000 | | 12 000 000 | 22 000 000 |
| 无形资产 | 18 000 000 | | 2 000 000 | 6 000 000 |
| 商誉 | | | | |
| 　资产总计 | 120 050 000 | | 33 420 000 | 54 800 000 |
| 负债和所有者权益： | | | | |
| 短期借款 | 10 000 000 | | 9 000 000 | 9 000 000 |
| 应付账款 | 15 000 000 | | 1 200 000 | 1 200 000 |
| 其他负债 | 1 500 000 | | 1 200 000 | 1 200 000 |
| 　负债合计 | 26 500 000 | | 11 400 000 | 11 400 000 |
| 实收资本 | 30 000 000 | | 10 000 000 | |
| 资本公积 | 20 000 000 | | 6 000 000 | |
| 盈余公积 | 20 000 000 | | 2 000 000 | |
| 未分配利润 | 23 550 000 | | 4 020 000 | |
| 　所有者权益合计 | 93 550 000 | | 22 020 000 | 43 400 000 |
| 　负债和所有者权益总计 | 120 050 000 | | 33 420 000 | |

因合并后S公司失去其法人资格，P公司应确认合并中取得的S公司的各项资产和负债，假定P公司与S公司在合并前采用的会计政策相同。P公司对该项合并应进行的会计处理如下：

借：货币资金　　　　　　　　　　　　　　　　　　　　1 800 000
　　应收账款　　　　　　　　　　　　　　　　　　　　8 000 000
　　库存商品（存货）　　　　　　　　　　　　　　　　1 020 000
　　长期股权投资　　　　　　　　　　　　　　　　　　8 600 000
　　固定资产　　　　　　　　　　　　　　　　　　　　12 000 000
　　无形资产　　　　　　　　　　　　　　　　　　　　2 000 000
　贷：短期借款　　　　　　　　　　　　　　　　　　　9 000 000
　　　应付账款　　　　　　　　　　　　　　　　　　　1 200 000
　　　其他应付款（其他负债）　　　　　　　　　　　　1 200 000
　　　股本　　　　　　　　　　　　　　　　　　　　　10 000 000
　　　资本公积——股本溢价　　　　　　　　　　　　　12 020 000

### (三) 合并方为进行企业合并发生的有关费用的处理

合并方为进行企业合并发生的有关费用指合并方为进行企业合并发生的各项直接相关费用,如为进行企业合并支付的审计费用、资产评估费用以及有关的法律咨询费用等增量费用。同一控制下企业合并进行过程中发生的各项直接相关费用,应于发生时费用化计入当期损益。借记"管理费用"等科目,贷记"银行存款"等科目。但以下两种情况除外:

1. 以发行债券方式进行的企业合并,与发行债券相关的佣金、手续费等应按照《企业会计准则第22号——金融工具确认和计量》的规定进行会计处理。该部分费用,虽然与筹集用于企业合并的对价直接相关,但其会计处理应遵照金融工具准则的原则,有关的费用应计入负债的初始计量金额。

2. 发行权益性证券作为合并对价的,与所发行权益性证券相关的佣金、手续费等应按照《企业会计准则第37号——金融工具列报》的规定处理。即与发行权益性证券相关的费用,不管其是否与企业合并直接相关,均应自所发行权益性证券的发行收入中扣减,在权益性工具发行有溢价的情况下,自溢价收入中扣除,在权益性证券发行无溢价或溢价金额不足以扣减的情况下,应当冲减盈余公积和未分配利润。

企业专设的购并部门发生的日常管理费用,如果该部门的设置并不是与某项企业合并直接相关,而是企业的一个常设部门,其设置目的是寻找相关的购并机会等,维持该部门日常运转的有关费用,不属于与企业合并直接相关的费用,应当于发生时费用化计入当期损益。

## 第三节 非同一控制下企业合并的处理

非同一控制下的企业合并,主要涉及购买方及购买日的确定,企业合并成本的确定,合并中取得各项可辨认资产、负债的确认和计量,合并差额的处理等。

### 一、非同一控制下企业合并的处理原则

#### (一) 确定购买方

采用购买法核算企业合并的首要前提是确定购买方。购买方是指在企业合并中取得对另一方或多方控制权的一方。非同一控制下的企业合并中,一般应考虑企业合并合同、协议以及其他相关因素来确定购买方。在判断企业合并中的购买方时,应考虑所有相关的事实和情况,特别是企业合并后参与合并各方的相对投票权、合并后主体管理机构及高层管理人员的构成、权益互换的条款等。

(1) 合并中一方取得了另一方半数以上有表决权股份的,除非有明确的证据表明不能形成控制,一般认为取得另一方半数以上表决权股份的一方为购买方。

(2) 某些情况下,即使一方没有取得另一方半数以上有表决权股份,但存在以下情况时,一般也可认为其获得了对另一方的控制权:①通过与其他投资者签订协议,实质上拥有被购买企业半数以上表决权。例如,华夏公司拥有华美公司40%的表决权资本,C公司拥有华美公司30%的表决权资本,D公司拥有华美公司30%的表决权资本。华夏公司与C公司达成协议,C公司在华美公司的权益由华夏公司代表。在这种情况下,华夏公司实质上拥有华美公司70%表决权资本的控制权,在华美公司的章程等没有特别规定的情况下,表明华夏公司实质上控制华美公司。②按照章程或协议等的规定,具有主导被购买企业财务和经营

决策的权力。例如,华夏公司拥有华美公司45%的表决权资本,同时,根据法律或协议规定,华夏公司可以决定华美公司的生产经营等政策,达到对华美公司的财务和经营政策实施控制。③有权任免被购买企业董事会或类似权力机构多数成员。这种情况是指,虽然投资企业拥有被投资单位50%或以下表决权资本,但根据章程、协议等有权任免被投资单位董事会或类似机构的绝大多数成员,以达到实质上控制的目的。④在被购买企业董事会或类似权力机构中具有多数投票权。这种情况是指,虽然投资企业拥有被投资单位50%或以下表决权资本,但能够控制被投资单位董事会等类似权力机构的会议,从而能够控制其财务和经营政策,达到对被投资单位的控制。

### 知识拓展 15-2

### 购 买 法

购买法是从购买方的角度出发,该项交易中购买方取得了被购买方的净资产或是对净资产的控制权,应确认所取得的资产以及应当承担的债务,包括被购买方原来未予确认的资产和负债。就购买方自身而言,其原持有的资产及负债的计量不受该交易或事项的影响。

#### (二) 确定购买日

购买日是购买方获得对被购买方控制权的日期,即企业合并交易进行过程中,发生控制权转移的日期。根据企业合并方式的不同,在控股合并的情况下,购买方应在购买日确认因企业合并形成的对被购买方的长期股权投资,在吸收合并的情况下,购买方应在购买日确认合并中取得的被购买方各项可辨认资产、负债等。

确定购买日的基本原则是控制权转移的时点。企业在实务操作中,应当结合合并合同或协议的约定及其他有关的影响因素,按照实质重于形式的原则进行判断。同时满足了以下条件时,一般可认为实现了控制权的转移,形成购买日。有关的条件包括:

(1) 企业合并合同或协议已获股东大会等内部权力机构通过。企业合并一般涉及的交易规模较大,无论是合并当期还是合并以后期间,均会对企业的生产经营产生重大影响,在能够对企业合并进行确认,形成实质性的交易前,该交易或事项应经过企业的内部权力机构批准,如对于股份有限公司,其内部权力机构一般指股东大会。

(2) 按照规定,合并事项需要经过国家有关主管部门审批的,已获得相关部门的批准。按照国家有关规定,企业购并需要经过国家有关部门批准的,取得相关批准文件是对企业合并交易或事项进行会计处理的前提之一。

(3) 参与合并各方已办理了必要的财产权交接手续。作为购买方,其通过企业合并无论是取得对被购买方的股权还是取得被购买方的全部净资产,能够形成与取得股权或净资产相关的风险和报酬的转移,一般需办理相关的财产权交接手续,从而从法律上保障有关风险和报酬的转移。

(4) 购买方已支付了购买价款的大部分(一般应超过50%),并且有能力、有计划支付剩余款项。购买方要取得与被购买方净资产相关的风险和报酬,其前提是必须支付一定的对价,一般在形成购买日之前,购买方应当已经支付了购买价款的大部分,并且从其目前财务状况判断,有能力支付剩余款项。

(5) 购买方实际上已经控制了被购买方的财务和经营政策,享有相应的收益并承担相应的风险。

企业合并涉及一次以上交易的,例如,通过分阶段取得股份最终实现合并,企业应于每一交易日确认对被投资企业的各单项投资。"交易日"是指合并方或购买方在自身的账簿和报表中确认对被投资单位投资的日期。分步实现的企业合并中,购买日是指按照有关标准判断购买方最终取得对被购买企业控制权的日期。

如A企业于2×23年10月20日取得华美公司30%的股权(假定能够对被投资单位施加重大影响),在与取得股权相关的风险和报酬发生转移的情况下,A企业应确认对华美公司的长期股权投资。在已经拥有华美公司30%股权的基础上,A企业又于2×24年12月8日取得华美公司30%的股权,其持股比例达到60%的情况下,假定于当日开始能够对华美公司实施控制,则2×24年12月8日为第二次购买股权的交易日,同时因在当日能够对华美公司实施控制,形成企业合并的购买日。

### (三)确定企业合并成本

企业合并成本为购买方为进行企业合并支付的现金或非现金资产、发生或承担的债务、发行的权益性证券等在购买日的公允价值。通过多次交换交易分步实现的企业合并,其企业合并成本为每一单项交换交易的成本之和。

非同一控制下企业合并中发生的与企业合并直接相关的费用,包括为进行合并而发生的审计费用、法律服务费用、咨询费用等,与同一控制下企业合并进行过程中发生的有关费用处理原则一致。这里所称合并中发生的各项直接相关费用,不包括为进行企业合并发行的权益性证券或发行的债券相关的手续费、佣金等,该部分费用应比照本章关于同一控制下企业合并中类似费用的处理原则处理。

### (四)企业合并成本在取得的可辨认资产和负债之间的分配

非同一控制下的企业合并中,购买方取得了对被购买方净资产的控制权,视合并方式的不同,应分别在合并财务报表或个别财务报表中确认合并中取得的各项可辨认资产和负债。

(1)购买方在企业合并中取得的被购买方各项可辨认资产和负债,要作为本企业的资产、负债(或合并财务报表中的资产、负债)进行确认,在购买日,应当满足资产、负债的确认条件。有关的确认条件包括:①合并中取得的被购买方的各项资产(无形资产除外),其所带来的未来经济利益预期能够流入企业且公允价值能够可靠地计量的,应单独作为资产确认。②合并中取得的被购买方的各项负债(或有负债除外),履行有关的义务预期会导致经济利益流出企业且公允价值能够可靠地计量的,应单独作为负债确认。

(2)企业合并中取得无形资产的确认。购买方在企业合并中取得的无形资产应符合《企业会计准则第6号——无形资产》中对于无形资产的界定且其在购买日的公允价值能够可靠地计量。按照无形资产准则的规定,没有实物形态的非货币性资产要符合无形资产的定义,关键是看其是否满足可辨认性标准,即是否能够从企业中分离或者划分出来,并能单独或者与相关合同、资产、负债一起,用于出售、转移、授予许可、租赁或者交换;或者应源自于合同性权利或其他法定权利,无论这些权利是否可以从企业或其他权利和义务中转移或分离。

公允价值能够可靠地计量的情况下,应区别于商誉单独确认的无形资产一般包括:商标、版权及与其相关的许可协议、特许权、分销权等类似权利、专利技术、专有技术等。

(3)企业合并中产生或有负债的确认。为了尽可能反映购买方因为进行企业合并可能承担的潜在义务,对于购买方在企业合并时可能需要代被购买方承担的或有负债,在购买日,可能相关的或有事项导致经济利益流出企业的可能性还比较小,但其公允价值能够合理确定的情况下,即需要作为合并中取得的负债确认。

(4) 企业合并中取得的资产、负债在满足确认条件后,应以公允价值计量。对于被购买方在企业合并之前已经确认的商誉和递延所得税项目,购买方在对企业合并成本进行分配、确认合并中取得可辨认资产和负债时不应予以考虑。

### (五) 企业合并成本与合并中取得的被购买方可辨认净资产公允价值份额之间差额的处理

15-3视频：
合并差额

购买方对于企业合并成本与确认的被购买方可辨认净资产公允价值份额的差额,应视情况分别处理:

(1) 企业合并成本大于合并中取得的被购买方可辨认净资产公允价值份额的差额,应确认为商誉。视企业合并方式不同,控股合并情况下,该差额是指合并财务报表中应列示的商誉;吸收合并情况下,该差额是购买方在其账簿及个别财务报表中应确认的商誉。

商誉在确认以后,持有期间不要求摊销,企业应当按照《企业会计准则第8号——资产减值》的规定对其进行减值测试,对于可收回金额低于账面价值的部分,计提减值准备。

(2) 企业合并成本小于合并中取得的被购买方可辨认净资产公允价值份额的差额,应计入合并当期损益。

企业合并准则中要求该种情况下,要对合并中取得的资产、负债的公允价值、作为合并对价的非现金资产或发行的权益性证券等的公允价值进行复核,复核结果表明所确定的各项可辨认资产和负债的公允价值确定是恰当的,应将企业合并成本低于取得的被购买方可辨认净资产公允价值份额之间的差额,计入合并当期的营业外收入,并在会计报表附注中予以说明。

在吸收合并的情况下,上述企业合并成本小于合并中取得的被购买方可辨认净资产公允价值的差额,应计入合并当期购买方的个别利润表;在控股合并的情况下,上述差额应体现在合并当期的合并利润表中。

### (六) 企业合并成本或合并中取得的可辨认资产、负债公允价值的调整

按照购买法核算的企业合并,基本原则是确定公允价值,无论是作为合并对价付出的各项资产的公允价值,还是合并中取得被购买方各项可辨认资产、负债的公允价值,如果在购买日或合并当期期末,因各种因素影响无法合理确定的,合并当期期末,购买方应以暂时确定的价值为基础进行核算。

(1) 购买日后12个月内对有关价值量的调整。合并当期期末,对合并成本或合并中取得的可辨认资产、负债以暂时确定的价值对企业合并进行处理的情况下,自购买日算起12个月内取得进一步的信息表明需对原暂时确定的企业合并成本或所取得的可辨认资产、负债的暂时性价值进行调整的,应视同在购买日发生,进行追溯调整,同时对以暂时性价值为基础提供的比较报表信息,也应进行相关的调整。

【例15-4】 华夏公司于2×23年9月20日对华美公司进行吸收合并,合并中取得的一项固定资产不存在活跃市场,为确定其公允价值,华夏公司聘请了有关的资产评估机构对其进行评估。至华夏公司2×23年财务报告对外报出时,尚未取得评估报告。华夏公司在其2×23年财务报告中对该项固定资产暂估的价值为300 000元,预计使用年限为5年,净残

值为0,按照直线法计提折旧。该项企业合并中华夏公司确认商誉1 200 000元。本例中,假定华夏公司不编制中期财务报告。

分析:2×24年4月,华夏公司取得了资产评估报告,确认该项固定资产的价值为450 000元。则华夏公司应视同在购买日确定的该项固定资产的公允价值为450 000元,相应调整2×23年财务报告中确认的商誉价值(调减150 000元)及利润表中的折旧费用(调增7 500元)。进行有关调整后,华夏公司在其2×24年会计报表附注中应对有关情况作出说明。

(2)超过规定期限后的价值量调整。自购买日算起12个月以后对企业合并成本或合并中取得的可辨认资产、负债价值的调整,应当按照《企业会计准则第28号——会计政策、会计估计变更和会计差错更正》的原则进行处理,即对于企业合并成本、合并中取得可辨认资产、负债公允价值等进行的调整,应作为前期差错处理。

(七)购买日合并财务报表的编制

非同一控制下的控股合并中,购买方一般应于购买日编制合并资产负债表,反映其于购买日开始能够控制的经济资源情况。在合并资产负债表中,合并中取得的被购买方各项可辨认资产、负债应以其在购买日的公允价值计量,长期股权投资的成本大于合并中取得的被购买方可辨认净资产公允价值份额的差额,体现为合并财务报表中的商誉;长期股权投资的成本小于合并中取得的被购买方可辨认净资产公允价值份额的差额,企业合并准则中规定应计入合并当期损益,因购买日不需要编制合并利润表,该差额体现在合并资产负债表上,应调整合并资产负债表的盈余公积和未分配利润。

## 二、非同一控制下企业合并的会计处理

(一)非同一控制下的控股合并

该合并方式下,购买方所涉及的会计处理问题主要是两个方面:一是购买日因进行企业合并形成的对被购买方的长期股权投资初始投资成本的确定,该成本与作为合并对价支付的有关资产账面价值之间差额的处理;二是购买日合并财务报表的编制。

非同一控制下的企业合并中,购买方取得对被购买方控制权的,在购买日应当按照确定的企业合并成本(不包括应自被投资单位收取的现金股利或利润),作为形成的对被购买方长期股权投资的初始投资成本。按发生的直接相关费用,借记"管理费用"科目,贷记"银行存款"等科目。

购买方为取得对被购买方的控制权,以支付非货币性资产为对价的,有关非货币性资产在购买日的公允价值与其账面价值的差额,应作为资产的处置损益,计入合并当期的利润表。

【例15-5】 沿用[例15-3],P公司在该项合并中发行1 000万股普通股(每股面值1元),市场价格为每股3.5元,取得了S公司70%的股权。假定该项合并为非同一控制下的企业合并,编制购买方于购买日的合并资产负债表。

(1)合并日的账务处理:

借:长期股权投资                                          35 000 000
    贷:股本                                           10 000 000
        资本公积——股本溢价                              25 000 000

(2)计算确定商誉。假定S公司除已确认资产外,不存在其他需要确认的资产和负债,

P公司首先计算合并中应确认的合并商誉:

$$合并商誉 = 企业合并成本 - 合并中取得被购买方可辨认净资产公允价值份额$$
$$= 3\,500 - 4\,340 \times 70\% = 462(万元)$$

(3) 编制抵销分录如下:

| | |
|---|---:|
| 借:存货 | 780 000 |
| 　　长期股权投资 | 6 600 000 |
| 　　固定资产 | 10 000 000 |
| 　　无形资产 | 4 000 000 |
| 　　实收资本 | 10 000 000 |
| 　　资本公积 | 6 000 000 |
| 　　盈余公积 | 2 000 000 |
| 　　未分配利润 | 4 020 000 |
| 　　商誉 | 4 620 000 |
| 　贷:长期股权投资 | 35 000 000 |
| 　　少数股东权益 | 13 020 000 |

(4) 编制购买日合并资产负债表如表15-4所示。

表15-4　　　　　　　　　　　**合并资产负债表(简表)**

2×23年6月30日　　　　　　　　　　　　　　　　　　单位:元

| 项　　目 | P公司 | S公司 | 抵销分录 借方 | 抵销分录 贷方 | 合并金额 |
|---|---|---|---|---|---|
| 资产: | | | | | |
| 货币资金 | 17 250 000 | 1 800 000 | | | 19 050 000 |
| 应收账款 | 12 000 000 | 8 000 000 | | | 20 000 000 |
| 存货 | 24 800 000 | 1 020 000 | 780 000 | | 26 600 000 |
| 长期股权投资 | 55 000 000 | 8 600 000 | 6 600 000 | 35 000 000 | 35 200 000 |
| 固定资产 | 28 000 000 | 12 000 000 | 10 000 000 | | 50 000 000 |
| 无形资产 | 18 000 000 | 2 000 000 | 4 000 000 | | 24 000 000 |
| 商誉 | | | 4 620 000 | | 4 620 000 |
| 资产总计 | 155 050 000 | 33 420 000 | | | 179 470 000 |
| 负债和所有者权益: | | | | | |
| 短期借款 | 10 000 000 | 9 000 000 | | | 19 000 000 |
| 应付账款 | 15 000 000 | 1 200 000 | | | 16 200 000 |
| 其他负债 | 1 500 000 | 1 200 000 | | | 2 700 000 |
| 负债合计 | 26 500 000 | 11 400 000 | | | 37 900 000 |

(续表)

| 项　　目 | P公司 | S公司 | 抵销分录 | | 合并金额 |
|---|---|---|---|---|---|
| | | | 借方 | 贷方 | |
| 实收资本 | 40 000 000 | 10 000 000 | 10 000 000 | | 40 000 000 |
| 资本公积 | 45 000 000 | 6 000 000 | 6 000 000 | | 45 000 000 |
| 盈余公积 | 20 000 000 | 2 000 000 | 2 000 000 | | 20 000 000 |
| 未分配利润 | 23 550 000 | 4 020 000 | 4 020 000 | | 23 550 000 |
| 少数股东权益 | | | | 13 020 000 | 13 020 000 |
| 　所有者权益合计 | 128 550 000 | 22 020 000 | | | 141 570 000 |
| 　负债和所有者权益总计 | 155 050 000 | 33 420 000 | 48 020 000 | 48 020 000 | 179 470 000 |

### （二）非同一控制下的吸收合并

非同一控制下的吸收合并，购买方在购买日应当将合并中取得的符合确认条件的各项可辨认资产、负债，按其公允价值确认为本企业的资产和负债；作为合并对价的有关非货币性资产在购买日的公允价值与其账面价值的差额，应作为资产处置损益计入合并当期的利润表；确定的企业合并成本与所取得的被购买方可辨认净资产公允价值之间的差额，视情况分别确认为商誉或是计入企业合并当期的损益。

15-4 扫一扫
练一练

15-5 扫一扫
练一练答案

【例15-6】 华夏公司、华美公司为两个单独的公司。2×24年1月1日，华夏公司吸收合并华美公司，在购买日华美公司资产及负债的账面价值和公允价值如表15-5所示。

表15-5　　　　　华美公司资产及负债的账面价值和公允价值　　　　单位：元

| 项目 | 账面价值 | 公允价值 |
|---|---|---|
| 银行存款 | 100 000 | 100 000 |
| 应收账款（净额） | 300 000 | 180 000 |
| 存货 | 400 000 | 420 000 |
| 无形资产——土地使用权 | 100 000 | 1 200 000 |
| 固定资产——房屋 | 600 000 | 1 000 000 |
| 固定资产——设备 | 500 000 | 200 000 |
| 　资产合计 | 2 000 000 | 3 100 000 |
| 应付账款 | 200 000 | 200 000 |
| 应付票据 | 300 000 | 280 000 |
| 　负债合计 | 500 000 | 480 000 |
| 净资产 | 1 500 000 | 2 620 000 |

若华夏公司用现金800 000元、账面价值1 000 000元、公允价值2 000 000元的土地使用权，兼并华美公司，并支付合并直接费用140 000元。

华夏公司会计处理如下:

| | | |
|---|---|---|
| 借:管理费用 | 140 000 | |
|     贷:银行存款 | | 140 000 |
| 借:银行存款 | 100 000 | |
|     应收账款 | 180 000 | |
|     存货 | 420 000 | |
|     无形资产——土地使用权 | 1 200 000 | |
|     固定资产——房屋 | 1 000 000 | |
|     固定资产——设备 | 200 000 | |
|     商誉 | 180 000 | |
|     贷:应付账款 | | 200 000 |
|         应付票据 | | 280 000 |
|         银行存款 | | 800 000 |
|         无形资产——土地使用权 | | 1 000 000 |
|         资产处置损益 | | 1 000 000 |

**❓ 相关思考 15-3**

**下列两种不同类型的企业合并会计处理有何区别?**

非同一控制下的吸收合并与同一控制下吸收合并在会计处理上有何区别?

相关思考15-3解析:

同一控制下吸收合并中合并方取得的资产负债应当按照被合并方的原账面价值入账。非同一控制下的吸收合并,购买方在购买日取得的符合确认条件的各项可辨认资产、负债,按其公允价值确认为本企业的资产和负债。

## 三、通过多次交易分步实现的非同一控制下企业合并

通过多次交换交易分步实现的非同一控制下企业合并,企业在每一单项交换交易发生时,应确认对被购买方的投资。投资企业在持有被投资单位的部分股权后,通过增加持股比例等达到对被投资单位形成控制的,应分别每一单项交易的成本与该交易发生时应享有被投资单位可辨认净资产公允价值的份额进行比较,确定每一单项交易中产生的商誉。达到企业合并时应确认的商誉(或合并财务报表中应确认的商誉)为每一单项交易中应确认的商誉之和。

通过多次交易分步实现的非同一控制下企业合并,应按以下顺序处理:

一是对长期股权投资的账面余额进行调整。达到企业合并前长期股权投资采用成本法核算的,其账面余额一般无需调整;达到企业合并前长期股权投资采用权益法核算的,应进行调整,将其账面价值调整至取得投资时的初始投资成本,相应调整留存收益等。

二是比较达到企业合并时每一单项交易的成本与交易时应享有被投资单位可辨认净资产公允价值的份额,确定每一单项交易应予确认的商誉或是应计入发生当期损益的金额。购买方在购买日确认的商誉(或计入损益的金额)应为每一单项交易产生的商誉(或应予确认损益的金额)之和。

三是对于被购买方在购买日与交易日之间可辨认净资产公允价值的变动,相对于原持

股比例的部分,在合并财务报表(吸收合并是指购买方个别财务报表)中应调整所有者权益相关项目,其中属于原取得投资后被投资单位实现净损益增加的资产价值量,应调整留存收益,差额调整资本公积。

### 四、企业合并涉及的或有对价

同一控制下企业合并形成的控股合并,在确认长期股权投资初始投资成本时,应按照《企业会计准则第 13 号——或有事项》的规定,判断是否应就或有对价确认预计负债或者确认资产,以及应确认的金额;确认预计负债或资产的,该预计负债或资产金额与后续或有对价结算金额的差额不影响当期损益,而应当调整资本公积(资本溢价或股本溢价),资本公积(资本溢价或股本溢价)不足冲减的,调整留存收益。

非同一控制下企业合并涉及或有对价时长期股权投资成本的计量。某些情况下,企业合并各方可能在合并协议中约定,根据未来一项或多项或有事项的发生,购买方通过发行额外证券、支付额外现金或其他资产等方式追加合并对价,或者要求返还之前已经支付的对价,这将导致产生企业合并的或有对价问题。企业会计准则规定,购买方应当将合并协议约定的或有对价作为企业合并转移对价的一部分,按照其在购买日的公允价值计入企业合并成本。或有对价符合权益工具和金融负债定义的,购买方应当将支付或有对价的义务确认为一项权益或负债;符合资产定义并满足资产确认条件的,购买方应当将符合合并协议约定条件的、可收回的部分已支付合并对价的权利确认为一项资产。同时规定,购买日 12 个月内出现对购买日已存在情况的新的或进一步证据需要调整或有对价的,应当予以确认并对原计入合并商誉的金额进行调整;其他情况下发生的或有对价变化或调整,应当区分情况进行会计处理:或有对价为权益性质的,不进行会计处理;或有对价为资产或负债性质的,如果属于会计准则规定的金融工具,应当按照以公允价值计量且其变动计入当期损益进行会计处理,不得指定为以公允价值计量且其变动计入其他综合收益的金融资产。

上述关于或有对价的规定,主要侧重于两个方面:一是在购买日应当合理估计或有对价并将其计入企业合并成本,购买日后 12 个月内取得新的或进一步证据表明购买日已存在状况,从而需要对企业合并成本进行调整的,可以据以调整企业合并成本;二是无论是购买日后 12 个月内还是其他时点,如果是由于出现新的情况导致对原估计或有对价进行调整的,则不能再对企业合并成本进行调整,相关或有对价属于金融工具的,应以公允价值计量,公允价值变动计入当期损益。上述会计处理的出发点在于,对企业合并交易原则上确认和计量时点应限定为购买日,购买日以后视新的情况对原购买成本进行调整的,不能视为购买日的状况,因此也就不能据以对企业合并成本进行调整。

【例 15-7】 华夏公司 2×22 年 1 月 2 日以现金 1.5 亿元自 B 公司购买其持有的 C 公司 100%股权,并于当日向 C 公司董事会派出成员,主导其财务和生产经营决策。股权转让协议约定,B 公司就 C 公司在收购完成后的经营业绩向华夏公司作出承诺:C 公司 2×22 年、2×23 年、2×24 年经审计扣除非经常性损益后归属于母公司股东的净利润分别不低于 2 000 万元、3 000 万元和 4 000 万元。如果 C 公司未达到承诺业绩,B 公司将在 C 公司每一相应年度的审计报告出具后 30 日内,按 C 公司实际实现的净利润与承诺利润的差额,以现金方式对华夏公司进行补偿。

购买日,华夏公司根据 C 公司所处市场状况及行业竞争力等情况判断,预计 C 公司能够完成承诺期利润。

2×22年,C公司实现净利润2 200万元。2×23年,由于整体宏观经济形势变化,C公司实现净利润2 400万元,且预期2×24年该趋势将持续,预计能够实现净利润约2 600万元。

分析:本案例中,华夏公司与B公司在交易前不存在关联关系,该项企业合并应为非同一控制下企业合并。

购买日为2×22年1月2日,当日华夏公司支付了有关价款1.5亿元,同时估计C公司能够实现承诺利润,或有对价估计为0。琴岛公司应当确认对C公司长期股权投资成本为1.5亿元。

借:长期股权投资　　　　　　　　　　　　　　　　　　　　150 000 000
　　贷:银行存款　　　　　　　　　　　　　　　　　　　　　　150 000 000

2×22年,C公司实现了预期利润,琴岛公司无需进行会计处理。

2×23年,C公司未实现预期利润,且预计2×24年也无法实现,则华夏公司需要估计该或有对价的公允价值并予以确认。因该预期利润未实现的情况是在购买日后新发生的,在购买日后超过12个月且不属于对购买日已存在状况的进一步证据,应于资产负债表日将该或有对价公允价值的变动计入当期损益。B公司对有关利润差额的补偿将以现金支付,该或有对价属于金融工具,应当按照金融工具的原则进行处理。2×23年年末,华夏公司估计该或有对价的公允价值为1 000万元,并进行会计处理如下:

借:交易性金融资产　　　　　　　　　　　　　　　　　　　10 000 000
　　贷:公允价值变动损益　　　　　　　　　　　　　　　　　　10 000 000

本例中有关或有对价的公允价值调整在个别财务报表中不作为对长期股权投资成本的调整,相应地,在合并财务报表中,亦不能调整购买日原已确认的商誉金额。但由于C公司未实现预期利润,可能表明购买日原已确认商誉发生减值,华夏公司应当对商誉及相关长期资产进行减值测试。

## 本 章 小 结

本章主要学习企业合并的概念、方式、分类及企业合并所涉及的会计处理方法。掌握企业合并的方式、类型;同一控制下企业合并和非同一控制下企业合并的会计处理。

## 重 要 概 念

企业合并　吸收合并　控股合并　新设合并　同一控制下企业合并
非同一控制下企业合并

15-6 扫一扫
看课件

# 第十六章　合并财务报表

- 内容提要
- 重点难点
- 学习目标
- 知识框架
- 第一节　合并财务报表概述
- 第二节　合并财务报表编制原则、前期准备及程序
- 第三节　股权取得日合并财务报表
- 第四节　股权取得日后合并资产负债表
- 第五节　股权取得日后合并利润表
- 第六节　股权取得日后合并现金流量表
- 第七节　股权取得日后合并所有者权益变动表
- 第八节　合并财务报表附注
- 本章小结
- 重要概念

## 内容提要

本章主要讲解合并财务报表的概念、特点、种类、合并范围、股权取得日合并财务报表的编制及股权取得日后合并资产负债表、合并利润表、合并现金流量表、合并所有者权益变动表的编制。

## 重点难点

本章重点、难点为股权取得日合并财务报表的编制及股权取得日后合并资产负债表、合并利润表、合并现金流量表、合并所有者权益变动表的编制。

## 学习目标

通过本章学习,学生应了解合并财务报表的概念、特点、种类,明确合并财务报表的合并范围;掌握股权取得日合并财务报表的编制及股权取得日后合并资产负债表、合并利润表、合并现金流量表、合并所有者权益变动表的编制。

## 知识框架

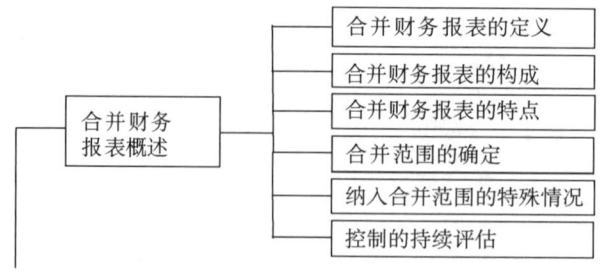

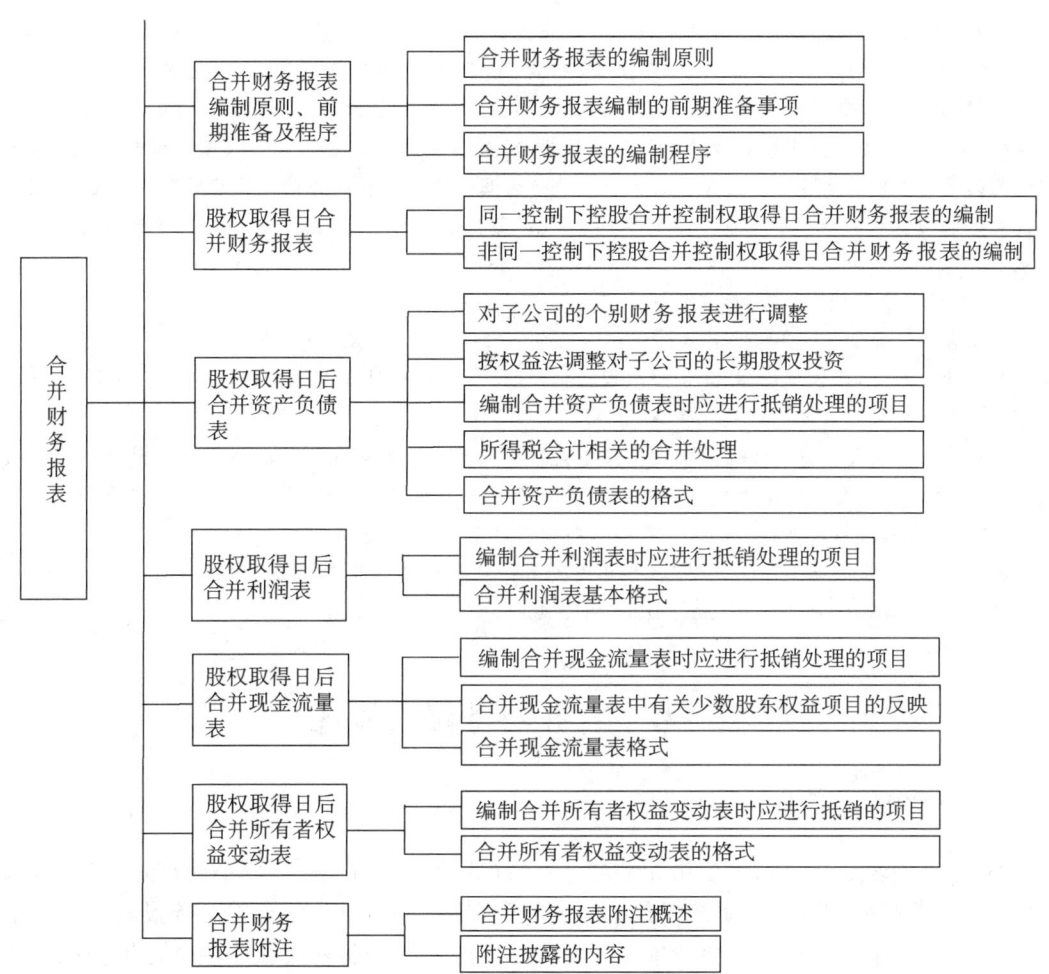

## 思政育人  证监会发布上市公司 2022 年年度财务报告会计监管报告

截至 2023 年 4 月 30 日,除 ST 摩登等 6 家公司外,A 股市场共有 5 158 家上市公司披露了 2022 年年度报告,其中主板 3 195 家、创业板 1 255 家、科创板 517 家、北交所 191 家,实现盈利的 4 111 家、发生亏损的 1 047 家。按期披露年报的上市公司中,235 家公司被出具非标准审计意见的审计报告,其中无法表示意见 37 家、保留意见 94 家、带强调事项说明段的无保留意见 104 家。

证监会组织专门力量抽样审阅了上市公司 2022 年年度财务报告,在此基础上形成了《上市公司 2022 年年度财务报告会计监管报告》。总体而言,上市公司能够较好地执行企业会计准则和财务信息披露规则,但仍有部分上市公司在收入、长期股权投资与企业合并、金融工具、资产减值、非经常性损益等方面,存在会计处理错误或财务信息披露问题。

针对上述问题,证监会下一步将继续做好以下工作:一是梳理审阅发现的上市公司问题线索,及时跟进并按规定进行后续监管处理。二是就监管工作中发现的典型问题,组织召开年度财务信息披露监管协调会,统一监管口径。三是继续以案例解析等形式加强实践指导,提升企业会计准则、财务信息披露规则执行一致性和有效性。四是密切跟踪市场热点难点会计处理问题,加强调查研究,强化专业技术支持。

上市公司和会计师事务所等中介机构应高度重视会计监管报告中提出的问题,不断提高对企业会计准则和财务信息披露规则的理解和应用水平,及时发现并改正财务报告中存在的错误,稳妥做好上市公司财务信息披露相关工作,不断提升资本市场会计信息披露质量。

以下是上市公司 2022 年年度财务报告会计监管报告的有关内容摘录：截至 2023 年 4 月 30 日，除 ST 摩登等 6 家公司外，A 股市场共有 5 158 家上市公司披露了 2022 年年度报告，其中主板 3 195 家、创业板 1 255 家、科创板 517 家、北交所 191 家，实现盈利的 4 111 家、发生亏损的 1 047 家。按期披露年报的上市公司中，235 家公司被出具非标准审计意见的审计报告，其中无法表示意见 37 家、保留意见 94 家、带解释性说明段的无保留意见 104 家。为掌握上市公司执行企业会计准则和财务信息披露规则的情况，证监会会计部组织专门力量抽样审阅了上市公司 2022 年年度财务报告。总体来看，上市公司能够较好地理解并执行企业会计准则和财务信息披露规则，但仍有部分上市公司在收入、长期股权投资与企业合并、金融工具、资产减值、非经常性损益等方面，存在会计处理错误或财务信息披露问题。

(1) 未恰当确定合并财务报表范围。根据企业会计准则及相关规定，合并财务报表的合并范围应当以控制为基础予以确定，不仅包括根据表决权（或类似权利）本身或者结合其他安排确定的子公司，也包括基于一项或多项合同安排决定的结构化主体。

(2) 合并财务报表范围变化时原未实现内部交易损益的会计处理错误。根据企业会计准则及相关规定，企业因追加投资等原因能够对非同一控制下的被投资方实施控制的，对于购买日之前持有的被购买方的股权，应当按照该股权在购买日的公允价值进行重新计量。

资料来源：证监会发布上市公司 2022 年年度财务报告会计监管报告［EB/OL］.（2023-09-08）［2023-11-16］. http://www.csrc.gov.cn/csrc/c100028/c7430932/content.shtml.

# 第一节　合并财务报表概述

16-1 视频：
合并财务报表
的定义和特点

## 一、合并财务报表的定义

合并财务报表是指反映母公司和其全部子公司形成的企业集团（以下简称企业集团）整体财务状况、经营成果和现金流量的财务报表。与个别财务报表相比，合并财务报表反映的是由母公司和其全部子公司组成的会计主体。合并财务报表的编制者或编制主体是母公司。合并财务报表以纳入合并范围的企业个别财务报表为基础，根据其他有关资料，抵销母公司与子公司、子公司相互之间发生的内部交易（以下简称内部交易）对合并财务报表的影响编制的。

## 二、合并财务报表的构成

合并财务报表至少包括合并资产负债表、合并利润表、合并所有者权益变动表（或合并股东权益变动表）、合并现金流量表和附注，它们分别从不同的方面反映企业集团财务状况、经营成果及其现金流量情况，构成一个完整的合并财务报表体系。

合并资产负债表是反映母公司和子公司所形成的企业集团某一特定日期财务状况的报表。

合并利润表是反映母公司和子公司所形成的企业集团整体在一定期间内经营成果的报表。

合并所有者权益变动表（或合并股东权益变动表）是反映母公司在一定期间内，包括经营成果分配在内的所有者（或股东）权益增减变动情况的报表。它是从母公司的角度，站在母公司所有者的立场反映企业所有者（或股东）在母公司中的权益增减变动情况的报表。

合并现金流量表是反映母公司和子公司所形成的企业集团在一定期间现金流入量、流出量以及现金净增减变动情况的报表。

附注是对在合并资产负债表、合并利润表、合并现金流量表和合并所有者权益变动表

(或合并股东权益变动表)等报表中列示项目的文字描述或明细资料,以及对未能在这些报表中列示项目的说明等。

### 三、合并财务报表的特点

编制合并财务报表是为了反映经济实质而非法律形式上的合并会计主体的相关财务信息。与个别财务报表相比,合并财务报表有如下特点:

(1) 反映的对象不同。个别财务报表反映的是独立的法人企业的财务状况、经营成果和现金流量情况。其反映对象是独立的法人企业,它既是经济意义上的会计主体,也是法律主体。合并财务报表反映的是母子公司组成的企业集团整体的财务状况、经营成果和现金流量情况,其反映对象是由若干法人企业组成的企业集团,是经济意义上的会计主体,但不是法律意义上的主体。

(2) 编制主体不同。个别财务报表由独立的法人企业编制,每个企业都有义务编制个别财务报表。合并财务报表则是由企业集团内的母公司编制的,并不是所有企业都要编制合并财务报表。在多层控股时,往往由最终控股的母公司编制合并财务报表,在有需要的情况下,中层控股的公司才有可能编制合并财务报表。

(3) 编制基础不同。个别财务报表的编制,从设置账簿、编制分录、登记账簿到编制财务报表,遵循一套完整的会计核算体系。而合并财务报表的编制并不遵循这套程序,它以纳入合并范围内的企业个别财务报表为基础,根据有关资料,调整和抵销集团内部各公司发生的内部交易对合并财务报表的影响后编制。

(4) 编制方法不同。个别财务报表的编制方法包括设置账户、复式记账、登记账簿、试算平衡、结账、账项调整等,直接或间接计算填列各报表项目。合并财务报表要采用合并工作底稿,把母公司和子公司的报表数字过入工作底稿中,并在工作底稿中编制调整与抵销分录,对个别财务报表的数据进行加总、调整、抵销,整理出合并数,据以填列合并财务报表。

此外,合并财务报表也不同于汇总财务报表。汇总财务报表是指由行政管理部门根据所属企业报送的报表,对其各项目加总编制的财务报表。与汇总财务报表相比,合并财务报表具有如下特点:

(1) 编制目的不同。汇总财务报表的主要目的是满足有关部门或国家掌握了解整个行业或整个部门所属企业的财务经营情况的需要。合并财务报表主要是为了满足以母公司为主的企业集团的投资者、债权人及其他各方了解企业集团整体财务状况和经营成果的需要。

(2) 编报范围的确定依据不同。汇总财务报表的编报范围主要是以企业的隶属关系作为确定依据,即以企业是否归口管理,是否其下属企业作为确定编报范围的依据。而合并财务报表是以母公司对子公司的控制关系作为确定依据。

(3) 编制方法不同。汇总财务报表采用简单加总的方法进行编制。合并财务报表则需要进行编制调整、抵销分录,运用合并财务报表工作底稿等方法进行编制。

**? 相关思考 16-1**

**比较下列项目有哪些不同点?**

与个别财务报表、汇总财务报表相比,合并财务报表的编制有什么特点?

相关思考 16-1 解析:见教材 278—279 页。

### 四、合并范围的确定

在个别财务报表的编制中,会计主体假设界定了会计核算的空间范围,在合并财务报表的编制中,应如何确定其合并范围呢?这是编制合并财务报表中重要的一环,也是合并财务报表决策有用性的一个重要体现。

**(一) 确定合并财务报表合并范围的基础**

在实践中,通过操纵合并范围来粉饰财务报表的行为屡有发生。针对这些情况,《企业会计准则第33号——合并财务报表》规定,合并财务报表的合并范围应以控制为基础予以确定。控制是指投资方拥有对被投资方的权力,通过参与被投资方的相关活动而享有可变回报,并且有能力运用对被投资方的权力影响其回报金额。控制的定义包括三项基本要素:一是投资方拥有对被投资方的权力;二是因参与被投资方的相关活动而享有可变回报;三是有能力运用对被投资方的权力影响其回报金额。在判断投资方是否能够控制被投资方时,仅当投资方同时具备上述三要素时,才能表明投资方能够控制被投资方。母公司应当将其控制的所有子公司都进行合并,而不考虑子公司是否资不抵债、是否为特殊行业,子公司资产总额、销售收入和当期净利润在集团中所占的份额是否较小(如低于10%)或者是否转产,只要被母公司控制,均应纳入合并范围。

从上述控制的定义可以看出控制具有如下基本特征:①控制的主体是唯一的,不是两方或多方。②控制的内容主要是另一个企业的财务和经营政策,这些财务和经营政策一般是通过表决权来决定的。③控制是一种权力,这种权力可以是一种法定权力,也可以是通过公司章程或协议、投资者之间的协议授予的权力。④控制的目的是获取经济利益,包括增加经济利益、维持经济利益、保护经济利益或者降低所分担的损失等。

如果母公司是投资性主体,则只应将那些为投资性主体的投资活动提供相应服务的子公司纳入合并范围,其他子公司不应予以合并,对这些不纳入合并范围的子公司的投资按照公允价值计量且其变动计入当期损益。如果一个投资性主体的母公司其本身不是投资性主体,则应当将此投资性主体控制的全部主体,包括此投资性主体以及通过投资性主体间接控制的主体,纳入合并财务报表范围。

**(二) 关于控制的判断**

1. 投资方拥有对被投资方的权力

投资方拥有对被投资方的权力是判断控制的第一要素,投资方拥有被投资方的权力常见的有几种情形:

(1) 投资方持有被投资方半数以上表决权。

(2) 投资方持有被投资方半数或以下表决权,但通过与其他表决权持有人之间的协议能够控制半数以上表决权。

(3) 投资方持有被投资方半数或半数以下表决权,与其他表决权持有人之间也没有协议,但实质上拥有对被投资方的权力等。

在通常情况下,当被投资方的相关活动由持有半数以上表决权的投资方决定,或者主导被投资方相关活动的管理层多数成员(管理层决策由多数成员表决通过)由持有半数以上表决权的投资方聘任时,无论该表决权是否行使,持有被投资方过半数表决权的投资方拥有对投资方的权力。投资方持有被投资方半数以上表决权的情况通常包括以下三种:①投资方直接持有被投资方半数以上表决权。②投资方间接持有被投资方半数以上表决权。③投资方以直接和间接方式合计持有被投资方半数以上表决权。

另一种常见的情形是,投资方自己持有的表决权虽然只有半数或以下,但通过与其他表决权持有人之间的协议使其可以持有足以主导被投资方相关活动的表决权,从而拥有对被投资方的权力。例如,华夏公司、乙公司和丙公司分别持有 M 公司 40%、30% 和 30% 的普通股。M 公司的相关活动通过股东会议半数以上表决权主导,在股东会议上,每股普通股享有一票表决权。华夏公司与乙公司签订协议,将乙公司持有 M 公司 30% 的表决权委托给华夏公司管理。因此,华夏公司通过与乙公司的协议拥有 M 公司半数以上的表决权,即拥有 M 公司的决策权力。

持有半数或半数以下表决权的投资方,应综合考虑下列事实和情况,以判断其持有的表决权与相关事实和情况相结合是否赋予投资方拥有对被投资方权力:

第一,投资方持有的表决权份额相对于其他投资方持有的表决权份额的大小,以及其他投资方持有表决权的分散程度。投资方持有的绝对表决权比例或相对于其他投资方持有的表决权比例越高,其现时能够主导被投资方相关活动的可能性越大;为否决投资方意见而需要联合的其他投资方越多,投资方现时能够主导被投资方相关活动的可能性越大。

**【例 16-1】** 华夏公司持有华美公司 45% 有表决权股份,剩余股份由分散的小股东持有,所有小股东单独持有的有表决权股份均未超过 1%,且他们之间或其中一部分股东均未达成进行集体决策的协议。

分析:本例中,在判断华夏公司是否拥有对华美公司的权力时,华夏公司持有的华美公司有表决权的股份(45%)虽然不足 50%,但是,根据其他股东持有股份的相对规模及其分散程度,且其他股东之间未达成集体决策协议等情况,可以判断华夏公司拥有对华美公司的权力。

第二,投资方和其他投资方持有的潜在表决权。潜在表决权是获得被投资方表决权的权利,例如,可转换工具、可执行认股权证、远期股权购买合同或其他期权所产生的权利。

第三,其他合同安排产生的权利。投资方可能通过持有的表决权和其他决策权相结合的方式使其当前能够主导被投资方的相关活动。例如,合同安排赋予投资方能够聘任被投资方董事会或类似权力机构多数成员,这些成员能够主导董事会或类似权力机构对相关活动的决策。但是,在不存在其他权利时,仅仅是被投资方对投资方的经济依赖(如供应商和其主要客户的关系)不会导致投资方对被投资方拥有权力。

第四,其他相关事实或情况。如果根据上述几项所列因素尚不足以判断投资方是否控制被投资方,应综合考虑投资方享有的权利、被投资方以往表决权行使情况及下列事实或情况进行判断:①投资方是否能够任命或批准被投资方的关键管理人员,这些关键管理人员能够主导被投资方的相关活动;②投资方是否能够出于自身利益决定或者否决被投资方的重大交易;③投资方是否能够控制被投资方董事会等类似权力机构成员的任命程序,或者从其他表决权持有人手中获得代理投票权;④投资方与被投资方的关键管理人员或董事会等类似权力机构中的多数成员是否存在关联关系(例如,被投资方首席执行官与投资方首席执行官为同一人);⑤投资方与被投资方之间是否存在特殊关系(例如,被投资方的关键管理人员是投资方的现任或前任职工,被投资方的经营活动依赖于投资方,被投资方活动的重大部分有投资方参与其中或者是以投资方的名义进行等)。

值得注意的是,虽然投资方拥有多数表决权的权力,但存在其他安排情况赋予被投资的其他投资方拥有对被投资方的权力时,或者投资方拥有的表决权不是实质性权利,则表明投资方不拥有对被投资方的权力。投资方在判断是否拥有对被投资方的权力时,应当仅考虑与被投资方相关的实质性权利,包括自身所享有的实质性权利以及其他方所享有的实质性权利。实质性权利是持有人在对相关活动进行决策时有实际能力行使的可执行权利,通常是当前可执行的权利,但某些情况下当前不可行使的权利也可能是实质性权利。与实质性权利相对应的是保护性权利,保护性权利是指仅为了保护权利持有人利益却没有赋予持有人对相关活动的决策权。保护性权利通常包括应由股东大会行使的修改公司章程,增加或减少注册资本,发行公司债券,公司合并、分立、解散或变更公司形式等事项持有的表决权。仅享有保护性权利的投资方不拥有对被投资方的权力。

2. 因参与被投资方的相关活动而享有可变回报

判断投资方是否控制被投资方的第二项基本要素是,因参与被投资方的相关活动而享有可变回报。可变回报是不固定的,并可能随被投资方业绩而变动的回报,可能是正数,也可能是负数,或者有正有负。投资方在判断其享有被投资方的回报是否变动以及如何变动时,应当根据合同安排的实质,而不是法律形式。例如,投资方所获得股利、被投资方经济利益的其他分配(例如,被投资方发行的债务工具产生的利息)、投资方对被投资方投资的价值变动属于可变回报。又如,管理被投资方资产获得的固定管理费也属于可变回报,因为管理者是否能获得此回报依赖于被投资方是否能够产生足够的收益用于支付该固定管理费。

投资方的可变回报形式主要包括:

(1)股利、被投资方经济利益的其他分配(例如,被投资方发行的债务工具产生的利息)、投资方对被投资方投资的价值变动。

(2)因向被投资方的资产或负债提供服务而得到的报酬、因提供信用支持或流动性支持收取的费用或承担的损失、被投资方清算时在其剩余净资产中所享有的权益、税务利益,以及因涉入被投资方而获得的未来流动性。

(3)其他利益持有方无法得到的回报。例如,投资方将自身资产与被投资方的资产合并使用,以实现规模经济,达到节约成本、为稀缺产品提供资源、获得专有技术或限制某些运营或资产,从而提高投资方其他资产的价值。

投资方的可变回报通常体现为从被投资方获取股利。受法律法规的限制,投资方有时无法通过分配被投资方利润或盈余的形式获得回报。例如,当被投资方的法律形式为信托机构时,其盈利可能不是以股利形式分配给投资者。此时,需要根据具体情况,以投资方的投资目的为出发点,综合分析投资方是否获得除股利以外的其他可变回报,被投资方不能进行利润分配并不必然代表投资方不能获取可变回报。

另外,即使只有一个投资方控制被投资方,也不能说明只有该投资方才能获取可变回报。例如,少数股东可以分享被投资方的利润。

3. 有能力运用对被投资方的权力影响其回报金额

判断投资方是否控制被投资方的第三项基本要素是,有能力运用对被投资方的权力影响其回报金额。只有当投资方不仅拥有对被投资方的权力、通过参与被投资方的相关活动而享有可变回报,并且有能力运用对被投资方的权力来影响其回报的金额时,投资方才控制被投资方。因此,拥有决策权的投资方在判断是否控制被投资方时,需要考虑其决策行为是以主要责任人(即实际决策人)的身份进行还是以代理人的身份进行。此外,在其他地方拥有决策权时,投资方还需要考虑其他方是否以代理人的身份代表该投资方行使决策权。

对上述要素进行判断时,应持续评估,当环境或情况发生变化时,投资方需要评估控制的三项基本要素中的一项或多项是否发生了变化。如果有任何事实或情况表明控制的三项基本要素中的一项或多项发生了变化,投资方应重新评估对被投资方是否具有控制。

### (三) 投资性主体

如上所述,当母公司是投资性主体时,则只应将那些为投资性主体的投资活动提供相应服务的子公司纳入合并范围。

1. 投资性主体的定义

投资性主体需要同时满足三个条件:①该公司以向投资方提供投资管理服务为目的,从一个或多个投资者获取资金;②该公司的唯一经营目的,是通过资本增值、投资收益或两者兼有而让投资者获得回报;③该公司按照公允价值对几乎所有投资的业绩进行评价。

2. 投资性主体的特征

投资性主体通常应当具备下列四个特征:①拥有一项以上的投资;②拥有一个以上投资者;③投资者不是该主体的关联方;④该主体的所有者权益以股权或类似权益存在。当主体不完全具备上述四个特征时,需要审慎评估,判断是否有确凿证据证明缺少其中一个或几个特征,但该主体仍然符合投资性主体的定义:

(1) 拥有一项以上的投资。一个投资主体通常会同时持有多项投资以分散风险、最大化回报,但是,以下三种情况下,持有一项投资也可能是投资性主体:①通过直接或间接持有对另一投资性主体(该主体持有多项投资)的一项投资的主体也可能是投资性主体;②当主体刚设立、尚未寻找到多个符合要求的投资项目,或者刚处置了部分投资、尚未进行新的投资,或者该主体正处于清算过程中时,即使主体仅持有一项投资,该主体仍可能为投资性主体;③如果某项投资要求较高的最低出资额,但各投资方很难进行如此高额的投资时,可能设立投资性主体用于筹集多个投资方的资金进行集中投资。

(2) 拥有一个以上投资者。投资性主体通常拥有多个投资者,拥有多个投资者使投资性主体或其所在企业集团中的其他企业获取除资本增值、投资收益外的收益的可能性减小。但是以下情况除外:①当主体刚刚设立、正在积极识别合格投资者,或者原持有的权益已经赎回、正在寻找新的投资者,或者处于清算过程中时,即使主体仅拥有一个投资者,该主体仍可能符合投资性主体的定义;②一些特殊的投资性主体,其投资者只有一个,但其目的是代表或支持一个较大的投资者集合的利益而设立的。例如,某企业设立一个年金基金,其目的是支持该企业职工退休后福利,该基金的投资者虽然只有一个,但却代表了一个较大的投资者集合的利益,仍然属于投资性主体。

(3) 投资者不是该主体的关联方。投资性主体通常拥有若干投资者,这些投资者既不是其关联方,也不是所在集团中的其他成员。但是,关联投资者的存在并非表明该主体一定不是投资性主体。例如,某基金的投资方之一可能是该基金的关键管理人员出资设立的企业,其目的是更好地激励基金的关键管理人员,这一安排并不影响该基金符合投资性主体的定义。

(4) 该主体的所有者权益以股权或类似权益存在。投资性主体通常是单独的法律主体,但没有要求投资性主体必须是单独的法律主体。但无论其采取何种形式,其所有者权益通常采取股权或者类似权益的方式,且净资产按照所有者权益比例份额享有。

### 五、纳入合并范围的特殊情况——对被投资方可分割部分的控制

投资方通常应当对是否控制被投资方整体进行判断。但在少数情况下,如果有确凿证据表明同时满足下列条件并且符合相关法律法规规定的,投资方应当将被投资方的一部分视为被投资方可分割的部分,进而判断是否控制该部分(可分割部分):

(1) 该部分的资产是偿付该部分负债或该部分其他利益方的唯一来源,不能用于偿还该部分以外的被投资方的其他负债。

(2) 除与该部分相关的各方外,其他方不享有与该部分资产相关的权利,也不享有与该部分资产剩余现金流量相关的权利。

实质上该部分的所有资产、负债及其他相关权益均与被投资方的剩余部分相隔离,即:该部分的资产产生的回报不能由该部分以外的被投资方其他部分享有,该部分的负债也不能用该部分以外的被投资方资产偿还。

如果被投资方的一部分资产和负债及其他相关权益满足上述条件,构成可分割部分,则投资方应当基于控制的判断标准确定其是否能控制该可分割部分,考虑该可分割部分的相关活动及其决策机制,投资方是否目前有能力主导可分割部分的相关活动并据以从中取得可变回报。如果投资方控制可分割部分,则应将其进行合并。在此情况下,其他方在考虑是否合并被投资方时,应仅对被投资方的剩余部分进行控制及合并的评估,而将可分割部分排除在外。

【例16-2】 华夏公司为有限责任公司,专门从事房地产开发项目,其主要经营活动为在B地块上开发住宅和商业地产项目。B地块的开发分三期执行,各期地块的开发成本和销售收入分设三个独立子账套进行单独核算管理,但与各期开发相关的开发支出均由华夏公司作为同一法人主体进行清偿,各期项目相关的土地增值税及所得税等相关税收也均由华夏公司作为同一纳税主体进行统一申报和清算。各地块的相关经营决策互相独立,其经营损益分别归属于不同的权利人。

分析:在本例中,虽然各期开发项目区分了三个账套进行独立核算管理,然而,这并不足以说明其中一期开发项目的有关资产、负债和权益均与其余各期的剩余部分相隔离。各期开发支出和相应税负仍以华夏公司作为单一主体进行清偿就表明某期资产并非仅承担与当期资产相关的负债,某期资产也并非是该期开发相关的负债的唯一支付来源。因此,本例中的各期开发项目并非是可分割的部分,不应被认定为可分割部分。

### 六、控制的持续评估

控制的评估是持续的,当环境或情况发生变化时,投资方需要评估控制的两个基本要素中的一个或多个是否发生了变化。如果有任何事实或情况表明控制的两项基本要素中的一个或多个发生了变化,投资方应重新评估对被投资方是否具有控制。

如果对被投资方的权力的行使方式发生变化,该变化必须反映在投资方对被投资方权力的评估中。例如,决策机制的变化可能意味着投资方不再通过表决权主导相关活动,而是由其他方通过协议或者合同赋予的其他权利来主导相关活动。某些事件即使不涉及投资方,也可能导致该投资方获得或丧失对被投资方的权力。例如,其他方以前拥有的能阻止投

资方控制被投资方的决策权到期失效,则可能使投资方因此而获得权力。

投资方应考虑因其参与被投资方相关活动而承担的可变回报的风险敞口的变化带来的影响。例如,如果拥有权力的投资方不再享有可变回报(如与业绩相关的管理费合同到期),则该投资方会因此而丧失对被投资方的控制。又如,某资产管理计划的管理人原持有该计划5%的份额,并收取按照该计划的利润的一定比例的管理费,其获得的可变回报的规模表明该管理人只是一个代理人,之后,由于该资产管理计划的几个重要投资者的退出,管理人的持有份额上升,加上管理费之后可变回报的相对比例大幅上升,体现出主要责任人的特点,从而该管理人需要持续评估其是否控制该资产管理计划。

投资方还应考虑其作为代理人或主要责任人的评估是否发生了变化。投资方与其他方之间整体关系的变化可能意味着原为代理人的投资方不再是代理人;反之亦然。例如,如果投资方或其他方的权利发生了变化,投资方应重新评估其代理人或主要责任人的身份。

投资方初始评估控制的结果,或者初始评估其是主要责任人或代理人的结果,不会简单地因为市场情况的变化(如因市场情况的变化导致被投资方的回报发生变化)而变化,除非市场情况的变化导致了控制两个要素的一个或多个的改变,或导致主要责任人与代理人之间的整体关系的改变。

## 第二节 合并财务报表编制原则、前期准备及程序

### 一、合并财务报表的编制原则

合并财务报表的编制除应遵循财务报表编制的一般原则和要求,如真实可靠、内容完整之外,还应当遵循以下原则和要求:

(1) 以个别财务报表为基础编制。合并财务报表并不是直接根据母公司和子公司账簿编制,而是利用母公司和子公司编制的反映各自财务状况和经营成果的财务报表提供的数据,通过合并财务报表的特有方法进行编制。以纳入合并范围的个别财务报表为基础,可以说是客观性原则在合并财务报表编制时的具体体现。

(2) 一体性原则。合并财务报表反映的是企业集团的财务状况和经营成果,反映的是由多个法人企业组成的一个会计主体的财务情况,在编制合并财务报表时应当将母公司和所有子公司作为整体来看待,视为一个会计主体,母公司和子公司发生的经营活动都应当从企业集团这一整体的角度进行考虑。

(3) 重要性原则。与个别财务报表相比,合并财务报表涉及多个法人主体,涉及的经营活动的范围很广,母公司与子公司经营活动往往跨越不同行业界限,有时母公司与子公司经营活动甚至相差很大。此外,母公司与子公司、子公司相互之间发生的经济业务,对整个企业集团财务状况和经营成果影响不大时,为简化合并手续也应根据重要性原则进行取舍,可以不编制抵销分录而直接编制合并财务报表。

### 二、合并财务报表编制的前期准备事项

合并财务报表的编制涉及多个子公司,有的合并财务报表的合并范围甚至包括数百个子公司。为了使编制的合并财务报表准确、全面反映企业集团的真实情况,必须做好一系列

的前期准备事项。

### (一)统一母子公司的会计政策

会计政策是指企业进行会计核算和编制财务报表时所采用的会计原则、会计程序和会计处理方法,是编制财务报表的基础,统一母公司和子公司的会计政策是保证母子公司财务报表各项目反映内容一致的基础。为此,在编制财务报表前,应当尽可能统一母公司和子公司的会计政策,统一要求子公司所采用的会计政策与母公司保持一致。对一些境外子公司,由于所在国或地区法律、会计准则等方面的原因,确实无法使其采用的会计政策与母公司所采用的会计政策保持一致,则应当要求其按照母公司所采用的会计政策重新编报财务报表,也可以由母公司根据自身所采用的会计政策对境外子公司报送的财务报表进行调整,以重编或调整编制的境外子公司财务报表,作为编制合并财务报表的基础。

### (二)统一母子公司的资产负债表日及会计期间

财务报表总是反映一定日期的财务状况和一定会计期间经营成果的,母公司和子公司的个别财务报表只有在反映财务状况的日期和反映经营成果的会计期间一致的情况下,才能进行合并。为了编制合并财务报表,必须统一企业集团内所有的子公司的资产负债表日和会计期间,使子公司的资产负债表日和会计期间与母公司的资产负债表日和会计期间保持一致,以便于子公司提供相同资产负债表日和会计期间的财务报表。

对于境外子公司,由于所在地国家法律限制确实不能与母公司财务报表决算日和会计期间一致的,母公司应当按照自身的资产负债表日和会计期间对子公司的财务报表进行调整,以调整后的子公司财务报表为基础编制合并财务报表,也可以要求子公司按照母公司的资产负债表日和会计期间另行编制报送其个别财务报表。

### (三)对子公司以外币表示的财务报表进行折算

对母公司和子公司的财务报表进行合并,其前提必须是母子公司个别财务报表所采用的货币计量单位一致。在我国允许外币业务比较多的企业采用某一外币作为记账本位币,境外企业一般也是采用其所在国或地区的货币作为其记账本位币。在将这些企业的财务报表纳入合并时,则必须将其折算为母公司所采用的记账本位币表示的财务报表,我国外币财务报表基本上采用的是现行汇率法,有关外币财务报表的具体折算方法在外币业务中已作论述,在此不再重复。

### (四)收集编制合并财务报表的相关资料

合并财务报表以母公司和其子公司的财务报表以及其他有关资料为依据,由母公司合并有关的数额编制。为编制合并财务报表,母公司应当要求子公司及时提供下列有关资料:

(1)子公司相应期间的财务报表。

(2)与母公司及与其他子公司之间发生的内部购销交易、债权债务、投资及其产生的现金流量和未实现内部销售损益的期初、期末余额及变动情况等资料。

(3)子公司所有者权益变动和利润分配的有关资料。

(4)编制合并财务报表所要求的其他资料,如非同一控制下企业合并购买日的公允价值资料。

16-2 视频:
合并财务
报表的
编制程序

## 三、合并财务报表的编制程序

合并财务报表的编制是一项极为复杂的工作,不仅涉及本企业会计业务和财务报表,而且还涉及纳入合并范围的子公司的会计业务和财务报表。为了使合并财务报表的编制工作有条不紊，必须按照一定的程序有步骤地进行。合并财务报表的编制程序大致如下：

（1）设置合并工作底稿。合并工作底稿的作用是为合并财务报表的编制提供基础。在合并工作底稿中，对母公司和纳入合并范围的子公司的个别财务报表各项目的数额进行汇总和抵销处理，最终计算得出合并财务报表各项目的合并数。合并工作底稿的基本格式如表 16-1 所示。

表 16-1　　　　　　　　　　　合并工作底稿（简表）　　　　　　　　　　　单位：元

| 项目 | 母公司 | 子公司 | 合计数 | 调整与抵销分录 ||少数股东权益 | 合并数 |
| --- | --- | --- | --- | --- | --- | --- | --- |
|  |  |  |  | 借方 | 贷方 |  |  |
| 资产负债表项目 |  |  | …… |  |  |  |  |
| 货币资金 |  |  |  |  |  |  |  |
| …… |  |  |  |  |  |  |  |
| 短期借款 |  |  |  |  |  |  |  |
| …… |  |  |  |  |  |  |  |
| 实收资本 |  |  |  |  |  |  |  |
| …… |  |  |  |  |  |  |  |
| 少数股东权益 |  |  |  |  |  |  |  |
| 利润表项目 |  |  |  |  |  |  |  |
| 营业收入 |  |  |  |  |  |  |  |
| 营业成本 |  |  |  |  |  |  |  |
| …… |  |  |  |  |  |  |  |
| 净利润 |  |  |  |  |  |  |  |
| 少数股东损益 |  |  |  |  |  |  |  |
| …… |  |  |  |  |  |  |  |
| 现金流量表项目 |  |  |  |  |  |  |  |
| 经营活动现金流量 |  |  |  |  |  |  |  |
| …… |  |  |  |  |  |  |  |
| 所有者权益变动表项目 |  |  |  |  |  |  |  |
| 年初未分配利润 |  |  |  |  |  |  |  |
| …… |  |  |  |  |  |  |  |

（2）将母公司、纳入合并范围的子公司个别资产负债表、利润表及所有者权益变动表各项目的数据过入合并工作底稿，并在合并工作底稿中对母公司和子公司个别财务报表各项目的数据进行加总，计算得出个别资产负债表、个别利润表及个别所有者权益变动表各项目合计数金额。

(3) 调整分录与抵销分录,将母公司与子公司、子公司相互之间发生的经济业务对个别财务报表有关项目的影响进行调整抵销处理。编制调整分录与抵销分录,进行调整抵销处理是合并财务报表编制的关键和主要内容,其目的在于将因会计政策及计量基础的差异而对个别财务报表的影响进行调整,以及将个别财务报表各项目的加总数据中重复的因素等予以抵销。

(4) 计算合并财务报表各项目的合并数额。即在母公司和纳入合并范围的子公司个别财务报表各项目加总数额的基础上,分别计算财务报表中的资产项目、负债项目、所有者权益项目、收入项目和费用项目的合并数。其计算方法如下:①资产类项目,其合并数根据该项目加总的数额,加上该项目调整分录与抵销分录的借方发生额,减去该项目调整分录与抵销分录的贷方发生额计算确定。②负债类项目和所有者权益类项目,其合并数根据该项目加总的数额,减去该项目调整分录与抵销分录的借方发生额,加上该项目调整分录与抵销分录的贷方发生额计算确定。③有关收益类项目,其合并数根据该项目加总的数额,减去该项目调整分录与抵销分录的借方发生额,加上该项目调整分录与抵销分录的贷方发生额计算确定。④有关成本费用类项目和有关利润分配的项目,其合并数根据该项目加总的数额,加上该项目调整分录与抵销分录的借方发生额,减去该项目调整分录与抵销分录的贷方发生额计算确定。

(5) 填列合并财务报表。即根据合并工作底稿中计算出的资产、负债、所有者权益、收入、成本费用类各项目的合并数,填列正式的合并财务报表。

## 第三节 股权取得日合并财务报表

在第十五章中,我们对同一控制下的企业合并和非同一控制下的企业合并采用了不同的会计处理,相应地,在控制权取得日合并财务报表的编制时,我们也区分同一控制下控制权取得日合并财务报表的编制与非同一控制下控制权取得日合并财务报表的编制。在非同一控制下控股合并中、由于在控制权取得日之前子公司发生的各项收入、费用与合并主体无关,因而只需编制合并资产负债表,而不必编制合并利润表和合并现金流量表;在同一控制控股合并中,则不仅需要编制合并资产负债表,还应编制合并利润表和合并现金流量表。在控制权取得日以后的各个会计期末编制的合并财务报表,则应包括合并资产负债表、合并利润表、合并现金流量表等。

### 相关思考 16-2

**两种不同类型的合并编制控制权取得日合并财务报表的特点?**

同一控制下的控股合并和非同一控制下的控股合并,在编制控制权取得日合并财务报表时,各自的特点有哪些?

相关思考 16-2 解析:

同一控制下企业合并按一体化存续原则,在合并资产负债表中,对于被合并方在企业合并前实现的留存收益中归属于合并方的部分,应自合并方资本公积转入留存收益。既不考虑子公司净资产的公允价值,也不考虑用于换取子公司股权的母公司股票的公允价值,而是按子公司净资产账面价值和母公司的长期股权投资抵销。

非同一控制下企业合并对被购买方各项可辨认净资产以公允价值调整。合并成本与子公司可辨认净资产公允价值份额之差确认为商誉,或计入留存收益。

## 一、同一控制下控股合并控制权取得日合并财务报表的编制

根据我国企业会计准则的规定,同一控制下的企业合并应采用权益结合法核算,在控股合并的情况下,合并方应以合并日应享有被合并方所有者权益的账面价值的份额作为形成的长期股权投资的初始投资成本,初始投资成本与支付的合并对价账面价值(或发行股份面值总额)的差额,应当调整资本公积;资本公积不足冲减的,调整留存收益;同时,应编制控制权取得日合并资产负债表、年初至控制权取得日合并利润表和年初至控制权取得日合并现金流量表。由于参与合并的各个企业组成的企业集团成为一个会计主体,所以,企业集团内部各企业之间的交易或事项必须予以抵销。在编制控制权取得日合并财务报表时,需要抵销的是合并企业的长期股权投资与被合并企业的所有者权益。

### (一)母公司持有子公司全部股权

母公司持有子公司全部股权时,被合并方可辨认净资产全部属于母公司,应将合并方的长期股权投资与被合并方所有者权益的账面价值抵销。同一控制下的企业合并,母公司个别报表上的长期股权投资是以被合并方所有者权益的账面价值进行初始计量的,因此不会产生差额。

【例16-3】 华夏公司和华美公司均为C公司的子公司。2×24年6月30日,华夏公司发行4 000 000股普通股(每股面值为1元)自C公司处取得华美公司100%的股权。假定华夏公司和华美公司采用相同的会计政策。合并前,华夏公司和华美公司的资产负债表资料如表16-2所示、利润表资料如表16-3所示。

表16-2　　　　　　　　　华夏公司和华美公司资产负债表相关资料
　　　　　　　　　　　　　　2×24年6月30日　　　　　　　　　　　　　　单位:元

| 项目 | 华夏公司 | 华美公司 |
| --- | --- | --- |
| 货币资金 | 5 724 000 | 210 000 |
| 以公允价值计量且其变动计入当期损益的金融资产 | 540 000 | 126 000 |
| 应收账款 | 2 268 000 | 882 000 |
| 存货 | 3 888 000 | 1 512 000 |
| 长期股权投资 | 3 240 000 | 1 260 000 |
| 固定资产 | 16 200 000 | 6 300 000 |
| 无形资产 | 1 080 000 | 420 000 |
| 资产总计 | 32 940 000 | 10 710 000 |
| 短期借款 | 1 728 000 | 672 000 |
| 应付账款 | 2 451 600 | 953 400 |
| 长期借款 | 6 912 000 | 2 688 000 |
| 负债合计 | 11 091 600 | 4 313 400 |
| 股本 | 11 880 000 | 2 520 000 |
| 资本公积(股本溢价) | 5 400 000 | 2 562 000 |

(续表)

| 项目 | 华夏公司 | 华美公司 |
|---|---|---|
| 盈余公积 | 1 868 400 | 726 600 |
| 未分配利润 | 2 700 000 | 588 000 |
| 所有者权益合计 | 21 848 400 | 6 396 600 |
| 负债和所有者权益总计 | 32 940 000 | 10 710 000 |

表 16-3  **华夏公司和华美公司利润表(简表)**

2×24年1月1日至6月30日 　　　　　　　　　　　单位:元

| 项目 | 华夏公司 | 华美公司 |
|---|---|---|
| 一、营业收入 | 16 200 000 | 5 040 000 |
| 　减:营业成本 | 6 480 000 | 2 940 000 |
| 　　税金及附加 | 540 000 | 420 000 |
| 　　销售费用 | 1 080 000 | 336 000 |
| 　　管理费用 | 864 000 | 210 000 |
| 　　财务费用 | 756 000 | 294 000 |
| 　　资产减值损失 | 270 000 | 84 000 |
| 　加:公允价值变动损益 | 0 | 0 |
| 　　投资收益 | 1 080 000 | 420 000 |
| 二、营业利润 | 7 290 000 | 1 176 000 |
| 　加:营业外收入 | 1 404 000 | 420 000 |
| 　减:营业外支出 | 540 000 | 84 000 |
| 三、利润总额 | 8 154 000 | 1 512 000 |
| 　减:所得税费用 | 2 160 000 | 294 000 |
| 四、净利润 | 5 994 000 | 1 218 000 |

华夏公司合并日应编制会计分录如下:

借:长期股权投资　　　　　　　　　　　　　　　　　6 396 600
　　贷:股本　　　　　　　　　　　　　　　　　　　　　　　4 000 000
　　　　资本公积——股本溢价　　　　　　　　　　　　　　　2 396 600

记录合并业务后,华夏公司的资产负债表如表16-4所示。

表 16-4  **华夏公司资产负债表**

2×24年6月30日　　　　　　　　　　　　　　　　单位:元

| 资产项目 | 金额 | 负债和所有者权益项目 | 金额 |
|---|---|---|---|
| 货币资金 | 5 724 000 | 短期借款 | 1 728 000 |
| 交易性金融资产 | 540 000 | 应付账款 | 2 451 600 |

(续表)

| 资产项目 | 金额 | 负债和所有者权益项目 | 金额 |
|---|---|---|---|
| 应收账款 | 2 268 000 | 长期借款 | 6 912 000 |
| 存货 | 3 888 000 | 负债合计 | 11 091 600 |
| 长期股权投资 | 9 636 600 | 股本 | 15 880 000 |
| 固定资产 | 16 200 000 | 资本公积 | 7 796 600 |
| 无形资产 | 1 080 000 | 盈余公积 | 1 868 400 |
|  |  | 未分配利润 | 2 700 000 |
|  |  | 所有者权益合计 | 28 245 000 |
| 资产总计 | 39 336 600 | 负债和所有者权益总计 | 39 336 600 |

同一控制下的控股合并中,合并后资产负债表的留存收益项目应当反映母子公司如果一直作为一个整体运行至合并日应实现的盈余公积和未分配利润的情况,因此应将被合并企业的盈余公积和未分配利润项目转出。

① 借:资本公积　　　　　　　　　　　　　　　　　　　1 314 600
　　　贷:盈余公积　　　　　　　　　　　　　　　　　　　　726 600
　　　　　未分配利润　　　　　　　　　　　　　　　　　　　588 000

在上述分录中,盈余公积和未分配利润为华美公司合并前形成的盈余公积和未分配利润金额。

本例中,华夏公司的股本、资本公积、盈余公积和未分配利润都因发行股票取得华美公司股权而增加。由于华夏公司的长期股权投资是按华美公司净资产账面价值入账的,因此不存在商誉。在编制合并财务报表时,只需将华夏公司的长期股权投资与华美公司的所有者权益项目抵销。为此编制抵销分录如下:

② 借:股本　　　　　　　　　　　　　　　　　　　　　2 520 000
　　　　资本公积　　　　　　　　　　　　　　　　　　　2 562 000
　　　　盈余公积　　　　　　　　　　　　　　　　　　　　726 600
　　　　未分配利润　　　　　　　　　　　　　　　　　　　588 000
　　　贷:长期股权投资　　　　　　　　　　　　　　　　　6 396 600

华夏公司编制合并财务报表的工作底稿如表16-5所示。

表16-5　　　　　　　　　　**华夏公司合并报表工作底稿**
　　　　　　　　　　　　　　2×24年6月30日　　　　　　　　　　　　　单位:元

| 项目 | 华夏公司 | 华美公司 | 合计数 | 调整与抵销分录 | | 合并数 |
|---|---|---|---|---|---|---|
| | | | | 借方 | 贷方 | |
| 资产负债表项目 | | | | | | |
| 货币资金 | 5 724 000 | 210 000 | 5 934 000 | | | 5 934 000 |
| 交易性金融资产 | 540 000 | 126 000 | 666 000 | | | 666 000 |

(续表)

| 项目 | 华夏公司 | 华美公司 | 合计数 | 调整与抵销分录 借方 | 调整与抵销分录 贷方 | 合并数 |
|---|---|---|---|---|---|---|
| 应收账款 | 2 268 000 | 882 000 | 3 150 000 | | | 3 150 000 |
| 存货 | 3 888 000 | 1 512 000 | 5 400 000 | | | 5 400 000 |
| 长期股权投资 | 9 636 600 | 1 260 000 | 10 896 600 | | ②6 396 600 | 4 500 000 |
| 固定资产 | 16 200 000 | 6 300 000 | 22 500 000 | | | 22 500 000 |
| 无形资产 | 1 080 000 | 420 000 | 1 500 000 | | | 1 500 000 |
| 资产总计 | 3 2940 000 | 10 710 000 | 50 046 600 | | 6 396 600 | 43 650 000 |
| 短期借款 | 1 728 000 | 672 000 | 2 400 000 | | | 2 400 000 |
| 应付账款 | 2 451 600 | 953 400 | 3 405 000 | | | 3 405 000 |
| 长期借款 | 6 912 000 | 2 688 000 | 9 600 000 | | | 9 600 000 |
| 负债合计 | 1 1091 600 | 4 313 400 | 15 405 000 | | | 15 405 000 |
| 股本 | 1 5880 000 | 2 520 000 | 18 400 000 | ②2 520 000 | | 15 880 000 |
| 资本公积（股本溢价） | 7 796 600 | 2 562 000 | 10 358 600 | ①1 314 600 ②2 562 000 | | 6 482 000 |
| 盈余公积 | 1 868 400 | 726 600 | 2 595 000 | ②726 600 | ①726 600 | 2 595 000 |
| 未分配利润 | 2 700 000 | 588 000 | 3 288 000 | ②588 000 | ①588 000 | 3 288 000 |
| 所有者权益合计 | 28 245 000 | 6 396 600 | 34 641 600 | 7 711 200 | 1 314 600 | 28 245 000 |
| 负债和所有者权益总计 | 39 336 600 | 10 710 000 | 50 046 600 | | | 43 650 000 |
| 利润表项目 | | | | | | |
| 营业收入 | 16 200 000 | 5 040 000 | 21 240 000 | | | 21 240 000 |
| 营业成本 | 6 480 000 | 2 940 000 | 9 420 000 | | | 9 420 000 |
| 税金及附加 | 540 000 | 420 000 | 960 000 | | | 960 000 |
| 销售费用 | 1 080 000 | 336 000 | 1 416 000 | | | 1 416 000 |
| 管理费用 | 864 000 | 210 000 | 1 074 000 | | | 1 074 000 |
| 财务费用 | 756 000 | 294 000 | 1 050 000 | | | 1 050 000 |
| 资产减值损失 | 270 000 | 84 000 | 354 000 | | | 354 000 |
| 投资收益 | 1 080 000 | 420 000 | 1 500 000 | | | 1 500 000 |
| 营业利润 | 7 290 000 | 1 176 000 | 8 466 000 | | | 8 466 000 |
| 营业外收入 | 1 404 000 | 420 000 | 1 824 000 | | | 1 824 000 |
| 营业外支出 | 540 000 | 84 000 | 624 000 | | | 624 000 |

(续表)

| 项目 | 华夏公司 | 华美公司 | 合计数 | 调整与抵销分录 借方 | 调整与抵销分录 贷方 | 合并数 |
|---|---|---|---|---|---|---|
| 利润总额 | 8 154 000 | 1 512 000 | 9 666 000 | | | 9 666 000 |
| 所得税费用 | 2 160 000 | 294 000 | 2 454 000 | | | 2 454 000 |
| 净利润 | 5 994 000 | 1 218 000 | 7 212 000 | | | 7 212 000 |
| 抵销分录合计 | | | | 7 711 200 | 7 711 200 | |

根据上述工作底稿编制华夏公司取得控制权的合并资产负债表、合并利润表，如表16-6和表16-7所示。

表16-6　　　　　　　　　　**华夏公司合并资产负债表**

2×24年6月30日　　　　　　　　　　　　　　　　　　　　　单位：元

| 资产项目 | 金额 | 负债和所有者权益项目 | 金额 |
|---|---|---|---|
| 货币资金 | 5 934 000 | 短期借款 | 2 400 000 |
| 交易性金融资产 | 666 000 | 应付账款 | 3 405 000 |
| 应收账款 | 3 150 000 | 长期借款 | 9 600 000 |
| 存货 | 5 400 000 | 负债合计 | 15 405 000 |
| 长期股权投资 | 4 500 000 | 股本 | 15 880 000 |
| 固定资产 | 22 500 000 | 资本公积 | 6 482 000 |
| 无形资产 | 1 500 000 | 盈余公积 | 2 595 000 |
| | | 未分配利润 | 3 288 000 |
| | | 所有者权益合计 | 28 245 000 |
| 资产总计 | 43 650 000 | 负债和所有者权益总计 | 43 650 000 |

表16-7　　　　　　　　　　**华夏公司合并利润表**

2×24年1月1日至6月30日　　　　　　　　　　　　　　　　单位：元

| 项目 | 金额 |
|---|---|
| 一、营业收入 | 21 240 000 |
| 减：营业成本 | 9 420 000 |
| 税金及附加 | 960 000 |
| 销售费用 | 1 416 000 |
| 管理费用 | 1 074 000 |
| 财务费用 | 1 050 000 |

(续表)

| 项目 | 金额 |
|---|---|
| 资产减值损失 | 354 000 |
| 加：公允价值变动损益 | 0 |
| 投资收益 | 1 500 000 |
| 二、营业利润 | 8 466 000 |
| 加：营业外收入 | 1 824 000 |
| 减：营业外支出 | 624 000 |
| 三、利润总额 | 9 666 000 |
| 减：所得税费用 | 2 454 000 |
| 四、净利润 | 7 212 000 |

### （二）母公司持有子公司部分股权

在母公司持有子公司部分股权的情况下，控制权取得日合并资产负债表的编制原理与母公司持有子公司全部股权基本相同，所不同的是，少数股东持有的股权在合并财务报表中需以少数股东权益项目反映。

**【例 16-4】** 承［例 16-3］，假设华夏公司发行 3 600 000 股普通股（每股面值为 1 元）自 C 公司处取得华美公司 90% 的股权，其他资料不变。在这种情况下，华夏公司对华美公司投资的价值、应增加的股本、资本公积、盈余公积和未分配利润计算如下：

$$对华美公司长期股权投资的初始确认金额 = 6\ 396\ 600 \times 90\% = 5\ 756\ 940（元）$$
$$应增加的股本 = 3\ 600\ 000（元）$$
$$应增加的资本公积 = 5\ 756\ 940 - 3\ 600\ 000 = 2\ 156\ 940（元）$$

华夏公司在华美公司合并前形成的留存收益中享有的份额为：

$$盈余公积 = 7\ 26\ 600 \times 90\% = 653\ 940（元）$$
$$未分配利润 = 588\ 000 \times 90\% = 529\ 200（元）$$

华夏公司上述投资的会计分录如下：

借：长期股权投资　　　　　　　　　　　　　　　　　　　　　　　5 756 940
　　贷：股本　　　　　　　　　　　　　　　　　　　　　　　　　　3 600 000
　　　　资本公积——股本溢价　　　　　　　　　　　　　　　　　　2 156 940

记录合并业务后，华夏公司的资产负债表如表 16-8 所示。

表 16-8　　　　　　　　　　　　　**华夏公司资产负债表**

2×24 年 6 月 30 日　　　　　　　　　　　　　　　　　　　　　　单位：元

| 资产项目 | 金额 | 负债和所有者权益项目 | 金额 |
|---|---|---|---|
| 货币资金 | 5 724 000 | 短期借款 | 1 728 000 |

(续表)

| 资产项目 | 金额 | 负债和所有者权益项目 | 金额 |
|---|---|---|---|
| 交易性金融资产 | 540 000 | 应付账款 | 2 451 600 |
| 应收账款 | 2 268 000 | 长期借款 | 6 912 000 |
| 存货 | 3 888 000 | 负债合计 | 11 091 600 |
| 长期股权投资 | 8 996 940 | 股本 | 15 480 000 |
| 固定资产 | 16 200 000 | 资本公积 | 7 556 940 |
| 无形资产 | 1 080 000 | 盈余公积 | 1 868 400 |
|  |  | 未分配利润 | 2 700 000 |
|  |  | 所有者权益合计 | 27 605 340 |
| 资产总计 | 38 696 940 | 负债和所有者权益总计 | 38 696 940 |

同一控制下的控股合并中，合并后资产负债表的留存收益项目应当反映母子公司如果一直作为一个整体运行至合并日应实现的盈余公积和未分配利润。

结转华夏公司在华美公司合并前形成的留存收益中享有的份额：

① 借：资本公积　　　　　　　　　　　　　　　　　　　　　　　　　1 183 140
　　　贷：盈余公积　　　　　　　　　　　　　　　　　　　　　　　　　　653 940
　　　　　未分配利润　　　　　　　　　　　　　　　　　　　　　　　　　529 200

在编制合并财务报表中，应将华夏公司对华美公司的股权投资与华美公司所有者权益中华夏公司享有的份额抵销，少数股东在华美公司所有者权益中享有的份额作为少数股东权益列示。

抵销分录如下：

② 借：股本　　　　　　　　　　　　　　　　　　　　　　　　　　　　2 520 000
　　　　资本公积　　　　　　　　　　　　　　　　　　　　　　　　　　2 562 000
　　　　盈余公积　　　　　　　　　　　　　　　　　　　　　　　　　　　726 600
　　　　未分配利润　　　　　　　　　　　　　　　　　　　　　　　　　　588 000
　　　贷：长期股权投资　　　　　　　　　　　　　　　　　　　　　　　5 756 940
　　　　　少数股东权益　　　　　　　　　　　　　　　　　　　　　　　　639 660

华夏公司合并财务报表的工作底稿如表16-9所示。

表16-9　　　　　　　　　**华夏公司合并报表工作底稿(局部)**

2×24年6月30日　　　　　　　　　　　　　　　　　　　　　单位：元

| 项目 | 华夏公司 | 华美公司 | 合计数 | 调整与抵销分录 | | 少数股东权益 | 合并数 |
|---|---|---|---|---|---|---|---|
|  |  |  |  | 借方 | 贷方 |  |  |
| 资产负债表项目 |  |  |  |  |  |  |  |
| 货币资金 | 5 724 000 | 210 000 | 5 934 000 |  |  |  | 5 934 000 |
| 交易性金融资产 | 540 000 | 126 000 | 666 000 |  |  |  | 666 000 |

(续表)

| 项目 | 华夏公司 | 华美公司 | 合计数 | 调整与抵销分录 借方 | 调整与抵销分录 贷方 | 少数股东权益 | 合并数 |
|---|---|---|---|---|---|---|---|
| 应收账款 | 2 268 000 | 882 000 | 3 150 000 | | | | 3 150 000 |
| 存货 | 3 888 000 | 1 512 000 | 5 400 000 | | | | 5 400 000 |
| 长期股权投资 | 8 996 940 | 1 260 000 | 10 256 940 | | ②5 756 940 | | 4 500 000 |
| 固定资产 | 16 200 000 | 6 300 000 | 22 500 000 | | | | 22 500 000 |
| 无形资产 | 1 080 000 | 420 000 | 1 500 000 | | | | 1 500 000 |
| 资产总计 | 38 696 940 | 10 710 000 | 49 406 940 | | 5 756 940 | | 43 650 000 |
| 短期借款 | 1 728 000 | 672 000 | 2 400 000 | | | | 2 400 000 |
| 应付账款 | 2 451 600 | 953 400 | 3 405 000 | | | | 3 405 000 |
| 长期借款 | 6 912 000 | 2 688 000 | 9 600 000 | | | | 9 600 000 |
| 负债合计 | 1 1091 600 | 4 313 400 | 15405 000 | | | | 15 405 000 |
| 股本 | 15 880 000 | 2 520 000 | 1 8400 000 | ②2 520 000 | | | 15 880 000 |
| 资本公积(股本溢价) | 7 556 940 | 2 562 000 | 10 118 940 | ①1 183 140 ②2 562 000 | | | 6 373 800 |
| 盈余公积 | 1 868 400 | 726 600 | 2 595 000 | ②726 600 | ①653 940 | | 2 522 340 |
| 未分配利润 | 2 700 000 | 588 000 | 3 288 000 | ②588 000 | ①529 200 | | 3 229 200 |
| 少数股东权益 | | | | | | ②639 660 | |
| 所有者权益合计 | 27 605 340 | 6 396 600 | 34 001940 | 7 579 740 | 6 940 080 | 639 660 | 28 245 000 |
| 负债和所有者权益总计 | 38 696 940 | 10 710 000 | 49 406 940 | | | | 43 650 000 |
| 抵销分录合计 | | | | 7 579 740 | 6 940 080 | 639 660 | |

根据上述工作底稿编制华夏公司取得控制权日的合并资产负债表如表 16-10 所示,合并利润表从略。

表 16-10    **华夏公司合并资产负债表**

2×24 年 6 月 30 日    单位:元

| 资产项目 | 金额 | 负债和所有者权益项目 | 金额 |
|---|---|---|---|
| 货币资金 | 5 934 000 | 短期借款 | 2 400 000 |
| 交易性金融资产 | 666 000 | 应付账款 | 3 405 000 |
| 应收账款 | 3 150 000 | 长期借款 | 9 600 000 |
| 存货 | 5 400 000 | 负债合计 | 15 405 000 |
| 长期股权投资 | 4 500 000 | 股本 | 15 480 000 |
| 固定资产 | 22 500 000 | 资本公积 | 6 373 800 |
| 无形资产 | 1 500 000 | 盈余公积 | 2 522 340 |
| | | 未分配利润 | 3 229 200 |

(续表)

| 资产项目 | 金额 | 负债和所有者权益项目 | 金额 |
|---|---|---|---|
| | | 少数股东权益 | 639 660 |
| | | 所有者权益合计 | 28 245 000 |
| 资产总计 | 43 650 000 | 负债和所有者权益总计 | 43 650 000 |

## 二、非同一控制下控股合并控制权取得日合并财务报表的编制

根据我国会计准则的规定,非同一控制下的企业合并应采用购买法核算,在控股合并的情况下,购买方在购买日应当按照确定的企业合并成本作为形成的对被购买方长期股权投资的初始投资成本,企业合并成本包括购买方付出的资产、发生或承担的负债、发行的权益性证券的公允价值,以及很可能发生的未来事项的金额。

合并企业在合并日应编制合并财务报表,以反映控制权取得日开始能够控制的经济资源情况。在合并资产负债表中,合并中取得的被购买方各项可辨认资产、负债应以其在购买日的公允价值计量,长期股权投资成本大于合并中取得的被购买方可辨认净资产公允价值份额的差额,应确认为合并财务报表中的商誉。商誉确认后,以后各期不摊销,但每年年末进行减值测试,按照账面价值与可收回金额孰低的原则计量;长期股权投资成本小于合并中取得的被购买方可辨认净资产公允价值份额的差额,计入合并当期损益,调整合并资产负债表的盈余公积和未分配利润。

在非同一控制下的控股合并中,与同一控制下的企业合并相同,编制控制权取得日合并财务报表时,也需要抵销合并企业的长期股权投资与被合并企业的所有者权益;但与同一控制下的企业合并不同,非同一控制下的企业合并在控制权取得日只编制合并资产负债表;同时,合并方应单独设置备查簿,记录其长期股权投资成本与合并中取得的被购买方可辨认净资产公允价值份额的差额,作为合并当期及以后期间编制合并财务报表的基础。

### (一)母公司持有子公司全部股权

1. 母公司合并成本等于子公司净资产的公允价值

在母公司的合并成本等于子公司净资产的情况下,在合并财务报表工作底稿中,只需将母公司的长期股权投资与子公司的全部所有者权益抵销即可。

【例16-5】 华夏公司于2×24年1月1日采用控股合并方式取得华美公司100%的股权,合并前华夏公司、华美公司不受相同一方或多方的控制。当日华美公司所有者权益总额为1 440 000元,其中股本为1 280 000元,资本公积为80 000元,盈余公积为32 000元,未分配利润为48 000元,华美公司各项可辨认资产、负债的公允价值与账面价值相等。双方协商的并购价为1 440 000元,由华夏公司以银行存款支付。

对于上述控股合并业务,华夏公司的合并成本等于华美公司可辨认净资产公允价值,华夏公司在个别财务报表中应编制分录如下:

借:长期股权投资　　　　　　　　　　　　　　　　　　　　　1 440 000
　　贷:银行存款　　　　　　　　　　　　　　　　　　　　　　1 440 000

华夏公司在编制控制权取得日合并资产负债表时,需要将华夏公司的长期股权投资项

目与华美公司的所有者权益项目相抵销。应编制的抵销分录如下：

借：股本　　　　　　　　　　　　　　　　　　　　　　　　1 280 000
　　资本公积　　　　　　　　　　　　　　　　　　　　　　　　80 000
　　盈余公积　　　　　　　　　　　　　　　　　　　　　　　　32 000
　　未分配利润　　　　　　　　　　　　　　　　　　　　　　　48 000
　　贷：长期股权投资　　　　　　　　　　　　　　　　　　1 440 000

根据抵销分录，华夏公司可编制合并工作底稿及相应的合并资产负债表（略）。

2. 母公司合并成本大于子公司净资产的公允价值

在母公司确认的合并成本大于合并中取得的子公司净资产公允价值的情况下，应按确定的合并成本作为长期股权投资的初始投资成本，编制控制权取得日合并资产负债表时，将母公司的长期股权投资与子公司的净资产公允价值抵销后的差额，以"商誉"项目反映。

【例 16-6】 华夏公司于 2×24 年 1 月 1 日采用控股合并方式取得华美公司 100% 的股权，华夏公司向华美公司股东发行 10 万股权益性证券，每股面值为 1 元，公允价值为 18 元。合并前华夏公司、华美公司不受相同一方或多方的控制。合并前华夏公司和华美公司资产负债表资料如表 16-11 所示。

表 16-11　　　　华夏公司和华美公司资产负债表相关资料
2×24 年 1 月 1 日　　　　　　　　　　　　　　　　　单位：元

| 项目 | 华夏公司 | 华美公司账面价值 | 华美公司公允价值 |
| --- | --- | --- | --- |
| 货币资金 | 2 080 000 | 112 000 | 112 000 |
| 交易性金融资产 | 160 000 | 80 000 | 80 000 |
| 应收账款 | 288 000 | 320 000 | 320 000 |
| 存货 | 1 152 000 | 288 000 | 308 000 |
| 长期股权投资 | 960 000 | 544 000 | 544 000 |
| 固定资产 | 4 800 000 | 896 000 | 940 000 |
| 无形资产 | 320 000 | 160 000 | 200 000 |
| 资产总计 | 9 760 000 | 2 400 000 | 2 504 000 |
| 短期借款 | 512 000 | 320 000 | 320 000 |
| 应付账款 | 726 400 | 160 000 | 160 000 |
| 长期借款 | 2 048 000 | 480 000 | 480 000 |
| 负债合计 | 3 286 400 | 960 000 | 960 000 |
| 股本 | 3 520 000 | 1 280 000 | — |
| 资本公积（股本溢价） | 1 600 000 | 80 000 | |
| 盈余公积 | 553 600 | 32 000 | |
| 未分配利润 | 800 000 | 48 000 | |
| 所有者权益合计 | 6 473 600 | 1 440 000 | 1 544 000 |
| 负债和所有者权益总计 | 9 760 000 | 2 400 000 | 2 504 000 |

华夏公司合并日应编制会计分录如下：

借：长期股权投资　　　　　　　　　　　　　　　　　　　　　1 800 000
　　贷：股本　　　　　　　　　　　　　　　　　　　　　　　　　　　100 000
　　　　资本公积——股本溢价　　　　　　　　　　　　　　　　　1 700 000

记录合并业务后，华夏公司的资产负债表如表16-12所示。

表16-12　　　　　　　　　　　　华夏公司资产负债表
　　　　　　　　　　　　　　　　　2×24年1月1日　　　　　　　　　　　　　单位：元

| 资产项目 | 金额 | 负债和所有者权益项目 | 金额 |
| --- | --- | --- | --- |
| 货币资金 | 2 080 000 | 短期借款 | 512 000 |
| 交易性金融资产 | 160 000 | 应付账款 | 726 400 |
| 应收账款 | 288 000 | 长期借款 | 2 048 000 |
| 存货 | 1 152 000 | 负债合计 | 3 286 400 |
| 长期股权投资 | 2 760 000 | 股本 | 3 620 000 |
| 固定资产 | 4 800 000 | 资本公积 | 3 300 000 |
| 无形资产 | 320 000 | 盈余公积 | 553 600 |
|  |  | 未分配利润 | 800 000 |
|  |  | 所有者权益合计 | 8 273 600 |
| 资产总计 | 11 560 000 | 负债和所有者权益总计 | 11 560 000 |

由于合并日华美公司的公允价值与账面价值不相等，需要在合并工作底稿中把华美公司资产负债表中各项目的账面价值调整为公允价值，并相应调整资本公积，应在合并工作底稿中编制调整分录如下：

① 借：存货　　　　　　　　　　　　　　　　　　　　　　　　　　20 000
　　　　固定资产　　　　　　　　　　　　　　　　　　　　　　　　44 000
　　　　无形资产　　　　　　　　　　　　　　　　　　　　　　　　40 000
　　贷：资本公积　　　　　　　　　　　　　　　　　　　　　　　　104 000

华夏公司在编制控制权取得日合并资产负债表时，需要将华夏公司的长期股权投资项目与华美公司的所有者权益项目相抵销。华夏公司对华美公司的长期股权投资为1 800 000元，华美公司可辨认净资产公允价值为1 544 000元，即母公司合并成本大于子公司可辨认净资产公允价值的差额256 000元确认为商誉，应编制抵销分录如下：

② 借：股本　　　　　　　　　　　　　　　　　　　　　　　　　1 280 000
　　　　资本公积　　　　　　　　　　　　　　　　　　　　　　　184 000
　　　　盈余公积　　　　　　　　　　　　　　　　　　　　　　　32 000
　　　　未分配利润　　　　　　　　　　　　　　　　　　　　　　48 000
　　　　商誉　　　　　　　　　　　　　　　　　　　　　　　　　256 000
　　贷：长期股权投资　　　　　　　　　　　　　　　　　　　　1 800 000

华夏公司编制合并财务报表的工作底稿如表16-13所示。

表 16-13　　　　　　　　　　　合并财务报表工作底稿(局部)

2×24年1月1日　　　　　　　　　　　　　　　　　　　单位:元

| 项目 | 华夏公司 | 华美公司 | 合计数 | 调整与抵销分录 借方 | 调整与抵销分录 贷方 | 合并数 |
|---|---|---|---|---|---|---|
| 资产负债表项目 | | | | | | |
| 货币资金 | 2 080 000 | 112 000 | 2 192 000 | | | 2 192 000 |
| 交易性金融资产 | 160 000 | 80 000 | 240 000 | | | 240 000 |
| 应收账款 | 288 000 | 320 000 | 608 000 | | | 608 000 |
| 存货 | 1 152 000 | 288 000 | 1 440 000 | ①20 000 | | 1 460 000 |
| 长期股权投资 | 2 760 000 | 544 000 | 3 304 000 | | ②1 800 000 | 1 504 000 |
| 固定资产 | 4 800 000 | 896 000 | 5 696 000 | ①44 000 | | 5 740 000 |
| 无形资产 | 320 000 | 160 000 | 480 000 | ①40 000 | | 520 000 |
| 商誉 | | | | ②256 000 | | 256 000 |
| 　资产总计 | 11 560 000 | 2 400 000 | 13 960 000 | 360 000 | 1 800 000 | 12 520 000 |
| 短期借款 | 512 000 | 320 000 | 832 000 | | | 832 000 |
| 应付账款 | 726 400 | 160 000 | 886 400 | | | 886 400 |
| 长期借款 | 2 048 000 | 480 000 | 2 528 000 | | | 2 528 000 |
| 　负债合计 | 3 286 400 | 960 000 | 4 246 400 | | | 4 246 400 |
| 股本 | 3 620 000 | 1 280 000 | 4 900 000 | ②1 280 000 | | 3 620 000 |
| 资本公积(股本溢价) | 3 300 000 | 80 000 | 3 380 000 | ②184 000 | ①104 000 | 3 300 000 |
| 盈余公积 | 553 600 | 32 000 | 585 600 | ②32 000 | | 553 600 |
| 未分配利润 | 800 000 | 48 000 | 848 000 | ②48 000 | | 800 000 |
| 　所有者权益合计 | 8 273 600 | 1 440 000 | 9 713 600 | 1 440 000 | 104 000 | 8 273 600 |
| 　负债和所有者权益总计 | 11 560 000 | 2 400 000 | 13 960 000 | | | 12 520 000 |
| 　抵销分录合计 | | | | 1 904 000 | 1 904 000 | |

根据上述工作底稿中的合并数即可编制合并资产负债表,如表16-14所示。

表 16-14　　　　　　　　　　华夏公司合并资产负债表

2×24年1月1日　　　　　　　　　　　　　　　　　　　单位:元

| 资产项目 | 金额 | 负债和所有者权益项目 | 金额 |
|---|---|---|---|
| 货币资金 | 2 192 000 | 短期借款 | 832 000 |
| 交易性金融资产 | 240 000 | 应付账款 | 886 400 |
| 应收账款 | 608 000 | 长期借款 | 2 528 000 |
| 存货 | 1 460 000 | 　负债合计 | 4 246 400 |

（续表）

| 资产项目 | 金额 | 负债和所有者权益项目 | 金额 |
|---|---|---|---|
| 长期股权投资 | 1 504 000 | 股本 | 3 620 000 |
| 固定资产 | 5 740 000 | 资本公积 | 3 300 000 |
| 无形资产 | 520 000 | 盈余公积 | 553 600 |
| 商誉 | 256 000 | 未分配利润 | 800 000 |
|  |  | 所有者权益合计 | 8 273 600 |
| 资产总计 | 12 520 000 | 负债和所有者权益总计 | 12 520 000 |

3. 母公司合并成本小于子公司净资产的公允价值

如果母公司的合并成本小于合并中取得的子公司可辨认净资产公允价值份额，应按确定的合并成本作为长期股权投资的初始投资成本，将长期股权投资与子公司可辨认净资产公允价值份额的差额计入合并当期损益，由于购买日不需编制合并利润表，该差额体现在合并资产负债表中，应调整合并资产负债表的盈余公积和未分配利润项目。

【例 16-7】 承[例 16-6]，假定华夏公司支付 1 344 000 元的银行存款获得华美公司 100%的股权，其他资料不变，华夏公司、华美公司均按净利润的 10% 提取盈余公积。合并前华夏公司和华美公司资产负债表资料参见表 16-11。

对于上述控股合并业务，应根据支付对价的公允价值确定华夏公司的长期股权投资初始成本，应编制会计分录如下：

借：长期股权投资　　　　　　　　　　　　　　　　　　　1 344 000
　　贷：银行存款　　　　　　　　　　　　　　　　　　　　　　　1 344 000

记录上述合并业务后，华夏公司的资产负债表如表 16-15 所示。

表 16-15　　　　　　　　　　　　**华夏公司资产负债表**
2×24 年 1 月 1 日　　　　　　　　　　　　单位：元

| 资产项目 | 金额 | 负债和所有者权益项目 | 金额 |
|---|---|---|---|
| 货币资金 | 736 000 | 短期借款 | 512 000 |
| 交易性金融资产 | 160 000 | 应付账款 | 726 400 |
| 应收账款 | 288 000 | 长期借款 | 2 048 000 |
| 存货 | 1 152 000 | 负债合计 | 3 286 400 |
| 长期股权投资 | 2 304 000 | 股本 | 3 520 000 |
| 固定资产 | 4 800 000 | 资本公积 | 1 600 000 |
| 无形资产 | 320 000 | 盈余公积 | 553 600 |
|  |  | 未分配利润 | 800 000 |
|  |  | 所有者权益合计 | 6 473 600 |
| 资产总计 | 9 760 000 | 负债和所有者权益总计 | 9 760 000 |

与[例16-6]一样,同样在合并工作底稿中编制调整分录如下:

① 借:存货 20 000
　　　固定资产 44 000
　　　无形资产 40 000
　　　贷:资本公积 104 000

华夏公司在编制控制权取得日合并资产负债表时,需要将华夏公司的长期股权投资项目与华美公司的所有者权益项目相抵销。华夏公司对华美公司的长期股权投资为1 344 000元,华美公司可辨认净资产公允价值为1 544 000元,即母公司合并成本小于子公司可辨认净资产公允价差额200 000元调整盈余公积和未分配利润,其中盈余公积调增20 000元,未分配利润调增180 000元,应编制抵销分录如下:

② 借:股本 1 280 000
　　　资本公积 184 000
　　　盈余公积 32 000
　　　未分配利润 48 000
　　　贷:长期股权投资 1 344 000
　　　　　盈余公积 20 000
　　　　　未分配利润 180 000

根据调整与抵销分录,华夏公司可编制合并财务报表工作底稿如表16-16所示。

表16-16　　　　　　　　　　合并财务报表工作底稿(局部)

2×24年1月1日　　　　　　　　　　　　　　　　　　　　　　　　单位:元

| 项目 | 华夏公司 | 华美公司 | 合计数 | 调整与抵销分录 | | 合并数 |
| --- | --- | --- | --- | --- | --- | --- |
| | | | | 借方 | 贷方 | |
| 资产负债表项目 | | | | | | |
| 货币资金 | 736 000 | 112 000 | 848 000 | | | 848 000 |
| 交易性金融资产 | 160 000 | 80 000 | 240 000 | | | 240 000 |
| 应收账款 | 288 000 | 320 000 | 608 000 | | | 608 000 |
| 存货 | 1 152 000 | 288 000 | 1 440 000 | ①20 000 | | 1 460 000 |
| 长期股权投资 | 2 304 000 | 544 000 | 2 848 000 | | ②1 344 000 | 1 504 000 |
| 固定资产 | 4 800 000 | 896 000 | 5 696 000 | ①44 000 | | 5 740 000 |
| 无形资产 | 320 000 | 160 000 | 480 000 | ①40 000 | | 520 000 |
| 商誉 | | | | | | |
| 资产总计 | 9 760 000 | 2 400 000 | 12 160 000 | 104 000 | 1 344 000 | 10 920 000 |
| 短期借款 | 512 000 | 320 000 | 832 000 | | | 832 000 |
| 应付账款 | 726 400 | 160 000 | 886 400 | | | 886 400 |

(续表)

| 项目 | 华夏公司 | 华美公司 | 合计数 | 调整与抵销分录 借方 | 调整与抵销分录 贷方 | 合并数 |
|---|---|---|---|---|---|---|
| 长期借款 | 2 048 000 | 480 000 | 2 528 000 | | | 2 528 000 |
| 负债合计 | 3 286 400 | 960 000 | 4 246 400 | | | 4 246 400 |
| 股本 | 3 520 000 | 1 280 000 | 4 800 000 | ②1 280 000 | | 3 520 000 |
| 资本公积（股本溢价） | 1 600 000 | 80 000 | 1 680 000 | ②184 000 | ①104 000 | 1 600 000 |
| 盈余公积 | 553 600 | 32 000 | 585 600 | ②32 000 | ②20 000 | 573 600 |
| 未分配利润 | 800 000 | 48 000 | 848 000 | ②48 000 | ②180 000 | 980 000 |
| 所有者权益合计 | 6 473 600 | 1 440 000 | 7 913 600 | 1 544 000 | 304 000 | 6 673 600 |
| 负债和所有者权益总计 | 9 760 000 | 2 400 000 | 12 160 000 | | | 10 920 000 |
| 抵销分录合计 | | | | 1 648 000 | 1 648 000 | |

根据上述工作底稿编制华夏公司取得控制权日的合并资产负债表，如表16-17所示。

表16-17　　　　　　　　　　　合并资产负债表
2×24年1月1日　　　　　　　　　　　　　　　　　　单位：元

| 资产项目 | 金额 | 负债和所有者权益项目 | 金额 |
|---|---|---|---|
| 货币资金 | 848 000 | 短期借款 | 832 000 |
| 交易性金融资产 | 240 000 | 应付账款 | 886 400 |
| 应收账款 | 608 000 | 长期借款 | 2 528 000 |
| 存货 | 1 460 000 | 负债合计 | 4 246 400 |
| 长期股权投资 | 1 504 000 | 股本 | 3 520 000 |
| 固定资产 | 5 740 000 | 资本公积 | 1 600 000 |
| 无形资产 | 520 000 | 盈余公积 | 573 600 |
| | | 未分配利润 | 980 000 |
| | | 所有者权益合计 | 6 673 600 |
| 资产总计 | 10 920 000 | 负债和所有者权益总计 | 10 920 000 |

**（二）母公司持有子公司部分股权**

如果母公司只持有子公司部分股权，在编制控制权取得日合并财务报表时，仍分为母公司投资成本等于、大于或小于子公司可辨认净资产公允价值三种情况，处理原则与母公司持有子公司全部股份基本相同，区别在于合并资产负债表中应单独反映"少数股东权益"项目。

少数股东权益是指除母公司以外的其他投资者所享有的子公司的所有者权益公允价值的份额。根据我国会计准则,"少数股东权益"项目在"所有者权益"项目下单独列示。

**【例 16-8】** 承[例 16-6],假设华夏公司支付 1 344 000 元的银行存款获得华美公司 80%的股权,其他资料不变。合并前华夏公司和华美公司资产负债表资料如表 16-11 所示。

对于上述控股合并业务,应根据支付对价的公允价值确定华夏公司的长期股权投资初始成本,编制会计分录如下:

借:长期股权投资　　　　　　　　　　　　　　　　　　　　　1 344 000
　　贷:银行存款　　　　　　　　　　　　　　　　　　　　　　　　1 344 000

记录上述合并业务后,华夏公司的资产负债表同表 16-15 所示。

在编制控制权取得日合并资产负债表时,应将华夏公司的长期股权投资项目与华美公司的所有者权益项目相抵销。其中,合并成本为 1 344 000 元,合并中取得的被合并方可辨认净资产公允价值份额为 1 235 200 元(1 544 000×80%),合并成本大于被合并方可辨认净资产公允价值份额,应确认商誉为 108 800 元(1 344 000－1 235 200)。少数股东权益为 308 800 元(1 544 000×20%)。

同样,可以编制调整与抵销分录如下:

① 借:存货　　　　　　　　　　　　　　　　　　　　　　　　　20 000
　　　　固定资产　　　　　　　　　　　　　　　　　　　　　　　44 000
　　　　无形资产　　　　　　　　　　　　　　　　　　　　　　　40 000
　　　贷:资本公积　　　　　　　　　　　　　　　　　　　　　　　104 000

② 借:股本　　　　　　　　　　　　　　　　　　　　　　　　1 280 000
　　　　资本公积　　　　　　　　　　　　　　　　　　　　　　184 000
　　　　盈余公积　　　　　　　　　　　　　　　　　　　　　　 32 000
　　　　未分配利润　　　　　　　　　　　　　　　　　　　　　 48 000
　　　　商誉　　　　　　　　　　　　　　　　　　　　　　　　108 800
　　　贷:长期股权投资　　　　　　　　　　　　　　　　　　　1 344 000
　　　　　少数股东权益　　　　　　　　　　　　　　　　　　　308 800

华夏公司合并财务报表的工作底稿如表 16-18 所示。

表 16-18　　　　　　　　　　合并财务报表工作底稿
　　　　　　　　　　　　　　　2×24 年 1 月 1 日　　　　　　　　　　　　　　　单位:元

| 项目 | 华夏公司 | 华美公司 | 合计数 | 调整与抵销分录 借方 | 调整与抵销分录 贷方 | 少数股东权益 | 合并数 |
|---|---|---|---|---|---|---|---|
| 资产负债表项目 | | | | | | | |
| 货币资金 | 736 000 | 112 000 | 848 000 | | | | 848 000 |
| 交易性金融资产 | 160 000 | 80 000 | 240 000 | | | | 240 000 |
| 应收账款 | 288 000 | 320 000 | 608 000 | | | | 608 000 |
| 存货 | 1 152 000 | 288 000 | 1 440 000 | ①20 000 | | | 1 460 000 |
| 长期股权投资 | 2 304 000 | 544 000 | 2 848 000 | | ②1 344 000 | | 1 504 000 |

(续表)

| 项目 | 华夏公司 | 华美公司 | 合计数 | 调整与抵销分录 | | 少数股东权益 | 合并数 |
|---|---|---|---|---|---|---|---|
| | | | | 借方 | 贷方 | | |
| 固定资产 | 4 800 000 | 896 000 | 5 696 000 | ①44 000 | | | 5 740 000 |
| 无形资产 | 320 000 | 160 000 | 480 000 | ①40 000 | | | 520 000 |
| 商誉 | | | | ②108 800 | | | 108 800 |
| 资产总计 | 9 760 000 | 2 400 000 | 12 160 000 | 212 800 | 1 344 000 | | 11 028 800 |
| 短期借款 | 512 000 | 320 000 | 832 000 | | | | 832 000 |
| 应付账款 | 726 400 | 160 000 | 886 400 | | | | 886 400 |
| 长期借款 | 2 048 000 | 480 000 | 2 528 000 | | | | 2 528 000 |
| 负债合计 | 3 286 400 | 960 000 | 4 246 400 | | | | 4 246 400 |
| 股本 | 3 520 000 | 1 280 000 | 4 900 000 | ②1280 000 | | | 3 520 000 |
| 资本公积(股本溢价) | 1 600 000 | 80 000 | 1 680 000 | ② 184 000 | ①104 000 | | 1 600 000 |
| 盈余公积 | 553 600 | 32 000 | 585 600 | ②32 000 | | | 553 600 |
| 未分配利润 | 800 000 | 48 000 | 848 000 | ②48 000 | | | 800 000 |
| 少数股东权益 | | | | | | ②308 800 | 308 800 |
| 所有者权益合计 | 6 473 600 | 1 440 000 | 9 713 600 | 1 440 000 | 104 000 | 308 800 | 6 782 400 |
| 负债和所有者权益总计 | 9 760 000 | 2 400 000 | 12 160 000 | | | | 11 028 800 |
| 抵销分录合计 | | | | 1 756 800 | 1 448 000 | 308 800 | |

根据上述工作底稿中的合并数即可编制合并资产负债表如表16-19所示。

表16-19　　　　　　　　　　　　**华夏公司合并资产负债表**

2×24年1月1日　　　　　　　　　　　　　　　　　单位:元

| 资产项目 | 金额 | 负债和所有者权益项目 | 金额 |
|---|---|---|---|
| 货币资金 | 848 000 | 短期借款 | 832 000 |
| 交易性金融资产 | 240 000 | 应付账款 | 886 400 |
| 应收账款 | 608 000 | 长期借款 | 2 528 000 |
| 存货 | 1 460 000 | 负债合计 | 4 246 400 |
| 长期股权投资 | 1 504 000 | 股本 | 3 520 000 |
| 固定资产 | 5 740 000 | 资本公积 | 1 600 000 |
| 无形资产 | 520 000 | 盈余公积 | 553 600 |
| 商誉 | 108 800 | 未分配利润 | 800 000 |
| | | 少数股东权益 | 308 800 |
| | | 所有者权益合计 | 6 782 400 |
| 资产总计 | 11 028 800 | 负债和所有者权益总计 | 11 028 800 |

## 第四节 股权取得日后合并资产负债表

合并资产负债表是反映企业集团在某一特定日期财务状况的财务报表,由合并资产、负债和所有者权益各项目组成。

### 一、对子公司的个别财务报表进行调整

在编制合并财务报表时,首先应对各子公司进行分类,分为同一控制下企业合并中取得的子公司和非同一控制下企业合并中取得的子公司两类。

#### (一) 属于同一控制下企业合并中取得的子公司

对于属于同一控制下企业合并中取得的子公司的个别财务报表,如果不存在与母公司会计政策和会计期间不一致的情况,则不需要对该子公司的个别财务报表进行调整,即不需要将该子公司的个别财务报表调整为公允价值反映的财务报表,只需要抵销内部交易对合并财务报表的影响即可。

#### (二) 属于非同一控制下企业合并中取得的子公司

对于属于非同一控制下企业合并中取得的子公司,除了存在与母公司会计政策和会计期间不一致的情况,需要对该子公司的个别财务报表进行调整外,还应当根据母公司为该子公司设置的备查簿的记录,以记录的该子公司的各项可辨认资产、负债及或有负债等在购买日的公允价值为基础,通过编制调整分录,对该子公司的个别财务报表进行调整,以使子公司的个别财务报表反映为在购买日公允价值基础上确定的可辨认资产、负债及或有负债在本期资产负债表日的金额。

### 二、按权益法调整对子公司的长期股权投资

编制合并日后合并财务报表时,首先,将母公司对子公司长期股权投资由成本法核算的结果调整为权益法核算的结果,使母公司对子公司长期股权投资项目反映其在子公司所有者权益中所拥有权益的变动情况;其次,将母公司对子公司长期股权投资项目与子公司所有者权益项目等内部交易相关的项目进行抵销处理,将内部交易对合并财务报表的影响予以抵销;最后,在编制合并日合并工作底稿的基础上,编制合并财务报表。

### 相关思考 16-3

**长期股权投资后续计量成本法及权益法的不同?**

可以从成本法及权益法的含义、核算范围、核算要点等方面进行考虑。
相关思考 16-3 解析:
1. 适用范围不同
成本法注重的是初始投资成本,受资企业的其他变动,投资企业一般不做调整。权益法注重受资企业的所有者权益,只要受资企业的所有者权益变动了,投资企业也随之进行调整。
(1) 成本法适用的范围。
企业能够对被投资单位实施控制的长期股权投资。
(2) 权益法适用的范围。
① 共同控制;② 重大影响。

2. 核算不同

投资单位采用成本法时，长期股权投资的账面价值不受被投资单位盈亏和其他权益变动的影响。只有在被投资单位分配现金股利的时候，才确认投资收益，相应的调整长期股权投资的账面价值。

权益法下，长期股权投资的账面价值受被投资单位的所有者权益变动的影响。因为长期股权投资的账面价值是需要根据被投资单位的所有者权益进行调整的。只要所有者权益发生变动，投资单位的长期股权投资的账面价值就要相应的进行调整。所以在被投资单位实现盈利的时候，所有者权益的留存收益增加了，投资单位的长期股权投资要调增，确认投资收益，发生亏损时，冲减长期股权投资的账面价值。在被投资单位分配现金股利的时候，被投资单位的所有者权益减少了，所以要冲减长期股权投资，确认应收股利。

### （一）长期股权投资成本法核算的结果调整为权益法核算的结果

将成本法核算调整为权益法核算时，应当自取得对子公司长期股权投资的年度起，逐年按照子公司当年实现的净利润中属于母公司享有的份额，调整增加对子公司长期股权投资的金额，并调整增加当年投资收益；对于子公司当期分派的现金股利或宣告分派的股利中母公司享有的份额，则调整冲减长期股权投资的账面价值，同时调整减少原投资收益。之所以要按子公司分派或宣告分派的现金股利调整减少投资收益，是因为在成本法核算的情况下，母公司在当期的财务报表中已按子公司分派或宣告分派的现金股利确认投资收益。

在取得子公司长期股权投资的第2年，将成本法调整为权益法核算的结果时，则在调整计算第1年年末权益法核算的对子公司长期股权投资的金额的基础上，按第2年子公司实现的净利润中母公司所拥有的份额，调增长期股权投资的金额；按子公司分派或宣告分派的现金股利中母公司所拥有的份额，调减长期股权投资的金额。以后年度的调整，则比照上述做法进行调整处理。

子公司除净损益以外所有者权益的其他变动，在按照权益法对成本法核算的结果进行调整时，应当根据子公司本期除损益以外的所有者权益其他变动而计入资本公积或其他综合收益的金额中所享有的金额，对长期股权投资的金额进行调整。在以后年度将成本法调整为权益法核算的结果时，也应当持续考虑这一因素对长期股权投资的金额进行调整。

在合并工作底稿中编制的调整分录：对于当期该子公司实现的净利润，按母公司应享有的份额，借记"长期股权投资"项目，贷记"投资收益"项目；对于当期该子公司发生的净亏损，按母公司应分担的份额，借记"投资收益"项目，贷记"长期股权投资"等项目；对于当期收到的现金股利或利润，借记"投资收益"项目，贷记"长期股权投资"项目。

对于子公司除净损益以外所有者权益的其他变动，按母公司应享有的份额，借记"长期股权投资"项目，贷记"其他综合收益""资本公积"等项目。

【例16-9】 华夏公司于2×24年1月1日，以28 600万元的价格取得华美公司80%的股权，使其成为子公司。华夏公司和华美公司2×24年个别财务报表如表16-20和表16-21所示。

表16-20　　　　　　　　　　　资　产　负　债　表　　　　　　　　会企01表
编制单位：　　　　　　　　　　2×24年12月31日　　　　　　　　单位：万元

| 资产 | 华夏公司 | 华美公司 | 负债和所有者权益（或股东权益） | 华夏公司 | 华美公司 |
|---|---|---|---|---|---|
| 流动资产： | | | 流动负债： | | |
| 　货币资金 | 5 700 | 6 500 | 　短期借款 | 10 000 | 4 000 |
| 　交易性金融资产 | 3 000 | 5 000 | 　交易性金融负债 | 4 000 | 2 400 |
| 　应收票据 | 7 200 | 3 600 | 　应付票据 | 13 000 | 3 600 |
| 　应收账款 | 8 500 | 5 100 | 　应付账款 | 18 000 | 5 200 |
| 　预付款项 | 1 500 | 2 500 | 　预收款项 | 4 000 | 3 900 |
| 　应收利息 | | | 　应付职工薪酬 | 5 000 | 1 600 |
| 　应收股利 | 4 800 | 0 | 　应交税费 | 2 700 | 1 400 |
| 　其他应收款 | 500 | 1 300 | 　应付利息 | | |
| 　存货 | 37 000 | 18 000 | 　应付股利 | 5 000 | 4 500 |
| 　一年内到期的非流动资产 | | | 　其他应付款 | 300 | 700 |
| 　其他流动资产 | 1 800 | 1 000 | 　一年内到期的非流动负债 | | |
| | | | 　其他流动负债 | 2 000 | 900 |
| 　流动资产合计 | 70 000 | 43 000 | 　流动负债合计 | 64 000 | 29 000 |
| 非流动资产： | | | 非流动负债： | | |
| 　债权投资 | 8 000 | 0 | 　长期借款 | 4 000 | 5 000 |
| 　其他债权投资 | 13 000 | 4 000 | 　应付债券 | 20 000 | 7 000 |
| 　长期应收款 | | | 　长期应付款 | 6 000 | 0 |
| 　长期股权投资 | 40 000 | 0 | 　专项应付款 | | |
| 　投资性房地产 | | | 　预计负债 | | |
| 　固定资产 | 28 000 | 26 000 | 　递延所得税负债 | | |
| 　在建工程 | 13 000 | 4 200 | 　其他非流动负债 | 0 | 0 |
| 　工程物资 | | | 　非流动负债合计 | 30 000 | 12 000 |
| 　固定资产清理 | | | 负债合计 | 94 000 | 41 000 |
| 　生产性生物资产 | | | 所有者权益： | | |
| 　油气资产 | | | 　股本 | 40 000 | 20 000 |
| 　无形资产 | 6 000 | 1 800 | 　其他权益工具 | | |

(续表)

| 资产 | 华夏公司 | 华美公司 | 负债和所有者权益（或股东权益） | 华夏公司 | 华美公司 |
|---|---|---|---|---|---|
| 开发支出 | | | 其中:优先股 | | |
| 商誉 | 2 000 | 0 | 资本公积 | 10 000 | 8 000 |
| 长期待摊费用 | | | 减:库存股 | | |
| 递延所得税资产 | | | 其他综合收益 | | |
| 其他非流动资产 | 0 | 0 | 专项储备 | | |
| 非流动资产合计 | 110 000 | 36 000 | 盈余公积 | 18 000 | 3 200 |
| | | | 未分配利润 | 18 000 | 6 800 |
| | | | 所有者权益合计 | 86 000 | 38 000 |
| 资产总计 | 180 000 | 79 000 | 负债和所有者权益总计 | 180 000 | 79 000 |

表16-21　　　　　　　　　　　　利　润　表　　　　　　　　　　　会企01表
编制单位：　　　　　　　　　　2×24年度　　　　　　　　　　　　单位:万元

| 项目 | 华夏公司 | 华夏公司 |
|---|---|---|
| 一、营业收入 | 150 000 | 94 800 |
| 　减:营业成本 | 96 000 | 73 000 |
| 　　税金及附加 | 1 800 | 1 000 |
| 　　销售费用 | 5 200 | 3 400 |
| 　　管理费用 | 6 000 | 3 900 |
| 　　财务费用 | 1 200 | 800 |
| 　　资产减值损失 | 600 | 300 |
| 　加:公允价值变动损益(损失以"－"号填列) | 0 | 0 |
| 　　投资收益(损失以"－"号填列) | 9 800 | 200 |
| 　　其中:对联营企业和合营企业的投资收益(损失以"－"号填列) | | |
| 二、营业利润 | 49 000 | 12 600 |
| 　加:营业外收入 | 1 600 | 2 400 |
| 　减:营业外支出 | 2 600 | 1 000 |
| 三、利润总额 | 48 000 | 14 000 |
| 　减:所得税费用 | 12 000 | 3 500 |
| 四、净利润 | 36 000 | 10 500 |

华美公司2×24年1月1日所有者权益总额为32 000万元,其中,股本为20 000万元,资本公积为8 000万元,盈余公积为1 200万元,未分配利润为2 800万元;2×24年12月31日,所有者权益总额为38 000万元,其中,股本为20 000万元,资本公积为8 000万元,盈

余公积为 3 200 万元,未分配利润为 6 800 万元。

华美公司 2×24 年全年实现净利润 10 500 万元,经公司董事会提议并经股东会批准,2×24 年提取盈余公积 2 000 万元,向股东宣告分派现金股利 4 500 万元。

本例中,华夏公司对华美公司长期股权投资取得时的账面价值为 25 600 万元,2×24 年 12 月 31 日仍为 25 600 万元,华夏公司当年确认投资收益为 3 600 万元。

将成本法核算的结果调整为权益法核算的结果相关的调整分录如下:

借:长期股权投资——华美公司　　　　　　　　　　　　84 000 000　　　①
　　贷:投资收益　　　　　　　　　　　　　　　　　　　　　84 000 000
借:投资收益　　　　　　　　　　　　　　　　　　　　36 000 000　　　②
　　贷:长期股权投资——华夏公司　　　　　　　　　　　　　36 000 000

经过上述调整分录后,华夏公司对华美公司长期股权投资的账面价值为 30 400 万元(25 600+8 400-3 600)。华夏公司对华美公司长期股权投资的账面价值 30 400 万元正好与母公司在华夏公司股东权益中所拥有的份额相等。

【例 16-10】 A 公司 2×24 年 1 月 1 日以银行存款 600 000 元取得 B 公司100%的股权(该合并属于非同一控制下的企业合并),合并日 B 公司净资产公允价值为 560 000 元,净资产账面价值为 520 000 元,其中股本 400 000 元,资本公积为 60 000 元,其他综合收益为 0,盈余公积为 40 000 元,未配利润为 20 000 元;A 公司备查簿中记录的 B 公司 2×24 年 1 月 1 日某项管理用固定资产的账面价值为 176 000 元,公允价值为 200 000 元;某项无形资产的账面价值为 40 000 元,公允价值为 56 000 元,如表 16-22 所示。除该表所列项目外,B 公司其他资产的账面价值与公允价值相同。该项固定资产和无形资产的折旧年限及摊销年限均为 10 年。2×24 年,B 公司实现净利润 80 000 元,按净利润的 10%提取法定盈余公积,按净利润的 30%向股东分派现金股利。假定 B 公司的会计政策和会计期间与 A 公司一致,不考虑 A 公司和 B 公司合并资产、负债的所得税影响。A 公司备查簿如表 16-22 所示。

表 16-22　　　　　　　　　　　A 公司备查簿　　　　　　　　　　　单位:元

| 项目 | 账面价值 | 公允价值 | 公允价值与账面价值的差额 | 每年调整额 | 备注 |
|---|---|---|---|---|---|
| B 公司 | | | | | |
| 流动资产 | 456 000 | 456 000 | | | |
| 非流动资产 | 336 000 | 376 000 | | | |
| 其中:固定资产 | 176 000 | 200 000 | 24 000 | 2 400 | 该固定资产为管理用固定资产,剩余摊销年限为 10 年,采用年限平均法计提折旧 |
| 无形资产 | 40 000 | 56 000 | 16 000 | 1 600 | 该无形资产剩余摊销年限为 10 年 |

2×24 年 1 月 1 日、A 公司合并 B 公司取得其 100%的股权时,应编制的会计分录如下:

借:长期股权投资　　　　　　　　　　　　　　　　　　　　600 000
　　贷:银行存款　　　　　　　　　　　　　　　　　　　　　　600 000

以上述会计分录为基础,在成本法下,A 公司个别财务报表中"长期股权投资"项目的金额为 600 000 元。

A 公司在编制合并财务报表工作底稿时应遵循的合并程序与方法如下:

第一,将 B 公司的资产、负债调整为公允价值。

2×24 年 1 月 1 日,B 公司可辨认净资产账面价值为 520 000 元,公允价值为 560 000 元,应在合并财务报表工作底稿中将 B 公司固定资产和无形资产金额分别调增 24 000 元和 16 000 元。调整分录如下:

| | | |
|---|---|---|
| 借:固定资产 | 24 000 | |
|     无形资产 | 16 000 | |
|     贷:资本公积 | | 40 000 |

第二,将 B 公司以账面价值为基础的净利润调整为以公允价值为基础的净利润。

A 公司在将 B 公司以账面价值为基础的净利润调整为以公允价值为基础的净利润过程中,应考虑由于 B 公司固定资产、无形资产的公允价值大于账面价值而补提的固定资产折旧和无形资产摊销对以账面价值为基础的净利润的影响。

B 公司以公允价值为基础的净利润计算如下:

| | |
|---|---|
| 以账面价值为基础的净利润 | 80 000 |
| ——应补提的固定资产折旧额(24 000÷10) | 2 400 |
| ——应补提的无形资产摊销额(16 000÷10) | 1 600 |
| 以公允价值为基础的净利润 | 76 000 |
| A 公司权益法下应确认的长期股权投资 | 76 000 |
| A 公司权益法下应确认的投资收益 | 76 000 |

根据上述计算结果,应编制的调整分录如下:

补提固定资产折旧和无形资产摊销:

| | | |
|---|---|---|
| 借:管理费用 | 4 000 | |
|     贷:固定资产——累计折旧 | | 2 400 |
|         无形资产——累计摊销 | | 1 600 |

第三,在 B 公司以公允价值为基础的净利润基础上进行权益法调整。

在成本法下,A 公司个别财务报表中"长期股权投资"的余额为 600 000 元,"投资收益"的余额为 24 000 元。

根据权益法调整情况确认投资收益 76 000 元并增加 A 公司长期股权投资的账面价值:

| | | |
|---|---|---|
| 借:长期股权投资 | 76 000 | |
|     贷:投资收益 | | 76 000 |

对 B 公司分派的股利调减长期股权投资 24 000 元:

| | | |
|---|---|---|
| 借:应收股利 | 24 000 | |
|     贷:长期股权投资 | | 24 000 |

抵销原成本法下确认的投资收益 24 000 元:

借:投资收益 24 000
　　贷:应收股利 24 000

经过上述调整后,A公司编制2×24年度合并财务报表前"长期股权投资""投资收益"项目的金额计算如下:

"长期股权投资"项目金额 = 600 000 + 76 000 − 24 000 = 652 000(元)
"投资收益"项目的金额 = 24 000 + 76 000 − 24 000 = 76 000(元)

### (二) 合并抵销处理

在合并工作底稿中,对长期股权投资的金额进行调整后,长期股权投资的金额正好反映母公司在所有者权益中所拥有的份额,或者也可以不进行权益法调整,直接抵销,本章存货举例中是按照先调整后抵销的原则处理的。要编制合并财务报表,在此基础上还必须按编制合并财务报表的要求进行抵销处理,将母公司与子公司之间的内部交易对合并财务报表的影响予以抵销。

首先,编制合并财务报表时,必须将母公司对子公司长期股权投资与子公司所有者权益中所拥有的份额予以抵销。根据母公司在子公司所在者权益中享有份额的多少不同,可以将子公司分为全资子公司和非全资子公司,对于全资子公司,进行抵销处理时将对子公司长期股权投资的金额与子公司所有者权益全额抵销;而对于非全资子公司,则将长期股权投资与子公司所有者权益中母公司所有的金额进行抵销,不属于母公司的份额,即属于子公司少数股东的权益,应将其转为少数股东权益。

**【例 16-11】** 承[例16-9],经过调整后,华夏公司对华美公司长期股权投资的金额为30 400万元;华美公司股东权益总额为38 000万元,华夏公司拥有80%的股权,即在子公司股益中拥有30 400万元;其余20%则属于少数股东权益。

长期股权投资与子公司所有者权益相互抵销时,其抵销分录如下:

借:股本 200 000 000　　③
　　资本公积 80 000 000
　　盈余公积 32 000 000
　　未分配利润 68 000 000
　　贷:长期股权投资 304 000 000
　　　　少数股东权益 76 000 000

其次,还必须将对子公司的投资收益与子公司当年利润分配相抵销,使合并财务报表反映母公司股东权益变动的情况。从单一企业来讲,当年实现的净利润加上年初未分配利润是企业利润分配的来源,企业对其进行分配,提取盈余公积、向股东分配股利以及留待以后年度的未分配利润(未分配利润可以理解为将这部分利润分配到下一会计年度)等,则是利润分配的去向。而子公司当年实现的净利润,可以分为两部分:一部分属于母公司所有,即母公司的投资收益;另一部分则属于少数股东所有,即少数股东收益。为了使合并财务报表反映母公司股东权益的变动情况及财务状况,则必须将母公司投资收益、少数股东收益和期初未分配利润与子公司当年利润分配以及未分配利润的金额相抵销。

华夏公司进行上述抵销处理时,其抵销分录如下:

| | | |
|---|---|---|
| 借:投资收益 | 84 000 000 | ④ |
|     少数股东损益 | 21 000 000 | |
|     期初未分配利润 | 28 000 000 | |
|   贷:提取盈余公积 | 20 000 000 | |
|     向股东分配利润 | 45 000 000 | |
|     年末未分配利润 | 68 000 000 | |

同时,被合并方在企业合并前实现的留存收益中归属于合并方的部分,自资本公积转入留存收益。

另外,本例中,华美公司本年宣告分派现金股利 4 500 万元,股利款项尚未支付,华美公司已将其计列应付股利 4 500 万元。华夏公司根据华美公司宣告的分派现金股利的公告,按照其所享有的金额,已确认应收股利,并在其资产负债表中计列应收股利 3 600 万元。这属于母公司与子公司之间的债权债务,在编制合并财务报表时必须将其予以抵销,其抵销分录如下:

| | | |
|---|---|---|
| 借:应付股利 | 36 000 000 | ⑤ |
|   贷:应收股利 | 36 000 000 | |

### 三、编制合并资产负债表时应进行抵销处理的项目

合并资产负债表是以母公司和子公司的个别资产负债表为基础编制的。个别资产负债表则是以单个企业为会计主体进行会计核算的结果,它从母公司本身或从子公司本身的角度对自身的财务状况进行反映。这样,对于内部交易,从发生内部交易的企业来看,发生交易的各方都在其个别资产负债表中进行了反映。

编制合并资产负债表时需要进行抵销处理的项目主要有:①母公司对子公司长期股权投资与子公司所有者权益。②母公司与子公司、子公司相互之间产生的内部债权与债务。③存货项目,即内部购进存货成本中包含的未实现内部销售损益。④固定资产项目,即内部购进商品形成的固定资产、内部购进的固定资产成本中包含的未实现内部销售损益。⑤无形资产项目,即内部购进商品形成的无形资产、内部购进的无形资产成本中包含的未实现内部销售损益。⑥与抵销的长期股权投资、应收账款、存货、固定资产、无形资产等资产相关的减值准备的抵销。

#### (一) 长期股权投资与子公司所有者权益的抵销处理

母公司对子公司的长期股权投资,一方面反映为长期股权投资以外的其他资产的减少,另一方面反映为长期股权投资的增加,在母公司个别资产负债表中作为资产类项目中的长期股权投资列示。子公司接受这一投资时,一方面增加资产,另一方面作为实收资本(或股本,下同)等处理;在其个别资产负债表中,一方面反映为实收资本(或股本)等的增加,另一方面反映为相对应的资产的增加。从企业集团整体来看,母公司对子公司进行的长期股权投资实际上相当于母公司将资本拨付下属核算单位,并不引起整个企业集团的资产、负债和所有者权益的增减变动。因此,编制合并财务报表时,应当在母公司与子公司财务报表数据简单相加的基础上,将母公司对子公司长期股权投资与子公司所有者权益予以抵销。

1. 在子公司为全资子公司的情况下,母公司对子公司长期股权投资的金额和子公司所

有者权益各项目的金额应当全额抵销。在合并工作底稿中编制的抵销分录为:借记"实收资本"或"股本""资本公积""盈余公积"和"未分配利润"项目,贷记"长期股权投资"项目。其中,属于商誉的部分,还应借记"商誉"项目。

2. 在子公司为非全资子公司的情况下,应当将母公司对子公司长期股权投资的金额与子公司所有者权益中母公司所享有的份额相抵销。子公司所有者权益中不属于母公司的份额,即子公司所有者权益中抵销母公司所享有的份额后的余额,在合并财务报表中作为"少数股东权益"处理。在合并工作底稿中编制的抵销分录为:借记"实收资本"或"股本""资本公积""盈余公积"和"未分配利润"项目,贷记"长期股权投资"和"少数股东权益"项目。其中属于商誉的部分,还应借记"商誉"项目。

合并财务报表准则规定,子公司持有母公司的长期股权投资,应当视为企业集团的库存股,作为所有者权益的减项,在合并资产负债表中所有者权益项目下以"减:库存股"项目列示。子公司相互之间持有的长期股权投资,应当比照母公司对子公司的股权投资的抵销方法,将长期股权投资与其对应的子公司所有者权益中所享有的份额相互抵销。

### (二) 内部债权与债务的抵销处理

16-3 扫一扫
练一练

16-4 扫一扫
练一练答案

母公司与子公司、子公司相互之间的债权和债务项目是指母公司与子公司、子公司相互之间因销售商品、提供劳务以及发生结算业务等原因产生的应收账款与应付账款、应收票据与应付票据、预付款项与预收款项、其他应收款与其他应付款、长期债券投资与应付债券等项目。发生在母公司与子公司、子公司相互之间的这些项目,企业集团内部企业的一方在其个别资产负债表中反映为资产,而另一方则在其个别资产负债表中反映为负债。但从企业集团整体角度来看,它只是内部资金运动,既不能增加企业集团的资产,也不能增加负债。因此,为了消除个别资产负债表直接加总中的重复计算因素,在编制合并财务报表时应当将内部债权与债务项目予以抵销。需要进行抵销处理的内部债权与债务项目主要包括:①应收账款与应付账款;②应收票据与应付票据;③预付款项与预收款项;④债权投资与应付债券;⑤应收利息与应付利息;⑥应收股利与应付股利;⑦其他应收款与其他应付款。

1. 应收账款与应付账款的抵销处理

(1) 初次编制合并财务报表时应收账款与应付账款的抵销处理。在应收账款计提坏账准备的情况下,某一会计期间坏账准备的金额是以当期应收账款为基础计提的。在编制合并财务报表时,内部应收账款抵销时,其抵销分录为:借记"应付账款"项目,贷记"应收账款"项目;内部应收账款计提的坏账准备抵销时,其抵销分录为:借记"应收账款——坏账准备"项目,贷记"信用减值损失"项目。

(2) 连续编制合并财务报表时内部应收账款坏账准备的抵销处理。从合并财务报表来讲,内部应收账款计提坏账准备的抵销是与抵销当期资产减值损失相对应的,上期抵销的坏账准备的金额,即上期信用减值损失抵减的金额,最终将影响到本期合并所有者权益变动表中的期初未分配利润金额的增加。由于利润表和所有者权益变动表是反映企业一定会计期间经营成果及其分配情况的财务报表,其上期期末未分配利润就是本期所有者权益变动表期初未分配利润(假定不存在会计政策变更和前期差错更正的情况)。本期编制合并财务报表是以本期母公司和子公司当期的个别财务报表为基础编制的,随着上期编制合并财务报表时内部应收账款计提坏账准备的抵销,以此个别财务报表为基础加总得出的期初未分配利润与上一会计期间合并所有者权益变动表中的未分配利润金额之间将产生差额。为此,编制合并财务报表时,必须将上期因内部应收账款计提坏账准备抵销而抵销的信用减值损失对本期期初未分配利润的影响予以抵销,调整本期期初未分配利润的金额。

在连续编制合并财务报表进行抵销处理时,应按下列程序进行抵销:

首先,将内部应收账款与应付账款予以抵销,即按内部应收账款的全额,借记"应付账款"项目,贷记"应收账款"项目。

其次,应将上期信用减值损失中抵销的内部应收账款计提的坏账准备对本期期初未分配利润的影响予以抵销,即按上期信用减值损失项目中抵销的内部应收账款计提的坏账准备金额,借记"应收账款——坏账准备"项目,贷记"期初未分配利润"项目。

最后,对于本期个别财务报表中内部应收账款相对应的坏账准备增减变动的金额也应予以抵销,即按照本期个别资产负债表中期末内部应收账款相对应的坏账准备的增加额,借记"应收账款——坏账准备"项目,贷记"信用减值损失"项目,或按照本期个别资产负债表中期末内部应收账款相对应的坏账准备的减少额,借记"信用减值损失"项目,贷记"应收账款——坏账准备"项目。

第一种情况:内部应收账款本期余额与上期余额相等时的抵销处理。

【例16-12】 假定P公司是S公司的母公司,假设P公司2×24年个别资产负债表中对S公司内部应收账款余额与2×23年相同,仍为4 750 000元,坏账准备余额仍为250 000元,2×24年内部应收账款相对应的坏账准备余额未发生增减变化。S公司个别资产负债表中应付账款5 000 000元系2×23年向P公司购进商品存货发生的应付购货款。

P公司在合并工作底稿中应进行抵销处理如下:

① 将内部应收账款与应付账款相互抵销。其抵销分录如下:

借:应付账款　　　　　　　　　　　　　　　　　　　　　　　5 000 000
　　贷:应收账款　　　　　　　　　　　　　　　　　　　　　　　　　5 000 000

② 将上期(2×23年)内部应收账款计提的坏账准备抵销。在这种情况下,P公司个别财务报表附注中坏账准备余额实际上是上期结转而来的余额,因此只需将上期内部应收账款计提的坏账准备予以抵销,同时调整本期期初未分配利润的金额。其抵销分录如下:

借:应收账款——坏账准备　　　　　　　　　　　　　　　　　　250 000
　　贷:期初未分配利润　　　　　　　　　　　　　　　　　　　　　　250 000

第二种情况:内部应收账款本期余额大于上期余额时的抵销处理。

【例16-13】 假定P公司是S公司的母公司,假设P公司2×24年个别资产负债表中对S公司内部应收账款余额为6 270 000元,坏账准备余额为330 000元,本期对S公司内部应收账款净增加1 600 000元,本期内部应收账款相对应的坏账准备增加80 000元。S公司个别资产负债表中应付账款6 600 000元系2×23年和2×24年向P公司购进商品存货发生的应付购货款。其他资料同[例16-12]。

P公司在合并工作底稿中应进行抵销处理如下:

① 将内部应收账款与应付账款相互抵销。其抵销分录如下:

借:应付账款　　　　　　　　　　　　　　　　　　　　　　　6 600 000
　　贷:应收账款　　　　　　　　　　　　　　　　　　　　　　　　　6 600 000

② 将上期(2×23年)内部应收账款计提的坏账准备予以抵销,调整期初未分配利润的金额。其抵销分录如下:

借:应收账款——坏账准备　　　　　　　　　　　　　　　250 000
　　贷:期初未分配利润　　　　　　　　　　　　　　　　　　　　250 000

③ 将本期(2×24年)对S公司内部应收账款相对应的坏账准备增加的80 000元予以抵销。其抵销分录如下:

借:应收账款——坏账准备　　　　　　　　　　　　　　　 80 000
　　贷:信用减值损失　　　　　　　　　　　　　　　　　　　　　 80 000

第三种情况:内部应收账款本期余额小于上期余额时的抵销处理。

【例16-14】 假定P公司是S公司的母公司,假设P公司2×24年个别资产负债表中对S公司内部应收账款余额为3 040 000元,坏账准备余额为160 000元。内部应收账款比上期(2×23年)净减少1 800 000元,本期内部应收账款相对应的坏账准备余额减少90 000元。S公司个别资产负债表中应付账款3 200 000元系2×23年和2×24年向P公司购进商品存货发生的应付购货款的余额。其他资料同[例16-12]。

P公司在合并工作底稿中应进行抵销处理如下:

① 将内部应收账款与应付账款相互抵销。其抵销分录如下:

借:应付账款　　　　　　　　　　　　　　　　　　　　3 200 000
　　贷:应收账款　　　　　　　　　　　　　　　　　　　　　　3 200 000

② 上期(2×23年)内部应收账款计提的坏账准备予以抵销,调整期初未分配利润的金额。其抵销分录如下:

借:应收账款——坏账准备　　　　　　　　　　　　　　　250 000
　　贷:期初未分配利润　　　　　　　　　　　　　　　　　　　　250 000

③ 将本期(2×24年)因内部应收账款相对应的坏账准备减少的90 000元予以抵销。其抵销分录如下:

借:信用减值损失　　　　　　　　　　　　　　　　　　　 90 000
　　贷:应收账款——坏账准备　　　　　　　　　　　　　　　　　 90 000

在第三期编制合并财务报表的情况下,必须将第二期内部应收账款期末余额相应的坏账准备予以抵销,以调整期初未分配利润的金额。然后,计算确定本期内部应收账款相对应的坏账准备增减变动的金额,并将其增减变动的金额予以抵销。其抵销分录与第二期编制的抵销分录相同。

**? 相关思考16-4**

### 下列抵销分录有什么不同

连续各期合并财务报表编制中的债权与债务抵销分录与首期编制合并财务报表的债权与债务抵销分录有哪些区别吗?

相关思考解析16-4:

连续编制时的区别在于对于前期计提的坏账准备抵销需要借记"应收账款",贷记"期初未分配利润"。

而首期编制合并财务报表时债权债务的抵销只需要抵销本期的债权债务及坏账准备的有关内容。

2. 其他债权与债务项目的抵销处理

在某些情况下,债券投资而持有的企业集团内部成员企业的债券并不是从发行债券的企业直接购进,而是在证券市场上从第三方手中购进的。在这种情况下,长期债券投资与发行债券企业的应付债券抵销时,可能会出现差额,应当计入合并利润表的投资收益或财务费用项目。

### (三) 存货价值中包含的未实现内部销售损益的抵销处理

16-5视频：
存货业务
的抵销

存货价值中包含的未实现内部销售损益是由于企业集团内部商品购销、劳务提供活动所引起的。在内部购销活动中,销售企业将集团内部销售作为收入确认并计算销售利润。而购买企业则是以支付购货的价款作为其成本入账;在本期内未实现对外销售而形成期末存货时,其存货价值中也相应地包括两部分内容：一部分为真正的存货成本(即销售企业销售该商品的成本);另一部分为销售企业的销售毛利(即其销售收入减去销售成本的差额)。对于期末存货价值中包括的这部分销售毛利,从企业集团整体来看,并不是真正实现的利润。因为从整个企业集团来看,集团内部企业之间的商品购销活动实际上相当于企业内部物资调拨活动,既不会实现利润,也不会增加商品的价值。正是从这一意义上来说,将期末存货价值中包括的这部分销售企业作为利润确认的部分,称之为未实现内部销售损益。因此,在编制合并资产负债表时,应当将存货价值中包含的未实现内部销售损益予以抵销。

1. 当期内部购进商品的抵销

(1) 购买企业内部购进的商品当期全部实现销售时的抵销处理。在这种情况下,对于销售企业来说,销售给其他成员企业商品与销售给集团外部企业情况下的会计处理相同,即在本期确认销售收入、结转销售成本、计算损益,并在其个别利润表中反映;对于购买企业来说：一方面要确认销售收入;另一方面要结转销售内部购进商品的成本,并在其个别利润表中分别作为营业收入和营业成本反映,并确认损益。这也就是说,对于同一购销业务,在销售企业和购买企业的个别利润表都作了反映。但从企业集团整体来看,这一购销业务只是实现了一次销售,其销售收入只是购买企业销售该产品的销售收入,其销售成本只是销售企业销售该商品的成本。销售企业销售该商品的收入属于内部销售收入,相应的购买企业销售该商品的销售成本则属于内部销售成本。因此,在编制合并财务报表时,就必须将重复反映的内部销售收入与内部销售成本予以抵销。进行抵销处理时,应借记"营业收入"等项目,贷记"营业成本"等项目。

【例 16-15】 华夏公司拥有 A 公司 70% 的股权,系 A 公司的母公司。华夏公司本期个别利润表的营业收入中有 3 000 万元,系向 A 公司销售产品取得的销售收入,该产品销售成本为 2 100 万元。A 公司在本期将该产品全部售出,其销售收入为 3 750 万元,销售成本为 3 000 万元,并分别在其个别利润表中列示。

对此,编制合并财务报表将内部销售收入和内部销售成本予以抵销时,应编制抵销分录如下：

借：营业收入　　　　　　　　　　　　　　　　　　　　　30 000 000
　　贷：营业成本　　　　　　　　　　　　　　　　　　　　　30 000 000

(2) 购买企业内部购进的商品未实现对外销售时的抵销处理。在内部购进的商品未实现对外销售的情况下,从销售企业来说,同样是按照一般的销售业务确认销售收入,结转销售成本,计算销售利润,并在其利润表中列示。这一业务从整个企业集团来看,实际上只是商品存放地点发生变动,并没有真正实现企业集团对外销售,不应确认为销售收入、结转销售成本以及计算损益。因此,对于该内部购销业务,在编制合并财务报表时,应当将销售企业由此确认的内部销售收入和内部销售成本予以抵销。对于这一经济业务,从购买企业来说,则以支付的购货价款作为存货成本入账,并在其个别资产负债表中作为资产列示。这样,购买企业的个别资产负债表中存货的价值中就包含有销售企业实现的销售毛利。销售企业由于内部购销业务实现的销售毛利,属于未实现内部销售损益。

存货价值中包含的未实现内部销售损益是由于企业集团内部商品购销活动所引起的。在内部购销活动中,销售企业将集团内部销售作为收入确认并计算销售利润。而购买企业则是以支付购货的价款作为其成本入账;在本期内未实现对外销售而形成期末存货时,其存货价值中也相应地包括两部分内容:一部分为真正的存货成本(即销售企业销售该商品的成本);另一部分为销售企业的销售毛利(即其销售收入减去销售成本的差额)。对于期末存货价值中包括的这部分销售毛利,从企业集团整体来看,并不是真正实现的利润。因为从企业整体来看,集团内部企业之间的商品购销活动实际上相当于一个企业内部物资调拨活动,既不会实现利润,也不会增加商品的价值。正是从这一意义上来说,将期末存货价值中包括的这部分销售企业作为利润确认的部分,称之为未实现内部销售损益。如果合并财务报表将母公司与子公司财务报表中的存货简单相加,则虚增存货成本。因此,在编制合并资产负债表时,应当将存货价值中包含的未实现内部销售损益予以抵销。

【例 16-16】 华夏公司系 A 公司的母公司。华夏公司本期个别利润表的营业收入中有 1 000 万元,系向 A 公司销售商品实现的收入,其商品成本为 800 万元,销售毛利率为 20%。A 公司本期从华夏公司购入的商品在本期均未实现销售,期末存货中包含有 1 000 万元从华夏公司购进的商品,该存货中包含的未实现内部销售损益为 200 万元。

编制合并利润表时,将内部销售收入、内部销售成本及存货价值中包含的未实现内部销售损益抵销时,其抵销分录如下:

借:营业收入　　　　　　　　　　　　　　　　　　　　　　10 000 000
　　贷:营业成本　　　　　　　　　　　　　　　　　　　　　　8 000 000
　　　　存货　　　　　　　　　　　　　　　　　　　　　　　　2 000 000

(3) 内部购进的商品部分实现对外销售的抵销处理。可以将内部购买的商品分解为两部分来理解:一部分为当期购进并全部实现对外销售;另一部分为当期购进但未实现对外销售而形成期末存货。[例 16-15]介绍的就是前一部分的抵销处理,[例 16-16]介绍的则是后一部分的抵销处理。将[例 16-15]和[例 16-16]的抵销处理合并在一起,则就是第三种情况下的抵销处理。

【例 16-17】 华夏公司本期个别利润表的营业收入中有 5 000 万元,系向 A 公司销售产品取得的销售收入,该产品销售成本为 3 500 万元,销售毛利率为 30%。A 公司在本期将该批内部购进商品的 60% 实现销售,其销售收入为 3 750 万元,销售成本为 3 000 万元,销售毛利率为 20%,并列示于其个别利润表中;该批商品的另外 40% 则形成 A 公司期末存货,即期末存货为2 000万元,列示于A公司的个别资产负债表之中。

此时,在编制合并财务报表时,其抵销处理如下:

借:营业收入　　　　　　　　　　　　　　　　　　　　　　　　　　50 000 000
　　贷:营业成本(35 000 000+9 000 000)　　　　　　　　　　　　　44 000 000
　　　　存货(15 000 000×40%)　　　　　　　　　　　　　　　　　　6 000 000

对于内部销售收入的抵销,也可按照如下方法抵销处理:①按照内部销售收入的数额,借记"营业收入"项目,贷记"营业成本"项目;②按照期末存货价值中包含的未实现内部销售损益的数额,借记"营业成本"项目,贷记"存货"项目。

【例16-18】　华夏公司与A公司内部销售业务资料见[例16-17]。

将其内部销售收入、销售成本以及期末存货中包含的未实现内部销售利润抵销,编制抵销分录如下:

① 借:营业收入　　　　　　　　　　　　　　　　　　　　　　　　　50 000 000
　　贷:营业成本　　　　　　　　　　　　　　　　　　　　　　　　　50 000 000

② 借:营业成本　　　　　　　　　　　　　　　　　　　　　　　　　6 000 000
　　贷:存货　　　　　　　　　　　　　　　　　　　　　　　　　　　6 000 000

2. 连续编制合并财务报表时内部购进商品的抵销处理

对于上期内部购进商品全部实现对外销售的情况下,由于不涉及内部存货价值中包含的未实现内部销售损益的抵销处理,在本期连续编制合并财务报表时不涉及对其进行处理的问题。但在上期内部购进并形成期末存货的情况下,在编制合并财务报表进行抵销处理时,存货价值中包含的未实现内部销售损益的抵销,直接影响上期合并财务报表中合并净利润金额的减少,最终影响合并所有者权益变动表中期末未分配利润的金额的减少。由于本期编制合并财务报表时是以母公司和子公司本期个别财务报表为基础,而母公司和子公司个别财务报表中未实现内部销售损益是作为其实现利润的部分包括在其期初未分配利润之中,以母子公司个别财务报表中期初未分配利润为基础计算得出的合并期初未分配利润的金额就可能与上期合并财务报表中的期末未分配利润的金额不一致。因此,上期编制合并财务报表时抵销的内部购进存货中包含的未实现内部销售损益,也对本期的期初未分配利润产生影响。本期编制合并财务报表时必须在合并母子公司期初未分配利润的基础上,将上期抵销的未实现内部销售损益对本期期初未分配利润的影响予以抵销,调整本期期初未分配利润的金额。

在连续编制合并财务报表的情况下,首先必须将上期抵销的存货价值中包含的未实现内部销售损益对本期期初未分配利润的影响予以抵销,调整本期期初未分配利润的金额;然后再对本期内部购进存货进行抵销处理。其具体抵销处理程序和方法如下:

(1)将上期抵销的存货价值中包含的未实现内部销售损益对本期期初未分配利润的影响进行抵销。即按照上期内部购进存货价值中包含的未实现内部销售损益的金额,借记"期初未分配利润"项目,贷记"营业成本"项目。这一抵销分录,可以理解为上期内部购进的存货中包含的未实现内部销售损益在本期视同为实现利润,将未实现内部销售损益转为实现利润,冲减当期的合并成本。

(2)对于本期发生内部购销活动的,将内部销售收入、内部销售成本及内部购进存货中未实现内部销售损益予以抵销。即按照销售企业内部销售收入的金额,借记"营业收入"项目,贷记"营业成本""存货"项目。

(3) 将期末内部购进存货价值中包含的未实现内部销售损益予以抵销。对于期末内部购买形成的存货(包括上期结转形成的本期存货),应按照购买企业期末内部购入存货价值中包含的未实现内部销售损益的金额,借记"期初未分配利润""营业成本"项目,贷记"存货"项目。

【例 16-19】 上期华夏公司与 A 公司内部购销资料、内部销售的抵销处理及其合并工作底稿(局部)见[例 16-17]。本期华夏公司个别财务报表中向 A 公司销售商品取得销售收入为 6 000 万元,销售成本为 4 200 万元,华夏公司本期销售毛利率与上期相同,为 30%。A 公司个别财务报表中从华夏公司购进商品本期实现对外销售收入为 5 625 万元,销售成本为 4 500 万元,销售毛利率为 20%;期末内部购进形成的存货为 3 500 万元(期初存货 2 000 万元+本期购进存货 6 000 万元-本期销售成本 4 500 万元),存货价值中包含的未实现内部销售损益为 1 050 万元。

此时,编制合并财务报表时应进行合并处理如下:

① 调整期初未分配利润的数额:

借:期初未分配利润     6 000 000
  贷:营业成本     6 000 000

② 抵销本期内部销售收入:

借:营业收入     60 000 000
  贷:营业成本     60 000 000

③ 抵销期末存货价值中包含的未实现内部销售损益:

借:营业成本(35 000 000×30%)     10 500 000
  贷:存货     10 500 000

3. 存货跌价准备的合并处理

(1) 初次编制合并财务报表时存货跌价准备的合并处理。

根据现行企业会计准则的规定,企业必须定期或者至少于年度终了时,对存货进行全面清查,采用成本与可变现净值孰低法进行期末计价,按单个存货项目计提存货跌价准备。其存货清查的范围既包括从企业集团外部购进形成的存货,也包括从企业集内部购进形成的存货。当企业本期计提的存货跌价准备中包括对内部销售形成的存货计提的跌价准备时,则涉及如何将对内部购进的存货计提的跌价准备进行抵销的问题。

某一商品因毁损、陈旧过时而导致其可变现净值下跌,从而计提跌价准备时,从整个企业集团来说,对这一毁损、陈旧的商品同样必须计提跌价准备。也就是说,某一商品在企业集团内某一成员企业计提跌价准备,对于企业集团来说也同样必须计提跌价准备。某商品计提跌价准备的金额,从单一企业来说,为该商品可变现净值低于取得成本的差额;而从企业集团来说,则是该商品可变现净值与企业集团范围内取得该商品成本的差额。从商品的可变现净值来说,某一商品的可变现净值,无论对于企业集团还是持有该商品的企业来说,基本上都是一致的。从商品的取得成本来说,持有内部购进商品的企业对该商品的取得成本包括销售企业所实现的利润,而对于企业集团整体来说,则是指从外部购买该商品的成本或生产这一产品的生产成本。编制合并财务报表时,计提存货跌价准备应当是将该商品的可变现净值与从企业集团的取得成本进行比较确定的计提金额。对内部销售形成的存货计提跌价准备的合并处理,从购买企业来看有两种情况:第一种情况是,购买企业本期期末内部购进存货的可变现净值低于其取得成本,但高于销售企业的销售成本。第二种情况是,购买企业本期期末内部购进存货的可变现净值既低于该存货的取得成本,也低于销售企业的该存货的取得成本。

在第一种情况下,从购买企业个别财务报表来说,购买企业按该存货的可变现净值低于其取得成本的金额,一方面,确认存货跌价准备并在其个别资产负债表中通过抵销存货项目的金额列示;另一方面,在利润表中作为资产减值损失列示。但从合并财务报表来说,随着内部购进存货包含的未实现内部销售损益的抵销,该存货在合并财务报表中列示的成本为抵销未实现内部销售损益后的成本。当该存货的可变现净值低于购买企业的取得成本,但高于该存货在合并财务报表中成本时,则不需要计提存货跌价准备。个别财务报表中计列的相应的存货跌价准备,也应予以抵销。进行合并处理时,应当按照购买企业本期计提存货跌价准备的金额,借记"存货"项目,贷记"资产减值损失"项目。

【例16-20】 华夏公司系A公司的母公司,华夏公司本期向A公司销售商品2 000万元,其销售成本为1 400万元,A公司购进的该商品当期全部未实现对外销售而形成期末存货。A公司期末对存货进行检查时,发现该商品已经部分陈旧,其可变现净值已降至1 840万元。为此,A公司期末对该存货计提存货跌价准备160万元,并在其个别财务报表中列示。

在本例中,该存货的可变现净值降至1 840万元,高于抵销未实现内部销售损益后的金额(1 400万元)。此时,在编制本期合并财务报表时,应进行合并处理如下:

① 将内部销售收入与内部销售成本抵销:

借:营业收入　　　　　　　　　　　　　　　　　　　　　　　20 000 000
　　贷:营业成本　　　　　　　　　　　　　　　　　　　　　　　　　20 000 000

② 将内部销售形成的存货价值中包含的未实现内部销售损益抵销:

借:营业成本　　　　　　　　　　　　　　　　　　　　　　　　6 000 000
　　贷:存货　　　　　　　　　　　　　　　　　　　　　　　　　　　6 000 000

③ 将华夏公司本期计提的存货减值准备抵销:

借:存货　　　　　　　　　　　　　　　　　　　　　　　　　　1 600 000
　　贷:资产减值损失　　　　　　　　　　　　　　　　　　　　　　　1 600 000

(2)连续编制合并财务报表时存货跌价准备的合并处理。在连续编制合并财务报表进行合并处理时,首先,将上期资产减值损失中抵销的存货跌价准备对本期期初未分配利润的影响予以抵销,即按上期资产减值损失项目中抵销的存货跌价准备的数额,借记"存货"或"营业成本"项目,贷记"期初未分配利润"项目;其次,对于本期对内部购进存货在个别财务报表中补提或者冲销的存货跌价准备的数额也应予以抵销,借记"存货"项目,贷记"资产减值损失"项目。

至于抵销存货跌价准备的数额,应当分别不同的情况进行处理。当本期内部购进存货的可变现净值低于持有该存货企业的取得成本但高于抵销未实现内部销售损益后取得成本(即销售企业该存货的取得成本)时,其抵销的存货跌价准备的金额为本期存货跌价准备的增加额。当本期内部购进存货的可变现净值低于抵销未实现内部销售损益后的取得成本(即销售企业的取得成本)时,其抵销的存货跌价准备的金额为相对于购买企业该存货的取得成本高于销售企业销售成本的差额部分计提的跌价准备的数额扣除期初内部购进存货计提的存货跌价准备的金额后的余额,即本期期末存货中包含的未实现内部销售损益的金额减去期初内部购进存货计提的存货跌价准备的金额后的余额。

【例 16-21】 承[例 16-20],华夏公司与 A 公司之间本期未发生内部销售。本例期末存货系上期内部销售结存的存货。A 公司本期期末对存货清查时,该内部购进存货的可变现净值为 1 200 万元,A 公司期末存货跌价准备余额为 800 万元。

本例中,该内部购进存货的可变现净值由上期期末的 1 840 万元降至 1 200 万元,既低于 A 公司从华夏公司购买时的取得成本,也低于抵销未实现内部销售损益后的金额(即华夏公司销售该商品的成本 1 400 万元)。A 公司本期期末存货跌价准备余额 800 万元,从计提时间来看,包括上期期末计提结存的存货跌价准备 160 万元,还包括本期期末计提的存货跌价准备 640 万元。上期计提的部分,在编制上期合并财务报表时已将其与相应的资产减值损失相抵销,从而影响到本期的期初未分配利润。为此,对于这一部分在本期编制合并财务报表时需要调整期初未分配利润的数额。而对于本期计提的 640 万元存货跌价准备,其中 440 万元是相对上期计提存货跌价准备后存货净额与华夏公司该内部销售商品的销售成本之间的差额计提的,而另外 200 万元则相对华夏公司该内部销售商品的销售成本与其可变现净值之间的差额计提的。从整个企业集团来说,前者应当予以抵销;后者则是属于应当计提的。

华夏公司在编制本期合并财务报表时,应进行合并处理如下:

借:存货 1 600 000
  贷:期初未分配利润 1 600 000
借:期初未分配利润 6 000 000
  贷:存货 6 000 000
借:存货 4 400 000
  贷:资产减值损失 4 400 000

### (四)内部固定资产交易的抵销

内部固定资产交易是指企业集团内部发生交易的一方与固定资产有关的购销业务。对于企业集团内部固定资产交易,根据销售企业销售的是产品还是固定资产,可以将其划分为两种类型:第一种类型是企业集团内部企业将自身生产的产品销售给企业集团内的其他企业作为固定资产使用;第二种类型是企业集团内部企业将自身的固定资产出售给企业集团内的其他企业作为固定资产使用。此外,还有另一类型的内部固定资产交易,即企业集团内部企业将自身使用的固定资产出售给企业集团内的其他企业作为普通商品销售。这种类型的固定资产交易,在企业集团内部发生的情况极少,一般情况下发生的数量也不大。

(1)在第一种类型的内部固定资产交易的情况下,即企业集团内部的母公司或子公司将自身生产的产品销售给企业集团内部的其他企业作为固定资产使用,这种类型的内部固定资产交易发生得比较多,也比较普遍。

与存货的情况不同,固定资产的使用寿命较长,往往要跨越几个会计年度。对于内部交易形成的固定资产,不仅在该内部固定资产交易发生的当期需要进行抵销处理,而且在以后使用该固定资产的期间也需要进行抵销处理。固定资产在使用过程中是通过折旧的方式将其价值转移到产品价值之中,由于固定资产按原价计提折旧,在固定资产原价中包含未实现内部销售损益的情况下,每期计提的折旧费中也必然包含着未实现内部销售损益的金额,由此也需要对该内部交易形成的固定资产每期计提的折旧费进行相应的抵销处理。同样,如果购买企业对该项固定资产计提了固定资产减值准备,由于固定资产减值准备是按原价为基础进行计算确定的,在固定资产原价中包含未实现内部销售损益的情况下,对该项固定资产计提的减值准备中也必然包含着未实现内部销售损益的金额,由此也需要对该内部交易形成的固定资产计提的减值准备进行相应的抵销处理。

第一,内部交易形成的固定资产在购入当期的抵销处理。①将与内部交易形成的固定资产相关的销售收入、销售成本以及原价中包含的未实现内部销售损益予以抵销。即按销售企业由于该固定资产交易所实现的销售收入,借记"营业收入"项目,按照其销售成本,贷记"营业成本"项目,按该固定资产的销售收入与销售成本之间的差额(即原价中包含的未实现内部销售损益的金额),贷记"固定资产——原价"项目。②将内部交易形成的固定资产当期多计提的折旧费和累计折旧予以抵销。从单个企业来说,对计提折旧进行会计处理时,一方面增加当期的费用或计入相关资产的成本;另一方面形成累计折旧。因此,对内部交易形成的固定资产当期多计提的折旧费抵销时,应按当期多计提的折旧额,借记"固定资产——累计折旧"项目,贷记"管理费用"等项目。为便于理解,本节有关内部交易形成的固定资产多计提的折旧费的抵销,均假定该固定资产为购买企业的管理用固定资产,通过"管理费用"项目进行抵销。

16-6 扫一扫
练一练

16-7 扫一扫
练一练答案

第二,连续编制合并财务报表时内部交易形成固定资产的抵销处理。①将内部交易形成的固定资产原价中包含的未实现内部销售损益抵销,并调整期初未分配利润的金额。即按照原价中包含的未实现内部销售损益的金额,借记"期初未分配利润"项目,贷记"固定资产——原价"项目。②将以前会计期间内部交易形成的固定资产多计提的累计折旧抵销,并调整期初未分配利润的金额。即按以前会计期间抵销该内部交易形成的固定资产多计提的累计折旧额,借记"固定资产——累计折旧"项目,贷记"期初未分配利润"项目。③将本期由于该内部交易形成的固定资产多计提的折旧费予以抵销,并调整本期的累计折旧额。即按本期该内部交易形成的固定资产多计提的折旧额,借记"固定资产——累计折旧"项目,贷记"管理费用"等项目。

【例 16-22】 假定 S 公司是 P 公司的全资子公司,S 公司以 300 万元的价格将其生产的产品销售给 P 公司,其销售成本为 270 万元,因该内部固定资产交易实现的销售利润为 30 万元。P 公司购买该产品作为管理用固定资产使用,按 300 万元入账,对该固定资产按 15 年的使用寿命采用年限平均法计提折旧,预计净残值为 0。该固定资产交易时间为 2×09 年 1 月 1 日,本章为简化抵销处理,假定 P 公司该内部交易形成的固定资产 2×09 年按 12 个月计提折旧。

2×09 年(第 1 年)编制合并财务报表时,应当编制抵销分录如下:

① 借:营业收入 3 000 000
　　贷:营业成本 2 700 000
　　　　固定资产——原价 300 000

② 借：固定资产——累计折旧　　　　　　　　　　　　　　20 000
　　　贷：管理费用　　　　　　　　　　　　　　　　　　　　　　20 000

2×10年(第2年)编制合并财务报表时,应当编制抵销分录如下:

① 借：期初未分配利润　　　　　　　　　　　　　　　　300 000
　　　贷：固定资产——原价　　　　　　　　　　　　　　　　　300 000

② 借：固定资产——累计折旧　　　　　　　　　　　　　　20 000
　　　贷：期初未分配利润　　　　　　　　　　　　　　　　　　20 000

③ 借：固定资产——累计折旧　　　　　　　　　　　　　　20 000
　　　贷：管理费用　　　　　　　　　　　　　　　　　　　　　　20 000

(2) 内部交易形成的固定资产在清理期间的抵销处理。固定资产清理时可能出现三种情况:①期满清理;②超期清理;③提前清理。编制合并财务报表时,应当根据具体情况进行抵销处理。

第①种情况:内部交易形成的固定资产使用寿命届满进行清理时的抵销处理。

在这种情况下,购买企业内部交易形成的固定资产实体已不复存在,包含未实现内部销售损益在内的该内部交易形成的固定资产的价值已全部转移到其加工的产品价值或各期损益中去了,因此不存在未实现内部销售损益的抵销问题。从整个企业集团来说,随着该内部交易形成的固定资产的使用寿命届满,其包含的未实现内部销售损益也转化为已实现利润。但是,由于销售企业因该内部交易所实现的利润,作为期初未分配利润的一部分结转到购买企业对该内部交易形成的固定资产进行清理的会计期间为止。为此,必须调整期初未分配利润。同时,在固定资产进行清理的会计期间,如果仍计提了折旧,本期计提的折旧费中仍然包含多计提的折旧额,因此需要将多计提的折旧额予以抵销。

【例16-23】　沿用[例16-22],假设P公司在2×23年(第15年)该固定资产使用期满时对其报废清理,该固定资产报废清理时实现固定资产清理净收益300 000元,在其当期个别利润表中以资产处置损益项目列示。此时编制合并财务报表,将本期多计提的折旧额抵销并调整期初未分配利润时,应当编制如下抵销分录进行处理:

① 借：期初未分配利润　　　　　　　　　　　　　　　　300 000
　　　贷：资产处置损益　　　　　　　　　　　　　　　　　　　300 000

② 借：资产处置损益　　　　　　　　　　　　　　　　　280 000
　　　贷：期初未分配利润　　　　　　　　　　　　　　　　　　280 000

③ 借：资产处置损益　　　　　　　　　　　　　　　　　　20 000
　　　贷：管理费用　　　　　　　　　　　　　　　　　　　　　　20 000

以上三笔抵销分录,可以合并为以下抵销分录:

借：期初未分配利润　　　　　　　　　　　　　　　　　20 000
　　贷：管理费用　　　　　　　　　　　　　　　　　　　　　　20 000

第②种情况:内部交易形成的固定资产超期使用进行清理时的抵销处理。

在这种情况下,在内部交易形成的固定资产清理前的会计期间,该固定资产仍然按包含未实现内部销售损益的原价及计提的累计折旧,在购买企业的个别资产负债表中列示;销售企业因该内部交易所实现的利润,作为期初未分配利润的一部分结转到购买企业对该内部交易形成的固定资产进行清理的会计期间为止。因此,需要将该固定资产原价中包含的未实现内部销售损益予以抵销,并调整期初未分配利润。同时,由于在该固定资产使用寿命届满的会计期间仍然需要计提折旧,本期计提的折旧费中仍然包含多计提的折旧额,因此需要将多计提的折旧额予以抵销,并调整已计提的累计折旧。

【例16-24】 沿用[例16-22],假设P公司该内部交易形成的固定资产在2×23年(第15年)后仍继续使用,即未对其进行报废清理,则2×23年(第15年)编制合并财务报表时,应当编制如下抵销分录进行处理:

① 借:期初未分配利润　　　　　　　　　　　　　　　　　　　300 000
　　贷:固定资产——原价　　　　　　　　　　　　　　　　　　　　　300 000

② 借:固定资产——累计折旧　　　　　　　　　　　　　　　　280 000
　　贷:期初未分配利润　　　　　　　　　　　　　　　　　　　　　280 000

③ 借:固定资产——累计折旧　　　　　　　　　　　　　　　　 20 000
　　贷:管理费用　　　　　　　　　　　　　　　　　　　　　　　　　20 000

在内部交易形成的固定资产超期使用未进行清理前,由于该固定资产仍处于使用之中,并在购买企业资产负债表(假定存在预计净残值)中列示,因此,必须将该固定资产原价中包含的未实现内部销售损益予以抵销;同时,由于该固定资产的累计折旧仍然是按包含未实现内部销售损益的原价计提的,因此也必须将其多计提的累计折旧予以抵销。但由于固定资产超期使用不计提折旧,所以不存在抵销本期多计提折旧额的问题。

【例16-25】 沿用[例16-22],假设P公司该内部交易形成的固定资产在2×24年(第16年)仍继续使用。此时编制合并财务报表时,应当编制如下抵销分录进行处理:

(1) 借:期初未分配利润　　　　　　　　　　　　　　　　　　　300 000
　　　贷:固定资产——原价　　　　　　　　　　　　　　　　　　　　300 000

(2) 借:固定资产——累计折旧　　　　　　　　　　　　　　　　300 000
　　　贷:期初未分配利润　　　　　　　　　　　　　　　　　　　　300 000

第③种情况:内部交易形成的固定资产使用寿命未满提前进行清理时的抵销处理。

在这种情况下,购买企业内部交易形成的固定资产实体已不复存在,因此不存在固定资产原价中包含的未实现内部销售损益的抵销问题。但由于固定资产提前报废,固定资产原价中包含的未实现内部销售损益随着清理而成为实现的损益,对于销售企业来说,因该内部交易所实现的利润,作为期初未分配利润的一部分结转到购买企业对该内部交易形成的固定资产进行清理的会计期间为止。为此,必须调整期初未分配利润。同时,在固定资产使用寿命未满进行清理的会计期间仍需计提折旧,本期计提的折旧费中仍然包含多计提的折旧额,因此需要将多计提的折旧额予以抵销。

【例16-26】 沿用[例16-22],假设P公司于2×22年年末(第14年)对该项固定资产进行清理报废,该固定资产清理净收入为200 000元。

此时,编制合并财务报表时,应编制如下抵销分录进行处理:

(1) 借:期初未分配利润　　　　　　　　　　　　　　　　　　　300 000
　　　贷:资产处置损益　　　　　　　　　　　　　　　　　　　　　300 000

（2）借：资产处置损益　　　　　　　　　　　　　　　　　　　260 000
　　　　贷：期初未分配利润　　　　　　　　　　　　　　　　　　　260 000

（3）借：资产处置损益　　　　　　　　　　　　　　　　　　　 20 000
　　　　贷：管理费用　　　　　　　　　　　　　　　　　　　　　　 20 000

（3）在第二种类型的内部固定资产交易的情况下，即企业集团内部企业将其自用的固定资产出售给集团内部的其他企业，通过抵销后，使其在合并财务报表中固定资产原价仍然以销售企业的原账面价值反映。在合并工作底稿中编制的抵销分录为：借记"资产处置损益"项目，贷记"固定资产——原价"项目，或借记"固定资产——原价"项目，贷记"资产处置损益"项目。

**（五）内部无形资产交易的抵销**

内部无形资产交易是企业集团内部发生交易的一方涉及无形资产的交易，如企业集团内部某一成员企业将自身拥有的专利权、专有技术等转让出售给其他成员企业作为无形资产继续使用。对于内部无形资产交易，在编制合并财务报表时，首先必须将由于转让出售无形资产所产生的收入、成本及购入企业无形资产入账价值中包含的未实现内部销售损益予以抵销；其次，随着无形资产价值的摊销，无形资产价值中包含的未实现内部销售损益也随之计入当期费用，为此也必须对内部交易无形资产摊销计入相关费用项目进行了抵销处理。

**1. 内部无形资产交易当期的合并处理**

进行合并处理时，按照内部交易时该无形资产账面价值中包含的未实现内部销售损益的数额，借记"资产处置损益"项目，按交易时该内部交易无形资产账面价值中包含的未实现内部销售损益的数额，贷记"无形资产"项目；同时按本期该内部交易无形资产摊销额包含的未实现内部销售损益的数额（即该无形资产价值中包含的未实现内部销售损益除以无形资产的摊销年限得出的金额），借记"无形资产——累计摊销"项目，贷记"管理费用"项目。

**【例16-27】** 华夏公司系A公司的母公司，华夏公司2×20年1月8日向A公司转让无形资产一项，转让价格为820万元，该无形资产的账面成本为700万元。A公司购入该无形资产后，即投入使用，确定使用年限为5年。A公司2×20年12月31日资产负债表中无形资产项目的金额为656万元，利润表管理费用项目中记有当年摊销的该无形资产价值164万元。

此时，A公司该无形资产入账价值为820万元，其中包含的未实现内部销售利润为120万元；按5年的期限，本期摊销的金额为164万元（与固定资产不同，无形资产从取得的当月起开始摊销），其中包含的未实现内部销售利润的摊销额为24万元。

华夏公司在编制2×20年度合并财务报表时，应当对该内部无形资产交易进行抵销如下：

（1）将华夏公司受让取得该内部交易无形资产时其价值中包含的未实现内部销售利润抵销：

借：资产处置损益　　　　　　　　　　　　　　　　　　　　　　1 200 000
　　贷：无形资产　　　　　　　　　　　　　　　　　　　　　　　　1 200 000

（2）将华夏公司本期该内部交易无形资产价值摊销额中包含的未实现内部销售利润抵销：

| 借：无形资产——累计摊销 | 240 000 | |
| --- | --- | --- |
| 　　贷：管理费用 | | 240 000 |

对于抵销分录(1)，可以理解为将购入时该无形资产价值中包含的未实现内部销售损益予以抵销。对于抵销分录(2)，则可以理解为将本期无形资产累计摊销中因内部交易无形资产价值中包含未实现内部销售损益而多计算的摊销额以及当期多计列的无形资产摊销费用予以抵销。

2. 内部交易无形资产持有期间的合并处理

进行合并处理时，按受让时内部交易无形资产价值中包含的未实现内部销售损益的数额，借记"期初未分配利润"项目，贷记"无形资产"项目；按上期期末该内部交易无形资产累计摊销金额中包含的已摊销未实现内部销售损益的数额，借记"无形资产——累计摊销"项目，贷记"期初未分配利润"项目；按本期该内部交易无形资产价值中包含未实现内部销售损益而多计算的摊销金额，借记"无形资产——累计摊销"项目，贷记"管理费用"项目。

【例16-28】 承[例16-27]，2×21年12月31日，华夏公司个别资产负债表无形资产项目的金额为492万元，利润表管理费用项目中记有当年摊销的该无形资产价值164万元。本例中，A公司该无形资产取得时入账价值为820万元，其中包含的未实现内部销售利润为120万元；该无形资产按5年的使用期限摊销，每期摊销金额为164万元，到2×21年12月31日A公司该内部交易无形资产累计摊销额为328万元，包括上年结转的累计摊销额和本期发生的无形资产摊销额各164万元，上年结转的累计摊销额中包含2×20年因内部交易无形资产价值中包含未实现内部销售利润而多计算的摊销额24万元；此外，本期因该内部交易无形资产使用而计算的摊销额164万元，其中也包括因该无形资产价值中包含的未实现内部销售利润而多计算的摊销额24万元。

华夏公司在编制2×21年度合并财务报表时，应当对该内部无形资产交易进行抵销处理如下：

(1) 将A公司受让取得该无形资产时其价值中包含的未实现内部销售利润抵销：

| 借：期初未分配利润 | 1 200 000 | |
| --- | --- | --- |
| 　　贷：无形资产 | | 1 200 000 |

(2) 将A公司上期期末该无形资产价值摊销额中包含的已摊销未实现内部销售利润抵销：

| 借：无形资产——累计摊销 | 240 000 | |
| --- | --- | --- |
| 　　贷：期初未分配利润 | | 240 000 |

(3) 将A公司本期摊销的该无形资产价值中包含的未实现内部销售利润的摊销额抵销：

| 借：无形资产——累计摊销 | 240 000 | |
| --- | --- | --- |
| 　　贷：管理费用 | | 240 000 |

华夏公司在编制2×22年度合并财务报表时，该内部无形资产交易相关的抵销处理如下：

(1) 将A公司受让取得该无形资产时其价值中包含的未实现内部销售利润抵销：

| 借：期初未分配利润 | 1 200 000 | |
| --- | --- | --- |
| 　　贷：无形资产 | | 1 200 000 |

(2) 将 A 公司上期期末该无形资产价值摊销额中包含的已摊销未实现内部销售利润抵销：

借：无形资产——累计摊销     480 000
    贷：期初未分配利润     480 000

(3) 将 A 公司本期摊销的该无形资产价值中包含的未实现内部销售利润的摊销额抵销：

借：无形资产——累计摊销     240 000
    贷：管理费用     240 000

华夏公司在编制 2×23 年度合并财务报表时，该内部无形资产交易相关的抵销处理如下：

(1) 将 A 公司受让取得该无形资产时其价值中包含的未实现内部销售利润抵销：

借：期初未分配利润     1 200 000
    贷：无形资产     1 200 000

(2) 将 A 公司上期期末该无形资产价值摊销额中包含的已摊销未实现内部销售利润抵销：

借：无形资产——累计摊销     720 000
    贷：期初未分配利润     720 000

(3) 将 A 公司本期摊销的该无形资产价值中包含的未实现内部销售利润的摊销抵销：

借：无形资产——累计摊销     240 000
    贷：管理费用     240 000

3. 内部无形资产交易摊销完毕的期间的合并处理

从购买企业来说，该内部交易无形资产到期时，其账面价值已摊销完毕，包含于其中的未实现内部销售损益的数额也摊销完毕，无形资产账面价值经摊销后为0。对于转让企业来说，因该内部交易无形资产实现的收益，作为期初未分配利润的一部分结转到以后的会计期间，直到购买企业对该内部交易无形资产到期的会计期间。从整个企业来说，随着该内部交易无形资产的使用期满，其包含的未实现内部销售损益也转化为已实现损益。由于销售企业因该内部交易无形资产所实现的收益，作为期初未分配利润的一部分结转到购买企业该内部交易无形资产到期的会计期间，为此，首先必须调整期初未分配利润，其次在该无形资产到期的会计期间，本期无形资产摊销额中仍然包含无形资产价值中包含的未实现内部销售损益的摊销额，这一数额仍需进行抵销处理。

【例 16-29】 承[例 16-28]，2×24 年 12 月，A 公司该内部交易无形资产使用期满，在其个别资产负债表中已无该无形资产摊余价值，在其个别利润表管理费用中仍包含该无形资产使用本期摊销额 164 万元。

华夏公司在编制 2×24 年度合并财务报表时，该内部无形资产交易相关的抵销处理如下：

(1) 将 A 公司受让取得该无形资产时其价值中包含的未实现内部销售利润抵销：

借：期初未分配利润     1 200 000
    贷：无形资产     1 200 000

(2) 将 A 公司上期期末该无形资产价值摊销额中包含的已摊销未实现内部销售利润抵销：

借：无形资产——累计摊销　　　　　　　　　　　　　　　　　　960 000
　　贷：期初未分配利润　　　　　　　　　　　　　　　　　　　　960 000

(3) 将 A 公司本期摊销的该无形资产价值中包含的未实现内部销售利润的摊销抵销：

借：无形资产——累计摊销　　　　　　　　　　　　　　　　　　240 000
　　贷：管理费用　　　　　　　　　　　　　　　　　　　　　　　240 000

## 四、所得税会计相关的合并处理

### （一）所得税会计概述

在编制合并财务报表时，由于需要对企业集团内部交易进行合并抵销处理，由此可能导致在合并财务报表中反映的资产、负债账面价值与其计税基础不一致，存在着差异。为了使合并财务报表全面反映所得税相关的影响，特别是当期所负担的所得税费用的情况，应当进行所得税会计核算，在计算确定资产、负债的账面价值与计税基础之间差异的基础上，确认相应的递延所得税资产或递延所得税负债。

### （二）内部应收款项相关所得税会计的合并处理

在编制合并财务报表时，随着内部债权债务的抵销，也必须将内部应收账款计提的坏账准备予以抵销。通过对其进行合并抵销处理后，合并财务报表中该内部应收账款已不存在，由内部应收账款账面价值与计税基础之间的差异所形成的暂时性差异也不能存在。在编制合并财务报表时，对持有该集团内部应收款项的企业因该暂时性差异确认的递延所得税资产则需要进行抵销处理。

【例 16-30】 华夏公司为 A 公司的母公司。华夏公司本期个别资产负债表应收账款中有 1 700 万元为应收 A 公司账款，该应收账款账面余额为 1 800 万元，华夏公司当年对其计提坏账准备 100 万元。A 公司本期个别资产负债表中列示有应付华夏公司账款 1 800 万元。华夏公司和 A 公司适用的所得税税率均为 25%。

华夏公司在编制合并财务报表时，其合并处理如下：

(1) 将内部应收账款与应付账款相互抵销，其抵销分录如下：

借：应付账款　　　　　　　　　　　　　　　　　　　　　　　18 000 000
　　贷：应收账款　　　　　　　　　　　　　　　　　　　　　　18 000 000

(2) 将内部应收账款计提的坏账准备予以抵销，其抵销分录如下：

借：应收账款　　　　　　　　　　　　　　　　　　　　　　　1 000 000
　　贷：信用减值损失　　　　　　　　　　　　　　　　　　　　1 000 000

(3) 将华夏公司对内部应收账款计提坏账准备导致暂时性差异确认的递延所得税资产予以抵销。本例中，华夏公司在其个别财务报表中，对应收 A 公司账款计提坏账准备 100 万元，由此导致应收 A 公司账款的账面价值调整为 1 700 万元，而该应收账款的计税基础仍为 1 800 万元，应收 A 公司账款的账面价值 1 700 万元与其计税基础 1 800 万元之间的差额

100万元,则形成当年暂时性差异。对此,按照所得税会计准则的规定,应当确认该暂时性差异相应的递延所得税资产25万元(100×25%)。华夏公司在其个别财务报表中确认递延所得税资产时,借记"递延所得税资产"科目25万元,贷记"所得税费用"科目25万元。编制合并财务报表时随着内部应收账款及其计提的坏账准备的抵销,在合并财务报表中该应收账款已不存在,由华夏公司在其个别财务报表中因应收A公司账款账面价值与其计税基础之间形成的暂时性差异也不存在对该暂时性差异确认的递延所得税资产则需要予以抵销。在编制合并财务报表对其进行合并抵销处理时,其抵销分录如下:

借:所得税费用　　　　　　　　　　　　　　　　　　　　　250 000
　　贷:递延所得税资产　　　　　　　　　　　　　　　　　　　　250 000

### (三) 内部交易存货相关所得税会计的合并处理

企业在编制合并财务报表时,应当将纳入合并范围的母公司与子公司以及子公司相互之间发生的内部交易对个别财务报表的影响予以抵销,其中包括内部商品交易所形成的存货价值中包含的未实现内部销售损益的金额。对于内部商品交易所形成的存货,从持有该存货的企业来说,假定不考虑计提资产减值损失,其取得成本就是该资产的账面价值,这其中包括销售企业因该销售所实现的损益,这一取得成本也就是计税基础。由于所得税是以独立的法人实体为对象计征的,这一计税基础也是合并财务报表中该存货的计税基础。此时,账面价值与其计税基础是一致的,不存在暂时性差异,也不涉及确认递延所得税资产或递延所得税负债的问题。但在编制合并财务报表过程中,随着内部商品交易所形成的存货价值包含的未实现内部销售损益的抵销,合并资产负债表所反映的存货价值是以原来内部销售企业该商品的销售成本列示的,不包含未实现内部销售损益。由此导致在合并资产负债表所列示的存货的价值与持有该存货的企业计税基础不一致,存在着暂时性差异。这一暂时性差异的金额就是编制合并财务报表时所抵销的未实现内部销售损益的数额。从合并财务报表编制来说,对于这一暂时性差异,则必须确认递延所得税资产或递延所得税负债。当内部交易双方适用税率不同时,合并财务报表中递延所得税的计算应按购买方(即资产最终持有方)的适用税率确定(下同)。

【例16-31】 华夏公司持有A公司80%的股权,是A公司的母公司。华夏公司2×23年利润表列示的营业收入中有5 000万元,是当年向A公司销售产品取得的销售收入,该产品销售成本为3 500万元。A公司在2×23年将该批内部购进商品的60%实现对外销售,其销售收入为3 750万元,销售成本为3 000万元,并列示于其利润表中;该批商品的另外40%则形成A公司期末存货,即期末存货为2 000万元,列示于A公司2×23年的资产负债表中。华夏公司和A公司适用的企业所得税税率均为25%。

华夏公司在编制合并财务报表时,其合并抵销处理如下:

(1)将内部销售收入与内部销售成本及存货价值中包含的未实现内部销售利润抵销,其抵销分录如下:

借:营业收入　　　　　　　　　　　　　　　　　　　　　50 000 000
　　贷:营业成本　　　　　　　　　　　　　　　　　　　　　44 000 000
　　　　存货　　　　　　　　　　　　　　　　　　　　　　　6 000 000

(2)确认因编制合并财务报表导致的存货账面价值与其计税基础之间的暂时性差异相

关递延所得税资产。本例中,从 A 公司来说,其持有该存货账面价值与计税基础均为 2 000 万元;从华夏集团公司角度来说,通过上述合并抵销处理,合并资产负债表中该存货的价值为 1 400 万元;由于华夏公司和 A 公司均为独立的法人实体,这一存货的计税基础应从 A 公司的角度来考虑,即其计税基础为 2 000 万元。因该内部交易抵销的未实现内部销售损益导致的暂时性差异为 600 万元(2 000—1 400),实际上就是抵销的未实现内部销售损益的金额。为此,编制合并财务报表时还应当对该暂时性差异确认递延所得税资产 150 万元(600×25%)。进行合并抵销处理时,其抵销分录如下:

借:递延所得税资产　　　　　　　　　　　　　　　　　　　　　1 500 000
　　贷:所得税费用　　　　　　　　　　　　　　　　　　　　　　　　　1 500 000

#### (四)内部交易固定资产等相关所得税会计的合并处理

对于内部交易形成的固定资产,编制合并财务报表时应当将该内部交易对个别财务报表的影响予以抵销,其中包括将内部交易形成的固定资产价值中包含的未实现内部销售利润予以抵销。对于内部交易形成的固定资产,从持有该固定资产的企业来说,假定不考虑计提资产减值损失,其取得成本就是该固定资产的账面价值,其中包括销售企业因该销售所实现的损益,这一账面价值与其计税基础是一致的,不存在着暂时性差异,也不涉及确认递延所得税资产或递延所得税负债的问题。但在编制合并财务报表时,随着内部交易所形成的固定资产价值所包含的未实现内部销售损益的抵销,合并资产负债表中所反映的该固定资产价值不包含这一未实现内部销售损益,也就是说是以原销售企业该商品的销售成本列示的,因而导致在合并资产负债表所列示的固定资产价值与持有该固定资产的企业计税基础不一致,存在着暂时性差异。这一暂时性差异的金额就是编制合并财务报表时所抵销的未实现内部销售损益的数额。从合并财务报表来说,对于这一暂时性差异,在编制合并财务报表时必须确认相应的递延所得税资产或递延所得税负债。

【例 16-32】 A 公司和 B 公司均为华夏公司控制下的子公司。A 公司于 2×23 年 1 月 1 日,将自己生产的产品销售给 B 公司作为固定资产使用,A 公司销售该产品的销售收入为 1 680 万元,销售成本为 1 200 万元。A 公司在 2×23 年度利润表中列示有该销售收入 1 680 万元,该销售成本 1 200 万元。B 公司以 1 680 万元的价格作为该固定资产的原价入账。B 公司购买的该固定资产用于公司的销售业务,该固定资产属于不需要安装的固定资产,当月投入使用,其折旧年限为 4 年,预计净残值为 0。B 公司对该固定资产确定的折旧年限和预计净残值与税法规定一致。为简化合并处理,假定该内部交易固定资产在交易当年 12 个月计提折旧。B 公司在 2×23 年 12 月 31 日的资产负债表中列示有该固定资产,其原价为 1 680 万元、累计折旧为 420 万元、固定资产净值为 1 260 万元。A 公司、B 公司和华夏公司适用的所得税税率均为 25%。华夏公司在编制合并财务报表时,应当进行如下抵销处理:

(1)将该内部交易固定资产相关销售收入与销售成本及原价中包含的未实现内部销售利润予以抵销,其抵销分录如下:

借:营业收入　　　　　　　　　　　　　　　　　　　　　　　　16 800 000
　　贷:营业成本　　　　　　　　　　　　　　　　　　　　　　　　　12 000 000
　　　　固定资产——原价　　　　　　　　　　　　　　　　　　　　　4 800 000

（2）将当年计提的折旧和累计折旧中包含的未实现内部销售损益的金额予以抵销，其抵销分录如下：

借：固定资产——累计折旧　　　　　　　　　　　　　　　　　　　1 200 000
　　　贷：销售费用　　　　　　　　　　　　　　　　　　　　　　　　1 200 000

（3）确认因编制合并财务报表导致的内部交易固定资产账面价值与其计税基础之间的暂时性差异相关递延所得税资产。

本例中，确认递延所得税资产或负债相关计算如下：

B公司该固定资产的账面价值＝固定资产原价－当年计提的折旧额＝1 680－420＝1 260（万元）
B公司该固定资产的计税基础＝固定资产原价－当年计提的折旧额＝1 680－420＝1 260（万元）

根据上述计算，从B公司角度来看，因该内部交易形成的固定资产账面价值与其计税基础相同，不产生暂时性差异，在B公司个别财务报表中不涉及确认递延所得税资产或递延所得税负债的问题。

合并财务报表中该固定资产的账面价值＝企业集团取得该资产的成本－按取得资产成本计算确定的折旧额＝1 200－300＝900（万元）
合并财务报表中该固定资产的计税基础＝B公司该固定资产的计税基础＝1 260（万元）
合并财务报表中该固定资产相关的暂时性差异＝账面价值－计税基础＝900－1 260＝－360（万元）

关于计税基础，企业所得税是以单个企业的纳税所得为对象计算征收的。某一资产的计税基础是从使用该资产的企业来考虑的。从某一企业来说，资产的取得成本就是其计税基础。由于该内部交易固定资产属于B公司拥有并使用，B公司该固定资产的计税基础也就是整个企业集团的计税基础，个别财务报表确定该固定资产的计税基础与合并财务报表确定的该固定资产的计税基础是相同的。

关于合并财务报表中该固定资产的账面价值，是以抵销未实现内部销售利润后的固定资产原价（即销售企业的销售成本）1 200万元（固定资产原价1 680万元－未实现内部销售利润480万元），以及按抵销未实现内部销售利润后的固定资产原价计算的折旧额为基础计算的。

合并财务报表中该固定资产相关的暂时性差异，就是因抵销未实现内部销售利润而产生的。本例中该固定资产原价抵销的未实现内部销售利润为480万元，同时由于该固定资产使用而当年计提的折旧额420万元中也包含未实现内部销售利润120万元，这120万元随着固定资产折旧而结转为已实现内部销售利润，因此，该内部交易形成的固定资产价值中当年实际抵销的未实现内部销售利润为360万元（480－120）。这360万元也就是因未实现内部销售利润而产生的暂时性差异。

对于合并财务报表中该内部交易固定资产因未实现内部销售利润的抵销而产生的暂时性差异，应当确认的递延所得税资产为90万元（360×25％）。本例中，确认相关递延所得税资产的合并抵销分录如下：

借：递延所得税资产　　　　　　　　　　　　　　　　　　　　　　　900 000
　　　贷：所得税费用　　　　　　　　　　　　　　　　　　　　　　　　900 000

### 五、合并资产负债表的格式

合并资产负债表的格式综合考虑了企业集团中一般工商企业和金融企业（包括商业银行、保险公司和证券公司等）的财务状况列报的要求，与个别资产负债表的格式基本相同，主要增加了四个项目：一是在"无形资产"项目之下增加了"商誉"项目，用于反映非同一控制下企业合并中取得的商誉，即在控股合并下母公司对子公司的长期股权投资（合并成本）大于其在购买日子公司可辨认净资产公允价值份额的差额；二是在所有者权益项目下增加了"归属于母公司所有者权益合计"项目，用于反映企业集团的所有者权益中归属于母公司所有者权益的部分，包括实收资本（或股本）、其他权益工具、资本公积、库存股、其他综合收益、专项储备、盈余公积、一般风险准备、未分配利润等项目的金额；三是在所有者权益项目下，增加了"少数股东权益"项目，用于反映非全资子公司的所有者权益中不属于母公司的份额。合并资产负债表的一般格式如表16-23所示。

表 16-23　　　　　　　　　　　**合并资产负债表**　　　　　　　　　会和01表
编制单位：　　　　　　　　　　　　年　　月　　日　　　　　　　　　　单位：元

| 资产 | 期末余额 | 年初余额 | 负债和股东权益 | 期末余额 | 年初余额 |
|---|---|---|---|---|---|
| 流动资产： | | | 流动负债： | | |
| 　货币资金 | | | 　短期借款 | | |
| 　交易性金融资产 | | | 　交易性金融负债 | | |
| 　衍生金融资产 | | | 　衍生金融负债 | | |
| 　应收票据 | | | 　应付票据 | | |
| 　应收账款 | | | 　应付账款 | | |
| 　应收款项融资 | | | 　预收款项 | | |
| 　预付款项 | | | 　合同负债 | | |
| 　其他应收款 | | | 　应付职工薪酬 | | |
| 　存货 | | | 　应交税费 | | |
| 　合同资产 | | | 　其他应付款 | | |
| 　持有待售资产 | | | 　持有待售负债 | | |
| 　一年内到期的非流动资产 | | | 　一年内到期的非流动负债 | | |
| 　其他流动资产 | | | 　其他流动负债 | | |
| 　流动资产合计 | | | 　流动负债合计 | | |
| 非流动资产： | | | 非流动负债： | | |
| 　债权投资 | | | 　长期借款 | | |
| 　其他债权投资 | | | 　应付债券 | | |

(续表)

| 资产 | 期末余额 | 年初余额 | 负债和股东权益 | 期末余额 | 年初余额 |
|---|---|---|---|---|---|
| 长期应收款 | | | 其中:优先股 | | |
| 长期股权投资 | | | 永续债 | | |
| 其他权益工具投资 | | | 租赁负债 | | |
| 其他非流动金融资产 | | | 长期应付款 | | |
| 投资性房地产 | | | 预计负债 | | |
| 固定资产 | | | 递延收益 | | |
| 在建工程 | | | 递延所得税负债 | | |
| 生产性生物资产 | | | 其他非流动负债 | | |
| 油气资产 | | | 非流动负债合计 | | |
| 使用权资产 | | | 负债合计 | | |
| 无形资产 | | | 所有者权益(或股东权益) | | |
| 开发支出 | | | 实收资本(或股本) | | |
| 商誉 | | | 其他权益工具 | | |
| 长期待摊费用 | | | 其中:优先股 | | |
| 递延所得税资产 | | | 永续债 | | |
| 其他非流动资产 | | | 资本公积 | | |
| 非流动资产合计 | | | 减:库存股 | | |
| | | | 其他综合收益 | | |
| | | | 专项储备 | | |
| | | | 盈余公积 | | |
| | | | 未分配利润 | | |
| | | | 归属于母公司股东权益合计 | | |
| | | | 少数股东权益 | | |
| | | | 所有者权益(或股东权益)合计 | | |
| 资产总计 | | | 负债及所有者权益(或股东权益)总计 | | |

## 第五节 股权取得日后合并利润表

### 一、编制合并利润表时应进行抵销处理的项目

合并利润表应当以母公司和子公司的利润表为基础,在抵销母公司与子公司、子公司相互之间发生的内部交易对合并利润表的影响后,由母公司合并编制。

编制合并利润表时需要进行抵销处理的,主要有如下项目。

#### (一)内部营业收入和内部营业成本的抵销处理

内部营业收入是指企业集团内部母公司与子公司、子公司相互之间发生的商品销售(或劳务提供,下同)活动所产生的营业收入。内部营业成本是指企业集团内部母公司与子公司、子公司相互之间发生的销售商品的营业成本。

在购买企业将内部购进的商品用于对外销售时,可能出现以下三种情况:第一,内部购进商品全部实现对外销售;第二,内部购进的商品全部未实现销售,形成期末存货;第三,内部购进的商品部分实现对外销售、部分形成期末存货。因此,对内部销售收入和内部销售成本进行抵销时,应分别不同的情况进行处理。

(1)母公司与子公司、子公司相互之间销售商品、期末全部实现对外销售。在这种情况下,从销售企业来说,销售给企业集团内其他企业的商品与销售给企业集团外部企业的情况下的会计处理相同,即在本期确认销售收入、结转销售成本、计算销售商品损益,并在其个别利润表中反映;对于购买企业来说,一方面要确认向企业集团外部企业的销售收入;另一方面要结转销售内部购进商品的成本,在其个别利润表中分别作为营业收入和营业成本反映,并确认销售损益。这也就是说,对于同一购销业务,在销售企业和购买企业的个别利润表中都作了反映。但从整个企业集团来看,这一购销业务只是实现了一次对外销售,其销售收入只是购买企业向企业集团外部企业销售该产品的销售收入,其销售成本只是销售企业向购买企业销售该商品的成本。销售企业向购买企业销售该商品实现的收入属于内部销售收入,相应地,购买企业向企业集团外部企业销售该商品的销售成本则属于内部销售成本。因此在编制合并利润表时,就必须将重复反映的内部营业收入与内部营业成本予以抵销。

**【例16-33】** P公司系S公司的母公司,假设P公司2×24年利润表的营业收入中有3 500万元,系向S公司销售产品取得的销售收入,该产品销售成本为3 000万元。S公司在本期将该产品全部售出,其销售收入为5 000万元,销售成本为3 500万元,并分别在其利润表中列示。

对此,编制合并利润表将内部销售收入和内部销售成本予以抵销时,应编制抵销分录如下:

借:营业收入　　　　　　　　　　　　　　　　　　　　　　35 000 000
　　贷:营业成本　　　　　　　　　　　　　　　　　　　　　　35 000 000

(2)母公司与子公司、子公司之间销售商品,期末未实现对外销售而形成存货的抵销处理。在内部购进的商品未实现对外销售的情况下,在编制合并利润表时,应当将销售企业由此确认的内部销售收入和内部销售成本予以抵销。对于这一内部交易,从购买企业来说,则以支付的购货价款作为存货成本入账,并在其个别资产负债表中作为资产列示。这样,购买企业的个别资产负债表中存货的价值中就包含销售企业实现的销售毛利。编制合并资产负

债表时,应将购买企业存货价值中包含的未实现内部销售损益予以抵销。应编制的抵销分录为:按内部销售收入的金额,借记"营业收入"项目,贷记"营业成本"项目;同时,对于存货中包含的未实现内部销售损益,借记"营业成本"项目,贷记"存货"项目。

(3) 母公司与子公司、子公司之间销售商品,期末部分实现对外销售、部分形成期末存货的抵销处理。在这种情况下,可以将内部购买的商品分解为两部分来理解:一部分为当期购进并全部实现对外销售;另一部分为当期购进但未实现对外销售而形成期末存货。

对于内部营业收入的抵销,也可按照如下方法进行抵销处理:按内部销售收入的金额,借记"营业收入"项目,按期末存货价值中包含的未实现内部销售损益的金额,贷记"存货"项目,按其差额,贷记"营业成本"项目。

### (二)购买企业内部购进商品作为固定资产、无形资产等资产使用时的抵销处理

在购买企业将内部购进的商品作为固定资产、工程物资、在建工程、无形资产等资产使用时,则形成其固定资产、工程物资、在建工程、无形资产等资产。

在企业集团内母公司与子公司、子公司相互之间将自身的产品销售给其他企业作为固定资产(作为无形资产等的处理原则类似)使用的情况下,从整个企业集团来说,只能以销售企业生产该产品的成本作为固定资产原价在合并财务报表中反映。因此,编制合并利润表时,应将销售企业由于该内部交易产生的销售收入和销售成本予以抵销;并将内部交易形成的固定资产原价中包含的未实现内部销售损益予以抵销。在对销售商品形成的固定资产或无形资产所包含的未实现内部销售损益进行抵销的同时,也应当对固定资产的折旧额或无形资产的摊销额与未实现内部销售损益相关的部分进行抵销。应编制的抵销分录为:按内部销售收入的金额,借记"营业收入"项目,按固定资产原价中包含的未实现内部销售损益的金额,贷记"固定资产——原价"项目,按其差额,贷记"营业成本"项目;同时,对于本期计提的折旧额或摊销额中包含的未实现内部销售损益的金额,借记"固定资产——累计折旧"项目,贷记"管理费用"等项目。

### (三)内部应收款项计提的坏账准备等减值准备的抵销处理

编制合并资产负债表时,需要将内部应收款项与应付款项相互抵销,与此相适应需要将内部应收款项计提的坏账准备予以抵销。编制合并财务报表将资产减值损失中包含的本期内部应收款项计提的坏账准备抵销时,按照当期内部应收款项计提的坏账准备的金额,借记"应收账款——坏账准备"等项目,贷记"资产减值损失"项目。

### (四)内部投资收益(利息收入)和利息费用的抵销处理

企业集团内部母公司与子公司、子公司相互之间可能发生相互持有对方债券的内部交易。在编制合并财务报表时,应当在抵销内部发行的应付债券和债权投资等内部债权债务的同时,将内部应付债券和债权投资相关的利息费用与投资收益(利息收入)相互抵销。应编制的抵销分录为:借记"投资收益"项目,贷记"财务费用"项目。

【例16-34】 P公司系S公司的母公司,假设S公司2×24年确认的应向P公司支付的债券利息费用总额为20万元(假定该债券的票面利率与实际利率相差较小)。

在编制合并利润表时,应将内部债券投资收益与应付债券利息费用相互抵销,其抵销分录如下:

借:投资收益　　　　　　　　　　　　　　　　　　　　200 000
　　贷:财务费用　　　　　　　　　　　　　　　　　　　　　　200 000

### (五) 母公司与子公司、子公司相互之间持有对方长期股权投资的投资收益的抵销处理

内部投资收益是指母公司对子公司或子公司对母公司、子公司相互之间的长期股权投资的收益,即母公司对子公司的长期股权投资在合并工作底稿中按权益法调整的投资收益,实际上就是子公司当期营业收入减去营业成本和期间费用、所得税费用等后的余额与其持股比例相乘的结果。

在子公司为全资子公司的情况下,应当编制的抵销分录为:借记"投资收益""期初未分配利润"项目,贷记"提取盈余公积""对所有者(或股东)的分配""年末未分配利润"项目;在子公司为非全资子公司的情况下,应编制的抵销分录为:借记"投资收益""少数股东损益""期初未分配利润"项目,贷记"提取盈余公积""对所有者(或股东)的分配""年末未分配利润"项目。

## 二、合并利润表基本格式

合并利润表的格式综合考虑了企业集团中一般工商企业和金融企业(包括商业银行、保险公司和证券公司)的经营成果列报的要求。

与个别利润表的格式基本相同,主要增加了五个项目,即在"净利润"项目下增加了"归属于母公司所有者的净利润"和"少数股东损益"两个项目,分别反映净利润中由母公司所有者所享有的份额和非全资子公司当期实现的净利润中属于少数股东权益的份额,即不属于母公司享有的份额。在属于同一控制下企业合并增加的子公司当期的合并利润表中还应在"净利润"项目之下增加"其中:合并方在合并前实现的净利润"项目,用于反映同一控制下企业合并中取得的被合并方在合并日以前实现的净利润。但是,"被合并方在合并前实现的净利润"应当在母公司所有者和少数股东之间进行分配,如果全部不属于母公司所有者,则应同时列示在"少数股东损益"项目之中,仍然保持"合并净利润=归属于母公司所有者的净利润+少数股东损益"的平衡关系。在"综合收益总额"项目下增加了"归属于母公司所有者的综合收益总额"和"归属于少数股东的综合收益总额"两个项目,分别反映综合收益总额中由母公司所有者所享有的份额和非全资子公司当期综合收益总额中属于少数股东权益的份额,即不属于母公司享有的份额,仍然保持"综合收益总额=归属于母公司所有者的综合收益总额+归属于少数股东的综合收益总额"的平衡关系。合并利润表的一般格式如表16-24所示。

表 16-24　　　　　　　　　　　**合 并 利 润 表**　　　　　　　　会合 02 表
编制单位:P公司　　　　　　　　　20××年度　　　　　　　　　　　单位:元

| 项　目 | 本年金额 | 上年金额 |
| --- | --- | --- |
| 一、营业收入 | | |
| 　其中:营业收入 | | |
| 　　利息收入 | | |
| 　　保费净收入 | | |
| 　　手续费及佣金收入 | | |
| 二、营业成本 | | |

(续表)

| 项　目 | 本年金额 | 上年金额 |
|---|---|---|
| 其中:营业成本 | | |
| 　　　利息支出 | | |
| 　　　手续费及佣金支出 | | |
| 　　　退保金 | | |
| 　　　赔付支出净额 | | |
| 　　　提取保险责任准备金净额 | | |
| 　　　保单红利支出 | | |
| 　　　分保费用 | | |
| 　　　税金及附加 | | |
| 　　　销售费用 | | |
| 　　　管理费用 | | |
| 　　　财务费用 | | |
| 　　　资产减值损失 | | |
| 加:公允价值变动收益(损失以"－"号填列) | | |
| 　　投资收益(损失以"－"号填列) | | |
| 　　其中:对联营企业和合营企业的投资收益 | | |
| 　　汇兑收益(损失以"－"号填列) | | |
| 三、营业利润(亏损以"－"号填列) | | |
| 　加:营业外收入 | | |
| 　减:营业外支出 | | |
| 　　其中:非流动资产处置损失 | | |
| 四、利润总额(亏损总额以"－"号填列) | | |
| 　减:所得税费用 | | |
| 五、净利润(净亏损以"－"号填列) | | |
| 　　归属于母公司所有者的净利润 | | |
| 　　少数股东损益 | | |
| 六、每股收益: | | |
| 　　(一)基本每股收益 | | |
| 　　(二)稀释每股收益 | | |

## 第六节 股权取得日后合并现金流量表

合并现金流量表是综合反映母公司及其所有子公司组成的企业集团在一定会计期间现金和现金等价物流入和流出的报表。在本节提及现金时,除非同时提及现金等价物,均包括现金及现金等价物。

现金流量表要求按照收付实现制反映企业经济业务所引起的现金流入和流出,其有关经营活动产生的现金流量的编制方法有直接法和间接法两种。《企业会计准则第31号——现金流量表》明确规定企业应当采用直接法列示经营活动产生的现金流量。在采用直接法的情况下,以合并利润表有关项目的数据为基础,调整得出本期的现金流入和现金流出;分别经营活动产生的现金流量、投资活动产生的现金流量、筹资活动产生的现金流量三大类,反映企业集团在一定会计期间的现金流量情况。

合并现金流量表的编制原理、编制方法和编制程序与合并资产负债表、合并利润表的编制原理、编制方法和编制程序相同。首先,编制合并工作底稿,将母公司和所有子公司的个别现金流量表各项目的数据全部过入同一合并工作底稿;其次,根据当期母公司与子公司以及子公司相互之间发生的影响其现金流量增减变动的内部交易,编制相应的抵销分录,通过抵销分录将个别现金流量表中重复反映的现金流入量和现金流出量予以抵销;最后,在此基础上计算合并现金流量表的各项目的合并金额,并填制合并现金流量表。

合并现金流量表补充资料,既可以母公司和所有子公司的个别现金流量表为基础,在抵销母公司与子公司、子公司相互之间发生的内部交易对合并现金流量表的影响后进行编制,也可以直接根据合并资产负债表和合并利润表进行编制。

### 一、编制合并现金流量表时应进行抵销处理的项目

现金流量表作为以单个企业为会计主体进行会计核算的结果,分别从母公司本身和子公司本身反映其一定会计期间现金流入和现金流出。在以其个别现金流量表为基础计算的现金流入和现金流出项目的加总金额中,也必然包含有重复计算的因素,因此,编制合并现金流量表时,也需要将这些重复的因素予以剔除。

编制合并现金流量表时需要进行抵销处理的项目,主要有如下项目。

**(一)企业集团内部当期以现金投资或收购股权增加的投资所产生的现金流量的抵销处理**

母公司直接以现金对子公司进行的长期股权投资或以现金从子公司的其他所有者(即企业集团内的其他子公司)处收购股权,表现为母公司现金流出,在母公司个别现金流量表作为投资活动现金流出列示。子公司接受这一投资(或处置投资)时,表现为现金流入,在其个别现金流量表中反映为筹资活动的现金流入(或投资活动的现金流入)。从企业集团整体来看,母公司以现金对子公司进行的长期股权投资实际上相当于母公司将资本拨付下属核算单位,并不引起整个企业集团的现金流量的增减变动。因此,编制合并现金流量表时,应当在母公司与子公司现金流量表数据简单相加的基础上,将母公司当期以现金对子公司长期股权投资所产生的现金流量予以抵销。

在本节中,合并现金流量表的抵销分录中,借记,表示现金流出的减少;贷记,表示现金

流入减少。

(二)企业集团内部当期取得投资收益收到的现金与分配股利、利润或偿付利息支付的现金的抵销处理

母公司对子公司进行的长期股权投资和债权投资,在持有期间收到子公司分派的现金股利(利润)或债券利息,表现为现金流入,在母公司个别现金流量表中作为取得投资收益收到的现金列示。子公司向母公司分派现金股利(利润)或支付债券利息,表现为现金流出,在其个别现金流量表中反映为分配股利、利润或偿付利息支付的现金。从整个企业集团来看,这种投资收益的现金收支,并不引起整个企业集团的现金流量的增减变动。因此,编制合并现金流量表时,应当在母公司与子公司现金流量表数据简单相加的基础上,将母公司当期取得投资收益收到的现金与子公司分配股利、利润或偿付利息支付的现金予以抵销。

(三)企业集团内部以现金结算债权与债务所产生的现金流量的抵销处理

母公司与子公司、子公司相互之间当期以现金结算应收账款或应付账款等债权与债务,表现为现金流入或现金流出,在母公司个别现金流量表中作为收到其他与经营活动有关的现金或支付其他与经营活动有关的现金列示,在子公司个别现金流量表中作为支付其他与经营活动有关的现金或收到其他与经营活动有关的现金列示。从整个企业集团来看,这种现金结算债权与债务,并不引起整个企业集团的现金流量的增减变动。因此,编制合并现金流量表时,应当在母公司与子公司现金流量表数据简单相加的基础上,将母公司当期以现金结算债权与债务所产生的现金流量予以抵销。

(四)企业集团内部当期销售商品所产生的现金流量的抵销处理

母公司向子公司当期销售商品(或子公司向母公司销售商品或子公司相互之间销售商品,下同)所收到的现金,表现为现金流入,在母公司个别现金流量表中作为销售商品、提供劳务收到的现金列示。子公司向母公司支付购货款,表现为现金流出,在其个别现金流量表中反映为购买商品、接受劳务支付的现金。从整个企业集团来看,这种内部商品购销现金收支,并不会引起整个企业集团的现金流量的增减变动。因此,编制合并现金流量表时,应当在母公司与子公司现金流量表数据简单相加的基础上,将母公司与子公司、子公司相互之间当期销售商品所产生的现金流量予以抵销。

(五)企业集团内部处置固定资产等收回的现金净额与购建固定资产等支付的现金的抵销处理

母公司向子公司处置固定资产等长期资产,表现为现金流入,在母公司个别现金流量表中作为处置固定资产、无形资产和其他长期资产收回的现金净额列示。子公司表现为现金流出,在其个别现金流量表中反映为购建固定资产、无形资产和其他长期资产支付的现金。从整个企业集团来看,这种固定资产处置与购置的现金收支,并不会引起整个企业集团的现金流量的增减变动。因此,编制合并现金流量表时,应当在母公司与子公司现金流量表数据简单相加的基础上,将母公司与子公司、子公司相互之间处置固定资产、无形资产和其他长期资产收回的现金净额与购建固定资产、无形资产和其他长期资产支付的现金相互抵销。

### (六) 母公司对子公司、子公司相互之间当期发生的其他内部交易所产生的现金流量相互抵销

母公司对子公司、子公司相互之间当期发生的其他内部交易所产生的现金流量也应相互抵销。

## 二、合并现金流量表中有关少数股东权益项目的反映

合并现金流量表编制与个别现金流量表相比,一个特殊的问题就是在子公司为非全资子公司的情况下,涉及子公司与其少数股东之间的现金流入和现金流出的处理问题。

对于子公司与少数股东之间发生的现金流入和现金流出,从整个企业集团来看,也影响到其整体的现金流入和现金流出数量的增减变动,必须在合并现金流量表中予以反映。子公司与少数股东之间发生的影响现金流入和现金流出的经济业务包括:少数股东对子公司增加权益性投资、少数股东依法从子公司中抽回权益性投资、子公司向其少数股东支付现金股利或利润等。为了便于企业集团合并财务报表使用者了解掌握企业集团现金流量的情况,有必要将与子公司少数股东之间的现金流入和现金流出的情况单独予以反映。

对于子公司的少数股东增加在子公司中的权益性投资,在合并现金流量表中应当在"筹资活动产生的现金流量"之下的"吸收投资收到的现金"项目下"其中:子公司吸收少数股东投资收到的现金"项目反映。

对于子公司向少数股东支付现金股利或利润,在合并现金流量表中应当在"筹资活动产生的现金流量"之下的"分配股利、利润或偿付利息支付的现金"项目下"其中:子公司支付给少数股东的股利、利润"项目反映。

对于子公司的少数股东依法抽回在子公司中的权益性投资,合并现金流量表应当在"筹资活动产生的现金流量"之下的"支付其他与筹资活动有关的现金"项目反映。

需要说明的是,在企业合并当期,母公司购买子公司及其他营业单位支付对价中以现金支付的部分与子公司及其他营业单位在购买日持有的现金和现金等价物应当相互抵销,区别两种情况分别处理:

(1) 子公司及其他营业单位在购买日持有的现金和现金等价物小于母公司支付的对价中以现金支付的部分,按减去子公司及其他营业单位在购买日持有的现金和现金等价物后的净额在"取得子公司及其他营业单位支付的现金净额"项目反映,应编制的抵销分录为:借记"取得子公司及其他营业单位支付的现金净额"项目,贷记"年初现金及现金等价物余额"项目。

(2) 子公司及其他营业单位在购买日持有的现金和现金等价物大于母公司支付对价中以现金支付的部分,按减去子公司及其他营业单位在购买日持有的现金和现金等价物后的净额在"收到其他与投资活动有关的现金"项目反映,应编剧的抵销分录为:借记"取得子公司及其他营业单位支付的现金净额"项目和"收到其他与投资活动有关的现金"项目,贷记"年初现金及现金等价物余额"项目。

## 三、合并现金流量表格式

合并现金流量表的格式综合考虑了企业集团中一般工商企业和金融企业(包括商业银行、保险公司和证券公司)的现金流入和现金流出列报的要求,与个别现金流量表的格式基

本相同,主要增加了反映金融企业行业特点和经营活动现金流量项目。合并现金流量表的一般格式如表 16-25 所示。

表 16-25　　　　　　　　　　合并现金流量表　　　　　　　　　　会合 03 表
编制单位:P 公司　　　　　　　　20××年度　　　　　　　　　　单位:万元

| 项目 | 本年金额 | 上年金额 |
|---|---|---|
| 一、经营活动产生的现金流量: | | |
| 　销售商品、提供劳务收到的现金 | | |
| 　收到的税费返还 | | |
| 　收到其他与经营活动有关的现金 | | |
| 　　经营活动现金流入小计 | | |
| 　购买商品、接受劳务支付的现金 | | |
| 　支付给职工以及为职工支付的现金 | | |
| 　支付的各项税费 | | |
| 　支付其他与经营活动有关的现金 | | |
| 　　经营活动现金流出小计 | | |
| 　　经营活动产生的现金流量净额 | | |
| 二、投资活动产生的现金流量: | | |
| 　收回投资收到的现金 | | |
| 　取得投资收益收到的现金 | | |
| 　处置固定资产、无形资产和其他长期资产收回的现金净额 | | |
| 　处置子公司及其他营业单位收到的现金净额 | | |
| 　收到其他与投资活动有关的现金 | | |
| 　　投资活动现金流入小计 | | |
| 　购建固定资产、无形资产和其他长期资产支付的现金 | | |
| 　投资支付的现金 | | |
| 　取得子公司及其他营业单位支付的现金净额 | | |
| 　支付其他与投资活动有关的现金 | | |
| 　　投资活动现金流出小计 | | |
| 　　投资活动产生的现金流量净额 | | |
| 三、筹资活动产生的现金流量: | | |
| 　吸收投资收到的现金 | | |
| 　其中:子公司吸收少数股东投资收到的现金 | | |

(续表)

| 项目 | 本年金额 | 上年金额 |
|---|---|---|
| 取得借款收到的现金 | | |
| 收到其他与筹资活动有关的现金 | | |
| 　筹资活动现金流入小计 | | |
| 偿还债务支付的现金 | | |
| 分配股利、利润或偿付利息支付的现金 | | |
| 其中：子公司支付给少数股东的股利、利润 | | |
| 支付其他与筹资活动有关的现金 | | |
| 　筹资活动现金流出小计 | | |
| 　　筹资活动产生的现金流量净额 | | |
| 四、汇率变动对现金及现金等价物的影响 | | |
| 五、现金及现金等价物净增加额 | | |
| 　加：期初现金及现金等价物余额 | | |
| 六、期末现金及现金等价物余额 | | |

## 第七节 股权取得日后合并所有者权益变动表

合并所有者权益变动表是反映构成企业集团所有者权益的各组成部分当期的增减变动情况的财务报表。合并所有者权益变动表应当以母公司和子公司的所有者权益变动表为基础，在抵销母公司与子公司、子公司相互之间发生的内部交易对合并所有者权益变动表的影响后，由母公司合并编制。合并所有者权益变动表也可以根据合并资产负债表和合并利润表进行编制。

### 一、编制合并所有者权益变动表时应进行抵销的项目

所有者权益变动表作为以单个企业为会计主体进行会计核算的结果，分别从母公司本身和子公司本身反映其在一定会计期间所有者权益构成及其变动情况。在以其个别所有者权益变动表为基础计算的各所有者权益构成项目的加总金额中，也必然包含重复计算的因素，因此，编制合并所有者权益变动表时，也需要将这些重复的因素予以剔除。

编制合并所有者权益变动表时需要进行抵销处理的项目，主要有：①母公司对子公司的长期股权投资与母公司在子公司所有者权益中所享有的份额相互抵销，其抵销处理参见本章第四节，有关"长期股权投资与子公司所有者权益的抵销处理"的内容。②母公司对子公司、子公司相互之间持有对方长期股权投资的投资收益应当抵销等，其抵销处理参见本章第四节有关"母公司与子公司、子公司相互之间持有对方长期股权投资的投资收益的抵销处

理"的内容。

需要说明的是,从合并财务报表前后一致的理念、原则出发,将母公司及其全部子公司构成的企业集团作为一个会计主体,反映企业集团外部交易的情况,企业集团内部母子公司之间的投资收益和利润分配与其他内部交易一样应当相互抵销。同时,应当关注合并所有者权益变动表"未分配利润"的年末余额,将其中子公司当年提取的盈余公积归属于母公司的金额进行单项附注披露。

还需要说明的是,子公司在"专项储备"项目中反映的按照国家相关规定提取的安全生产费等,与留存收益不同,在长期股权投资与子公司所有者权益相互抵销后,应当按归属于母公司所有者的份额予以恢复,借记"未分配利润"项目,贷记"专项储备"项目。

## 二、合并所有者权益变动表的格式

合并所有者权益变动表的格式与个别所有者权益变动表的格式基本相同。所不同的是,在子公司存在少数股东的情况下,合并所有者权益变动表增加"少数股东权益"栏目,用于反映少数股东权益变动的情况。合并所有者权益变动表的一般格式从略。

# 第八节 合并财务报表附注

## 一、合并财务报表附注概述

附注是合并财务报表不可或缺的组成部分,是对在合并资产负债表、合并利润表、合并现金流量表和合并所有者权益变动表等报表中列示项目的文字描述或明细资料,以及对未能在这些报表中列示项目的说明等。

财务报表中的数字是经过分类与汇总后的结果,是对企业发生的经济业务的高度简化和浓缩的数字,如果没有形成这些数字所使用的会计政策、理解这些数字所必需的披露,财务报表就不可能充分发挥效用。因此,附注与资产负债表、利润表、现金流量表、所有者权益变动表等报表具有同等的重要性,是财务报表的重要组成部分。报表使用者了解企业的财务状况、经营成果和现金流量,应当全面阅读附注。

附注披露应满足以下基本要求:

1. 附注披露的信息应是定量、定性信息的结合,从而能从量和质两个角度对企业经济事项完整地进行反映,满足信息使用者的决策需求。

2. 附注应当按照一定的结构进行系统合理的排列和分类,有顺序地披露信息。

3. 附注相关信息应当与合并资产负债表、合并利润表、合并现金流量表和合并所有者权益变动表等报表中列示的项目相互参照,以从整体上更好地理解财务报表。

## 二、附注披露的内容

企业(母公司)应当按照规定披露合并财务报表附注信息,主要包括下列内容。

### (一)企业集团的基本情况

(1)企业注册地、组织形式和总部地址。

(2)企业的业务性质和主要经营活动,如企业所处的行业、所提供的主要产品或服务、客户的性质、销售策略、监管环境的性质等。

(3) 母公司以及集团最终母公司的名称。

(4) 财务报告的批准报出者和财务报告批准报出日。

**(二) 财务报表的编制基础(略)**

**(三) 遵循企业会计准则的声明**

企业应当声明编制的财务报表符合企业会计准则的要求,真实、完整地反映了企业的财务状况、经营成果和现金流量等有关信息,以此明确企业编制财务报表所依据的制度基础。

如果企业编制的财务报表只是部分地遵循了企业会计准则,附注中不得作出这种表述。

**(四) 重要会计政策和会计估计**

根据财务报表列报准则的规定,企业应当披露采用的重要会计政策和会计估计,不重要的会计政策和会计估计可以不披露。

(1) 重要会计政策的说明。需要特别指出的是,说明会计政策时还需要披露下列两项内容:①财务报表项目的计量基础。会计计量属性包括历史成本、重置成本、可变现净值、现值和公允价值,这直接显著地影响报表使用者的分析,这项披露要求便于使用者了解企业合并财务报表中的项目是按何种计量基础予以计量的,如存货是按成本还是按可变现净值计量等。②会计政策的确定依据,主要是指企业在运用会计政策过程中所作的对报表中确认的项目金额最具影响的判断。例如,企业如何判断持有的金融资产是长期债券投资而不是交易性投资等,这些判断对在报表中确认的项目金额具有重要影响。

(2) 重要会计估计的说明。财务报表列报准则强调了对会计估计不确定因素的披露要求,企业应当披露会计估计中所采用的关键假设和不确定因素的确定依据,这些关键假设和不确定因素在下一会计期间内很可能导致对资产、负债账面价值进行重大调整。

企业在披露金融工具公允价值相关信息时,应当分别披露确定金融工具公允价值计量的方法是否发生改变以及改变的原因、各个层次公允价值的金额、公允价值所属层次间的重大变动、第三层次公允价值期初金额和本期变动金额等相关信息。在第三层次公允价值计量中,如果估值技术中使用的一个或多个输入值发生合理、可能的变动将导致公允价值金额发生显著变化的,应披露这一事实及其影响。

**(五) 会计政策和会计估计变更以及差错更正的说明**

企业应当按照会计政策、会计估计变更和差错更正准则及其应用指南的规定,披露会计政策和会计估计变更以及差错更正的有关情况。

**(六) 报表重要项目的说明**

企业应当以文字和数字描述相结合、尽可能地以列表形式披露报表重要项目的构成或当期增减变动的情况,并且报表重要项目的明细金额合计,应当与报表项目金额相衔接。在披露顺序上,一般应当按照合并资产负债表、合并利润表、合并现金流量表、合并所有者权益变动表的顺序及其项目列示的顺序,分别以公允价值计量且其变动计入当期损益的金融资产、应收款项、存货、债权投资、其他债权投资、长期股权投资、投资性房地产、固定资产、无形资产、以公允价值计量且其变动计入当期损益的金融负债、应付职工薪酬、应交税费、短期借款、长期借款、应付债券、长期应付款、营业收入、公允价值变动收益、投资收益、资产减值损失、营业外收入、营业外支出、所得税、政府补助、非货币性资产交换、股份支付、债务重组、借款费用、外币折算、企业合并等项目按照相关会计准则的规定进行披露。

### (七) 或有事项

企业应当披露下列信息:

(1) 预计负债。①预计负债的种类、形成原因以及经济利益流出不确定性的说明。②各类预计负债的期初、期末余额和本期变动情况。③与预计负债有关的预期补偿金额和本期已确认的预期补偿金额。

(2) 或有负债(不包括极小可能导致经济利益流出企业的或有负债)。①或有负债的种类及其形成原因,包括未决诉讼、未决仲裁、对外提供担保等形成的或有负债。②经济利益流出不确定性的说明。③或有负债预计产生的财务影响,以及获得补偿的可能性;无法预计的,应当说明原因。

(3) 企业通常不应当披露或有资产。但或有资产很可能会给企业带来经济利益的,应当披露其形成的原因、预计产生的财务影响等。

(4) 在涉及未决诉讼、未决仲裁的情况下,按相关规定披露全部或部分信息预期对企业造成重大不利影响的,企业无须披露这些信息,但应当披露该未决诉讼、未决仲裁的性质,以及没有披露这些信息的事实和原因。

### (八) 资产负债表日后事项

企业应当披露下列信息:

(1) 每项重要的资产负债表日后非调整事项的性质、内容,及其对财务状况和经营成果的影响。无法做出估计的,应当说明原因。

(2) 资产负债表日后,企业利润分配方案中拟分配的以及经审议批准宣告发放的股利或利润。

### (九) 关联方关系及其交易(略)

### (十) 有助于财务报表使用者评价企业管理资本的目标、政策及程序的信息(略)

### (十一) 终止经营的收入、费用、利润总额、所得税费用和净利润,以及归属于母公司所有者的终止经营利润(略)

### (十二) 在资产负债表日后、财务报告批准报出日前提议或宣布发放的股利总额和每股股利金额(或向投资者分配的利润总额)(略)

### (十三) 母公司和子公司的信息

(1) 子公司有关的信息:

表 16-26    子公司有关信息

| 子公司名称 | 主要经营地 | 注册地 | 业务性质 | 注册资本 | 本企业合计持股比例 | 本企业合计享有的表决权比例 |
| --- | --- | --- | --- | --- | --- | --- |
|  |  |  |  |  |  |  |
|  |  |  |  |  |  |  |

(2) 母公司拥有被投资单位表决权不足半数但能对被投资单位形成控制的原因。

(3) 母公司直接或通过其他子公司间接拥有被投资单位半数以上的表决权但未能对其形成控制的原因。

(4) 子公司所采用的会计政策与母公司不一致的,母公司编制合并财务报表的处理方法。

(5) 子公司与母公司会计期间不一致的,母公司编制合并财务报表的处理方法。

（6）本期不再纳入合并范围的原子公司，说明原子公司的名称、注册地、业务性质、母公司的持股比例和表决权比例，本期不再成为子公司的原因。

原子公司在处置日和上一会计期间资产负债表日资产、负债和所有者权益的金额以及本期期初至处置日的收入、费用和利润的金额。

（7）子公司向母公司转移资金的能力受到严格限制的情况。

（8）对纳入合并范围的结构化主体的财务支持或其他支持、向结构化主体提供支持的意图等。

（9）子公司少数股东持有的权益对企业集团具有重要性的，子公司少数股东的表决权比例、当期归属于子公司少数股东的损益以及向少数股东支付的股利、子公司在当期期末累计的少数股东权益余额、子公司主要财务信息等。

（10）使用企业集团资产和清偿企业集团债务存在重大限制的，该限制的内容、子公司少数股东享有的相应保护性权利的性质和造成的限制程度、该限制涉及的资产和负债在合并财务报表中的金额等。

（11）在子公司所有者权益份额发生变化且该变化未导致企业丧失对子公司控制权的，该变化对本企业所有者权益的影响；丧失对子公司控制权的，由于丧失控制权而产生的利得或损失以及相应的列报项目、剩余股权在丧失控制权日按照公允价值重新计量而产生的利得或损失。

（12）企业是投资性主体且存在未纳入合并财务报表范围的子公司，并对该子公司权益按照公允价值计量且其变动计入当期损益的，该事实以及未纳入合并财务报表范围子公司的名称、主要经营地及注册地、企业对子公司的表决权比例等。

## 本章小结

本章主要学习合并财务报表的概念、特点、种类、合并范围，股权取得日合并财务报表的编制及股权取得日后合并资产负债表、合并利润表、合并现金流量表、合并所有者权益变动表的编制。

## 重要概念

合并财务报表　合并范围　控制

16-8 扫一扫
看课件

# 主要参考文献

[1] 中国注册会计师协会. 会计[M]. 北京:中国财政经济出版社,2023.
[2] 财政部会计资格评价中心. 中级会计实务[M]. 北京:经济科学出版社,2023.
[3] 黄忠生,路国平. 高级财务会计[M]. 北京:高等教育出版社,2020.
[4] 施先旺,马荣贵. 高级财务会计[M]. 大连:东北财经大学出版社,2020.
[5] 刘永泽,陈立军. 高级财务会计[M]. 7版. 大连:东北财经大学出版社,2021.
[6] 张小爱. 对《企业会计准则第19号——外币折算》的解读[J]. 现代经济信息,2010(18):134-135.
[7] 储一昀. 高级财务会计[M]. 北京:中国人民大学出版社,2016.
[8] 胡燕. 高级财务会计[M]. 北京:中国财政经济出版社,2016.